教师教育课程标准配套教材

教师资格证书考试通用教材

U0659608

教育学教程

第2版

陈 寒 / 主 编

林 群 王 涛 余 桥 王吉春 / 副主编

周春艳 张 云 田张霞 代礼尧 施琰茹 王小林 / 编 委

JIAOYUXUE

JIAOCHENG

北京师范大学出版集团
BEIJING NORMAL UNIVERSITY PUBLISHING GROUP
北京师范大学出版社

图书在版编目(CIP)数据

教育学教程 / 陈寒著 . —2 版 . —北京：北京师范大学出版社，2021.6

教师教育课程标准配套教材 教师资格证书考试通用教材

ISBN 978-7-303-26910-5

Ⅰ.①教… Ⅱ.①陈… Ⅲ.①教育学—师资培训—教材 Ⅳ.①G40

中国版本图书馆 CIP 数据核字(2021)第 050580 号

营 销 中 心 电 话 010-58802135 010-58802786

北师大出版社教师教育分社微信公众号 京师教师教育

JIAOYUXUE JIAOCHENG

出版发行：北京师范大学出版社 www.bnupg.com

北京市西城区新街口外大街 12-3 号

邮政编码：100088

印　　刷：北京京师印务有限公司

经　　销：全国新华书店

开　　本：787 mm×1092 mm　1/16

印　　张：16.75

字　　数：401 千字

版　　次：2021 年 6 月第 2 版

印　　次：2021 年 6 月第 2 次印刷

定　　价：49.00 元

策划编辑：郭兴举　　　　　责任编辑：马力敏　梁民华

美术编辑：李向昕　　　　　装帧设计：李向昕

责任校对：康　悦　　　　　责任印制：马　洁

目 录

第一章　教育与教育学

【国考大纲导航】

　　1. 掌握教育的含义及基本要素，了解教育的形态、起源、发展。

　　2. 了解国内外著名教育家的代表著作及主要教育思想。

　　3. 了解教育学的基本研究方法，包括观察法、历史法、调查法、实验法和行动研究法。

第一节　教育概述

一、教育的含义

　　什么是教育？这是教育学所要研究的一个重要理论问题，也是教育工作者必须明确的问题。为了回答这一问题，我们先从"教育"一词的词源上进行考察。

　　"教"和"育"这两个字最早出现在甲骨文中。"教"在甲骨文中为𡥏，像有人在旁执鞭演卜，训导小孩学习。"育"在甲骨文中为𠫓，像妇女育子。先秦古籍中大都只用一个"教"字来论述教育的事情。最早将"教""育"二字用在一起的是孟子。《孟子·尽心上》中有"得天下英才而教育之，三乐也"。东汉许慎在《说文解字》中解释为"教，上所施，下所效也；育，养子使作善也"。从这些中国古代关于"教"和"育"的解释中我们可以看到，教育是一种培养儿童，使之成为合格的社会成员的活动。

　　在西方，教育一词的英文为 education，法文为 éducation，德文为 erziehung，这些词都是由拉丁语 éducātio 演变而来的。拉丁语的 éducātio 又是从动词 educāre 演变而来的。该词的前缀 e 有"出"的意思，词根 ducêre 有"引导"的意思。二者合起来就是"引出"，即采用一定的手段，把某种本来潜藏于人身上的东西引导出来，把潜能转变为现实。显然，从西方关于教育的词源中我们可以看出教育是一种引导人、培养人的活动。

　　从以上教育的词源学考察中我们可以看出：无论是中国古代还是西方古代，教育都是指一种有目的地培养人的社会活动。

　　为了更进一步明确教育是指一种有目的地培养人的社会活动，我们需要就如下三个问题进行讨论。

　　(一)教育是人类特有的社会活动还是动物与人共有的生存活动

　　有研究者指出，有些动物养护幼小的行为与人类抚育子女的行为类似，如老猫教小猫捕鼠，老鹰教雏鹰飞翔。因此他们认为早在人类出现之前，动物界已经存在教育现象了。人类的教育是在动物界已经形成的教育形式的基础上进一步改进而来的。然而，人类的教育和动物的"教育"存在本质上的差异。

　　首先，动物的"教育"是一种与动物的生理需求直接相关的本能行为。动物界中母体哺育幼仔的活动表现得再复杂，也只是一种程序化了的动作反射，是动物种系在漫长的生物演化过程中形成的。这种动作反射发育到一定时期，在一定的条件下就会表现出来。但人类的教育产生于个体在社会中的生存和社会延续、发展的需要，是一种具有社会性并为了社会的活动。

其次，动物没有语言，不具备将个体经验类化并将类经验积累起来进行传递的能力。由于动物没有语言，不可能形成类经验，因此，动物的"教育"仅局限于动物个体与个体之间的行为的传授。动物不可能把类经验转化为个体经验，也不可能通过"教育"使一代胜过一代。人类通过语言及其他形式，把个体的经验保存起来，形成类经验。通过教育，这些代表着人类智慧结晶的类经验得以传递和创新。

最后，动物"教育"后代的结果是小动物适应环境，维持生命并独立生存。而人类教育不但使受教育者获得适应环境的能力，而且培养了受教育者进一步改造环境、推动社会发展的能力。

由此可见，教育是人类特有的社会活动，社会性是人类的教育活动和动物的本能活动的本质区别。

(二)教育作为一种社会活动与其他社会活动的区别

人是社会活动的主体，在参与任何社会活动的过程中都可能获得知识，因此对人的发展产生影响的不只是教育活动。教育活动与其他社会活动的区别在于活动的对象与活动的目标不同。

首先，教育活动是有意识的、以人为直接对象的社会活动，不同于以物质产品或精神产品为直接对象的社会活动。

其次，教育活动与其他有意识的以人为直接对象的活动的区别在于教育是以对人的身心发展产生影响为直接目标的。

基于此，我们可以这样给教育下一个广义定义：教育是有意识的、以影响人的身心发展为直接目标的社会活动。

(三)学校教育与其他教育活动的区别

近代以来，学校教育是教育活动中的核心部分，有其特殊的结构和功能。与其他教育活动相比，学校教育的独特性体现在以下两个方面。

首先，学校教育是目的性、系统性、组织性最强的教育活动。

其次，学校教育是由专门的机构和受过专业训练的专职人员承担的。

因此，学校教育，即狭义的教育，可以界定为由专职人员和专门机构承担的，有目的、有系统、有组织的，以影响受教育者的身心发展为直接目的的社会活动。

二、教育的基本要素及其关系

教育活动有不同的类型，但由于都是以影响人的身心发展为直接目的的，因此具有共同的基本要素。要素是指构成活动必不可少的、最基本的因素。认识教育的基本要素是认识教育的内部结构的基础。

教育是一种复杂的社会现象，加之人们在分析教育活动的结构时持有不同的视角，因此，人们对教育活动要素的概括也不完全一样。有人从宏观角度分析，认为教育活动由教育主体、教育目标、教育内容、教育手段、教育环境和教育途径六个要素构成；

有人从微观角度考察，认为教育活动由教育者、受教育者、教育内容和教育手段四个要素构成，或者由教育者、受教育者、教育内容和教育途径四个要素构成，或者由教育者、受教育者、教育内容和教育物资四个要素构成，或者由教育者、受教育者和教育媒介三个要素构成，或者由教育者、受教育者和教育影响三个要素构成，等等。

本书中讲的教育主要是指微观层面的教育，包括教育者、受教育者、教育影响三个基本要素。

（一）教育者

教育者是构成教育活动的一个基本要素。凡是在教育活动中承担教的责任和施加教育影响的人都是教育者。家长、专职和兼职教师、各级教育管理人员、校外教育机构的工作人员等都是教育者。自学校教育产生后，教育者主要指学校中的教师和其他教育工作人员。

教育者的任务是教书育人，在教育活动处于主导地位。但这一地位并不是实现教育目的的可靠保证。只有受教育者接受教育者的教育并付出努力后，目的才能转化为现实。

值得注意的是，教育者有主观能动性，有自己的生活经历、价值观念、思维方式、生活方式乃至人生信念和社会理想，会自觉或不自觉地把他的社会立场带进教育活动，但必须具有明确的教育观念，把握社会发展对受教育者要求和受教育者发展的规律及受教育者对自身成长的希望，热爱教育事业和受教育者，努力促进受教育者综合素质的全面发展。

（二）受教育者

凡是在教育活动中承担学习责任和接受教育的人都是受教育者。受教育者既包括学校中学习的儿童、少年和青年，也包括各种形式的成人教育中的学生。受教育者也是构成教育活动的基本要素。缺少这一要素，教育活动就无法正常开展。如果受教育者没有积极参加，没有发挥主观能动性，那么教育活动只是教育者的"独舞"，不会获得好的效果。

在教育活动中，相对于教育者，受教育者处于被领导和被教育的地位，是教育的对象，也是学习的主体。受教育者只有把外部要求转化为自己的学习、成长需求时，才能真正成为学习的主体。

受教育者也有他们的生活经历和经验，会把他们的生活经历和经验带入教育过程，在教育活动中会有自己的选择与评价。他们已有的发展水平是他们进一步发展的基础，也是教育活动的起点。作为受教育者，他们是活生生的人，而不是被教育者任意涂抹的"白板"或任意加工的"木材"。教育者只能促进受教育者的发展，不能代替受教育者的发展。受教育者的发展归根结底取决于自身的主观能动性。因此，教育者要诚心诚意地把受教育者当作能动的人来尊重。教育者在教育过程中的主导作用首先体现为对受教育者的学习能动性的启发、引导、培养和规范，以促进他们主动地学习和发展。随着受教育者的学习自觉性和能力的增强，他们的主观能动性在教育活动中表现得更为明显，起的作用更大。他们可以在越来越大的程度上主动地、自觉地汲取知识，提高品德修养。从这一意义上说，教是为了不教。

(三)教育影响

教育影响是教育者和受教育者相互作用的中介，既包括教育内容，也包括教育内容得以传递和反馈的教育手段、教育方法及教育组织形式，是内容与形式的统一。

教育内容是教育者用来作用于受教育者的影响物，是根据教育目的挑选和加工的、较有教育价值和适合受教育者身心发展水平的人类科学文化成果的结晶。它主要体现在教科书、教育材料、教学参考书和其他形式的信息载体(如广播、电视、电影、报刊等)中，还体现在经过选择和布置的具有教育作用的环境(如教室、校院、阅览室等)中，也体现在教育者自身所拥有的知识、经验、言谈举止、思想品质和工作作风中。因此，教育内容并不等同于学校课程所包含的内容，更不等同于教材。前者的内涵与外延要比后者丰富得多。

教育手段、教育方法及教育组织形式是围绕着一定的教育内容来设计，把一定的教育内容用合适的方式呈现出来，并促使受教育者有效学习与积极发展的；受到教育内容的制约，同时也反映了受教育者身心发展规律的要求。

上述教育的三个基本要素是开展任何教育活动都必不可少的。三者之间既相互独立又相互联系，共同构成一个完整的实践系统。没有教育者，教育活动就不可能展开，受教育者也不可能得到有效的指导；没有受教育者，整个教育工作就失去了对象；没有教育影响，教育工作就成了无米之炊、无源之水。各个基本要素的变化必然导致教育系统状况的变化。不同教育要素的改变及其组合最终形成了多样的教育形态，担负起促使不同历史时期和不同社会环境下个体社会化和社会个性化的职责。

三、教育形态

教育形态是指由上述三个基本要素构成的教育系统在不同时空背景下的变化形式。根据不同的标准，我们可以划分出不同的教育形态。从目前教育学的研究来看，划分教育形态的标准主要有三个：一是教育系统自身的标准，二是教育系统赖以运行的空间标准，三是教育系统赖以运行的时间标准。从教育系统自身的标准出发，我们可以将教育形态划分为非制度化的教育和制度化的教育；从教育系统赖以运行的空间标准出发，我们可以将教育形态划分为家庭教育、社会教育和学校教育；从教育系统赖以运行的时间标准出发，我们可以将教育形态划分为原始社会的教育、古代社会的教育和现代社会的教育。各种教育形态的具体特征如下。

(一)非制度化的教育和制度化的教育

非制度化的教育是指那些没有形成相对独立的教育形态的教育。这种教育是与生产或生活高度一体化的，没有从日常的生产或生活活动中分离出来成为一种相对独立的社会机构及其制度化行为。人类学校产生以前的教育就属于非制度化教育。在学校教育产生后，非制度化教育依然存在。只不过随着社会的发展，非制度化教育在整个教育系统中所起的作用非常有限了。

制度化教育是从非制度化教育中演化而来的，是指由专门的教育人员、机构及运行制度构成的教育形态。制度化的教育是人类教育的高级形态，它的出现是人类教育文明的一大进步。今天谈论的种种教育和教育改革基本上都是指制度化教育。

(二)家庭教育、社会教育和学校教育

家庭教育是指以家庭为单位进行的教育活动。在人类历史的绝大部分时间里，家庭作为一种基本的社会单位，承担了大量的教育任务。到了工业革命以后，家庭的教育功能开始减退，让位于公共的学校教育。但是，即使在今天，家庭教育的作用仍然是非常重要的，特别是在培养青少年的健全人格方面，更是学校教育无法取代的。

社会教育是指在广泛的社会生活和生产过程中进行的教育活动。社会教育从其外延上说，主要包括社会传统的教育、社会制度的教育与社会活动或事件的教育等不同类型。社会传统的教育是指一个社会的传统风尚对个体的发展具有教育作用。社会制度的教育是指当下的社会政治、经济、文化等方面的制度对个体的态度、行为和信念具有教育作用。社会活动或事件的教育是指个体从各种各样的社会活动中获得的教育。

学校教育是指以学校为单位进行的教育活动。相对于家庭教育和社会教育，学校教育因其专门性、计划性、组织性和系统性等特点，成为一种主导性的现代教育形态。但是，学校教育也因其封闭性、同质性等特点，受到众多批评。

如何充分发挥家庭教育、社会教育和学校教育各自的优势，使这三种教育形成教育合力，从而促使青少年一代更好地发展，是当前亟待研究的课题。

(三)原始社会的教育、古代社会的教育和现代社会的教育

这是从教育系统赖以运行的时间标准出发进行的教育形态的划分。后面的章节将详细介绍每一种教育形态的特点。值得注意的是，这几种教育形态的产生与社会形态的变迁有着密切的联系，从根本上说是适应不同生产力发展阶段以及建立于生产力发展水平上的经济形态和生产关系变革的结果。因此，要理解这几种教育形态的特点，首先就要把握它们所处时代的生产力、经济形态及生产关系的特征。这三种教育形态在时间上是先后出现的，后一种教育形态是建立在前一种教育形态基础之上的，在教育内容、教育方法、教育管理等方面都包含着对前一种教育形态的批判、修正和重构，彼此之间有一种历史的延续性。

第二节　教育的起源与发展

一、教育的起源

教育的起源是一个基本的教育理论问题。中外教育理论界对此问题的探索已有上百年的历史，虽然取得了一些成果，但彼此间还存在着较大的分歧。目前，关于教育的起源，学者主要有以下几种观点，即神话起源说、生物起源说、心理起源说和劳动起源说。

(一)神话起源说

这是人类关于教育起源的最古老的观点。这种观点认为，教育与其他万事万物一样，都是由人格化的神(上帝)或天创造的，教育的目的就是体现神(上帝)或天的意志，使人皈依于神(上帝)或顺从于天。这种观点从根本上是错误的、非科学的。

(二)生物起源说

该学说的代表人物是法国社会学家利托尔诺(Letourneau)与英国教育学家沛西·能

(Percy Nunn)。该学说的主要观点是教育活动不仅存在于人类社会中，而且存在于动物界。人类社会的教育是对动物界教育的继承、改善和发展。教育的产生完全来自动物的本能，是种族发展的本能需要。

教育的生物起源说是教育学史上第一个正式提出的有关教育起源的学说。该学说以达尔文的生物进化论为指导，标志着在教育起源问题上开始从神话解释转向科学解释。其根本错误在于没有把握人类教育的目的性和社会性，没有能区分人的教育行为和动物的养育行为，仅从外在行为的角度而没有从内在目的的角度来论述教育的起源问题，从而把教育的起源问题生物学化了。

(三)心理起源说

教育的心理起源说被认为是对教育的生物起源说的批判。该学说的代表人物是美国教育家孟禄(Monroe)。该学说的主要观点是原始教育形态和方法主要是日常生活中儿童对成人的无意识模仿。该学说从表面上看与生物起源说不同，实质上和生物起源说类似。因为无意识模仿是遗传性的而非获得性的，是先天的而非后天的，是本能的而非文化的和社会的。只不过这种本能是人类的类本能而不是动物的类本能。显然，该学说同样否认了教育的社会性，否认了教育是一种自觉的、有意识的活动。

(四)劳动起源说

劳动起源说也称社会起源说，是在批判地继承生物起源说和心理起源说的基础上，在马克思主义、历史唯物主义的指导下形成的。持这一观点的主要是苏联和我国的教育史学家和教育学家。该学说的主要观点是生产劳动是人类最基本的实践活动，人类劳动不同于动物的本能活动。因为人类劳动是社会性的，所以教育是人类特有的社会活动。教育起源于生产劳动过程中经验的传递，生产劳动过程中的口耳相传和简单模仿是最原始和最基本的教育形式，生产劳动的变革是推动人类教育变革最强的动力。一言以蔽之，劳动起源说认为教育起源于劳动过程中社会生产需要和人的发展需要的辩证统一。教育的劳动起源说提供了一把理解教育起源和教育性质的"金钥匙"。

二、教育的发展

教育活动与人类社会同时产生，并且随着人类社会的发展，教育也在不断发展变化。在不同的社会历史阶段，由于生产力发展水平不同，生产关系和政治制度不同，因此教育具有的性质和特点不同，形成了各种形态。

(一)原始社会的教育形态

在漫长的原始社会中，生产力水平很低，人们的劳动只能维持最简单的生活，没有剩余产品，生产资料公有。人人劳动，共同享受，没有剥削，没有阶级。在此社会形态下，教育具有如下特点。

1. 教育的非独立性

原始社会的教育还没有从社会生产和生活活动中完全分化出来，没有成为独立的社会活动。这一特点主要表现为没有专门从事教育的人员和相对固定的教育对象，也没有专门为教育所用的内容和场所，教育活动在生产和生活中进行。

2. 教育的原始性

原始社会生产力水平低下，人们积累的生活经验极其简单，因而人们对年青一代进行教育的目的、内容、方法等都极其简单。原始社会对年青一代进行教育的目的主要是使他们获得参加社会生活的能力。教育的内容主要是进行生产劳动技能、与自然斗争的经验、风俗礼仪、宗教仪式等方面的训练。教育的方法以看、听、模仿等为主。

3．教育的同一性

在原始社会，人们共同劳动，产品公有，社会还未产生阶级分化。因此，在同一氏族中，每个人所受的教育基本相同。

（二）古代社会的教育形态

随着社会生产力水平的提高，人类社会逐渐进入古代文明的奴隶社会和封建社会。古代社会开始出现独立形态的学校教育，与原始形态的教育并行发展。奴隶社会和封建社会的学校教育在教育的目的、内容、制度、组织规模等方面有所不同。下面分别介绍奴隶社会的教育和封建社会的教育。

1．奴隶社会的教育

（1）学校教育出现

人类最早的学校产生于公元前2500年左右的埃及，我国的学校产生于4000多年前的夏朝，欧洲的学校产生于公元前8世纪至公元前7世纪的雅典。学校产生于奴隶社会是因为奴隶社会具备了产生学校的一系列条件。

首先，奴隶主阶级需要专门的教育培养国家机构的管理者和统治阶级的接班人。奴隶主阶级为了维护自己的统治，需要专门从事管理生产、掌管国事等活动的专门人才。这些人才需要经过一定的培训。因此，奴隶主阶级有了兴办专门教育机构的迫切需要。

其次，体力劳动和脑力劳动分工为奴隶主阶级从事专门的文化教育活动创造了条件。随着生产力的发展和剩余产品的出现，一部分人可以脱离生产劳动，专门从事脑力劳动。体力劳动和脑力劳动分工为奴隶主阶级从事学习和教育提供了空闲时间，使得社会上出现了专门从事教育工作的教师和专门从事学习活动的学生。

最后，奴隶社会出现了文字。文字出现后，人们要掌握文化知识，就必须经过专门的学习。更为重要的是，文字为人类的文化知识以特殊的物化形式保存下来和相互传递提供了载体，极大地增强了文化知识积累的可能性，使人类文化知识的发展得到了基本保证。

由此可见，学校是奴隶社会政治、经济、文化发展的综合产物。经济提供了教育专门化的条件；政治是学校出现的最主要的动力；文化尤其是文字的出现为知识的积累和传递提供了脱离主体而独立存在的媒体，也促进了教育专门化。

从奴隶社会开始，教育出现了两种形式：一种是由专门机构从事的学校教育，另一种是在其他社会活动中进行的非学校教育。这两种教育形式在相当长的历史时期由于为不同的阶级服务，因此处于互不相干，甚至相互对立的状态。

（2）学校教育具有鲜明的阶级性

从学校的产生过程可以看出，学校教育是为满足奴隶主阶级维护自己统治的政治需要而产生的。根据《礼记》等书记载，我国在夏朝已有名叫"庠""序""校"的施教机构，到了殷商和西周，又有"学""瞽宗""辟雍""泮宫"等学校的设立。但"学在官府"，政府的官吏和学者垄断了文化和教育的大权，奴隶的子弟是无权问津的。因此，奴隶社会的学校教育自产生之日起就成为奴隶主阶级把他们的子弟培养成统治人才的途径，具有鲜明的阶级性，成为奴隶主阶级统治人民的工具。教育的阶级性不仅体现在教育权和受教育权方面，而且还体现在教育目的、教育内容、教育方法、教师的选择与任用等方面。

（3）学校教育与生产劳动相脱离

在奴隶社会，能够进入学校的是奴隶主的子弟。他们不参与也不关心生产劳动，学校没有培养生产工作者的任务。学校教育基本上与生产劳动相脱离，甚至极端鄙视生产劳动。

（4）学校教育内容趋于分化和知识化

随着奴隶社会文化的发展，学校教育内容日趋分化，且出现了以知识为重点的倾向。例如，我国西周学校就有礼、乐、射、御、书、数（六艺）之分；到春秋时期，教育内容还增加了以哲学思辨为主题的《易》和以历史为内容的《春秋》。那时的教育内容是以如何做人和治人的人文学科为主的。

（5）学校教育制度不健全

在奴隶社会的学校教育体系中，首先发展起来的专门教育机构是进行初等教育的学校和进行高等教育的大学或学院，中等教育还未明确地成为学校教育中相对独立的一个阶段。因此，整个学校教育制度是不健全的。学校内部的组织制度也不健全，没有年级和班级之分，教学形式主要是个别教学。

2. 封建社会的教育

（1）教育具有鲜明的等级性、专制性和保守性

在封建社会，教育的阶级性得到进一步强化。封建社会的国家官僚机构与奴隶社会相比，更加复杂化和完善。为了维护这样的国家机器，统治者就必须更加明确等级制度，增强等级观念。封建社会的等级性又以世袭的方式、血缘的纽带维系，并涂上宗教色彩，所以特别明显和牢固，富有束缚力，成为封建社会统治的特征之一。这一特征在教育上的突出反映就是学校教育具有明显的等级性、专制性和保守性。

封建社会学校的等级性在该社会的鼎盛时期表现得最鲜明。例如，我国唐朝的官学中，中央政府一级的有六馆。六馆分为四级，即国子学、太学、四门学及三馆。每一级的入学资格都有严格规定，其区分的标志主要是祖辈、父辈官品的高低。第一级国子学只收三品以上官员的子弟，第二级太学招收五品以上官员的子弟，第三级四门学招收七品以上官员的子弟，八品及八品以下官员的子弟只能入书学、算学、律学属第四级的三个馆。此外唐朝还有专门为皇亲国戚的子弟设立的崇文馆和弘文馆。事实上，前三级的三个馆在教育内容上并无明显区别，这说明分级并非因为学习要求有程度的高低，而是为了对入学者的身份地位进行区分。在欧洲的封建社会中，僧侣属于第一等级，他们几乎垄断了文化教育的权力。为了培养神职人员和文官，欧洲专设了僧侣学校和天主教学校。此类学校学习的主要内容是经过宗教加工的"七艺"——文法、修辞、辩证法、算术、几何、天文、音乐。在世俗统治者中，最高层的皇室子弟有专门为他们开设的宫廷学校。皇室之外的贵族子弟接受骑士教育。骑士教育是培养保护封建世俗利益的武夫的。其学习内容除了通俗的教义外，以"武士七艺"为主，即骑马、游泳、投枪、击剑、打猎、弈棋、吟诗。可见，封建社会的学校教育体系是为维护封

建等级统治并使它延续下去的一种手段。

为了维护现有的等级，统治者必然要加强思想上的控制，因此封建社会的学校教育具有鲜明的专制性。我国 2000 多年的封建社会学校以儒家思想为正统，儒学几乎是各个朝代教育的主要内容。在欧洲，封建统治阶级利用基督教对人们进行思想控制。在僧侣学校中，宣扬的美德是服从、安贫与贞洁，《圣经》是唯一的真理。教学内容中虽然有数学、天文等，但都涂上了宗教色彩。例如，在最初学习数学时，对数字的解释变成了教义解释。其中"1"是指一个上帝，"2"是指耶稣的两重性，"3"是指上帝的三位一体，"4"是指四个福音使者。教学方法强调死记硬背，体罚等方式盛行。此外，封建社会的统治阶级还利用各种社会的、非学校教育的途径加强对大多数不能进入学校的劳动人民的思想控制。可见，封建社会的专制性不仅表现在学校教育中，也表现在非学校教育中；不仅表现在培养目标上，也表现在教育内容和教育方法上。

教育的等级性、专制性必然导致教育的保守性。这突出表现在教育内容长期保持相对不变的状态，学校培养的大多是法先王、古人或上帝的缺乏创新能力的人。

（2）学校教育范围和规模逐步扩大

封建统治阶级为了维护统治，需要扩大学校教育范围和规模。例如，欧洲出现的教区学校遍及城镇、乡村，一般劳动人民的子女也可入学；我国封建社会的私塾也延伸至村镇，农村小地主家的子弟及经济条件较好的农民、手工业者的子弟也可以入学。

封建社会逐步建立了包括初等教育、中等教育和高等教育的学校教育体系。学校类型增多，不仅有普通教育的学校，还有带有职业性和专业性的学校。

综上所述，古代社会的学校教育具有以下共同特点：学校教育基本与生产劳动相脱离；学校教育为奴隶主阶级和地主阶级所垄断，具有鲜明的阶级性；学校成了统治阶级培养统治人才的场所；学校的教学内容主要是古典人文科学和治人之术；学校与社会生活脱离，学生的思想和生活被囿于狭小的空间，学校教育具有封闭性。

（三）现代社会的教育形态

现代社会与古代社会的根本区别在于经济形态从自给自足的自然经济转变为不断发展和变化的商品经济，生产方式从手工生产转变为大机器生产。与此同时，社会政治制度、社会关系等发生了相应的变化。教育也随之发生了巨大变化，有如下具体特点。

1. 学校教育逐步普及

早在 16 世纪，德意志就有不少公国颁布了普及教育的法律。后来欧洲的其他国家也颁布了类似的法律。不过这些早期的关于普及教育的法律大多不具有强制性或在事实上不具有强制性，因而对普及义务教育的作用是十分有限的。19 世纪中叶以后，各个先进资本主义国家通过的有关普及义务教育的法律大都具有强制性。正是这些具有强制性的法律的实施，使得先进资本主义国家先后在 19 世纪末 20 世纪初普及了初等教育，并在第二次世界大战后完成了中等教育的普及，实现了高等教育大众化。经过不懈的努力，我国已经完全普及了九年义务教育，并快速地实现了高等教育的大众化。

2. 教育的生产性逐步增强

随着机器大工业生产的发展和科学技术的进步，从事生产的劳动者就需要有一定的科学知识和技术。因而，在非正式教育中培养劳动者变得越来越不可行，学校教育日益与生产劳动相结合成为必然。教育的生产性具体表现如下：在教育目的上既要培养统治和管理人才，又要培养大量的劳动者；在教学内容上增加科学技术教育的分量，提高科学技术教育的地位；在教学方法上采用与教学内容相适应的演示、实验、实习等方法。

教育与生产劳动相结合使得近现代教育成为劳动力再生产的重要手段，也成为科学知识再生产和发展科学技术的重要手段，对提高社会生产效率和增加社会财富有重要作用。正因为如此，世界各国都高度重视教育，将教育作为经济发展的战略性条件，优先发展教育。

3. 教育的公共性日益突出

资本主义社会初期，教育主要是为新型的资产阶级服务的，不反映或很少反映广大劳动人民的利益或愿望。但是，随着机器大工业生产的发展，以及工人阶级和其他劳动人民对教育权的争取，既有的教育越来越不合时宜，越来越受到来自统治阶级和被统治阶级两方面的批判。在此情形下，教育逐渐成为社会的公共事业，接受教育成为每个公民享有的基本权利。

4. 教育制度逐步完善

随着公共教育制度的兴起，学校数量大大增加。学校教育需要一定的规范作为衡量学校工作的尺度，并解决上下级别学校衔接、不同类型学校分工以及办学权限之类的问题。于是，学校制度、课程设置、考试制度等应运而生，促使教育向制度化的方向发展。

值得注意的是，现代社会出现了资本主义社会和社会主义社会两种不同的社会形态。因为社会制度性质不同，资本主义社会教育和社会主义社会教育有着各自不同的特点。

资本主义社会教育的特点如下。

第一，资本主义社会教育不仅要培养和选拔资产阶级的统治人才，而且要给予广大劳动人民一定的文化科学知识。这极大地推动了资本主义社会义务教育的普及。最早颁布义务教育法的是普鲁士，时间是 1754 年；其次是奥地利，时间是 1774 年；美国是 1852 年；英国是 1870 年；日本是 1872 年；法国是 1882 年。义务教育的年限也逐渐从 4 年延长到 6 年、7 年、8 年，到现在最长的达到 12 年。

第二，建立了现代学校制度。现代学校逐步脱离教会的控制，学校教育制度由国家制定。各级各类学校之间的联系逐渐增强，成为一个互相联系的体系，形成单轨制、双轨制、交叉制多种形式。

第三，课程结构和课程内容得到了不断的调整，新的教学方法不断出现。

社会主义社会教育的特点如下。

社会主义社会教育的发展经历了两个阶段。第一阶段是对旧教育进行性质改造的阶段。无产阶级在建立起新的人民政权后，在教育上开展的第一步工作就是掌握教育事业的领导权，使教育事业成为人民的事业，继而进一步开展对旧学制和课程等一系列的改造，去除旧教育中反映剥削阶级思想和反科学的内容，并清理、整顿、改造、充实教师队伍。这是为社会主义教育事业发展扫清障碍的阶段，一般在革命胜利后的最初几年完成。第二阶段是按照社会主义发展的进程不断发展和完善社会主义教育体系，不断提高教育质量的阶段。这一阶段根据社会主义发展的进程又可划分为若干小阶段。由于社会主义革命和建设没有先例，因此如何办社会主义教育也没有经验。各社会主义国家的教育都在摸索中前进，虽然走过一些弯路，但在总体上还是以前所未有的速度发展着，显示出了勃勃生机。

社会主义社会的教育是为全体人民服务的教育，是人类教育事业走向真正的民主化、科学化和人道化的起点。具体而言，社会主义社会的教育具有如下特点。

第一，社会主义社会的教育从剥削、压迫人的工具变为消灭剥削和压迫的工具。这集中表现在教育的民主化上。社会主义政权的民主化决定了教育的民主化。社会主义政权建立后，不仅从制度上规定人人享有受教育的平等权利，而且花大气力不断扩大广大人民接受教育的范围，延长广大人民接受教育的时间，提高广大人民接受教育的质量。

第二，社会主义社会的教育第一次从社会制度上为教育促进社会发展的功能与促进个人发展的功能的协调提供了条件。在社会主义社会中，社会的发展要求全社会成员得到全面发展。社会制度的性质又为全社会成员的全面发展提供了可能，不断创造出更好的条件。虽然社会主义国家目前的生产力和科学文化的发展水平还不足以实现全社会成员的全面发展，但社会主义制度以人的全面发展为奋斗目标，会努力创造条件以实现人的全面发展。

第三，教育内容上实现思想性与科学性的统一。社会主义国家为了培养全面发展的人，在所设置的课程中废除了宣传唯心主义、灌输维持剥削阶级统治的意识形态的课程，开设了以历史唯物主义和辩证唯物主义为指导思想的课程，使教育内容实现了思想性和科学性的统一。

第四，学校教育与社会教育、校外教育保持一致。社会主义国家不但强调学校中的思想政治教育，而且强调提高全体人民的思想觉悟。国家在建设物质文明的同时，重视社会主义精神文明建设。因此，在对人的要求上，学校与社会的大方向是一致的。社会主义国家还重视校外活动机构的建设。这些校外活动机构不只为提高学生的智力或丰富学生的知识服务，而且为对学生进行共产主义思想教育服务，开展的活动与学校对学生的教育要求是一致的。

从以上对资本主义社会教育和社会主义社会教育的特点的介绍中，我们可以看到，两者的主要区别是在性质上、目的上，不是在教育规模和学校类型上。

20 世纪 60 年代以来，随着信息社会的到来，现代社会的教育表现出了新的特点。

在信息社会，信息和知识成为重要的生产力要素，高度智能化的高新技术产业成为支柱性产业，信息经济成为社会的主导经济，新知识、新技术和丰富优质的人力资源成为一个国家经济发展的关键因素。民主开始从政治生活层面向各个社会机构，包括家庭层面扩展，人与人之间的关系更多的是建立在丰富个性基础上的民主和平等关系。由经济全球化引发的世界一体化速度开始加快，高度的相互依赖和频繁的文化冲突将会成为困扰 21 世纪人类的主要矛盾。在此背景下，教育出现了如下特点。

第一，教育终身化。"活到老学到老"，教育不再局限于学龄阶段，而是贯穿人的一生。

第二，教育国际化。教育要面向世界，应该从知识、能力、态度和情感等方面培养受教育者,使受教育者从小就为适应国际化的时代做准备,具备国际意识、国际理解能力和参与国际事务的能力。国际化应该促进世界不同地区、国家和民族的繁荣,因此教育在顺应国际化的同时还应努力促进本土化。唯有如此,教育才能在促进世界文化交流的同时保护世界文化的多样性。

第三,教育全民化。教育全民化是指教育必须面向所有人,即人人都有接受教育的权利,且必须接受一定程度的教育。教育全民化既是经济发展的需要,又是道德发展的需要。全民教育的范围从学前教育到继续教育、终身教育,涉及正规教育、非正规教育和不定型教育。

第四,教育民主化。参与和平等思想是教育民主化思想的精髓。教师、家长、学生、科研人员、社会各部门参与教育管理,工商界、科技界、政界、新闻界、法学界等社会各界参与教育重大决策及科研决策。教育平等是实现社会平等的基础。教育平等追求让所有人都受到同样的教育,包括教育起点平等和教育过程中享受教育资源的机会均等。

第五,教育信息化。教育不仅培养适应信息化社会的人才,而且在教育管理、教学和科研等领域广泛地运用现代信息技术来促进教育改革和发展。教育信息化的基本特征是开发、共享、交互与协作。

第六,教育个性化。教育个性化大致表现在三个方面:不同国家和地区的教育制度越来越具有个性,不同的教育者尤其是教师的教育工作越来越具有个性,在不同教育背景和教育环境中培养的人越来越具有个性。

第七,教育的可持续发展。教育的可持续发展包括两个方面的内涵:一是注重教育事业的可持续发展,强调教育规模、布局、比例和结构的合理,强调经济效益与社会效益、数量与质量的统一,强调经费和人员的投入比例、师生比例的适度,强调专业结构、学科结构、课程结构等与社会和人的发展需要相协调;二是强调学生的可持续发展,强调用终身教育的理念渗透于学校教育,强调学生学习动机的激发、学习兴趣的培养、学习方法的掌握,特别是创造性学习能力的培养等。

第三节　教育学的产生与发展

一、教育学的定义

教育学是一门研究教育现象和教育问题,揭示教育规律的科学。其研究对象是教育现象和教育问题,研究任务或目的是通过对教育现象和教育问题的分析,揭示教育规律,构建教育学的理论体系,并为教育实践提供理论依据。

教育现象是对教育活动的最广泛的概括,是教育活动的外在表现。教育现象中的某些矛盾引起人们的注意,并且具有研究价值时,就成了教育问题,成了教育学研究的对象。教育问题是推动教育学发展的内在动力,但并非所有的教育问题都能构成教育学的研究对象,只有那些有价值的、能够引起社会普遍关注的教育问题才能构成教育学的研究对象。

规律是不以人的意志为转移的,是客观事物内在的、本质的、必然的联系及其发展变化的必然趋势。教育规律就是教育内部诸因素之间及教育与其他事物之间的内在的、本质性的、必然的联系，以及教育发展变化的必然趋势。教育规律表现在两个方面：一个是教育同社会发展的联系，通常被称为教育的外部规律；另一个是教育与人的发展的联系，通常被称为教育的内部规律。教育是通过培养人为社会服务的一种社会实践活动，既受社会发展规律的制约，也受人的身心发展规律的制约。教育、社会、人形成辩证统一的关系。教育规律是一切宏观教育活动和微观教育活动都必须遵循的规律。

教育规律与教育方针、教育政策、教育经验的不同如下。

教育规律是不以人的意志为转移的客观存在，具有客观性、普遍性和稳定性的特点。教育方针和教育政策是人们在一定社会背景下根据一定的需要制定出来的，具有主观性、区域性和时间性的特点。正确的教育方针、教育政策反映了教育规律，但不能代替教育规律。教育经验是从事教育活动的人们对教育现象的认识，具有表面性、局部性和个别性的特点。教育经验没有上升到理论高度之前，是不可能阐明教育规律的。

二、教育学的产生与发展

教育学是随着社会的发展和教育经验的丰富而逐渐形成和发展起来的一门学科。在原始社会，生产力水平低下，人类的经验很简单，没有科学，也就没有教育学。随着生产力的发展，奴隶社会出现了脑力劳动与体力劳动的分离，产生了文字和学校。人类的教育经验越来越丰富，教育工作日益复杂。社会越来越需要对教育工作进行研究，对教育经验进行总结。在此情况下教育学逐渐产生了。

关于教育学的发展阶段，学界有各种划分方法。本书把教育学的发展划分成四个大的历史阶段：教育学的萌芽阶段、教育学的独立形态阶段、教育学的发展多样化阶段和教育学的理论深化阶段。

（一）教育学的萌芽阶段

教育学的萌芽阶段是指自从教育成为人类独立的社会活动之后，伴随着教育实践的不断发展，教育经验的日益丰富，一些哲学家、思想家开始对教育实践经验进行总结和概括，对教育问题进行研究，并在他们的政治、哲学等思想中对教育问题进行论述。例如，我国古代的孔子、孟子、荀子、墨子、朱熹，外国的柏拉图（Plato）、亚里士多德（Aristotle）、昆体良（Quintilianus）等人，都在其著作或语言记录中论及教育，提出了一些教育观点。

1. 我国古代的教育思想

孔子是我国古代伟大的教育家和思想家。他首办私学，教授《诗》《书》《礼》《乐》《易》《春秋》等内容。其教育思想在《论语》中有充分的反映。孔子充分肯定教育在人的发展中的作用，认为"性相近也，习相远也"，人的本性是很接近的，后来的差别是教育和学习的结果。孔子主张"有教无类"，希望把人培养成"贤人"或"君子"。同时，孔子还提出了一系列的教学原则和教学方法，如"不愤不启，不悱不发。举一隅不以三隅反，则不复也""学而不思则罔，思而不学则殆""学而时习之""其身正，不令而行；其身不正，虽令不从"及"因材施教"等。这些教育思想至今还有很大的影响。

孟子提出"性善论"，主张教育的目的在于"明人伦"，培养君子。荀子提出"性恶论"，认为教育的作用在于"化性起伪"，即通过教育和学习来改变人的本性，使人形成适应社会生活的道德品质。

墨家的代表人物墨子提出"素丝说"，认为人的品行"染于苍则苍，染于黄则黄"，强调教育和环境在人的发展中的作用。墨子以"兼爱"和"非攻"为教，同时注重文史知识的掌握、逻辑思维能力的培养和实用技术的传习。突破儒家六艺教育的范畴，重视科学技术的教育和思维能力的培养，是墨家在教育内容上的一大创造。墨子还提出了判断言谈是非的三条标准，即"三表法"："本之于古者圣王之事""原察百姓耳目之实""废（发）以为刑政，观其中国家百姓人民之利"。

道家主张"道法自然"的哲学，强调回归自然，"复归"人的自然本性，认为一切任其自然便是最好的教育。

《学记》是世界上最早的一部专门论述教育问题的著作。它大约出现在战国末期，由儒家思孟学派撰写，比国外最早的教育著作、古罗马帝国教育家昆体良写的《论演说家的教育》一书还早 300 多年。《学记》是我国古代教育经验和儒家教育思想的高度概括，全书只有 1229 个字，对教育的作用、古代的学校教育制度和视导制度、教学的原则和教学方法以及师生关系等问题做了精辟的论述。

《学记》指出"化民成俗，其必由学""建国君民，教学为先"，揭示了教育的重要性及教育与政治的关系；设计了从基层到中央的完整的教育体制，提出了严密的视导制度——"比年入学，中年考校。一年视离经辨志，三年视敬业乐群，五年视博习亲师，七年视论学取友，谓之小成。九年知类通达，强立而不反，谓之大成"。此外，《学记》还主张课内与课外相结合，臧息相辅；提出了教学相长的辩证关系和"师严然后道尊"的教师观；在教学方面，提出"教学相长""及时而教"等教学原则；主张"道而弗牵，强而弗抑，开而弗达"，进行启发式教学；强调教学要遵循学生心理发展特点，"学不躐等"，即循序渐进等。

我国古代涌现出的不少优秀的教育著作，如荀子的《劝学》、韩愈的《师说》、朱熹的《朱子语类》、颜元的《存学篇》等，对师生关系、如何读书和学习做了精辟的论述。朱熹是理学思想的集大成者，是我国封建时代儒家的代表人物之一，也是一位伟大的教育家。他根据个体心理和生理发展的特性，把教育分成"小学"和"大学"两个阶段。"小学"阶段主要是培养儿童的行为习惯，教儿童基本的文化知识技能；"大学"阶段主要是进行学术观点交流。朱熹还提出了著名的"朱子读书法"——循序渐进、熟读精思、虚心涵泳、切己体察、着紧用力、居敬持志——集中体现了我国古代对读书方法的研究成果，至今仍有借鉴意义。

2. 外国古代的教育思想

苏格拉底（Socratés）是古希腊著名的哲学家、思想家和教育家。他提出了著名的苏格拉底教学法，即"产婆术"。这是一种教师和学生共同讨论和辩论的方法，分为讽刺、定义、助产三步。首先，教师先向学生提出问题，学生回答；其次，教师通过诘问的方法让学生意识到自己答案的荒谬之处；最后，教师用种种事例启发学生，引导学生自己找到正确答案。这一方法为启发式教学奠定了基础。

柏拉图是古希腊哲学家，其教育思想散记在他的政治学著作《理想国》一书中。柏拉图在《理想国》中总结了当时雅典和斯巴达的教育经验，提出了一个比较系统的教育制度，规定了不同阶级的人的不同教育内容。他重视早期教育，是"寓学习于游戏"的最早倡导者。

亚里士多德（Aristotle）是古希腊百科全书式的哲学家。他认为教育的最高目的就是追求理性；提出了"灵魂说"，将人的灵魂分为植物、动物和理性三部分；首次系统阐述了体育、德育、智育、美育和谐发展的教育思想和"教育遵循自然"的教育原则，把儿童和青少年的生理特点作为教育实施的依据。

古罗马教育家昆体良是西方教育史上第一个专门论述教育问题的教育家。他的《论演说家的教育》比较系统地论述了有关儿童教育的问题，被称为世界上第一本研究教学法的专著，也是国外第一本教育专著。

但在此阶段，教育学还没有从哲学、政治学、伦理学等学科中分化出来，关于教育的论述都是夹杂在政治学著作、哲学著作中的，且停留于经验的描述，缺乏科学的理论分析，没有形成完整的体系，因而教育学还处于萌芽阶段。

（二）教育学的独立形态阶段

教育学逐步发展成为一门独立形态的学科是在 17 世纪以后。随着资本主义的发展和科学技术的进步，资产阶级为了培养他们所需要的人才，在教育上提出了维护自身利益的主张，采取了一些新的措施。资产阶级教育家为了阐明这些教育主张，总结教育方面的经验，写出了一些教育著作，论述了体系比较完整的教育学。教育学逐渐成为一门独立的学科。

独立形态的教育学创立的标志主要有：第一，从对象而言，教育问题成为一个专门的研究领域；第二，从概念和范畴而言，形成了专门的教育概念和范畴；第三，从方法而言，有了科学的研究方法；第四，从结果而言，产生了许多教育学家，出现了一些专门的、系统的教育学著作；第五，从组织机构而言，出现了专门的教育研究机构。这些标志是在比较长的历史时期内逐步形成的，因此，教育学的创立也是一个漫长的历史过程。

英国哲学家培根（Bacon）为独立形态教育学的出现做出了重要贡献。作为"近代实验科学的鼻祖"，培根对经验哲学进行了猛烈的批判，提出了实验的归纳法，将其看成是获得真正知识的必由之路，为后来教育学的发展奠定了方法论基础。此外，1623 年，培根首次将教育学作为一门独立的科学提出来，把教育学与其他学科并列。

1632 年，捷克著名教育家夸美纽斯（Comenius）完成了《大教学论》。这是近代最早的一部教育学著作。在这本著作中，他从民主主义的"泛智"思想出发，提出了普及初等教育，主张建立适应学生年龄特征的学校教育制度，提出了班级授课制，规定了广泛的教学内容，提出了教学的便利性、彻底性与迅捷性的原则，高度评价了教师职业——太阳底下最光辉的职业，强调了教师的作用。这些主张在反对封建教育、建立新的教育科学方面都起了积极的作用。

1762 年，法国著名的启蒙思想家卢梭（Rousseau）完成了小说体教育名著《爱弥儿》，系统阐述了他的自然主义教育思想。卢梭对当时流行的古典主义教育模式和思想进行了全面的批判，以假设的教育对象爱弥儿为"模特儿"，按个体生长发育的自然年龄阶段，依次阐明了自己对处于不同年龄阶段的个体进行教育的目标、重点、内容、方法等一系列问题的独特见解。卢梭开拓了以研究个体生长发展与教育的相互关系为主题的研究领域，激发了教育思想家和理论家从教育对象的角度对儿童进行深入的了解和研究，促进了近现代教育思想的变革。

1776—1787 年，德国著名哲学家康德（Kant）曾先后四次在哥尼斯堡大学讲授教育学，他是较早在大学开设教育学讲座的教授。后来，赫尔巴特（Herbart）接替了康德在哥尼斯堡大学的教育学教席，并于 1806 年完成了《普通教育学》。这是一本自成体系的教育学著作，标志着教育学已经成为一门独立的学科。该书分为绪论、教育的一般目的、兴趣之多方面（教学）、品格之道德力量（德育）四个部分，较全面地论述了教育中德育、智育、体育的一些根本问题。该书第一次提出在伦理学基础上建立教育目的论，在心理学基础上建立教育方法论。在西方教学史上，赫尔巴特第一次提出了"教育性教学"的概念，并以心理学为基础将教学分为明了、联想、系统和方法四个阶段。该教学思想强调系统知识的传授，强调课堂教学的作用、教材的重要性以及教师的权威作用和中心地位，形成了传统教育"课堂中心""教材中心""教师中心"的特点。赫尔巴特的《普通教育学》曾一度风行世界，对许多国家的教育产生了很大的影响。赫尔巴特也因此被称为"现代教育学之父"或"科学教育学的奠基人"。

英国教育家洛克（Locke）在《教育漫话》一书中提出了著名的"白板说"，并系统地阐述了绅士教育理论。

瑞士教育家裴斯泰洛齐（Pestalozzi）一生致力于教育事业。他是第一个将教育理论运用在初等教育领域建立分科教学法的学者，开创了师范教育的先河。他明确提出"使人类教育心理学化"的口号，对推动教育活动科学化及教育学的诞生都起到了重要作用。裴斯泰洛齐的教育思想集中体现在其著作《林哈德与葛笃德》《葛笃德怎样教育她的子女》中。

（三）教育学的发展多样化阶段

随着科学技术的发展，心理学、社会学、伦理学等学科逐渐兴起。这些学科对教育学的发展起了巨大的作用。教育学不仅从这些学科中汲取有关的研究成果，还逐渐利用社会学常用的实证方法和心理学常用的实验方法来研究教育问题，使教育学向实证的社会科学转化，在科学化的道路上前进了一步。自 19 世纪 50 年代以来，世界上出现了各种各样的教育学，教育科学迅速发展起来。其中影响较大的几本教育学著作如下。

斯宾塞（Spencer）是英国著名的实证主义者，1861 年出版的《教育论》集中体现了其教育思想。他反对思辨，主张科学只是对经验事实的描写和记录。他提出教育的任务是教导人们为完满生活做准备，强调实用学科的重要性，重视体育，主张在教学方法上启发学生学习的自觉性，反对形式主义的教学。斯宾塞的实科教育思想反映了 19 世纪资本主义大工业生产对教育的要求，具有明显的功利主义色彩。

20 世纪初，欧美的教育学者利用实验、统计和比较的方法研究教育问题，出现了"实验教育学"。代表人物和代表作有德国教育家梅伊曼（Meumann）的《实验教育学入门讲义》《实验教育学纲要》和拉伊（Lay）的《实验教育学》。他们反对思辨的教育学，强调进行定量研究。他们的方法由于过于量化，因此不能涵盖教育学的全部问题。

19 世纪末 20 世纪初，美国出现了实用主义教育学说。实用主义教育思想与西欧的

"进步教育"结合为一体，以反对传统教育为名，组成了一个新的教育流派。实用主义教育学的代表人物是杜威（Dewey），其代表作是 1916 年出版的《民主主义与教育》。杜威从他的经验论原则出发，提出了"教育即生活""教育即生长""教育即经验的连续不断的改组和改造""做中学""学校即社会"等新的教育思想，借以实现其民主理想。杜威在批判传统教育的课堂中心、教师中心、教材中心的基础上提出了新的三个中心——活动中心、儿童中心和经验中心，这是其儿童中心教育思想的集中体现。杜威的"儿童中心"教育就是解放儿童的教育。这是传统教育转向现代教育的重要标志。自杜威的教育学说提出以后，西方教育学便出现了以赫尔巴特为代表的传统教育学派和以杜威为代表的现代教育学派的对立局面。

十月革命以后，俄国在列宁、斯大林的领导下，进行了二十多年的教育改革实践活动，形成了一系列以马克思主义原理和方法研究社会主义教育的成果，如 1939 年出版的以凯洛夫（Kaiipob）为总主编的《教育学》。该书继承了 17—19 世纪欧洲传统教育思想，重视系统知识的教育，强调教师的主导作用和课堂教学。该书在 1948 年和 1956 年先后经过两次修订，对苏联和我国的教育产生过巨大影响。

在我国，自 1901 年王国维翻译日本立花铣三郎所讲授的《教育学》以来，许多教育家翻译介绍和自主创编了多部教育学著作，如孟宪承的《教育概论》、杨贤江（笔名李浩吾）的《新教育大纲》等。其中，杨贤江的《新教育大纲》（1930 年出版）是我国第一本以马克思主义观点论述教育的著作。中华人民共和国成立后，在 20 世纪 50 年代，广大教育理论工作者以马克思主义为指导，对解放区和中华人民共和国成立后的教育经验进行了总结，编写和出版了一些教育学著作。这一时期是马克思主义教育学在我国的创建阶段。

值得注意的是，我国近现代教育史上还出现了一批伟大的教育思想家。他们为了改变旧中国的落后面貌，从不同的角度提出了自己的教育主张。

蔡元培是我国近现代著名的民主革命家和教育家，为在我国建立资产阶级的教育体制，尤其是为改革和发展我国的高等教育事业做出了重要贡献。1912 年，蔡元培发表了教育论文《对于新教育之意见》，系统地提出了"五育并举"的思想，即军国民教育、实利主义教育、公民道德教育、世界观教育和美感教育。蔡元培主张大学应该成为研究高深学问的学府，并以此为指导思想对北京大学进行了改造。此外，蔡元培还主张教育独立，认为教育应该脱离政治，教育事业应该交由教育思想家去做，而不应该受到各党派或各派教会的影响。

黄炎培是我国职业教育的先驱。他提出了著名的"使无业者有业，使有业者乐业"的职业教育理论，认为教育的本义在于发展人的能力，将"手脑并用""做学合一""理论与实际并行""知识与技能并重"等作为职业教育的基本教学原则。他倡导"学校无不用之成材，社会无不学之执业，国无不教之民，民无不乐之生"的大职业教育主义思想。这一思想集中体现了其职业教育社会化的办学方针，即办学宗旨社会化、培养目标社会化、学制社会化、办学方式社会化、办学过程社会化。黄炎培所倡导的"敬业乐群""利居众后，责在人先"的职业道德教育，至今仍有现实意义。

晏阳初被誉为"国际平民教育之父"，是享誉国内外的平民教育家、乡村改造运动的倡导者和实践家。在乡村教育实践中，他提出了"四大教育"（文艺教育、生计教育、卫生教育和公民教育)和"三大方式"(学校式、家庭式和社会式),认为要解决"四大教育"必须采用"三大方式"。他还主张知识分子要到乡村去,为农民办教育,要"化农民"必须先"农民化"。

陶行知是我国现代教育史上著名的人民教育家,被宋庆龄誉为"万世师表"。他提出了生活教育理论,认为"生活即教育",主张以人类的生活作为教育内容,要在生活实践中进行教育;认为"学校即社会",主张把学校里的一切延伸到大自然中去;强调学做结合,倡导"教学做合一"。

陈鹤琴是我国现代幼儿教育事业的开拓者,著名的儿童教育家,我国的"福禄贝尔"。其教育思想的核心是"活教育"。"活教育"的目的是"做人,做中国人,做现代中国人",达到这一目的的条件是具备健全的身体、建设的能力、创造的能力、合作的态度和服务精神。"活教育"课程论的指导原则是把书本知识和儿童的直接经验相结合,"大自然、大社会都是活教材"。陈鹤琴提出的"活教育"课程有五类,即"五指活动":儿童健康活动,儿童社会活动,儿童自然活动,儿童艺术活动和儿童文学活动。"活教育"的教育原则是"做中教,做中学,做中求进步"。因此,"活教育"的教学不重视班级授课制,而重视室外活动,着重于生活体验。陈鹤琴的"活教育"是针对当时中国教育的传统弊端,即空谈理论、教学脱节、学生缺乏创造性、没有动手能力提出的,在当时具有进步意义,而且对当前的教育改革仍有指导意义。

(四)教育学的理论深化阶段

自 20 世纪 60 年代以来,由于科学技术的迅猛发展,智力的开发与运用成了提高生产力的主要因素,引起了世界范围内的教育改革,促进了教育学的发展。教育学与社会学、心理学、经济学等学科相互渗透,且受到控制论、信息论、系统论等学科的思想方法的影响,在理论上日益深化、丰富。

1956 年美国心理学家布卢姆(Bloom)制定了教育目标的分类系统,把教育目标分为认知目标、情感目标和动作技能目标三大类,又把每类目标分成不同的层次。布卢姆的教育目标分类系统可以帮助教师更加细致地确定教学目标和任务,为人们观察教育过程、分析教育活动和进行教育评价提供了一个框架。

1963 年美国教育心理学家布鲁纳(Bruner)完成了《教育过程》这本著作。他重视学科基本结构,认为只要学科结构与儿童的认知结构相适应,那么"任何学科的基本原理都可以用某种形式,教给任何年龄的任何儿童"。他重视学生学习能力的培养,大力倡导发现学习。

1975 年苏联心理学家、教育家赞可夫(Владимирович)的《教学与发展》一书出版。该书是对赞可夫所进行的教学改革实验的总结。他强调教学应走在学生发展的前面,促进学生的一般发展。此外,苏联教育科学院院士、副院长巴班斯基(Бабанский)的《教学过程最优化》系列著作,将系统论的方法引进教学论的研究,进一步对教学论进行了科学化的新探索。

最近几十年,我国教育工作者坚持以马克思主义为指导研究我国教育事业发展过程中的重大理论和实践问题,在促进具有中国特色的教育理论和实践的发展方面取得了丰硕的成果:形成了教育学科的多个分支及门类繁多的交叉学科;开展了多种教育实验研究,促进了理论与实践的结合;出现了大批学术专著,推进了现代教育理念在我国的流传、运用与创新；方法论的转变与更新推动了教育理论与实践的发展。这些都为我国教育的进一步发展提供了丰富的资源和宝贵的经验。

第四节　教育学的基本研究方法

随着时代的发展，教育领域中各种新问题、新情况和新经验层出不穷，对这些问题的科学分析和回答需要积极开展教育学研究。教育学作为一门学科由此不断得到丰富和发展。常用的教育学的基本研究方法有观察法、历史法、调查法、实验法、行动研究法。

一、观察法

观察是有目的、有计划地对事物或现象进行感知的过程。通过观察，观察者可以获得对研究对象的直接认识，为科学研究提供可靠的事实。

观察法是指研究者在自然条件下，通过感官或借助一定的科学仪器，有目的、有计划地对研究对象进行系统考察，从而获取经验事实的研究方法。观察法操作简单，所获得的资料比较真实，可靠性较高，是教育科学研究中使用广泛的基本的研究方法。

观察者应有明确的目的和计划，在自然状态下进行观察，即尽量地做到不使观察对象受到干扰；应客观全面地记录观察的材料，除用笔记外，还可采用照相机、录音机、摄像机等技术手段记录材料；应及时处理观察的记录材料，将观察到的现象系统化、本质化，提高观察的信度和效度。值得注意的是，由于观察是在自然状态下进行的，不可能及时排除各种偶然的影响，因此，通过观察可以积累一些资料，但不能提供确凿的、科学的根据。因此观察者在运用观察法的同时还要结合其他方法。

二、历史法

所谓历史法，就是要从事物发生和发展的过程中进行考察，以弄清它的实质和发展规律的研究方法。

研究者要了解教育的某一问题，探求教育发展的规律，总结教育经验，都需要运用历史法进行研究。

历史法的第一步是收集史料。史料包括文字的史料和非文字的史料两种。研究者在对教育问题进行研究时，不仅应查阅教育的史料，还应查阅与教育有关的政治、经济、文化、科技等方面的史料，以便更加全面深入地研究问题。历史法的第二步是对史料进行鉴别。由于某个人的认识和历史的局限，史料常有不可靠的成分。在研究问题时，研究者应对收集到的史料进行鉴别，去伪存真。历史法的第三步是对史料进行分类。研究者或按时间的先后，或按政治、经济、文化、教育的性质，或按地域、民族的不同，进行分类，以便于问题的研究。

研究者运用历史法研究教育问题时，要注意以下三点。

第一，要坚持全面分析的方法。由于一定的教育受一定历史条件的制约，因此研究者进行研究时，应当把教育问题与一定历史条件下的政治、经济、哲学、伦理思想等联系起来，全面地进行考察与分析。

第二，要把历史分析和阶级分析结合起来。一种教育制度，一个教育家的教育思想，都有它的历史根源和阶级根源。研究者在研究教育问题时，不要简单化，不能把凡属于剥削阶级建立的教育制度或为剥削阶级服务的教育家都说成是错误的、反动的，必须实事求是地、全面地进行分析，既要看到前人的阶级局限性和历史局限性，又要看到前人的历史贡献。

第三，要正确处理批判与继承的关系。运用历史研究法的目的在于考察过去，总结经验教训，取其精华，去其糟粕，批判地继承，以便指导今后的工作。否定一切的虚无主义和无批判地兼收并蓄都是错误的。

三、调查法

调查法是指研究者通过问卷、访谈等方式，有目的、有计划地收集研究对象的有关资料，对取得的第一手资料进行整理和分析，从而揭示事物的本质和规律，寻求解决实际问题的方案的研究方法。

教育调查是了解教育情况、研究教育问题的基本方法。它对制定教育规划、评价教育质量、总结教育经验，都起着重要的作用。

教育调查分为全面调查、重点调查、抽样调查和个案调查。全面调查是用来调查某一事物和现象在某一地区的全面情况，或对某一单位全面情况的了解。重点调查是选择一部分能反映研究对象特征的单位进行调查。抽样调查是从总体所包含的个体中随机抽出一部分个体作为调查对象，借以推断、说明总体。个案调查是对一个事件或一名学生进行调查，如对一个超常儿童智力发展的调查。这种调查如果是长期的调查，那么又叫跟踪调查。

在运用调查法研究教育问题时，研究者要确定好调查的目的，选择适当的调查对象，拟定调查提纲，计划好调查的步骤和方法，并对调查资料进行整理分析，得出恰当的结论。调查方法是多种多样的，研究者经常采用的有如下几种。

谈话（口头访问）：谈话是教育研究中常用的一种方法。研究者可根据研究的问题，通过与教师、学生、学校领导或学生家长等人的谈话，了解研究问题的产生原因和历史情况，以及被调查者对问题的看法和态度。研究者在进行谈话时，要谦逊诚恳，平易近人，善于诱导对方围绕研究的问题自由地发表意见。谈话的方式有个别交谈、开小型座谈会等，研究者可根据谈话的内容和要求来决定。

问卷：问卷法是比较省时、省力、省费用的一种书面调查法。它是研究者将研究的问题编制成问题或调查表的形式，发给被调查者填写。研究者在拟定问题或调查表时，最好在卷首或专页写个简短的"启事"或"说明"，说明这次问卷（调查）的目的和填写方法，语意要恳切。所提问题（或表内项目）必须十分明确，使被调查者一看便知，以免发生误解。所提问题的数目（或表内项目）不宜过多，否则会使被调查者产生厌倦心理。在一般情况下，问卷法不应要求被调查者写出姓名。

此外，查阅学生作业和教育文件资料也是常用的调查方法。学生的作业和教育文件资料对教育研究有重要的价值。例如，查阅学生的课后作业、自制模型等，对研究学生的兴趣、爱好有着重要的作用。学校的工作计划、各种规章制度、教室日志、教师的教案、学生的试卷和成绩、班主任的经验总结等是研究学校工作不可缺少的资料。

四、实验法

实验法在自然科学中被广泛地运用，包括自然实验法和实验室实验法。教育学中所使用的实验法，即教育实验法，一般是自然实验法。

教育实验法是研究者根据对解决教育问题的设想，创设某种环境，控制一定条件的教育实践方法。研究者通过这种实践方法，来探索所设想的某种教育制度、教育内容、教育方法或教育形式的效果，检验其科学价值。

研究者运用教育实验法时应注意：在实验前应进行周密的考虑，精心设计，制定详细的方案，进行科学的预测和假定；在实验过程中要及时地、实事求是地进行记录，并长期地保存好记录，以供研究运用；在实验结束时应写出详细的报告，将实验的目的、对象、时间、地点、经过、采用的仪器、图表、资料、所做的分析与结论等都交代清楚。

实验法能够准确揭示事物的内部规律和因果关系，实验过程具有可重复性，结论具有可验证性，研究者不必被动等待研究对象的出现，省时省力。但教育实验多在自然状态下进行，因而只能尽量减少无关因素的干扰，无法杜绝，这势必影响实验结果的科学客观性；实验控制有时使实验情境与实际教育情境有一定的差异，导致所得结论并不一定完全适用于实际，需要借助于实践进一步检验。

五、行动研究法

行动研究法是一种适应小范围教育改革的探索性的研究方法。其目的不在于建立理论或归纳规律，而在于系统地、科学地解决实际问题。

行动研究法的特点：第一，实践性与参与性相结合，研究的全过程在特定环境的具体动态实践中进行，研究始终是对行动的诊断和干预，研究者直接或间接地参与实施新方案；第二，合作性与渗透性相结合，在典型的行动研究中，研究成员由专家、研究人员、教师和行政领导人员等构成，彼此之间互相沟通，取长补短，发挥各自的优势，使研究效益落实到不同的研究者和研究对象上；第三，持续评价性和即时反馈性相结合，研究者根据研究课题提出的目标，在不断变化的情境中对改革效果进行持续性评价，一旦发现较为肯定的结果出现，立即反馈到教育体系中；第四，可变性与适应性相结合，在课题目标的指引下，研究者可边行动边调整方案，提倡针对某种不同的教育对象或现象采取相适应的改革研究手段。

行动研究法的基本结构框架：在总目标的指引下，经历预诊、提出问题、收集与讨论信息、拟定具体计划、行动(实施计划)、评价总结和再诊断等步骤，解决实践中的一个个具体问题，并在整体上形成多重反馈体系。

行动研究法的适用范围：行动研究法特别适用于中、小规模课程研究与改革，以及对具体教育结构的整体性考察；还可用于教学方法和程序、行为管理和控制、教师组织行政工作效率、教师工作态度与价值观等方面的研究。

行动研究法的局限性：行动研究法以具体情境为限，研究的样本受到限制，不具代表性，对自变量的控制成分较少，导致这种研究的效度降低，其研究结论往往缺乏推广价值。

参考文献

1. 叶澜. 教育概论[M]. 北京：人民教育出版社，1991.

2. 王道俊，郭文安. 教育学[M]. 北京：人民教育出版社，2009.

3. 王道俊，王汉澜. 教育学[M]. 北京：人民教育出版社，1989.

4. 全国十二所重点师范大学. 教育学基础(第三版)[M]. 北京：教育科学出版社，2014.

5. 胡德海. 教育学原理(第三版)[M]. 北京：人民教育出版社，2013.

6. 王天一，夏之莲，朱美玉. 外国教育史(修订本)[M]. 北京：北京师范大学出版社，1993.

7. 孙培青. 中国教育史(第三版)[M]. 上海：华东师范大学出版社，2009.

8. 裴娣娜. 教育研究方法导论[M]. 合肥：安徽教育出版社，2009.

9. 王坚红. 学前儿童发展与教育科学研究方法[M]. 北京：人民教育出版社，2005.

习题

1. 教育的构成要素是什么？各要素之间的相互关系是什么？

2. 原始社会、古代社会、现代社会的教育特点分别是什么？

3. 教育学的发展经历了哪些阶段？每一阶段的代表人物及其代表作和主要教育思想分别是什么？

4. 教育学的常用研究方法有哪些？观察法、调查法和历史法在使用时的要求是什么？行动研究法的特点和适用范围是什么？

5. 请谈谈你对学习教育学的认识。

第二章　教育功能

【国考大纲导航】

1. 理解教育的基本功能。

2. 理解教育与人的发展的基本关系，包括教育与人的发展，教育与人的个性形成，以及影响人发展的主要因素——遗传、环境、教育、人的主观能动性等及它们在人的发展中的作用。

3. 理解教育与社会的发展的基本关系，包括教育与经济、政治、文化、人口、科技的关系。

第一节　教育功能概述

一、教育功能的界定

简单说，教育功能就是教育所具有的作用，尤其是积极的作用。作为培养人的社会实践活动，教育发挥的直接作用就是促进人的发展，培养社会所需要的人；发挥的间接作用就是通过培养社会所需要的人，满足社会的需要，促进社会的发展与进步。因此，教育功能就是教育对人的发展和对社会的发展所起到的影响和作用，尤指对人和社会的发展所起到的积极的作用。

教育是培养人的社会实践活动，这一本质决定了教育既是一个相对独立的系统，又是一个复杂开放的系统。教育功能在系统内部表现为教育对个体发展的影响和作用，在整个社会系统中表现为教育对社会发展的影响和作用。所以，教育功能是教育活动和系统对个体发展和社会发展所产生的各种影响和作用。

教育在微观上表现为一种活动，在宏观上表现为社会的一个子系统，与政治、经济、文化、人口等其他系统共同构成完整的社会结构。教育通过对生产力、生产关系的作用表现出影响社会发展的功能。

二、教育功能的特征[①]

(一)客观性

教育功能不是由人们臆测的，而是由教育本质和教育结构决定的。教育本质和教育结构发生变化，才能引起教育功能的变化。教育本质和教育结构在人类发展历史过程中有着相对的稳定性，这就决定了教育功能的客观性。教育功能是不能被选择的。

---

① 全国十二所重点师范大学：《教育学基础》第三版，北京，教育科学出版社，2014。

(二)社会性

教育是一种社会现象。社会系统的变化,尤其是生产力与生产关系的变化,会影响教育在社会系统中的地位,进而影响教育功能,使教育功能随着社会历史条件的变化而变化。即便是在某一特定的社会历史条件下,教育的功能,尤其是教育的社会功能,也必然受到社会政治经济制度的制约。教育对社会的作用是以社会对教育的制约和影响为前提的。教育首先受社会政治经济制度的制约,在这一制约的前提下,才能发挥自身的功能。

(三)多样性

教育对人和对社会各子系统的作用决定了教育功能的多样性。教育既有个体功能也有社会功能。在社会功能中,教育既有政治功能,也有经济功能、文化功能、人口功能等。但教育功能的多样性并非意味着教育功能无边界,无限夸大教育功能是不合适的。

(四)整体性

教育功能尽管具有多样性,但多样的功能不是杂乱无章的,而是构成了一个有序的组合体,表现出整体性。教育功能是以教育的个体功能为基础,通过人才培养来促进社会发展的。教育功能的整体性不仅表现为教育系统内部的协调一致,还表现为教育与社会系统的整体联动。所以,我们不能随意割裂教育功能,更不能为突出某一功能而压制另一功能。

(五)条件性

事物的功能客观地存在于事物的结构之中,具有一定的潜在性。事物的结构规定的功能是"应该干什么",但应该干的不一定是"能够干"的,更不一定是"实际干"的。所以,功能的实现是有层次的。"应该干什么"是潜在的教育功能,即应然的功能;"实际干什么"是真正的教育功能,即实然的功能。从应然的功能转化为实然的功能是需要条件的:一是要符合教育自身的规定和规律,二是需要现实提供适合功能发挥的条件。没有这两个条件,应然的功能不会转化为实然的功能,甚至会偏离目标,对人和社会的发展产生负功能。

三、教育功能的类型

教育功能的类型是指教育功能各种各样的表现形态。这些表现形态在教育作用的对象、层次、形式和性质等方面各不相同,从而使得教育功能呈现多样化。

(一)个体功能与社会功能

按教育功能作用的对象划分,教育功能可分为个体功能和社会功能。

教育的个体功能是指教育对个体的生存和发展所产生的影响和作用。它由教育活动的内部结构特征决定,产生于教育活动内部。因为人是教育的重要组成部分,所以教育的个体功能也被称为教育的本体功能。离开了这一本体功能,教育就失去了本质。

教育的社会功能是指教育对社会的稳定、运行和发展所产生的影响和作用。社会是一个大系统,是由多个子系统构成的,包括政治、经济、文化、教育等。子系统之间的相互作用维系着社会的运行,推动着社会的变革和发展。教育作为一个子系统,对其他子系统都会产生影响和作用。现代教育的社会功能包括人口功能、经济功能、政治功能、文化功能、科技功能等。教育是一种社会现象，但不能等同于政治、经济。试图把教育当作政治、经济而直接发挥教育的社会功能，是对教育本质的扭曲。教育的本质是培养人。离开了对人的培养，教育就不能成为教育。因此，教育的社会功能是教育本体功能在社会结构中的衍生，是教育的派生功能。

教育的个体功能和社会功能是教育功能相互联系的两个方面，共同构成了完整的教育功能。个人本位论和社会本位论把教育的个体功能与社会功能对立了起来，形成了"本体论"和"工具论"的功能观，是对教育功能完整性的割裂。教育功能是个完整的系统，我们必须确保教育个体功能和社会功能的统一。

(二)本体功能和派生功能

按教育功能的层次划分，教育功能可分为本体功能和派生功能。

教育的本体功能也称教育的基本功能，是根本的、固有的功能，是由教育的本质和内部功能结构决定的。由于教育的本质是培养人，因此，促进人的发展是教育的本体功能。

教育的派生功能也称教育的工具功能，是由教育的本体功能所引发出来的。教育培养各级各类人才。这些人才毕业后走入社会，参与社会生产、生活，为社会的稳定和发展做贡献。教育对社会发展的功能是通过本体功能派生出来的，因此被称为教育的派生功能。

教育固然要发挥社会功能，但社会功能的发挥只能建立在人才培养的基础上。我们绝不能把教育混同于政治、经济来谈教育社会功能的发挥；否则，教育将偏离其本质，沦为社会的附庸。

(三)显性功能与隐性功能

按教育功能呈现的形式划分，教育功能可分为显性功能和隐性功能。

显性和隐性是社会学家默顿(Merton)分析功能的一个维度。他指出，显性功能是指客观结果与主观预期相符合；隐性功能是指事物发展的结果不在预期之中，也未被觉察到，产生潜移默化的影响。可见，显性功能是有意实现的功能，有明确的目的性；隐性功能是无意实现的功能，有非预期性和隐蔽性。

按照默顿的这一思想，教育功能也可分为显性功能和隐性功能。显性功能是指教育活动依照教育的目的、任务和价值期待，在实际运行中所发挥的与之相符合的功能。例如，促进人的全面和谐发展、促进社会进步等，就是教育显性功能的表现。显性功能的主要标志是计划性。隐性功能指伴随显性功能出现的、非预期性的、具有较大隐蔽性的功能。教师的行为方式对学生潜移默化的影响，学校文化、社会环境对学生发展的影响等，都属于教育的隐性功能。教育的隐性功能不等同于教育的负功能，隐性功能中既有积极的方面，也有消极的方面。我们需要利用积极的隐性功能，避免消极的隐性功能。

显性和隐性的区分是相对的，也是可以互相转化、利用的。如果我们意识到隐性功能的重要性，有意识地进行引导和利用，那么隐性功能就会转变为显性功能。虽然教育具有明确的目的，但教育者不能运用强制和灌输的方式，而要采用隐性的方式，实现"润物无声"的育人效果。

（四）正向功能与负向功能

按教育功能的性质划分，教育功能可分为正向功能和负向功能。

教育的正向功能也称教育的积极功能，指教育有助于社会进步和个体发展的积极影响和作用。教育的经济功能、政治功能、文化功能等往往是指教育的正向功能。在实施教育的过程中，教育者要促进教育正向功能的实现，必须充分遵循社会发展和人的发展的客观规律。例如，学习社会主义核心价值观能够促进个体正确人生观、价值观、世界观的形成。

教育的负向功能也称教育的消极功能，指阻碍社会进步和个体发展的消极影响和作用。教育的负向功能是由于教育与政治、经济发展不相适应，教育者的价值观念与思维方式不正确，教育内部结构不合理等因素，教育在不同程度上对社会和人的发展起阻碍作用。例如，传播不良的思想会阻碍社会进步和个人发展的。

第二节　教育的个体发展功能

一、人的发展概述

（一）人的发展的含义

人的发展可以从广义和狭义两个角度来理解。广义上，人的发展是指个体从受精卵到生命终结的整个变化过程。根据广义的发展观，发展持续于人的一生。人在发展的每一阶段都有自己的发展课题，都有按发展的时间表依次出现的、有独特意义的行为模式。对个体来讲，人的发展的每一个阶段都很重要。狭义上，人的发展是指个体从出生到成人的变化过程。普通教育学关注的主要是狭义的发展。

无论是从广义的角度还是狭义的角度来理解，人的发展都包括两个方面——身体发展和心理发展。人的身体发展包括机体的正常生长和发育，体质的不断增强，神经、运动与生殖等系统生理功能的逐步完善。人的心理发展是指人的心理方面所发生的积极变化，包括两个方面：一是认知因素的积极变化，如感觉的精确性、知觉的全面性、记忆的理解性和思维的深刻性等的加强；二是各种非认知因素的积极变化，如情感、意志、兴趣和需要等意向的形成和能力、气质、性格等个性的完善。这些发展变化的对象化表现为个体知识的扩展、技能的提高、能力的增强、思想道德水平的不断提升和个性品质的逐渐形成。身体发展与心理发展相互依赖、相互促进：身体发展为心理发展提供物质基础，心理发展可以调节和促进身体发展。

（二）人的身心发展的动因

到底是什么在推动人的身心发展？又是什么决定人的身心发展？针对这些问题，历史上有两种具有代表性的观点。

1. 内发论

内发论者一般强调人的身心发展的力量主要来源于自身的内在需要，由个体内部固有的自然因素预先决定。身心的发展实质上是由这种自然因素按照内在的目的或方向展现出来的。外部条件只能影响身心内在的、固有的发展规律，而不能改变规律。内发论又称自然成熟论、预成论、生物遗传决定论等。

中国古代内发论的代表首推孟子。他认为人的本性是善的，"万物皆备于我"，人的本性中就有恻隐、羞恶、辞让、是非四端，这是仁、义、礼、智四种基本品性的根源。"仁义礼智，非由外铄我也，我固有之"，人只有善于修身养性、向内寻求，才能发展这些品质。

现代西方的内发论者进一步从人的机体需要和物质因素来说明内发论。奥地利精神分析学派的创始人弗洛伊德（Freud）认为人的性本能是推动人发展的、潜在的、无意识的、最根本的动因，他所说的性本能是最基本的自然本能。美国当代生物社会学家威尔逊（Wilson）把"基因复制"看作决定人的一切行为的本质力量。美国心理学家格塞尔（Gesell）强调成熟机制对人的发展的决定作用。他认为人的发展受基因决定，教育想通过外部训练在成熟的时间表前面形成某种能力是低效的，甚至是无效的，人所有的功能都受生长规律的制约。遗传决定论的创始人高尔顿（Galton）在1869年发表的《遗传的天才》中明确地宣称："一个人的能力是由遗传得来的，它受遗传决定的程度，如同一切有机体的形态及躯体组织受遗传决定一样。"

2. 外铄论

外铄论的基本观点认为，人的发展主要依靠外在的力量，如环境、其他人的影响和学校的教育等，外在力量的影响决定个体身心发展的水平和结果。外铄论又被称为环境决定论、教育万能论或经验论等。

我国古代性恶论的代表人物荀子提出"人之性恶，其为善者，伪也"的命题。他认为人没有经过教育是不会为善的，后天的环境和经验对人性的改造起决定性的作用。英国哲学家洛克认为能力是天赋的，知识是后得的。他假定人的心灵如同一块白板，上面原本没有任何标记，可以任人涂抹，外部力量——环境和经验——决定人的发展状况。他认为知识源于经验，我们全部的知识是建立在经验上的，知识归根到底都来源于经验。我们对外界可感事物的观察，或者对我们自己知觉到的、反省到的我们心灵内部活动的观察，给我们的理智提供了全部思维材料。这两者乃是知识的源泉，从其中涌出我们所具有的或者能够自然地具有的全部观念。外铄论的另一个典型代表人物是美国行为主义心理学家华生（Watson），华生说："给我一打健康和天资完善的婴儿，并在我自己设置的特定环境中教育他们，那我可保证，任意挑选一个婴儿，不管他的才能、嗜好、趋向、能力、天资和他们的祖先的种族如何，我都可以把他训练成为我所选定的任何一种专家：医生、律师、艺术家、商界首领乃至乞丐和盗贼。"[①]

外铄论者由于强调外部力量的作用，因此一般都注重教育的价值，对教育改造人的本性持积极乐观的态度。他们关注的重点是人的学习、学习什么和怎样才能有效地学习。

3. 多因素相互作用论

19世纪末20世纪初，出现了内发论和外铄论的混合体——多因素相互作用论。它主要有两种观点。

一种观点认为，人的发展既不是单由遗传决定的，也不是单由环境决定的，而是由遗传和环境共同决定的。德国心理学家斯特恩（Stern）认为，心理的发展既不是天赋

---

① ［美］赫根汉：《人格心理学导论》，何瑾、冯增俊译，256页，海口，海南人民出版社，1986。

本能的渐次展开，也不是单纯受外在环境影响的，而是内在本性与外在条件相互作用的结果。两种因素不可或缺，个体的不同机能不同程度地受遗传和环境的双重影响。

另一种观点认为，遗传从受精卵时起就受环境的影响，出生后环境的影响更是无处不在。遗传和环境对人身心发展的作用在人的形成和发展过程中一直是交织在一起的，很难被明确区分开。瑞士心理学家皮亚杰（Piaget）和苏联的维列鲁学派的观点认为：第一，遗传和环境对身心的发展是相互依存、相互制约的，一种因素作用的大小与性质依赖于另一种因素，它们之间不是简单的相加关系；第二，遗传和环境对个体发展的作用相互渗透、相互转换，个体的行为反应都是其遗传素质与过去环境相互作用的产物；第三，遗传和环境在不同发展阶段、不同水平和不同性质的机能上对发展的作用有所不同。

实际上，人的发展是多种因素综合作用的结果，是先天遗传、机体成熟机制等内在因素与后天社会影响等外在因素，以及主体在活动中的主观能动性相互作用的结果。个体在身心发展过程中表现出来的基本特点不是某一因素单独作用的结果，而是多因素综合作用的结果。个体身心发展受多种因素的影响，主要包括遗传、环境、教育、人的主观能动性。这四个方面的因素相互联系，共同作用于人的发展。

二、影响人发展的主要因素

(一)遗传

遗传是个体从上代继承下来的生理上的特点，如机体的结构、形态、感官和神经系统的特点等，还包括由遗传基因控制的身心成熟机制。对于遗传在个体发展中的作用，我们可以从以下几个方面加以理解。

第一，遗传只为个体发展提供必要的生物前提和发展的潜在可能性。

人的存在和发展必须以人的自然机体为前提和条件。如果没有视觉，就不可能成为画家；如果没有听觉，就不可能成为音乐家；如果没有高度发达的大脑，就不可能产生人类的言语和思维等。人的遗传素质是人得以存在和发展的物质基础，同时也为人的发展提供可能性前提。与动物相比，人的遗传特征和机制决定人在生理上需要比动物有更长的成长时间，具有远比动物发达和精细的神经系统、语言器官等。遗传素质方面的这些特征为人掌握语言、进行思维、形成意识、从事改造环境的创造性活动提供了生理上的保证。然而，所有的这些都只是意味着人可以得以发展，并不代表人一定能够实现发展。环境、教育、人的主观能动性能否发挥作用决定这种可能性能否向现实性转变。

第二，生理成熟水平制约着个体发展的过程和阶段。

生理成熟水平指的是个体受遗传素质制约的生理机能和构造的变化在一般的年龄阶段达到的一般程度。人在不同的年龄阶段具有不同生理发展程度，这个生理发展程度决定了人的身心发展的过程和阶段。人的身心发展是个渐进成熟、连续变化的过程。在这个过程中，心理的发展要受到生理成熟水平的制约。受遗传的成熟机制的制约，不同年龄阶段的人往往会在心理和行为特征上表现出巨大差异。同年龄阶段的人的身心发展既有共同的表现，彼此之间又可能有一定的区别。这种区别是由生理成熟程度不同而致的，如许多超常儿童表现出一般儿童所不具有的早熟或少年早慧。这些都是生理成熟制约人的发展的具体表现。

第三，遗传的差异性会影响发展的差异性。

世界上没有两片完全相同的树叶。人的遗传素质方面也存在着差异。即使是同卵双生子，在机体的构造和机能方面也有所不同。遗传素质的这种差异为人的智力、才能、特长等的发展提供了不同的前提条件，使不同的人具有不同的发展可能性。事实上，由于遗传素质的差异，不同的民族、种族、性别之间的区别通常不是靠简单的后天努力可以弥补的。

第四，遗传对个体发展影响大小与其本身是否符合常态有关。

人的遗传有 3%～5% 的概率是非常态的，即我们听说的"超常"。"超常"有两种情况：低于常态的和高于常态的。在遗传素质不合常态分布的情况下，遗传对人的影响作用就是决定性的；在遗传素质符合常态的情况下，遗传不起决定性作用。

第五，遗传对人的影响在个体发展不同阶段作用不同。

许多研究表明，在个体发展过程中，早期受遗传的影响较大。苏联心理学家鲁利亚（Luria）指出：到学龄中期，遗传对人的复杂的心理活动几乎没有影响。原因有两个：一是发展是从潜在到现实的过程，随着时间的推进，潜在已成为现实或潜在错过了变为现实的过程，潜在因素的作用就变弱了；二是随着个体的发展，影响个体发展的因素逐渐增多，人的心理发展也趋向高级复杂，故遗传的作用就相对减弱了。

20世纪以来，人类虽然在神经科学、认知科学方面取得了重大的突破，对遗传对人的发展的影响有了进一步的认识和了解，但是依然不足以揭示遗传到底在多大程度上影响人的发展。遗传影响人的发展，但不决定人的发展。"遗传决定论"或"先天决定论"都是错误的。值得注意的是，在教育实践中，我们常常忘记了人是自然的人，忘记了人与人之间在遗传上的差异性，过分强调教育对人的改造的作用，不能因材施教，经常站在行为主义的立场，按照社会的要求去塑造人，而不是根据人的潜质引导和开发人具有独特个性的东西。这是我们在教育实践中应该加以注意和纠正的。

（二）环境

环境是指直接或间接影响个体形成和发展的外在因素。这些外在因素包括自然环境和社会环境。自然环境主要是指环绕着个体并影响个体生存与发展的自然条件。社会环境主要是指人类在自然环境的基础上创造的物质文化、精神文化和社会关系的总和。

1. 自然环境对个体发展的影响

首先，自然环境影响人的生理发展。根据科学研究，人的身高与日照时间长短有一定关系。日照时间长，人往往长得高大一些。例如，我国北方地区人的平均身高高于南方地区人的平均身高。其次，自然环境也会影响人的心理发展。生活在自然条件较为险恶的地区，人的性格相对坚强；生活在沿海、交通便利的地区，人的见识相对较广，视野也较为开阔；生活在内陆地区，人的思想相对保守；生活在沿海、江河地方，人的思想较为开明。我国北方人的性格粗犷、彪悍，南方人的性格细腻、婉约，这一特点与所处的自然环境的影响有关。需要注意的一点是，自然环境对人的影响往往是与社会环境共同作用的结果。

2. 社会环境对个体发展的影响

社会环境是指人类在自然环境的基础上创造的物质文化、精神文化和社会关系的总和。社会环境对人的发展，尤其是对人的社会性的发展具有重要作用。它为个体的发展提供外在的客观基础和特定条件，从总体上制约着人的发展状态。任何人的发展都不能脱离所处的特定的历史时期和社会环境。生活于不同历史时期和社会环境中的人，具有不同的身心发展水平和思想意识。

(三)教育

从广义上说，教育是社会环境中特殊的一部分，是一种专门以促进人的发展为根本目的的环境。较之其他环境因素对个体发展的影响，教育起着更为重要的作用。学校教育作为由专职人员和专门机构承担的，按照一定的社会要求向受教育者的身心施加有目的、有系统、有计划、有组织的影响，使受教育者在知识技能、思想品德、智力、体力等方面都得到发展，成为一定社会(阶级)所需要的人的活动，在个体发展中起主导作用，即学校教育对人的发展具有主要的、导向性的作用。

1. 学校教育对人的发展的主导作用的体现

学校教育对人的主导作用体现在四个方面：第一，学校教育根据社会对人的基本要求对受教育者发展的方向做出社会性规范；第二，学校教育具有加快人的发展速度的特殊功能；第三，学校教育，尤其是基础教育对人的发展的影响不仅具有即时的价值，而且具有延时的价值，为人的终身发展奠定坚实的基础；第四，学校教育具有开发人的特殊才能和发展人的个性的功能。

2. 学校教育的特征

学校教育的主导作用是由学校教育的特征决定的。

第一，学校教育的目的性和方向性。教育是一种有目的地培养人的社会活动。学校教育反映社会对人的要求，根据一定社会的政治经济发展的需要，按照一定的目的与方向，选择适当的内容，采取有效的方法，利用集中的时间，对人进行系统的教育和训练，使人获得比较系统的文化科学知识和技能，形成一定的世界观和道德品质。

第二，学校教育的计划性和系统性。学校教育是在各种严格的规章制度的制约下进行的。它保证了教学的良好秩序，把人的发展所需要的一切时间和空间全部纳入可控的程序，保证了教学得以顺利、有节奏地进行。同时，学校教育又具有系统的学习内容。这些内容既考虑了社会政治经济对人才规格的需要，又考虑了知识的逻辑顺序和受教育者的年龄特点与接受能力，从而保证了人才培养的质量。

第三，学校教育的组织性和专门性。学校是按照一定的教育目的组织起来的，有比较完整的组织机构，又有经过教育和训练的专职教育工作者，把受教育者按照一定的教育要求组织在专门的教育场所进行教育和训练。学校是培养人的专门场所，在培养人的方面具有专门性。学校的第一任务是培养人，有系统且完整的专门课程，有专门从事教育工作的教师。

第四，学校教育的可控性。教育环境都是经过精心选择设置的。学校根据教育目的利用和调配各种社会资源。精心创设的校园环境和严密的学校管理制度可以消除不良环境因素的干扰，充分利用一切积极因素的作用，以确保个体发展的方向。

第五，学校教育的基础性。从终身教育的角度来看，各级各类学校都是在不同层面上为人一生的发展打基础的。学校教育的基础性尤其表现在基础教育、普通教育和通识教育中，为学生学会做人、生存、学习打基础，对人一生的发展具有奠基意义。

学校教育在个体发展中起重要作用，但是这种作用的发挥并不是必然的和绝对的。教育既不能超越它所依存的社会条件，凌驾于社会之上去发挥它的作用，又不能违背人身心发展的客观规律任意决定人的发展。人的发展是多种因素综合作用的结果。对个体而言，教育的作用既可以是积极的，也可以是中性的，还可以是消极的。教育经验、师资水平、物质条件、学生原有水平以及社会上各种外在因素都可以影响教育作用的发挥。

3. 学校教育发挥主导作用的条件

学校教育要在个体发展上起主导作用，必须满足一定的条件。

第一，从受教育者的角度看，受教育者必须具有可教育性和接受教育的主观能动性。

受教育者的可教育性是指受教育者具有接受教育的天赋素质和潜在能力。一般来讲，个体是可被教育的，是具有可教育性的。但是，对一个具体的个体来说，并不是可以接受所有教育的，在某些方面可能就不具有天赋。对一个不具有可教育性的个体进行教育，教育是不可能起作用的。受教育者在具有可教育性的前提条件下，还必须具有接受教育的主观能动性，即对教育的需要性。如果受教育者不愿意接受教育或拒绝接受施加的教育影响，那么教育也不能起到应有的作用。

第二，从自身的影响条件看，学校教育必须有较高的质量。学校教育质量主要体现在学校教育的物质条件、教师素质和教育管理水平三个方面。

学校教育的物质条件是学校教育赖以存在与发展的物质基础，也是教育功能正常发挥的前提条件，影响学校教育发展的速度和规模。学校教育的物质条件包括校园地理环境、校舍、教育设备、图书、教材、教学辅助资料、办公用品、学习文具等。

教师素质的高低制约着教育的水平。关于教师在学生发展中的作用，苏霍姆林斯基（Сухомлинский）曾经有这样的赞誉："你不仅是活的知识库，不仅仅是一名专家，善于把人类的理智财富传授给年轻一代，并在他们的心灵中点燃求知愿望和热爱知识的火花。你是创造未来人的雕塑家，是不同于其他人的特殊雕塑家。教育创造真正的人，就是你的职业。社会把你看成能工巧匠，我们国家的未来在很大程度上取决于这种能工巧匠。"[①]教师的专业性是构成教育主导作用的主要因素，这一方面取决于教师的知识结构、教育能力和智慧，另一方面取决于教师的事业心、责任感和职业道德。

教育管理的水平制约着教育功能的发挥。教育管理是对特定教育资源（包括人力、物力、财力和信息等）进行合理组合，使之有效运转，以实现教育目标的协调活动。教育是一个复杂的系统工程，教育管理工作至少要涉及以下九个基本要素：目标、机构、职位、人员、财物、时空、信息、文化、法律。任何一个要素出问题都会给教育带来负面影响。

第三，家庭环境必须有利于个体发展。

家庭环境，无论是精神的还是物质的，都对个体发展有重大的影响。研究表明，家庭的物质条件、父母文化水平、家庭人际氛围以及父母养育子女的态度和方式都会影响个体发展。一个人的行为习惯、性格、价值观和生活态度主要是在家庭中形成和

① 转引自郑金洲：《教育通论》，314 页，上海，华东师范大学出版社，2000。

发展起来的。良好的家庭环境和教育是个体发展的重要影响因素，也是学校教育主导作用发挥的前提和基础。

第四，社会环境必须有利于学校教育的开展和实施。

任何教育都是社会的教育，它自身的发展首先是受社会制约的。社会的生产力发展水平、政治制度、文化和思想意识都对教育具有制约和影响作用。在生产力水平低下、政治制度不公平、文化不发达、思想封闭的社会环境中，人们不重视学校教育，也没有受教育的需要和条件，学校教育也就无法起作用。

总之，我们不能孤立地、静态地理解学校教育在人的发展中的作用。人的发展受多方面因素影响。只有当这些因素形成合力，共同对人的发展发挥积极作用的时候，个体才能够得到充分、和谐、自由的发展。另外，我们在探讨学校教育对人发展的作用的时候，不能片面地强调人的自然属性或社会属性。教育作为培养人的事业，应该更多地关注作为个体的人，把对个体生命的关注凸显出来。当我们取这样一种教育价值取向的时候，我们在对待每一个个体时，才不至于太过强调学校教育的改造作用和按照社会需要的塑造作用，才能真正发挥学校教育对每个个体的内在潜力的挖掘作用。

（四）人的主观能动性

人的主观能动性是指人的主观意识对客观世界的反映和能动作用。主观能动性是人类特有的意识，不同于动物的本能。从意识层面来说，人的主观能动性表现为人的需要、动机、目的等主观积极性；从外在表现来说，人的主观能动性表现为人的活动的自觉性。人的主观能动性是促进个体发展从潜在可能状态转变为现实状态的重要因素，是影响和推动个体发展的直接动力。教育必须非常重视人的主观能动性的发挥。

影响个体发展的四大因素在人的发展中不可缺失，任何一种因素的缺失都会影响其他因素对个体发展的作用，从整体上限制和阻碍个体发展。遗传是个体发展的物质基础和前提条件，环境是个体发展的重要影响因素，教育在个体发展中起重要作用，人的主观能动性是人发展的内部动力。这些因素共同发挥作用才能有效促进个体发展。

三、教育对人类地位的提升

教育对人发展的作用主要表现为促进人的社会化和个性化，为人提供谋生的本领，使人享受生活。一个人生活在社会上，既是社会的人，又是个体的人。前者表现为社会性，追求作为群体的人的共同性；后者表现为个性，追求作为个体的人的独特性。社会性与个性既相互对立又相互统一。人是社会性与个性的统一体，人的发展在本质上就是社会性与个性在人身上逐步统一和实现的过程，教育是实现这一过程的主要手段。在人的社会化过程中，教育首先按照社会的要求，通过自身的活动，传播社会中的主流文化和价值观念，把社会的价值规范转变为人的思想意识，从而促进人的行为的社会化。教育过程对人而言，是一个提高自身素质、增强自我能力的过程。教育能够根据人在遗传素质方面的差异和后天发展过程中形成的差异对人进行因材施教，帮助不同的人发展其内在潜力，促进人的充分发展，形成人的独特性。

教育通过其本体功能，在促进人的社会化和个性化的过程中提升人类地位。人类地位的提升主要表现在人的价值的发现、潜能的发掘、力量的发挥、个性的发展四个方面。

（一）教育对人的价值的发现

人的价值是指人在社会中的地位得到肯定，人的作用得到发挥，人的尊严得到保障。在人类历史上，人的价值并不是一开始就被发现的。原始社会的人经常处于外在客观力量的威胁之下，因而总觉得自己无能为力，看不到自己已有的和应有的地位与作用。奴隶社会是一匹马可以换几个奴隶的时代，奴隶毫无人的地位和尊严可说。封建社会的奴隶也只能过着被剥削、被压迫的生活，没有人身自由。直到资本主义早期人文主义思潮出现以后，关于人的价值的呼唤才出现。但几百年来，人的价值始终没有摆脱资产阶级统治的桎梏。即使到 20 世纪后期，对人的价值的肯定仍然受到种种干扰。教育有责任不断提高人们对自身价值的认识，提高人对人与人、人与社会、人与自然关系的认识，使人充分认识到人的生命价值、人的主体地位、人的独特尊严。教育不仅要教给人知识和技能，而且要教会人驾驭知识和技能以及怀疑知识和技能，使人清醒地认识到知识是为人所用的，而不应该让知识反过来奴役人。

（二）教育对人的潜能的发掘

潜能是人区别于动物的重要标志，是能够把未成熟的人培养为成熟的人、把平凡的人培养成出色的人的前提条件。任何人都具有一定的潜能，甚至是巨大的潜能。人的潜能很少能自动表现出来。人的潜能的充分发掘，必须通过教育和学习才能实现。教育者必须认识到当具备了某种条件时，人的潜能会得到超常的发挥。充分认识人的潜能存在的事实及价值，尽可能地使人的潜能得到发展，是教育者应该努力追求的目标。

（三）教育对人的力量的发挥

人的力量是人的身体力量与精神力量的综合。早期在与自然的斗争中，人主要依靠身体力量，很少运用精神力量。人运用精神力量能创造和使用工具，增强人自身的生存能力；能认识世界和改造世界，满足人的需要；能认识自己和改造自己，以发展和完善自身。人的身体力量的发挥有多种途径，教育也是其中的一个重要方面；人的精神力量的发挥只有通过教育才能实现。教育不仅需要培养和发挥人的身体力量和精神力量，而且要力图使人的身心和谐发展。

（四）教育对人的个性的发展

个性亦称人格，是指个体稳定的心理特征，具有整体性与独特性。个性又是人的共同性与差别性在每个个体身上的具体统一。发展个性是要在人的共同性的基础上充分把人的独特性、自主性和创造性表现出来，从而使每个人实现个性化，实现生命的个体价值与社会价值。发展个性是教育的理想，进行个性教育是教育的本质和真谛。教育对人的个性的发展主要表现在以下三个方面。

1. 教育促进人的主体意识的发展

人的主体意识是指人对自我的主观能动性的认识。具有主体意识的人把自己看作自然界的主体，不是被动消极地听命于自然界，而是主动、积极地作用于自然界。教育对人的主体意识的发展起着重要的促进作用。对个体而言，教育的过程是一个不断提升自我的过程，是激发人的主体意识的过程。

2. 教育促进人的个体特征的发展

人的个体特征是指人的身心发展的个体差异性。人的遗传素质中蕴含着个体差异性，但人的个体差异性的发展、个体特征的形成更多取决于后天环境，其中最重要的是教育。教育应当尊重个体差异性，帮助个体充分开发内在的潜力并充分发展其特长。教育主要通过不同的内容和形式来促进人的个体特征的发展，培养个体的情感、性格、气质。

3. 教育促进人的个体价值的实现

每个个体实现其生命价值都是通过他在社会生活中发挥的作用来体现的。人越具有道德、知识和才能，就越能体现生命的价值。教育使人意识到生命的存在并努力追求生命的价值和意义，赋予人创造生命价值的信心和力量。

第三节　教育的社会功能

教育作为一种社会现象，本身属于社会的一个子系统，与社会其他子系统有着复杂的关系。一方面，教育受社会诸多要素的制约；另一方面，教育又对社会的子系统起着限制或促进作用。教育还具有相对的独立性。在这里我们主要探讨社会诸要素对教育的制约作用和教育对社会的促进作用。构成社会的要素有很多，如社会经济、政治、文化、人口，它们与教育有着复杂又密切的关系。社会经济、政治、文化、人口是社会的主要内容和组成要素，同时也是教育的社会基础。教育对这些因素具有反作用，表现为教育的经济功能、政治功能、文化功能和人口功能等。

一、教育与经济的关系

生产力水平是教育发展的物质基础，同时也对教育提出了与生产力相适应的要求。一方面，办教育需要有必要的物质投入，包括人力、物力和财力的投入；另一方面，经济的发展会对教育提出相应的要求，以满足经济发展对人才的需要。

(一)生产力水平对教育的决定作用

1. 生产力水平决定教育的规模和速度

兴办教育需要一定的人力、物力和财力。因此，任何社会教育发展的规模和速度都必须取决于两方面的条件：一方面是物质资料生产能为教育的发展提供的物质基础；另一方面是生产力发展、社会再生产对劳动力的需求程度，包括需要的劳动力总量和各种劳动力的比例。一般来说，一个国家经济发展的水平与该国的文盲率、入学率、义务教育普及年限、高等教育发展水平直接相关。

2. 生产力水平制约教育结构的变化

教育结构通常指包括基础教育、职业技术教育、高等教育、成人教育在内的不同类型和层次的学校组合和比例构成。社会生产力水平以及在这个基础上形成的社会经济结构制约着教育结构。生产力的发展不断引起产业结构、技术结构、消费结构和分配结构的变革，教育结构也随之出现新变化。否则，教育结构就会出现比例失调的问题，如教育培养的人才不能满足社会经济的要求，或者出现人才过剩现象。

3. 生产力水平制约教育的内容和手段

生产力的发展和科学技术的进步使知识快速发展，促进人们的认识能力、思维水平不断进步，由此，促进学校的课程结构与内容不断改进与更新。在生产力水平较低的古代社会，教育内容十分贫乏，课程门类不多，且大多属于人文学科，自然科学的内容很少。随着生产力的发展，教育的内容不断更新。14世纪，西欧学校开设的自然科学方面的课程仅有算术、几何和天文学；文艺复兴以后，增加了地理学和力学；18世纪产业革命后，又增加了代数、三角、植物学、动物学、物理、化学等。到了现代社会，学校既重视科学教育又重视人文教育，初步形成了较为完整的学科门类体系。当代世界各国的重大教育改革几乎都是以课程体系和教育内容改革为核心的，目的都是为了满足生产力和科学技术发展的新要求。

学校的物资设备、教学实验仪器等都是一定的生产工具和科学技术在教育领域的应用，反映了社会生产力和科学技术的发展水平。19世纪以前，学校教学的主要设备是黑板加粉笔，模型加地图。19世纪下半叶开始，幻灯片、投影、电影、电视、录音、录像、广播、程序教学机器等相继应用于学校教学领域。当代科学技术迅速发展，更多更新的技术手段，如电子计算机、人造卫星、微电子技术、光纤通信和网络技术等被应用于教育教学领域，日益影响教育的全方位发展。

4. 教育相对独立于生产力的发展水平

虽然生产力对教育有制约作用，但从历史上看，教育与生产力的发展并非完全同步。这表现为两种情况：一种情况是，在一定时期内，由于人们的思想意识落后于较为先进的生产力，因此教育的思想、内容、手段、方法等也往往落后于生产力发展水平；另一种情况是，在生产力处于较低水平的情况下，由于文化交流、社会转型受到传统观念的影响，教育的内容和方法可能超越生产力发展水平。教育相对独立于生产力发展水平，并不是说教育的发展可以脱离生产力发展水平。因为，教育归根结底要受生产力发展水平的制约。

（二）教育的经济功能

1. 教育再生产劳动力

劳动力的质量和数量对教育发展有重要影响，教育担当着再生产劳动力的重任。教育培养人的劳动能力，使潜在的生产力转化为现实的生产力。教育可以提高劳动力的质量。

人力资本是指人所拥有的知识、技能和能力，它已成为知识经济增长的重要因素。教育是形成人力资本的基本途径。第二次世界大战后，西方经济学家从对经济增长的生产要素组合比例的分析中发现，影响经济增长的因素除了资本的投入外，还有人力资本。美国经济学家西奥多·W. 舒尔茨（Theodore W. Schultz）是人力资本理论的奠基者。他在1960年12月做的"人力资本投资"的讲演被称为人力资本理论创立的"宪章"。人力资本理论的核心概念是人力资本。与物质资本相比，人力资本在经济活动中是更活跃、更具发展特性的因素；在现代经济增长中，常常是更具关键性的因素，甚至是首要因素。舒尔茨通过计算美国1957年比1929年增加的教育投资总额，推算出教育水平对国民经济增长的贡献是33％。在人类拥有的一切资源中，人力资本是较为重要的。不断提高人力资本开发与管理的水平，是发展经济、提高市场竞争力的需要，是一个国家、一个民族、一个地区长期兴旺发达的重要保障。教育在人力资本开发和管理中具有非常重要的地位。马克思指出，教育不仅是提高社会生产的一种方法，而且是造就全面发展的人的唯一方法。

2. 教育是科学知识再生产的重要途径

科学知识是一种生产力，这种生产力的再生产也要通过教育来实现。

教育在科学知识再生产方面发挥的作用首先表现在它的继承性上。继承性是科学的一个特点。任何一个人或一个时代对自然的认识总是有限的，要形成真正的科学认识，在绝对真理的长河中不断前进，就需要继承和积累科学知识。科学的继承和积累又必须通过教育来实现。教育把已经创建的知识不断地再生产出来，为新一代人所掌握和继承。通过继承，有限的认识逐步积累为无限的知识，继承和积累同时又为新的科学上的发现做好了知识上的储备。科学正是通过教育这一中间环节前进的。没有教育实现科学知识的再生产，当代科学就不可能达到较高的水平。

学校进行的再生产又是一种扩大的再生产。它使原来为少数人所掌握的科学知识为更多的人所掌握，不断扩大科学知识的传播范围。这种科学知识的扩大再生产可以提高全社会的科学文化水平，为先进科学技术的普及和提高提供了广泛的基础。

学校进行的科学知识的再生产还是一种高效率的再生产。它通过有效的组织形式和方法，缩短再生产科学所必要的劳动时间。

3. 教育生产新的科学知识与新的生产力

学校的主要职能是传递人类已经积累的知识，即进行科学知识的再生产。但是，我们还应该看到，学校特别是高等学校通过科学研究也担负着生产新的科学知识、创造新的生产力的任务。学校由于具备有利条件，因此必然成为科学研究中的一个重要支撑。学校与科研的紧密结合，学校在科研方面的加强，是近现代教育发展的新特点。例如，英国的剑桥大学著称于世，原因之一就是它有卡文迪许实验室。德国从威廉·冯·洪堡(Wilhelm von Humboldt)创立柏林大学起，就明确提出科学研究与教学相统一的主张。第二次世界大战后，联邦德国在重建大学的过程中，仍然保持"洪堡式"大学的传统。我国的高校也是科学研究的重要基地，许多发明是由高校完成或参与完成的。同时，学校通过培养创新型人才，也可促进新的科学技术的产生和发展。所以，教育为科技的服务，最基本的途径是通过创新型人才的培养实现科技的创新。

教育与社会生产力是相互制约的关系，社会生产力只能提供它的物质资料的一部分给教育事业，教育对物质资料的使用需要同其他部门对物质资料的使用相协调、相平衡。教育对经济的作用具有周期性长、发挥作用迟缓的特点。因此，我们在处理教育与经济的关系时，既要考虑经济的发展状况和发展水平，实事求是地增加教育投资，发展教育事业，又要杜绝只顾眼前短期经济利益，忽视教育对经济的长期性、迟效性作用，要用发展的观点看待教育对经济增长的作用。目前有关教育与经济的关系有几种不同的说法：一种是教育先行论，这是一种超前发展理论；一种是教育同步论，即教育和经济发展同步；还有一种是教育滞后论，即教育发展落后于经济增长的速度。无论哪种理论，如果不在一定的条件下，或者特定意义上讨论，而片面强调某一方面，都是违背教育与经济发展的客观规律的。

二、教育与政治的关系

作为一种社会现象，政治属于上层建筑的范畴，产生于阶级社会国家产生之后。政治有多种表现形态，国家的政治制度、组织制度、法律法规是其制度形态；政党、政府和其他国家组织机构是其组织形态，国家和政党的路线、方针、政策是其观念形态，为维护政党、国家的权力和利益所开展的各种活动是其活动形态。政权是政治的核心，阶级性是政治鲜明的特征。

教育与政治的关系是双向的：一方面表现为政治对教育的制约作用，一定社会的教育都隶属于特定的群体、阶级和国家，具有社会性、阶级性；另一方面表现为教育对政治的能动作用，任何社会和阶级的教育都是为维护特定社会和阶级的利益服务的，同时，教育通过传播科学和民主，不断推进社会的民主化。

(一)政治经济制度对教育的制约

政治经济制度对教育的制约主要表现在政治经济制度决定教育的性质。

1. 政治经济制度决定教育的领导权

教育的领导权是判断和确定教育性质的重要标志。在人类社会中，谁掌握了国家政权，谁就掌握了学校教育的领导权，并且通过对教育方针政策的颁布、教育目的的制定、教育经费的分配、教育内容的规定、教师和教育行政人员的任命聘用等，实现对教育领导权的控制，使教育为本阶级服务。

2. 政治经济制度决定受教育权

受教育权是判断和确定教育性质的另一个重要指标。一个国家设立怎样的教育制度，什么人接受什么样的教育，进入不同教育系列的标准怎样确定，基本上都是由政治经济制度决定的。从人类历史发展来看，处在社会不同阶层和经济地位的人享有不同的受教育权。

3. 政治经济制度决定教育目的

教育的根本任务是培养人。培养什么样的人是由一定的社会政治经济制度决定，体现一定的社会政治经济要求的。社会的政治经济制度不同，教育目的也就不同。政治经济制度，特别是政治制度是直接决定教育目的的因素。

4. 教育相对独立于政治经济制度

教育是一种社会活动，一切社会活动在本质上都表现为社会性，受社会生产力发展水平和一定社会政治经济制度的制约。教育又是一种特殊的社会活动，其特殊性决定了"教育就是教育"，而不是其他。因此，教育又具有相对独立性。教育的相对独立性是指教育不可能脱离社会而完全独立。教育离不开社会，受社会发展的制约，但教育又具有自己特有的内涵和本质。那种在教育中完全依赖政治经济的做法，或以政治经济代替教育的做法都是违反教育规律的。学校不能忽视自身办学规律，放弃学校教育任务直接为政治经济服务；不能参加具体的政治运动，执行具体的政治任务。

(二)教育的政治功能

教育受政治经济制度的影响。反过来，教育对政治经济制度产生影响。

1. 教育为政治经济制度培养所需要的人才

通过培养人才实现对政治经济制度的影响，是教育作用于政治经济制度的主要途径。自古以来，任何一种政治经济制度，要想得到维持、巩固和发展，都需要有新的接班人。这些人才的培养主要是通过学校教育来实现的。当今社会，科学技术迅速发展，全球经济联系更加紧密，国际政治经济关系日趋复杂，国家政治经济需要具有更高科学文化水平的人才，这些人才就需依靠学校教育来培养。

许多资料显示，资本主义国家的高级政治领导人大多数毕业于名牌大学。例如，英国历史上 50 多位首相中毕业于牛津大学和剑桥大学的就达 30 位以上。从 1979 年 6 月的资料来看，英国当年 399 位保守党议员中就有 94 位毕业于牛津大学，75 位毕业于剑桥大学。在美国，高级政治人才大多毕业于哈佛大学、耶鲁大学、普林斯顿大学等名牌大学。在日本，70% 的高级文职人员毕业于东京大学。过去我国各级党政领导干部和管理干部主要是通过实践锻炼来培养的。在新的历史时期，我国明确提出了干部四化的要求，并十分注意文化程度和专业程度，主要从大中专毕业生中择优选拔。这充分反映了现代教育在担负培养政治人才方面的地位和作用。

2. 教育可以促进政治民主

一个国家的政治民主化程度是由这个国家的政体决定的，但与人民的文化水平、教育发展的程度不无关系。一个国家的教育普及程度越高，人民就越能增强公民意识，认识民主价值，推崇民主措施，进而在生活中自觉履行民主权利，推动社会进步。具体体现为：提高人们政治素质是政治民主化的前提，教育民主化是政治民主化的重要组成部分，民主的教育是政治民主化的催化剂，教育的法制化是政治民主化的保障。

3. 教育通过传播思想、形成舆论作用于政治经济制度

学校是青少年集中的地方。他们有知识，有见解，思想活跃，勇于发表意见。学校通过教育者和受教育者的言论、行动、讲解、文章等，来宣传一定的思想，制造一定的舆论，借舆论影响群众，为政治经济制度服务。

从历史上看，许多政治事件都是从学校发端的。总之，政治经济制度直接制约着教育的性质和发展方向，教育又对政治经济制度有不容忽视的影响。当然，我们不能把教育的作用强调到不适当的程度，通过教育的作用解决政治经济制度的根本问题是不现实的。教育对政治经济制度的变革不起决定作用。

三、教育与文化的关系

教育与文化具有内在的、天然的联系。英语中的"文化"一词源于拉丁语 Culture，原意为"耕作""栽培""发展"的意思。在汉语中，"文"有"文字""文雅"等义，"化"是"教化"，"文化"的含义为"文治教化""以文教化"。有"文化"意味着有"教养"，文化实则起了教育的作用。因此，我们可以认为教育是一种文化化的过程，它借助于文化起到教化、育人的作用。同时，教育作为一种人类创造的精神活动，本身又构成了一种特殊的文化现象。教育与文化相互包含、相互制约、相互依存、互为目的和手段。

(一)教育与文化是相互依存、相互制约的关系

1. 教育是一种特殊的文化现象

教育是一种文化现象，是整个人类文化的有机组成部分。教育的双重文化属性(传递和深化文化与构成文化本体)决定了它在社会文化中具有十分特殊的地位。教育几乎与文化体内所有部分都发生直接联系。如果不借助教育，任何一种文化特质和文化模式都将影响它存在的质量，缩短它存在的时间。

2. 教育与文化相互依存、相互制约

之所以特定社会中的教育能与特定社会文化体中的其他方面共存一体，是因为它们经过长期的历史共生和磨合，已经筛选掉不相适应的部分，并使其余部分形成一种

特定的相互适应和相互依存的关系。所以在其他文化体中的人看来，毫无存在价值和道理的某些文化特质，在另一文化中却是不可或缺的，这是保持世界文化多元化的重要基础。

教育与文化在相互依存、相互制约的过程中，不断地按照各自的规律运动、变化和发展。在开始时，来自教育或文化方面的本体运动只产生一些渐变性的影响。这种影响积累到超出先前两者关系所划定的范围时，就会引起突发性变革，出现新的文化、新的教育和新的相互适应关系，从而实现两者在更高水平或更新意义上的和谐一致。

(二)文化对教育的作用

1. 文化影响教育的价值取向

价值取向是文化的核心内容，我国传统文化的价值取向对我国的教育和年青一代价值观的形成有不可忽视的影响。

2. 文化影响教育目的的确立

教育目的的确立除了取决于社会的政治经济制度和生产力发展水平之外，还受文化的影响。例如，英国着重培养具有绅士风范与良好品性的公民，德国着重培养能够服务社会的公民，日本着重培养具有团队精神的公民，所有这些都与其文化有密不可分的关系。

3. 文化影响教育内容的选择

教育内容属于人类文化，不同时期的文化和不同国家与民族的文化影响着教育内容的不同选择。

4. 文化影响教育教学方法的使用

文化影响人们对知识及其来源的认识，也影响人们对人与人之间关系的认识。在教育上，文化影响人们对师生关系的认识，这决定了人们对教育教学方法的不同应用。

(三)教育的文化功能

1. 教育的文化传承功能

教育具有筛选、整理、传递和保存文化的作用。教育通过培养人来传承人类积累的文化，为特定社会服务，实现个体的社会化。这就决定了教育必须按照社会的要求和人的身心发展规律及特点来选择教育的内容。

2. 教育的文化传播和融合功能

教育具有传播和融合文化的作用。如果说文化的传递是指在同一社会文化共同体内将文化从上一代传递到下一代的话，那么传播就意味着文化从一个社会文化共同体传输到另一个社会文化共同体。文化传播表现为文化在空间上的流动。在文化传播过程中，不同国家和民族的文化相互交流、交融，不断优化各自的文化，促进各自文化发展。现代教育逐步走向更广的世界，在教育的交流和文化的相互学习中，促进文化的融合。这一融合有两个途径：一是通过教育的交流活动，如互派留学生、互相进行学术访问、召开国际学术会议等，促进不同文化之间的相互理解、相互吸收，使异域文化之间求同存异；二是通过对不同文化、不同思想、不同观点的学习，如引入国外的教材、介绍国外的理论流派和研究成果、利用国际互联网的交流等，对异域文化进行选择、判断，对已有的文化进行反思、变革和整合，融合成新的文化。不同文化间的交流、融合不是一方对另一方的取代，也不是不同文化的简单相加，而是以自己文化为根、吸收异域文化的有益成分、改造原有文化的过程。不同文化的交流、融合不仅促进了世界文化的发展，而且促进了本民族文化的繁荣。

3. 教育的文化创造功能

教育具有更新和创造文化的作用。教育最根本的文化功能就是实现文化的创新与发展。教育通过以下几个方面实现文化的创造功能：一是教育为社会文化的更新与发展提供大量的、具有创造力的人才，并通过他们去推动本民族的科学技术、文学、艺术的发展；二是教育可以选择文化并将选择后的文化确定为教育内容，使得文化更具有生命力；三是教育带来的文化交流使原生文化在与异族文化的交融过程中，激发出文化创新的生机和动力。

（四）学校文化

对于如何界说学校文化，不同学者有着不同的见解。这些见解可为界说学校文化提供如下参考：一是学校文化不仅包括学校全体成员共同遵循的一些观念和行为，而且包括部分成员共同遵循的一些观念和行为；二是学校文化既可能对学校预定教育目的达成有积极作用，也可能阻碍教育目的达成，这是由学校文化中蕴含的丰富多样性和歧义性决定的；三是学校文化的核心是学校各群体所具有的思想观念和行为方式，其中最具决定作用的是思想观念，特别是价值观念。本书认为学校文化是指学校全体成员或部分成员习得的且共同具有的思想观念和行为方式。

1. 关于学校文化的分类

学校文化既包括校园建筑、环境布置等显性文化，也包括人际环境、心理环境等隐性文化。

首先，校园显性文化包括校园的物质环境，如校舍建筑、校园场地布置、校园活动仪式等。校园物质环境具有教育功能。学生在不会"说话"的校园里学习、活动，潜移默化地接受教育。校园活动仪式具有德育价值，如升旗、入团（队）宣誓、运动会入场等，既是学校教育的一个组成部分，同时也蕴含着十分丰富的德育价值。学校应该重视校园物质环境的教育功能，充分挖掘和利用校园物质环境育人。

其次，校园隐性文化包括校风、班风、人际关系等。对学生影响最大的是校园人际环境。友爱、信赖、和谐的校园人际关系，是具有德育价值的校园隐性文化。班级是学生精神成长的摇篮，班级中的人际关系会影响每一名学生的成长。

2. 学校文化的特性

第一，学校文化是一种组织文化。学校是一个社会组织，组织现象是人类社会的基本现象。每个组织都是庞大的社会文化系统中的子系统，受制于社会需求、社会确立的总的意识形态和价值观。但每一个组织由于内外环境、构成因素和历史传统不同，因此经由自身的运作会形成具有其自身特有的文化模式，形成独特的组织文化。

第二，学校文化是一种整合性较强的文化。任何一种文化都具有整体性的特点，学校文化表现得尤为突出。这是因为学校有着明确的价值取向和目的要求，以学校内化了的观念为核心，以预定的目标为动力，通过一系列的活动形成了多层面、多类型文化。

第三，学校文化以传递传统文化为己任。学校本身是文化的产物，文化传承是其重要功能。这突出表现为教材的使用和内容的选择都是千百年来文化的积聚，都是对人类已有文化成果的提炼和概括。

第四，学校文化是人们为了保证学校教育活动顺利进行而创立和形成的一种特有的文化。按照不同的层次和标准，学校文化可以再细分成学校物质文化、学校组织和制度文化、学校精神文化以及学校领导者亚文化、教师亚文化、学生亚文化、学校职工亚文化、课程亚文化和活动亚文化等。学校物质文化是学校文化的空间物态形式，是学校精神文化的物质载体。学校物质文化有两种表现方式，即学校环境文化和设施文化。学校的组织和制度文化有三种表现方式，即保证学校正常运行的组织形态、规章制度和角色规范。学校的精神文化是学校文化的核心。有人把学校精神文化分解为四种基本成分：一是认知成分，二是情感成分，三是价值成分，四是理想成分。

学校文化，特别是良好的校风具有鲜明的教育作用，尤其对学生个性和品德的陶冶功能是其他教育形式难以替代的。校风是学校中物质文化和精神文化的统一体，是经过长期实践形成的。校风一旦形成，往往代代相传，具有不易消散的特点，因为它已经成为学校所有成员特别是师生的自觉行为。良好的校风对师生能起到潜移默化的影响。

3. 学生文化

从学校教育的对象来划分，学校文化大体上可以分成教师文化、学生文化。学生是学校教育的主体，学校文化建设应该充分关注学生文化。

(1)学生文化的成因

第一，学生个人的身心特征。不同学生处于不同的年龄阶段，具有特定的身心发展需求以及一些不同于其他年龄阶段的思想观念和行为规范；某些学生由于身心方面的显著特征，在其生活经历中会存在不同于其他学生的文化特征。

第二，同伴群体的影响。学生多处于青少年期，有自己交往的群体。在这个群体中，他们会形成一些共同的价值规范和一种与成人文化不同的文化形态。

第三，师生的交互作用。教师与学生的交往活动是学校生活中一个较为主要的组成部分。在这种交往活动中，教师采取的教学形式不同，学生的反映也就随之不同。不同的师生互动模式可以产生不同的学习氛围和不同的行为方式。

第四，家庭社会经济地位。学生家庭所处的社会经济地位是影响学生文化形成的又一重要因素。处于某个社会经济地位的群体一般都有着一些特定的思想观念和价值规范等。学生生活在家庭中，其思想和行为通常也会受家庭影响。

第五，社区的影响。学生生活的社区对其文化的形成也产生一定影响。社区一般都会形成与社会共同体相应的规范和制度，使得生活在其中的学生在有意或无意中习得社区的文化特征并将之带入学校。

(2)学生文化的特征

第一，学生文化具有过渡性。学生文化是介于儿童世界与成人世界之间的一种文化，是学生从儿童迈向成人的一种过渡性产物。学生在一定程度上认同成人的价值观，但又表现出自主、独立的需求。

第二，学生文化具有非正式性。学生文化通常是在日常的互相交往中，有着共同的价值观念和行为方式的学生作为一个群体表现出来的。它对学生的影响是非正式的。学生文化蕴含着学生全体的价值观，是学生在不知不觉中习得的文化。

第三，学生文化具有多样性。不同的学生具有不同的背景、兴趣、爱好等，表现出不同的文化倾向。

第四，学生文化具有互补性。学生文化作为一种独特的文化，是对学校文化的一种补充。人的生活是多彩的，人的主观能动性也是不断发挥作用的。从学生文化的类型和形式上来讲，年龄文化、性别文化、同伴文化等在发挥各自作用的同时进行互补。

四、教育与人口的关系

教育作为培养人的社会活动，不仅与个体有关，而且与社会人口状况有关。人口是指生活在一定社会或一定地区，具有一定数量、质量与结构的人的总体。人口与教育的关系表现在两个方面：一是人口状况制约和影响教育；二是教育对改善人口质量、提高民族素质的作用。

(一)人口状况对教育的制约和影响

1. 人口数量对教育的规模、结构和质量的影响

(1)人口数量的变化影响教育的规模

中华人民共和国成立后的 40 年间，我国人口有一个高速增长期。到 1990 年，人口总量由中华人民共和国成立初的 4 亿左右增长至 11.2 亿，学龄人口比例由 22.4% 增长至 32.97%。人口的增长促进了教育规模的扩大。与 1949 年相比，1990 年我国小学在校生增加了 5 倍，普通中学在校生增加了 44 倍，职业技术类在校生增加了近 30 倍，高校在校生增加了 20 余倍。但是，在 1990 年的人口普查中，全国文盲、半文盲的人口数量依然占总人口的 15.88%，具有大学程度的人只占总人口的 1.42%，文盲人口总量达到 2.2 亿。造成这种状况的一个重要原因就是教育发展的规模跟不上人口数量增长的规模。为此，在 1990—2000 年，教育规模进一步扩大。自 1980 年我国实行计划生育以来，人口高速增长的趋势有所减缓。到 2007 年，人口自然增长率已逐渐由 1978 年的 12.0‰ 下降至 5.2‰。0～14 周岁人口占总人口的比重由 1982 年的 33.6% 下降至 2007 年的 19.4%。人口增长率减缓和学龄人口比例降低使得部分地区和学校生源严重不足，教育规模有所缩小，甚至导致部分教育资源的闲置。

(2)人口数量的变化影响教育的结构

为了缓解需要接受教育的人口众多与教育资源不足的矛盾，我国采用多种形式、多种力量办学的方式发展教育，如在当前的情况下，我国普及教育就采用了普通教育与成人教育相结合、公立教育与私立教育相结合、免费教育与有偿教育相结合的形式。近年来，我国学龄儿童人口数量的减少也对教育结构产生了深刻的影响。例如，一些地区并校、撤校的一个重要原因就是人口数量变化致使学校布局结构发生改变。

(3)人口数量的变化影响教育的质量

过高的人口增长率会影响教育的质量，使教育经费和师资质量的平均水平降低。以我国的情况为例，1990 年第四次全国人口普查显示，6～14 岁学龄儿童为 1.7658 亿。虽然近 20 年来人口增长速度减缓，学龄儿童数量有所下降，但 2005 年全国 1% 人口抽样调查显示 6～14 周岁儿童依然有 1.6707 亿人。这就需要增加大量的教育经费、设施和师资。而我国目前的师资数量、质量以及国家对教育的投入都难以保障较高的教育质量。学生人数增加还使班级人数过多，同样会影响教育质量的提高。一般来说，

每个班级学生数以 30 人为宜。但在我国，尤其是西部城镇学校，班级人数大部分都在 50 人以上。这种超员的现象在条件较好的学校表现得更为突出。入学人数的增加使升学竞争更加激烈。这种竞争往往又体现为学习成绩的竞争，势必不利于学生的全面发展，进而影响教育的质量。

2. 人口结构对教育的影响

人口结构指人口的年龄、文化、职业、地域、民族等的构成。人口的年龄结构会影响各级各类学校在教育系统中的比例。就我国的情况来看，2000 年以前，人口结构对基础教育造成了巨大压力，致使基础教育的规模迅速扩大；2000 年以后，随着人口结构的变化和终身教育的发展，高等教育、成人教育的压力增大，其规模也逐渐扩大。人口的文化结构对教育的影响主要表现在对教育的要求和质量的影响上。人口文化总体水平高，对教育的需求水平和质量要求也相应较高，同时也为教育的发展创造了条件。人口的职业结构呈现类似的趋势。职业人口的比例提高，职业人口中从事脑力劳动和技术性工作的人口的比例提高，对教育的需求也会提高。此外，社会对不同职业劳动者的需求会影响各类专业学校的布局比例。最近几年，我国职业技术类教育的高速发展就是由社会对职业技术类人才需求的增加所致。人口的地域分布影响教育质量和教育机构的布局。在东部地区，经济文化发达，人口密集，教育事业也相对发达，教育质量较高。人口的民族构成也对教育有重要影响，不同民族有不同的文化，包括语言、风俗、价值观等，这些差异使不同民族对教育有不同的要求。教育对不同民族的影响也存在差异。当前，在世界范围内，如何在教育上满足各民族对教育的需要和保障各民族发展的利益已成为各国教育发展重点思考的问题。

3. 人口质量对教育质量的影响

人口质量是指人口身体素质、文化修养和道德水平的状况。人口质量是评判人口各方面素质总体发展水平的标准之一。人口质量对教育质量的影响表现为两个方面：一是入学者已有的水平对教育质量会产生影响；二是年长一代的人口质量会影响新生一代的人口质量，从而影响学校的教育质量。年长一代对新生一代的影响是多方面的。在身体素质方面，年长一代会通过遗传和养育影响新生一代。在文化素质和道德水平方面，年长一代对新生一代的影响更为明显。年长一代为新生一代提供的家庭教养、社会文化环境直接决定新生一代的文化素质和道德水平。这些身体素质和文化素质及道德水平的初始状态都会影响教育质量。

4. 人口流动对教育的影响

20 世纪末和 21 世纪上半叶是我国城市化迅速发展的时期。在这期间，大量农村人口流入城市，使得不同地区之间的人口密度和规模发生巨大变化。这种变化导致广大农村地区学校生源严重不足，教学资源闲置、浪费，城镇地区教学资源紧张和不足。学校的区域布局因此发生改变。

(二)教育的人口功能

教育对控制人口数量、调整人口结构都有重要作用，尤其对改善人口质量和提高民族素质的作用表现得更为直接和突出。

1. 教育控制人口数量的作用

控制人口数量的手段很多，教育是一种重要的手段，并且被认为是长远起作用的手段。一些人口学家在研究后得出结论：全体国民受教育程度的高低与人口出生率的高低成反比。有关拉丁美洲这方面的调查表明：工作的妇女生育率低于家庭妇女，有专业知识的妇女低于一般农村妇女。我国的调查也反映出同样的倾向：人口的平均文化程度越高，人口出生率越低。受教育程度不同的人有着不同的生育观。受教育程度较低的群体和个人倾向于高数量的生育，受教育程度较高的群体和个人倾向于比较合理的生育。

2. 教育改善人口质量，提高民族素质的作用

教育作为促进人的全面发展的活动，在提高人口的科学文化素质和思想道德水平方面起着重要作用，其直接的效果就是提高人的素质。教育不仅关注人的心理与智能发展，而且关注人的身体发展。一方面，教育通过改变人们的生活观念和生活方式发挥对身体的影响作用；另一方面，教育提供科学健康知识和正确行为方式以提高身体素质。可以说，教育是提高人口质量的根本途径。我国是一个人口大国，2016 年我国总人口已超过 13 亿。这样庞大的人口数量使得我们拥有世界上最丰富的人力资源。然而从人口的总的质量来看，我国与世界平均水平还有较大的差距。我国人口科学文化素质的总体水平还不高，主要表现在：一是人口粗文盲率大大高于发达国家 2%以下的水平；二是大学粗入学率大大低于发达国家；三是平均受教育年限不仅低于发达国家的人均受教育水平，而且低于世界平均水平(11 年)。教育对于劳动力人口的人力资本形成的作用最大，1995 年之后效果趋于明显。据统计，1985—2014 年，全国劳动力人口平均受教育年限从 6.38 年上升到了 10.05 年，高中及以上受教育程度人口占比从 14%上升到了 36%，大专及以上受教育程度人口占比从 2%上升到了 16%。[①] 这表明人口素质的提高依赖于教育的发展。因此，国家要大力发展教育，为全面提高我国的民族素质做贡献。

五、教育与科技的关系

20 世纪是人类社会发展较迅速、变化较剧烈的一百年，其最明显的特征之一是科学技术迅猛发展，科学理论知识转化为技术、应用于生产的时间迅速缩短。据统计，"从科学发现到技术发明，20 世纪初以前大约需要 30 年，20 世纪中叶大致为 10 年，20 世纪下半叶缩短至 5 年左右"[②]。教育与科技的联系日益密切。一方面，教育促进了科学技术的发展；另一方面，科学技术又进一步推动教育的进步。

(一)科学技术对教育的影响

科学技术对教育的影响首先表现为对教育有推动作用；其次表现为为教育的发展指明方向，引导教育遵循科学的轨道前进。具体而言，科学技术对教育的影响表现在以下几个方面。

1. 科学技术能够改变教育者的观念

科学发展水平制约着教育者的知识水平和知识结构，影响着教育者对教育内容和教育方法的选择，也影响着教育者对教育规律的认识和教育过程中教育机制的制定。

---

① 数据引自《中国人力资本报告 2016》。
② 数据引自《美国教育界年鉴》。

2. 科学技术能够影响受教育者的质量和数量

一方面，科学技术的发展揭示出受教育者的身心发展规律，从而使教育活动遵循这种规律；另一方面，科学技术的发展及其在教育上的广泛运用使受教育者的规模得以扩大，增加了受教育者的数量。

3. 科学技术可以影响教育的内容、方法和手段

科学技术可以渗透到教育活动的一些环节，为教育资料的更新提供各种必要的技术条件。学校类型的增多、学校规模的扩大、教育设施的兴建、教育内容的记载、表达方式和教学用具的制造等，都离不开科学技术的作用。

(二)教育对科学技术发展的作用

1. 教育能完成科学知识的再生产

科学知识的生产是直接创造新科学的过程，科学知识的再生产是将科学生产的主要产品经过合理的加工和组织，传授给更多的人，尤其是传授给新一代人，使他们能充分地掌握前人创造的科学成果，为科学知识的再生产打下基础。科学知识的再生产有多种途径，学校教育是科学知识再生产的最主要途径之一。教育作为科学知识的再生产，其作用表现在两个方面：一方面在于科学的继承与积累，把前人创造的科学知识加以总结和系统化，一代一代地传下去；另一方面在于科学的扩大再生产，把前人创造的科学知识传授给新一代人，使他们能够站在前人的肩膀上，有所发现，有所创新，生产出更新的科学成果。

2. 教育推进科学的体制化

科学研究最初只是少数人的活动，是为了满足好奇心。17、18 世纪以后出现的专业的科学家和专门的科学研究机构是科学的体制化的表现。这与教育尤其是高等教育密切相关。

3. 教育具有科学研究的功能

教育者在传播科学知识的同时，也从事着直接的科研工作，这在高校里尤为突出。高校是较为重要的研究机构。据统计，美国的大学承担了全国基础研究的 60%，应用研究的 15%；日本的大学承担基础研究，国立研究所承担应用研究，民间企业承担开发研究。在我国，有 800 多所高校承担科研任务。

(三)信息技术与教育

信息技术的发展对教育产生的深刻影响主要体现在以下几方面。

1. 信息技术改变着人们关于知识的观念

信息技术改变着人们关于知识的数量观念和质量观念。

2. 信息技术改变着人们关于学习和教育的观念

教育过程在本质上是一种选择过程，许多媒体设备成为教育的中介，教师通过信息技术发送信息，学生通过信息技术接收信息。

3. 信息技术的日益普及为实现教育的第三次飞跃提供了平台

第一，信息技术的智能化使因材施教落到实际。

第二，信息技术实现了人机互动模式，根据受教育者的目标、选择和努力程度等，给予受教育者不同的反馈及象征性的奖励或惩罚。

第三，信息技术促进师生关系的民主化，减少教育中师生尊卑差异产生的消极影

响，有利于学生健全人格的养成。

信息技术对教育的影响是巨大的。20世纪80年代以来，人类迎来了第三次信息技术革命，其对教育的影响是根本性的。教育开始迈向网络时代。我们可以从两个方面理解网络教育。一方面是指网络技术应用于教育中，改变了传统的教育教学手段。另一方面是指在网络上构建网络学校，它集学校、教学手段、教学内容、教学方法为一体，为受教育者提供前所未有的开放的学习环境。这种网络学校不受时间、空间和地域限制，通过计算机网络可以扩展至全社会的每一个角落，甚至是全世界的开放学校。在这种教育体制下，工作与学习完全融为一体，实现了真正意义上的自主学习。

传统的学校教育是"金字塔形"的等级制教育，网络教育是平等的开放式教育；传统学校教育的优劣标准所依据的是掌握在他人手中的筛选制度，网络教育依据的是自己的兴趣选择；传统学校教育是严格意义上的年龄段教育，网络教育是跨年龄段教育，或者是无年龄段教育；传统学校教育存在着时空限制，网络教育是跨时空的教育。

参考文献

1. 叶澜.教育概论[M].北京：人民教育出版社，1999.

2. 冯建军.现代教育学基础[M].南京：南京师范大学出版社，2003.

3. 靳玉乐.现代教育学[M].成都：四川教育出版社，2005.

4. 全国十二所重点师范大学.教育学基础（第三版）[M].北京：教育科学出版社，2014.

习题

1. 阅读下列材料，运用教育与社会发展的关系的有关理论进行简要评析。

我国著名平民教育家晏阳初在20世纪30年代提出"教育救国"的理论。他认为中国落后的主要原因是当时农民存在贫、愚、弱、私四大病害，只要我们的教育工作者、仁人志士深入广大农村推行相应的四种教育，即生计教育、文艺教育、卫生教育和公民教育，这样就可以克服上述四大病害，中国自然就富强了。但实践证明，这种设想并未成功。

2. 简述学校教育对个体发展的特殊功能。

3. 试述教育与生产力水平的关系。

4. 试述教育与政治经济制度的关系。

5. 试述教育与科学技术的关系。

第三章　教育目的

【国考大纲导航】

1. 掌握有关教育目的的理论。

2. 了解中华人民共和国成立后颁布的教育方针，熟悉国家当前的教育方针、教育目的及实现教育目的的要求。

3. 了解全面发展教育的组成部分（德育、智育、体育、美育、劳动技术教育）及其相互关系。

第一节　教育目的概述

读书究竟是为了什么？这是从个体角度提出的一个非常严肃的问题。如果从社会群体的角度来看，问题的实质就是教育究竟是为了什么。这就是本节的主题——教育目的。

一、教育目的的内涵

（一）教育目的的定义

人的活动都是有目的、有意识的活动。目的是构成人类实践活动的一个基本要素，目的性是人类实践活动的一个重要特征。人类在生存和发展过程中，通过有意识的实践活动，不仅能够认识自然、社会、他人与自己，而且还能凭借所获得的认识提出活动的任务，并对未来提出期待。

广义的教育目的是指人们对受教育者的期望，即人们希望受教育者通过接受教育在身心诸方面发生什么样的变化，或产生怎样的后果。狭义的教育目的是指国家把受教育者培养成什么样的人才的总的要求。教育目的是一切教育工作的出发点。教育目的的实现是教育活动的归宿，贯穿于教育活动的全过程，对教育活动有指导意义。

教育目的由两个紧密联系的方面构成：一方面，它表明教育应当把受教育者培养为有何种功能的社会成员；另一方面，它表明教育所要培养的这种人应当具有什么样的素质。在教育目的的两方面，后者是教育目的的核心。因为教育的功能是培养人，教育目的必须从社会发展的客观需要出发，针对受教育者身心发展的方向、所要达到的水平做出切实的规定，才能有效地指导教育活动，提高受教育者自身的价值。只有在这个基础上，受教育者才能在社会实践中能动地创造社会价值，为某种社会目的或社会理想的实现做出贡献。

（二）教育目的的体系

教育目的是一个体系。它与上位层次的教育方针和下位层次的培养目标等是自上而下的相互制约与自下而上的逐级达成的关系。

教育方针—教育目的—培养目标—课程目标—教学目标

　　教育方针主要是指教育工作的宏观指导思想，是国家或政党根据一定社会政治、经济的要求，为实现一定时期的教育目的而规定的教育工作的总方向。它主要包括：教育的性质和指导思想；教育工作的方向，主要指特定时期的教育工作方针；教育目的，即培养人的质量和规格要求；实现教育目的的根本途径和原则。教育目的与教育方针是有联系的。教育目的是教育方针的重要组成部分，教育目的的确立及其内容必须符合教育方针的规定。二者又是有区别的。在层次上，教育方针是一个国家教育发展和人才培养的最高行动指针，是目的体系中的最高层次、唯一层次。一定时期内一个国家只能有一个教育方针。教育目的是各级各类教育关于人才培养规格与标准的具体规定，是目的体系中的下位层次，可分不同层次，如高等教育目的、中等教育目的、基础教育目的等。在具体内涵上，教育方针是最宏观、最根本的方面，规定了一个国家教育的性质与方向、人才发展的内容及实现方针要求的途径；教育目的是根据教育方针对各级各类教育所要培养的人才规格做出的具体规定。

　　培养目标主要是指各级各类学校的培养目标，即在教育目的的指导下，依据学校的层次和性质、人才培养的具体质量规格的不同，形成不同的培养目标。

　　课程目标主要是课程方案设置的各个教学科目所规定的教学应达到的要求或标准。这个层次的目标是各级各类学校培养目标的具体化，课程目标的实现是完成培养目标的重要途径。因此，实现课程目标是实现人才培养目标的基本保证。

　　教学目标主要是指教师在实施课程计划过程中，在完成某一阶段(如一节课、一个单元或一个学期)的教学工作时期望达到的要求或结果。这个层次的目标是课程目标在教学过程中的具体体现。实现教学目标是实现课程目标的保障，教学目标是学校教育活动最基础、最具体的目标。

　　"五分说"是另外一个关于教育目的体系的比较有代表性的观点。它认为根据厘定教育目的的主体的差异，可以将教育目的划分为五个层次。第一，理想的教育目的。这是由思想家、学术研究组织依据自己的教育理念提出的教育目的。它由于是提出者依据自己的教育理念提出的，因此带有浓烈的"应该"色彩。第二，正式的教育目的，又称成文的教育目的，是国家以法令、法规、条例、文件等形式规定的教育目的。这种形式的教育目的对教育活动有规范和导向作用，是教育活动的主要依据。第三，教育者理解的教育目的。由于正式的教育目的具有高度的概括性和抽象性，加之对其的理解深受理解者本人知识背景和教育实际千差万别的影响，因此教育者实际理解的教育目的与正式的教育目的间一定会存在差异。第四，教育者操作的教育目的。由于各地、各个学校的情况、条件不同，加之每个人的理解能力、实践能力和教育期待不同，因此教育者实际操作的教育目的与他们理解的教育目的仍然存在差异。第五，实现的教育目的。任何教育目的，无论是观念的还是文本的，无论合理的还是不合理的，最终都必须落到受教育者身上，在受教育者身上实现。上述五个层次的教育目的是递进关系。不过，应指出的是，这种递进关系是在理论上的描述，实际的教育中未必有这样的关联。

二、教育目的的功能

(一)导向功能

教育目的为教育对象指明了发展方向，预定了发展结果，也为教育者指明了工作方向和奋斗目标。教育目的无论是对受教育者，还是对教育者，都具有目标导向功能。诸如教育制度的建立、教育内容的选择和教育过程中方法和手段的运用，都必须按照教育目的进行。

(二)选择功能

教育目的为教育内容的选择确定了基本范围，保证了教育能够科学地对人类丰富的文化做出有价值的取舍。同时，教育目的也为选择相应的教育途径、教育方法和教育形式提供了依据。

(三)激励功能

教育目的是对受教育者未来发展的一种设想，具有理想性的特点，这就决定了它具有激励功能。它不仅激励教育者通过一定的方式，把教育目的和培养目标转化为学生的学习目的，也激励受教育者自觉地、积极地参与教育活动。在教育活动中，只有当受教育者意识到教育目的对自身成长的意义时，才能把它作为努力方向，不断按照教育目的的要求提高自己。

(四)评价功能

教育目的既为教育活动指明了方向，又为检查和评价教育活动的质量提供了衡量尺度和根本标准。无论是过程性评价还是终结性评价，都必须以教育目的为依据。教育目的只有具体体现在学校教育的各个评价体系之中，才能切实发挥导向和调控功能。

三、教育目的选择与确立的依据

不同国家、不同社会的教育目的各不相同，甚至还有本质差别。这是为什么呢？教育目的是怎样产生的呢？它是提出者凭主观制定的呢，还是具有客观本源的呢？探讨这些问题有助于我们深刻认识教育目的的实质。

(一)确定教育目的的客观依据

教育目的规定的是现实进行的教育活动，要培养的是在一段时间后参与社会活动的人。从其提出的主体看，教育目的是由人提出的。可以说教育目的的形式是主观的。但是，就其确定的最终依据看，人提出的教育目的是有现实根源的，它的内容是客观的。之所以历史上不同国家、不同社会具有不同的教育目的，是因为其社会历史根源不同。因此，从总体上看，教育目的是受一定社会历史条件制约，由一定社会生产方式决定的。

1. 教育目的受一定社会政治经济的制约

一个社会要培养什么样的人，具有什么样的政治倾向和思想意识，需要哪些规格和类型的劳动力，都是由一个国家的政府或代表人物提出的。它必然反映一定社会政治经济的性质。在阶级社会，教育目的具有阶级性。以我国为例，我国封建社会提出培养"格物""致知""正心""诚意""修身""齐家""治国""平天下"的"士"和"君子"。清末随着"新教育"的出现，教育目的是培养"忠君、尊孔、尚公、尚武、尚实"的人。这些目的都反映了一定时期的政治经济对人才的要求。

2. 教育目的受一定社会生产力发展水平的制约

生产力的发展水平体现了人类已有的发展程度，会对人的进一步发展提供可能和要求。不同社会、不同时代，生产力的发展水平不同，对人才规格和类型的需要不同，教育目的的具体内容便有所不同。例如，在我国古代社会，生产力和科技发展水平很低，教育目的主要是为国家机构培养各种官吏，注重政治和伦理的陶冶。进入现代社会以后，随着科学技术在生产中的广泛应用，教育目的要求学校教育不仅要培养从事国家事务的管理者，也要培养生产技术人员和具备一定职业技能的工人，这是生产力发展对人才规格和类型的要求。第二次世界大战以后，世界各国科技迅速发展，出现了科学技术的竞争，竞相提出培养有探索精神和创造性的新人的口号。当然，我们应当看到，尽管教育目的受生产力发展水平的制约，但直接决定教育目的的性质和方向的却是政治经济，而不是生产力发展水平。

3. 教育目的受教育者身心发展的需要的制约

教育目的直接指向的是发展中的人，因而教育者在考虑教育目的时，还要考虑受教育者身心发展的需求。具体地说，教育者确定教育目的时，要考虑以下三个方面。第一，受教育者身心发展的程度。第二，受教育者身心发展的需要。不同的受教育者由于个性不同，身心发展的需要也不同。受教育者在个性、兴趣、气质等方面存在差异，教育者只有考虑这些差异才能实现教育目的。第三，受教育者身心发展的潜能。

(二)确定教育目的的几种不同的价值取向

教育目的确立的依据是什么，历史上先后出现过不同的争论。关于这一问题，学界形成了四大理论观点：个人本位论、社会本位论、教育无目的论、马克思主义辩证统一论。

1. 个人本位论

这种教育目的观一般认为教育目的就是使受教育者的本性、本能得到自然发展；教育目的的确立应当从人的本性出发，而不是从社会出发；个人价值高于社会价值，社会只有在有助于个人发展时才有价值；评价教育的价值应以教育对个人发展所起的作用为标准。

个人本位论的代表人物有法国启蒙思想家裴斯泰洛齐和福禄培尔（Froebel）等人。一般认为，19世纪末20世纪初，有"进步教育之父"之称的美国教育家帕克（Parker）也属个人本位论者。在当代，人本主义者如马斯洛（Maslow）和罗杰斯（Rogers）等人也被看作个人本位论者。

2. 社会本位论

这一派的观点与个人本位论的观点正好相反。他们主张教育目的应当根据社会需要来制定，教育目的就是要把受教育者培养成符合社会准则的公民，使受教育者社会化，保证社会生活的稳定与延续；社会价值高于个人价值，评价教育的价值应当以教育为社会带来的效益为标准。

社会本位论的典型代表人物是涂尔干（Durkheim）和凯兴斯泰纳（Kerschensteiner）等人。

3. 教育无目的论

杜威认为"教育即生活",人不能脱离环境,学校也不能脱离眼前生活,学校教育应该利用现有的生活情境教儿童适应眼前的生活环境。同时,他还主张,"教育即生长""在它自身之外,没有别的目的"。杜威反对脱离儿童的本能、需要、兴趣、经验。

4. 马克思主义辩证统一论

这是一种马克思主义的教育目的论,主张教育目的的确定应该把社会需要与个人发展需要辩证统一起来,既要依据社会需要,又要依据个人身心发展需要,使教育目的既体现社会目的,又体现个人目的。

在教育目的的主张上各执一端是不正确的。只有将社会发展需要与个人发展需要正确结合起来,才是科学的。个人的发展制约社会的发展,离开了人自身的发展就无法促进社会的发展。一个社会只有提供了广阔的发展空间和良好的社会生活条件,个人才能获得良好的发展。

第二节 我国的教育目的

教育目的不是超社会、超历史的,而是有其现实的客观本源的。人们提出不同的教育目的,实际上都是社会对人才的客观需求在他们意识中的反映,是他们所处时代的产物。

一、中华人民共和国成立以前我国教育目的的历史流变

在我国古代,文化教育是特别受重视的,教育家从各自不同的立场对教育目的做了论述。春秋战国时期,学术上百家争鸣,各种思想在争鸣中渗透、互补和发展,关于教育目的的思想也很丰富。

以老子、庄子为代表的道家从"无为"的政治理想出发,主张"愚民",否定教育的作用,认为"古之善为道者,非以明民,将以愚之。民之难治,以其智多"。主张"绝圣弃智""绝仁弃义",实施"不言之教",顺从自然,适应天性。

孔子是儒家学说的创始人,提出教育的目的即培养"士"和"君子",以实现其"仁政"的理想,进而达到其梦寐以求的"大同世界"。他把君子当作理想的培养目标。"君子"有两个标准:第一,要注重自己的道德修养,即"修己";第二,要使百姓都得到安乐,即"安人",有治国安民之术,有"德""才"。孔子要求的"君子"是德才兼备、以德为主的。

墨子主张通过教育来培养"贤士"。"贤士"的主要标准是"兼爱",即人人相爱,所以有时他把"贤士"称作"兼士"。"贤士"或"兼士"必须具有"兼爱"的精神,长于辩论,明辨是非;还要是道术渊博、有益于世的人才,以备担当治国利民、兼爱相利的职责,成为兴天下之利、除天下之害的人。

孟子主张以"仁政"来实现安定的局面。他在孔子的基础上提出了办学校的目的在于培养"明人伦"的君子或统治人才,认为"明人伦"就不会犯上作乱。他所指的人伦是"父子有亲,君臣有义,夫妇有别,长幼有序,朋友有信"。为了使这五伦在人心上扎根,孟子把仁、义、礼、智、信归属于孝悌。他从"明人伦"的主张出发,提出培养"劳

心者"而不是"劳力者"。在他看来,"劳心者"为"君子""大人","劳力者"是"小人""野人","劳心者治人,劳力者治于人"。这深刻地说明其教育目的是培养巩固封建统治秩序的"劳心者"。

荀子的教育目的与孔孟主张的一样,即通过教育来培养"士""君子"与"圣人",为封建统治阶级培养所需的人才。他还指出教育的政治目的是统一人民的思想,使人民有一致的行动,以巩固封建国家。他说:"教诲之,调一之,则兵劲城固,敌国不敢婴(触)也。""民齐则强,民不齐则弱。"教育最高目的是培养维护封建统治的"大儒"。

《大学》认为:"大学之道,在明明德,在亲民,在止于至善。""明德"就是使人们的先天善德得到明复并且不断发扬光大。善德既明就要做"亲(新)民",并且逐步达到"至善"的境地。"至善"要求人民要做到"为人君,止于仁;为人臣,止于敬;为人子,止于孝;为人父,止于慈;与国人交,止于信"。达到这一目的的程序就是格物、致知、诚意、正心、修身、齐家、治国、平天下八个步骤,即"八条目"。

《中庸》以性善论为基础,主张践行中庸之道,摒弃一切外物和情欲,做向内的"慎独"功夫,去把握先验的"理",进入"诚"的境界,达到"至诚"的地步。教育的目的就是要使人达到"诚"与"至诚"的目标。

《学记》是我国先秦儒家教育思想和教育经验的总汇。《学记》提出的教育目的是"化民成俗"。实现这一目的就需要通过教育使人知"道"。"道"就是《大学》中所说的"在明明德,在亲民,在止于至善"的大学之道,也是《中庸》中的说的"君臣也、父子也。夫妇也、兄弟也,朋友之交也"的天下之大道。

汉代董仲舒在强调通六经的同时,还从中概括出了"三纲"(君为臣纲、父为子纲、夫为妻纲)和"五常"(仁、义、礼、智、信)。他还力主"兴大学,置明师,以养天下之士"。他的"明师"即为儒家学者,大学教材即为儒家典籍。他"罢黜百家、独尊儒术"的建议使得儒家成为中华民族传统文化的主干。

朱熹制定的具有浓郁理学特征的教育目的是明五教:父子有亲、君臣有义、夫妇有别、长幼有序、朋友有信。为学之序也有五项:博学之、审问之、慎思之、明辨之、笃行之。前四项都是"穷理"的功夫。笃行的功夫又可细分为修身之要、处事之要、接物之要。明五教要求"讲明义理,以修其身,然后推以及人""知其理之当然""责其身以必然"。他还论道:"小学学其事,大学穷其理。"即小学以涵养(行)为主,大学以穷理(知)为主。就其教育的终极目的来说,是培养"诚""仁""乐"相统一的圣贤和鸿儒。

我国近代史上由国家制定教育目的的开端是1904年的《奏定学堂章程》,其中关于教育目的有这样一段规定:"至于立学宗旨,无论何等学堂,均以忠孝为本,以中国经史之学为基,俾学生心术壹归于纯正,而后以西学瀹其知识,练其艺能,务期他日成材,各适实用,以仰副国家造就通才,慎防流弊之意。"这一教育目的反映了当时半殖民地半封建教育"中学为体,西学为用"的方针。

1906年,当时学部规定教育宗旨为"忠君、尊孔、尚公、尚武、尚实"。

1912年,当时任教育总长的蔡元培在《新教育意见》一文中主张教育应以军国民教育、实利主义教育、公民道德教育、世界观教育、美感教育为教育目的。同年9月,教育部根据教育会议的决定公布了民国教育的宗旨,即"注重道德教育,以实利教育、军国民教育辅之,更以美感教育完成其道德。"

二、中华人民共和国成立以来我国的教育目的及其特点

(一)中华人民共和国成立以来教育目的的历史回顾

1949年9月，《中国人民政府协商会议共同纲领》规定："人民政府的文化教育工作，应以提高人民文化水平、培养国家建设人才，肃清封建的、买办的、法西斯主义的思想、发展为人民服务的思想为主要任务。"这是中华人民共和国成立初期对全国教育工作有指导作用的教育宗旨，各级各类学校便据此来确定自己的培养目标。

1957年2月，毛泽东在最高国务会议上提出："我们的教育方针，应该使受教育者在德育、智育、体育几方面都得到发展，成为有社会主义觉悟的有文化的劳动者。"1958年9月19日，中共中央、国务院在《关于教育工作的指示》中正式肯定了这一教育目的，并提出了"党的教育工作方针，是教育为无产阶级的政治服务，教育与生产劳动相结合"。毛泽东对于教育目的的这个提法一直沿用了20余年。

1981年，《关于建国以来党的若干历史问题的决议》，对中华人民共和国成立以来的教育目的做了深刻、全面的反思，提出"坚持德智体全面发展、又红又专、知识分子和工人农民相结合、脑力劳动和体力劳动相结合的教育方针"。同年11月，五届全国人大四次会议召开。《政府工作报告》对教育目的做了以下表述："使受教育者在德育、智育、体育几方面都得到发展，成为有社会主义觉悟的有文化的劳动者和又红又专的人才，坚持脑力劳动和体力劳动相结合，知识分子和工人农民相结合。"

1982年通过的新宪法的第四十六条规定："国家培养青年、少年、儿童在品德、智力、体质等方面全面发展。"这是我国首次从法律上对教育目的做的规定。

1985年，《中共中央关于教育体制改革的决定》提出教育要为国家培养成千上万的各级各类人才，"这些人才都应该有理想、有道德、有文化、有纪律，热爱社会主义祖国和社会主义事业，具有为国家富强和人民富裕而艰苦奋斗的献身精神，都应该不断追求新知，具有实事求是、独立思考、勇于创造的科学精神"。

1986年通过的《中华人民共和国义务教育法》表述了我国义务教育阶段的教育任务，"义务教育必须贯彻国家的教育方针，努力提高教育质量，使儿童、少年在品德、智力、体质等方面全面发展，为提高全民族的素质，培养有理想、有道德、有文化、有纪律的社会主义的建设人才奠定基础"。

中共中央、国务院于1993年2月13日正式印发的《中国教育改革和发展纲要》中有关教育目的的规定为："教育改革和发展的根本目的是提高民族素质，多出人才，出好人才。各级各类学校要认真贯彻'教育必须为社会主义现代化建设服务，必须与生产劳动相结合，培养德、智、体全面发展的建设者和接班人'的方针，努力使教育质量在九十年代上一个新台阶。"

1995年，八届全国人大三次会议通过的《中华人民共和国教育法》在重申上述教育方针的基础上，规定教育目的为："培养德、智、体等方面全面发展的社会主义事业的建设者和接班人。"这应该是现阶段最权威的表述。

1999年6月，全国教育工作大会根据素质教育的精神，对这一目的又做了细化，提出了"以培养学生的创新精神和实践能力为重点，造就'有理想、有道德、有文化、有纪律'的、德智体等方面全面发展的社会主义事业的建设者和接班人"。

2001 年 6 月,《国务院关于基础教育改革与发展的决定》明确提出:"要高举邓小平理论伟大旗帜,以邓小平同志'教育要面向现代化,面向世界、面向未来'和江泽民同志'三个代表'的重要思想为指导,坚持教育必须为社会主义现代化建设服务,为人民服务,必须与生产劳动和社会实践相结合,培养德智体美等全面发展的社会主义事业建设者和接班人。"

2002 年,中共十六大报告明确了全面建设小康社会的方针,即坚持教育为社会主义现代化建设服务,为人民服务,与生产劳动和社会实践相结合,培养德、智、体、美全面发展的社会主义建设者和接班人。

2006 年新修订的《中华人民共和国义务教育法》第三条规定:"义务教育必须贯彻国家的教育方针,实施素质教育,提高教育质量,使适龄儿童、少年在品德、智力、体质等方面全面发展,为培养有理想、有道德、有文化、有纪律的社会主义建设者和接班人奠定基础。"

2007 年,党的十七大报告指出:"教育是民族振兴的基石,教育公平是社会公平的重要基础,要全面贯彻党的教育方针,坚持育人为本、德育为先,实施素质教育,提高教育现代化水平,培养德智体美全面发展的社会主义建设者和接班人,办好人民满意的教育。"

2012 年,党的十八大报告指出:"坚持教育为社会主义现代化建设服务、为人民服务,把立德树人作为教育的根本任务,培养德智体美全面发展的社会主义建设者和接班人。"

2018 年,习近平在全国教育大会上强调:"在党的坚强领导下,全面贯彻党的教育方针,坚持马克思主义指导地位,坚持中国特色社会主义发展道路,坚持社会主义办学方向,立足基本国情,遵循教育规律,坚持改革创新,以凝聚人心、完善人格、开发人力、培育人才、造福人民为工作目标,培养德智体美育劳全面发展的社会主义建设者和接班人。"

(二)我国教育目的的特点

我国教育目的的特点及其内涵可以概括为以下几点。

1. 教育必须为社会主义现代化建设服务是对教育目的的社会主义方向的规定

教育目的具有社会制约性,反映一个国家生产力发展特别是经济发展的要求,以及一个国家特定的以生产关系为基础的政治观点、政治设施的要求,在阶级社会中表现出阶级性。我国的教育目的是为广大无产阶级服务的,是为维护社会主义的利益服务的。我国的社会主义教育目的在不同时期始终坚持这一点。

2. 培养德智体美劳全面发展的建设者和接班人是对教育培养的人的素质要求

我们一般认为,教育目的致力于完整的社会人的培养,它要求一个人的素质全面发展。这些素质包括生理素质和心理素质。在我国教育目的中,具体表述为应该使受教育者在德、智、体等几方面都得到发展,将德、智、体作为人应有的基本素质。其中,德是指个人对待生活和工作,对待与社会、与集体、与他人、与自然的关系时应具有的价值观念、行为品质、道德追求、人格修养、人生信念等,是对世界观、人生观、政治观及其行为品质的总称。智是指人在生活和事业中,在认识自然和社会并作用于自然和社会的过程中具有的学识、才能、智慧等。体是指人在各种活动中应具有的身体活动的机能、能量、体质和体力。德、智、体是人的素质构成的主体，教育目的强调三者的统一发展。在现代社会，人的素质除德、智、体之外，还应有美的能力的发展。美指审美和创造美的能力。从哲学层面看，完美的人格是一种审美人格，一种自由人格，涉及真、善、美三个方面。教育的功能就在于在创造真、善、美的过程中发展知、情、意、行，把培养真、善、美完美人格作为目的。因此，从人的素质全面发展的要求来看，人的发展包括身体的教育（体育）、真的教育（智育）、善的教育（德育）、美的教育（美育）、劳动的教育（劳育）。

3. 培养"建设者""接班人"是社会主义教育目的的总要求

培养什么人的问题是教育目的中最根本的问题。社会主义社会要求把每个人都培养成劳动者，这是社会主义教育目的的根本标志和要求。社会主义的教育目的是培养劳动者，这里的劳动者既包括体力劳动，又包括脑力劳动。仅仅把劳动者理解为体力劳动者是片面的。在我国教育目的的表述中，具体表述为培养德智体美劳全面发展的建设者和接班人，这是对培养劳动者的具体化。我们不应把培养"建设者""接班人"理解为培养两种不同的人。在社会主义建设时期，我们培养的人是社会主义物质文明和精神文明的建设者，同时也是社会主义革命事业的接班人。

三、人的全面发展教育

（一）马克思主义关于人的全面发展学说——全面发展教育的理论基础

马克思主义关于人的全面发展学说的内容十分丰富，其要点有以下几方面。

1. 人的片面发展的根本原因是社会分工

人的全面发展是针对人的片面发展提出的。马克思和恩格斯在全面研究人类社会发展历史的基础上指出了人片面发展的根本原因在于社会分工。社会分工始于城乡分离。由社会分工造成的人的片面发展在资本主义初期的工厂手工业里达到了最严重的程度。工厂手工业把一种手工艺分成各种精细的工序，把每个工序又分给个别工人，使这一工序作为他们终身的职业，将他们一生束缚在单一的操作和单一的工具之中，从而导致了劳动者身心发展不平衡，在劳动过程中智力和体力彻底分离和对立。

2. 人的全面发展是大工业生产的客观要求，同时大工业生产也为人的全面发展提供了可能

大工业生产的本性是以现代科学技术为基础，它从不把某一生产过程当作生产的理想状态。追求工艺的不断改进、产品类型的推陈出新、产品质量的不断提高是现代生产竞争的客观规律。生产过程的不断完善和更新需要劳动者不断学习和掌握科学技术，通晓生产过程的基本原理。这就要求脑力劳动与体力劳动的结合，要求人的全面发展。

3. 资本主义的绝对矛盾限制了个人的全面发展

虽然机器大工业迫切要求个人全面发展，并为个人的全面发展创造了物质基础，但是大工业的资本主义形式却阻碍了个人全面发展的实现。马克思把它称作资本主义大工业的绝对矛盾。

4. 个人全面发展的实现条件

第一，社会生产力的高度发展是人全面发展的必要物质前提。

第二，社会主义生产关系给人的全面发展创造条件，共产主义条件下人的全面发展将成为现实。

第三，教育与生产劳动相结合是造就全面发展的人的途径和方法。

5. 人的全面发展的含义

人的全面发展就是每个社会成员的智力和体力都获得尽可能的、多方面的、充分的、自由的和统一的发展。

（1）人的全面发展在量的方面的规定性——智力和体力的尽可能的、多方面的发展

尽可能是指在考虑社会条件及个人自身发展的差异和可能性的基础上，发挥个人的主观作用，尽其可能地去发展。多方面是指发展的广泛性和全面性。这六个字充分表明了个人的智力和体力发展的广度。

（2）人的全面发展在质的方面的规定性——智力和体力的充分的、自由的发展

充分是指个人的智力和体力两方面得到最大限度的发展，是对发展的深度和程度的要求与规定。自由首先是指个人的发展能为个人所驾驭，其次是指个人的发展有不屈从于外界的客观条件。质的方面的充分与自由不是否定量上的尽可能与多方面，二者是统一的。

（3）人的全面发展在度的方面的规定性——智力和体力的统一发展

统一包括两个要点：第一，统一于个体；第二，统一于物质生产的劳动过程。马克思和恩格斯根据分工的历史指明，智力和体力的发展是否统一于个体或者统一于劳动生产过程，是区分发展性质是片面还是全面的根本标志。

（二）全面发展教育的内涵

关于全面发展教育的内涵及其组成，历来不同学者有不同的观点。概括而言，大致有"五育说""四育说""三育说"。"五育说"认为教育目的由德育、智育、体育、美育、劳动技术教育组成，"四育说"认为教育目的由德育、智育、体育、美育组成，"三育说"认为教育目的由德育、智育、体育组成。从实际来看，多数人通常把德育、智育、体育、美育、劳动技术教育作为我国全面发展教育的组成部分。

1. 德育

德育是培养人的政治思想、道德品质的教育，主要向学生传授一定的社会思想准则、行为规范，并使其形成相应的思想品德，是思想教育、政治教育、道德教育、法制教育、健康心理品质教育等方面教育的总称。

德育的基本任务是培养学生良好的道德品质，使其具有良好的社会公德、文明行为习惯；培养学生正确的政治方向，使其坚持四项基本原则，热爱祖国，热爱人民，全心全意为现代化建设事业而奋斗；培养学生正确的世界观、人生观，使其形成科学的、辩证的思想观点；培养学生良好健康的心理品质，使学生正确认识自己，提高心理素质。

2. 智育

智育是指向学生传授系统的科学文化知识和技能，培养其智力的教育。

智育的基本任务是帮助学生认识自然规律、社会规律，提高学生分析问题和解决问题的能力，为学生各方面的发展奠定基础；进一步拓宽学生的文化视野，发展学生的思维能力、想象能力和创造能力，培养学生良好的学习兴趣、习惯与热爱科学的

精神。

3. 体育

体育是授予学生体育卫生的知识和技能，使学生增强体质，发展肌体素质和运动能力，养成良好的卫生习惯、保健习惯的教育。

体育的基本任务是指导学生锻炼身体，促进身体的正常发育和机能的正常发展，增强体质，提高健康水平；使学生掌握体育的科学知识和正确的体育锻炼的技能技巧，学会科学锻炼身体的方法；使学生掌握卫生保健知识，养成良好的卫生保健习惯。

4. 美育

美育是培养学生审美情趣，发展他们感受美、鉴赏美、创造美的能力的教育。

美育的基本任务是培养学生的审美情趣，使他们具有感受美、鉴赏美、创造美的能力；培养学生从事艺术活动的技能，使他们具有高尚情操，形成朝气蓬勃、乐观向上的精神风貌。

5. 劳动技术教育

劳动技术教育简称劳育，即向学生传授现代生产劳动知识和生产技能，使学生形成正确的劳动观点，养成良好的劳动习惯的教育。

劳动技术教育的基本任务是培养学生良好的劳动品质，使学生掌握现代生产基本原理与基本生产技术知识和某种职业技术知识，提高动脑和动手能力，养成良好的劳动态度和劳动习惯。

德育、智育、体育、美育和劳动技术教育作为全面发展教育的组成部分，既不能相互替代，又不能彼此分割。之所以不能相互替代，是因为各育之间是有区别的，每一育都有特定的内涵、任务和功能，每一育的社会发展价值和个体发展价值都是不同的、不可或缺的。之所以不可分割，一方面是因为各育之间是相互渗透的，每一育中都包含着对人的智力、情感、意志和行为的要求；另一方面是因为各育之间是互相促进的，存在着互为目的和手段的关系。再者，教育活动的综合性也决定了这五部分的任务和功能综合在每一类活动中，每一类活动都不同程度、不同范围地发挥各育的功能，而不是由不同的活动分别来实现这五部分的任务的。把完整的教育活动相对地划分成德育、智育、体育、美育和劳动技术教育，只是出于研究的安排而人为进行的一种抽象的、理性的划分。在现实的教育教学实践中，不存在纯粹的德育、智育、体育、美育、劳动技术教育。

综上所述，德育、智育、体育、美育和劳动技术教育各自有各自的基本任务，不能相互代替，但又是相互联系、相互促进的一个整体。德育是实施各育的思想基础，为其他各育起着保证方向和保持动力的作用；智育是其他各育的知识和智力基础，各育的实施都不能离开知识技能教育；体育为各育的实施提供健康基础，是各育得以实施的物质保证；美育和劳动技术教育是德育、智育、体育的具体实施，可以促进学生德、智、体的发展。因此，德育、智育、体育、美育和劳动技术教育是培养全面发展的人的基本教育内容。

根据各育之间的关系，教育者在实践中要避免忽视某一个部分或把每个部分孤立起来的错误做法，要坚持"五育"并重，使"五育"的各组成部分有机地结合起来。当然，"五育"并重并不是均衡发展。要求每一个学生都成为科学家、艺术家、运动健将，或者要求每一个学生都精通语文、数学、外语、政治、历史等是不可能的。全面发展是指学生基本素质的发展，学生可以而且应当在基本素质全面发展的基础上保持并发展自己的兴趣和特长。就个人来说，基本素质的发展、兴趣和特长的发展是相互依赖、相互促进的。所以，在教育工作中，教育者要承认学生的个人特点，承认学生之间的差别，把全面发展与因材施教结合起来，使学生既有比较完善的基本素质，又能充分发展其特长，形成丰富而独特的个性。

表 3-1 "五育"的基本概念和具体要求

具体内容	基本概念	具体要求
德育	培养学生正确的人生观、世界观、价值观，使学生具有良好的道德和正确的思想方法的教育	1. 有针对性地开展爱国主义教育、集体主义教育和社会主义教育 2. 以马克思列宁主义、毛泽东思想和邓小平理论为指导 3. 改进德育工作的方式方法，寓德育于各学科教学之中，加强学校德育与学生生活和社会实践的联系，讲究实际效果，克服形式主义倾向 4. 针对新形势下青少年成长的特点，加强学生的心理健康教育
智育	传授给学生系统的科学文化知识、技能，发展他们的智力和与学习有关的非认知因素的教育	1. 让学生感受、理解知识产生和发展的过程，培养学生的科学精神和创新思维习惯，重视培养学生收集处理信息、语言文字表达以及团结协作等各种能力 2. 减轻中小学生的课业负担 3. 转变教育观念，改革人才培养模式，积极实行启发式和讨论式教学，激发学生独立思考和创新的意识，切实提高教学质量
体育	传授给学生健康的知识、技能，发展他们的体力，增强他们的体质和自我保健意识，培养学生参加体育活动的积极性，增强学生意志力的教育	1. 树立健康第一的指导思想，切实加强体育工作，使学生掌握基本的运动技能，养成坚持锻炼的良好习惯 2. 确保学生体育课程和课外体育活动时间，不准挤占体育活动时间和场所 3. 举办多种多样的群体性体育活动，培养学生的竞争意识、合作精神和意志力
美育	培养学生健康的审美观，发展他们鉴赏美、创造美的能力，培养他们的高尚情操与文明素养的教育	1. 尽快改变学校美育工作薄弱的状况，将美育融入学校教育全过程 2. 中小学要加强音乐、美术课堂教学
劳动技术教育	引导学生掌握劳动技术知识和技能，形成劳动观和劳动习惯的教育	1. 从实际出发 2. 加强和改进对学生的生产劳动和实践教育 3. 培养学生热爱劳动的习惯和艰苦奋斗的精神

第三节 素质教育

一、素质教育概述

(一)素质教育的概念

素质教育是以提高国民素质为目标的教育，其终极目标是实现以个体素质和全民素质的提高为基础的人的现代化，即在发展个性的基础上，促进人的现代化，增强个人适应社会的生存能力和改造社会的创造能力。

(二)素质教育的基本内容

1. 素质教育是面向全体学生的教育

素质教育倡导人人有受教育的权利，正如《中共中央 国务院关于深化教育改革，全面推进素质教育的决定》所指出的"全面推进素质教育，要坚持面向全体学生"。

2. 素质教育是全面发展的教育

素质教育强调学生在德、智、体、美、劳等方面全面发展。学校教育不仅要抓好智育，更要重视德育，还要加强体育、美育和劳动技术教育，使诸方面教育相互渗透、协调进行，促进学生的全面发展和健康成长。

3. 素质教育是促进学生个性发展的教育

每一个学生都有其个别差异性，有不同的认知特性、不同的欲望需求、不同的兴趣爱好、不同的价值指向、不同的创造潜能。素质教育要考虑学生的个性差异，充分发展学生的个性。

4. 素质教育是以培养创新精神和实践能力为重点的教育

素质教育必须培养具有创新精神和实践能力的新一代人才，这是素质教育的时代特征。

(三)素质教育的特征

1. 教育对象的全体性

教育对象的全体性是中小学素质教育最基本的特征，我们可以从以下三个层面来理解。

表 3-2 教育对象的全体性

理解层面	教育对象	具体要求
广义	全体国民	每个社会成员都必须通过正规的或非正规的渠道接受一定时限、一定程度的教育，以达到提高全体国民素质的目的
狭义	全体适龄儿童	必须接受正规的义务教育，不得因种族、民族、性别、出身、宗教信仰、经济收入等因素限制或剥夺其受教育的权利
学校和班级	在校全体学生	不得人为地忽视任何一名学生素质的培养与提高

2. 教育内容的基础性

素质教育是以提高人的生存与发展能力为目的的教育，是为提高全民族素质奠定基础的教育，而不是进行某一专业或职业的特殊训练。中小学素质教育的内容包括基础知识、基本技能、基本观点、基本行为规范、基本学习生活能力等，目的是让受教育者拥有一般学识，而不是使其拥有一技之长。

3. 教育空间的开放性

教育不再局限于课堂和书本知识，而是积极探索获取知识的来源和获得发展的空间，重视利用课外的自然资源与社会资源，开展丰富多彩的活动，以利于学生素质的全面提高与和谐发展。

4. 教育目标的全面性

素质教育的目标是促进学生德、智、体、美、劳全面发展。素质教育在促进学生全面发展上要注意两方面的规定性：其一，对个体来说，既要保证个体全面和谐地发展，又要使个性得到充分发展；其二，对群体而言，既要保证群体全面和谐地发展，又要允许群体中个体的发展存在相对的差异性。

5. 注重学生个性健康发展

素质教育不是把学生看作知识的被动接收器，而是把学生看作知识的主人；不单单把学生看作认知主体，更重要、更本质的是把学生看作包含认知方面和非认知方面的完整的生命主体。各级各类教育都要坚持因材施教，为代表人才、优秀人才脱颖而出创造条件。在人才的问题上，素质教育要鼓励和坚持个性发展。

6. 关注学生终身发展

素质教育要着眼于学生的终身发展。教师不仅要让学生学会，而且要让学生会学；不仅要给学生传授知识，而且要给予学生打开知识宝库的"钥匙"。

二、素质教育的目标与要求

(一)素质教育的目标

1. 促进学生身体的发展

基础教育处于学生个体发育的关键时期，任何有助于促进学生身体发展的教育都是好的教育。

2. 促进学生心理成熟

中小学阶段是个体心理逐渐成熟的阶段。素质教育要促进学生心理成熟，使学生逐渐成为一个能够独立面对社会、融入周围世界的主体。

3. 造就平等的公民

基础教育要求全面提高学生的素质，有必要根据现行的公民的权利和义务的规定确定自己的现实目标。

4. 培养个体的生存能力和基本素质

素质教育着重于促进学生发展，使学生能够独立面对社会，具备生存能力和终身学习的基本素质。

5. 培养学生自我学习的习惯、爱好和能力

现代社会科学技术的不断发展使学习不仅局限于学生时代。素质教育要教会学生学习，让学生能够自我学习并且愿意自我学习。

6. 培养学生的法律意识

我国迈向法制社会这一事实要求素质教育培养学生的法制意识。

7. 培养学生的科学精神和态度

现代技术的根源是科学。科学的本质是对真理的追求，对事实的尊重。培养学生的科学精神和态度是素质教育的一个重要方面。

（二）素质教育的要求

1. 面向全体

我国面向全体适龄儿童普及九年义务教育，让每一名适龄儿童都进入学校，进入班级；面向全体学生，使每一名学生都在原有的基础上有所发展，在天赋允许的范围内充分发展。

2. 促进学生全面发展

促进学生德、智、体、美、劳全面发展，这是我们党和国家的方针。教育者需要在实践中把这个方针贯彻好、落实好。

3. 培养学生的创新精神和实践能力

我国的素质教育在能力培养上还需要进一步努力，培养学生的创新能力、实践能力对素质教育来说尤为重要。

4. 促进学生生动、活泼、主动地发展

要想有所创新，必须以主动性的发挥为前提，尊重学生的主动精神，弘扬主动精神。这就要求教育者进行启发式教学，激发学生主动探索、主动思考，鼓励学生存疑、求疑，在教学中促进学生生动、活泼、主动地发展。

5. 着眼于学生的终身可持续发展

教是为了不教，不仅要让学生学会，而且要让学生会学；不仅要教给学生知识，而且要给学生打开知识大门的"钥匙"。为了顺应时代发展的要求，素质教育要培养学生的终身可持续发展的能力。

三、素质教育的实施

（一）素质教育的具体内容

《中共中央 国务院关于深化教育改革，全面推进素质教育的决定》提出，"实施素质教育，必须把德育、智育、体育、美育等有机地统一在教育活动的各个环节中"。学校教育不仅要抓好智育，而且要重视德育，还要加强体育、美育、劳动技术教育和社会实践，使诸方面教育互相渗透、协调发展，促进学生的全面发展和健康成长。

（二）实施素质教育的途径与方法

1. 途径

实施素质教育的途径包括开展德、智、体、美、劳不同类型的教育活动，各类型教育活动的基本实现方式有教学、学校管理活动和课程以外的教育活动等。

（1）德育为先，五育并举

德育、智育、体育、美育和劳动技术教育是学校教育活动的重要组成部分，也是素质教育必须包括的几个方面。

（2）把握课程改革的精神，实践新课程

要实施素质教育，就必须实践素质教育的课程。从 2001 年开始，我国为推进素质教育，进行了基础教育课程改革，逐步建立起基础教育新课程，这是实施素质教育的基本途径。新课程的核心理念是为了每一名学生的发展，即使学生发展为一个整体的人。

(3)学校管理、课程教学以外的各种教育活动，重点是班主任工作

第一，学校管理。素质教育活动是在学校管理活动中实现的。

第二，各种课外、校外教育活动。学校的正式教育以外，还有各种各样的教育活动，如课外的兴趣活动、社区服务活动等。这些活动拓展了学生素质发展的领域，也是学生全面发展的重要条件。

第三，班主任工作。学校、班级是组织开展素质教育活动的主要单位。班主任是班级的组织者、教育者和管理者。班级中素质教育的开展取决于班主任的管理思想和管理方法。

2. 方法

第一，教师成为素质教育者。《中共中央 国务院关于深化教育改革，全面推进素质教育的决定》强调："建设高质量的教师队伍，是全面推进素质教育的基本保证。"教师要掌握素质教育观，掌握素质教育的新课程，成为真正的素质教育者。只有当教育者成为真正的素质教育者时，素质教育的课程活动目标才有可能得以实现。

第二，引导学生主动学习、学会学习。要让学生主动发展、有个性地发展，在素质教育活动中一切方法的运用都必须以促进学生主动学习为前提，其最终目的是帮助学生学会学习。

第三，开展多种形式的实践活动。

第四，正确运用评价方法，促进学生发展。

四、素质教育与应试教育

(一)素质教育与应试教育的区别

应试教育是一种"考什么、教什么、学什么"的教育。它以分数或升学率作为质量标准，突出教育的筛选功能，是选拔适合于教育的学生的教育。素质教育与应试教育的区别详见表 3-3。

表 3-3　素质教育与应试教育的区别

区别点	应试教育	素质教育
指导思想	以应付升学考试、追求升学率为目的，唯分是举	全面提高学生素质，进而全面提高国民素质
教育目的	为满足上一级学校选择的需要，以应试训练为主	根据社会进步和人的发展需要，使学生学会做人、学会求知、学会生活、学会健体、学会创造、学会审美
教育对象	面向少数人，忽视大多数人，重在选拔	面向全体学生，重在普及
教育内容	围绕考试要求，考什么就教什么	使受教育者在德、智、体、美、劳诸方面都得到发展
课程结构	单一的学科课程，重视少数主科，轻视副科	以现代课程理论为指导，注重课程结构的均衡性、选择性、综合性

区别点	应试教育	素质教育
学生学业负担	作业繁重，多采用题海战术和机械式训练的方法，忽视学生对知识的真正理解和掌握	着眼于学生的全面和谐发展，严格按照教学规律办事
师生关系	强调师道尊严，师生之间是一种管与被管、教与被教的关系	强调尊师爱生，师生民主平等，双向交流，教师尊重、理解、信任、鼓励每名学生
教育方法	以死记硬背和机械训练为主，死抠书本，脱离实际	重视基础知识和基本技能，发展智力，培养能力，使学生主动发展
教学途径	将课堂和书本作为教学的唯一途径，不同程度地脱离社会与实际	实现教育的社会化，构建学校与社会的双向参与机制，增加教学途径，扩宽教育视野，实行开放式教育
评价标准	以分为导向，以率为标准，以考为法宝，并以此评价学校、教师与学生，实行僵化死板的"一刀切"的评价	确立社会实践的评价权威，淡化分数的警告、惩戒作用，把学生的差异作为资源潜能优势，实行使学生个性健康、完善发展的评价

(二)实施素质教育应注意的问题

1. 实施素质教育，批评应试教育，并不是否定以往的基础教育

(1)实施素质教育必须批评应试教育

当前阻碍素质教育推进的主要问题仍然是应试教育，实施素质教育必须批评应试教育。

(2)实施素质教育不能完全否定过去的教育

实施素质教育要批评应试教育，但不是完全否定过去的教育。应试教育不是对我国现行教育的概括，而是对我国现行教育中存在着以考试为目的而产生诸多弊端的教育现象的概括。

2. 素质教育与考试的关系

否定应试教育并不是不加区别地取消一切考试，而是要改革考试的目的、内容和方法，健全和完善教育评价制度。

满足素质教育的要求需要在基础教育阶段特别是义务教育阶段强调水平考试，面向全体；改革中考、高考等选拔性考试，以达到真正选拔出优秀人才的目的。

3. 实施素质教育不会降低教育质量

在全面提高每名学生的基本素质的质量观的指导下，素质教育不会降低教育质量。

4. 素质教育不仅仅是为了发展特长

选修课、课外活动无疑是非常重要的，被包括在国家课程计划之内，常常是学校实施素质教育的突破口，但这并不是素质教育的全部。实施素质教育的主要渠道还是课堂教学。

5. 创新是实施素质教育的关键

培养具有创新精神和创新能力的新一代人才，这是素质教育的时代特征和时代要求。

第四节　国外教育目的概览

自 20 世纪中叶开始，伴随经济发展，教育的重要性日益显现，人们也更加关注教育目的问题。各个国家在制定教育目的的过程中，力求使之更能与多变的时代相适应，更能体现国际性。

一、联合国教科文组织提出的教育目的

20 世纪 70 年代以来，联合国教科文组织有两个对当今世界教育产生重要影响的报告，即《学会生存——教育世界的今天和明天》《教育——财富蕴藏其中》。这两份报告对教育目的做了有指导意义的论述。

《学会生存——教育世界的今天和明天》是埃德加·富尔（Edgar Faure）于 1972 年 5 月代表国际教育发展委员会向联合国教科文组织提交的报告。这份报告的目的是帮助各国政府制定教育发展的国家策略，为各国的一系列研究和决策提供出发点。这份报告提出了科学的人文主义的教育目的。

《学会生存——教育世界的今天和明天》认为，科学的人文主义教育的基础是科学训练和培养科学精神，这是科学的人文主义的主要组成部分之一。科学的人文主义教育的使命是发展人性，这主要体现在它对培养人的创造性和培养人承担社会义务的态度两个问题的关注上。此外，科学的人文主义教育提出要把体力、智力、情绪、伦理各个方面的因素综合起来，培养完善的人，即为新世界培养新人。显然，《学会生存——教育世界的今天和明天》提出的教育目的是针对现代社会中只让人获得片段知识、成为理智工具的现象和现代社会中青年人被割裂得"支离破碎、残缺不全"的现象提出的。

《教育——财富蕴藏其中》是国际 21 世纪教育委员会于 1996 年向联合国教科文组织提交的报告。该报告的核心思想是教育应使受教育者学会学习，即教育应使受教育者学会认知、学会做事、学会共同生活、学会生存。这一思想提出后即为世界各国所接受，并被称为学习化社会的"四大支柱"。

（一）学会认知（learning to know）

"知"在这里不仅是指知识，还包括个体在社会化过程中需要了解的一切认识对象，因此，认知不仅包括书本上的、课堂上的知识，还包括学会学习，学习各种社会规范，掌握学习的工具、求知的手段。这种学习更多是为了掌握认识的方法，而不是获得经过分类的系统化知识。这就要求革除传统学习过程中一味强调死记硬背的弊端，综合发展受教育者的多方面的认识能力，以使受教育者能够自主地进行学习。所以，学习不能在学校教育中一次完成，求知是一个不间断的、终身的过程。

（二）学会做事（learning to do）

学会做事要求将以往对掌握某种狭窄的劳动技能的关注，转向对劳动者综合能力的关注，即要求教会受教育者如何实践所学的知识，或者在不能完全预测未来工作变化的情况下如何使教育与未来的工作相适应。因此，学会做事的要旨在于培养交往能力、与他人共处的能力、管理和解决冲突的能力、首创能力等个人能力，使这些能力

得以综合发展，保证受教育者在离开学校后，能自主地进行学习，具有适应未来职业变化的应变能力和革新能力。

(三)学会共同生活(learning to live together)

学会共同生活即在多元的时代背景下，学会如何与人沟通、相处。这就要求我们首先要了解自身、认识他人。我们只有在认识他人的基础上，才有可能理解他人。同时我们也要学会与他人共同工作，做到相安无事，能够为共同的目标而共同奋斗。为达到此目的，有效途径之一就是参与目标一致的社会活动，学会在各种错综复杂的社会关系中找到新的认同，确立新的共识，并从中获得实际的体验。

(四)学会生存(learning to be)

学会生存是在学会学习、学会做事和学会共同生活的基础上提出的，是教育和学习的根本目标。它强调要关注对人的人格培养，使每个人不断增强自主性、判断力和个人责任感。这就意味着学会生存的培养目标已经超越了单纯的伦理和道德意义上的做人的要求，强调对包括满足个人和社会需要的情感、精神、交际、亲和、合作、审美、体能、想象、创造、独立判断、批评精神等多方面能力的综合发展的关注。

二、日本的教育目的

日本于 1947 年颁布《学校教育法》，对小学、初中和高中的培养目标分别做了规定。

小学阶段：

①基于学校内外社会生活的经验，教育学生正确理解人与人之间的相互关系，并培养学生具有同心协力和自主、自律的精神；

②引导学生正确理解乡土和国家现状及传统，并进而培养国际协调合作的精神；

③培养学生对日常生活所必需的衣、食、住和生产等方面具有基础的理解并掌握基础的技能；

④培养学生正确理解和使用日常生活所需的国语的能力；

⑤培养学生正确理解和处理日常生活所需的数量关系的能力；

⑥培养学生科学地观察和处理日常生活中自然现象的能力；

⑦培养学生健康、安全、幸福地生活必备的习惯，并力求其身心得到和谐发展；

⑧培养学生对于能使生活明朗快活，丰富充实的音乐、美术、文艺等具有基础的理解和技能。

初中阶段：

①培养作为一个社会和国家成员所必需的品质；

②培养社会所需的各种职业的基础知识和技能、尊重劳动的态度以及根据自己的个性选择出路的能力；

③促进校内外的社会性活动，培养正当的思想感情和公正的判断力。

高中阶段：

①进一步发展和扩充初中教育的成果，培养国家及社会的有为的成员所应具备的素质；

②基于对社会必须履行自己使命的自觉，使之能够适应个性决定未来的出路，并

提高一般的文化教养，掌握专门的技能；

③培养对社会具有广泛深入的理解和健全的判断能力，并努力确立个性。

为推进 21 世纪教育改革，日本在 20 世纪 90 年代召开了一系列教育审议会，提出了一系列审议报告。这些审议报告相继提出了日本面向 21 世纪教育改革的基本目标，其中有代表性的是《日本教育课程标准的改善——日本教育课程审议会审议的汇总报告》。该报告对教育课程标准修改的目标做了比较详尽的论述。

第一，培养学生丰富的人性和社会性以及作为在国际社会中生存的日本人的意识。

第二，培养自主学习、独立思考的能力。

第三，各学校在宽松的环境中展开教育活动时，要切实让学生掌握基础的、基本的东西，充实个性教育。

第四，各学校要发挥创造性，开展特色教育，兴办特色学校。

三、英国的教育目的

20 世纪 80 年代，英国掀起了有关教育问题的大讨论。1988 年，英国颁布《1988 年教育法》。该法的颁布被视为英国教育改革的里程碑，在很大程度上改变了英国的办学思想与管理模式。英国基础教育改革的目标主要有以下几点。

第一，课程目标应当促进学生在精神、道德、社会和文化领域的发展。具体内容如下：①学生精神的发展，包括自我意识的成长、自我潜能的发展、自身优缺点的认识和实现目标的意志；②学生道德的发展，包括明辨善恶、理解道德冲突、关心他人和采取正确行动的意志；③学生社会性的发展，包括理解作为家庭和社会的一员，应享有的权利与应承担的责任，处理人际关系的能力，为了共同的利益与他人协作的能力；④学生文化的发展，包括理解文化传统，具有欣赏美和表达美的能力，尊重自己的文化和他人的文化，表现出对他人行事方式的兴趣和对差异的好奇。

第二，课程目标应当推动学生个人和整个社会的健康发展以及公民教育的实施。

第三，课程目标还应注重发展学生的技能，包括交流、数的处理、信息技术、合作、改进学习、解释问题 6 项技能。

第四，课程目标还应促进学生其他方面的发展，包括理财、经营、可持续发展以及与工作相关的学习几方面。

四、美国的教育目的

从 20 世纪 50 年代后期开始，苏联发射第一颗人造地球卫星引发了旨在提高中小学阶段学生学术素养的"回归基础教育运动"。美国提出了一系列教育改革方案，如美国科学促进会提出的《普及科学美国 2061 计划》、布什政府的《2000 年的美国——一种教育战略》、克林顿政府的《2000 年目标：美国教育法》等。

《2000 年的美国——一种教育战略》明确要求在 20 世纪结束时实现"国家六大教育目标"，彻底改变美国中小学教育模式，从根本上提高全体美国人的知识和技能水平。"国家六大教育目标"是美国总统与各州州长于 1990 年制定的，主要内容如下：

第一，所有学龄儿童具有入学读书准备；

第二，中学生的毕业率至少应提高到 90%；

第三，美国的学生在学满 4、8 和 12 年时，应当在相当难度的课程——英语、数学、科学、历史及地理等科目中，学习成绩优秀，考试合格；

第四，美国学生在数学与科学成就方面将是全球第一，名列前茅；

第五，每个成年人都具有文化知识和在国际经济活动中竞争的能力；

第六，每所学校成为无毒品、无暴力场所，还将成为秩序井然而又富有浓厚学习气氛的园地。

《2000 年目标：美国教育法》在《2000 年的美国——一种教育战略》提出的"国家六大教育目标"的基础上，又增加了两条目标，即教师教育和专业提高，家长参与。此外，1996 年，克林顿竞选连任获胜后，提出了其新一届政府的教育发展目标：8 岁以上的儿童必须具有读、写、算的能力，12 岁以上的青少年必须学会使用互联网，18 岁以上的青年必须能够接受高等教育，成年人必须坚持并能够终身学习。

参考文献

1. 郑金洲. 教育通论[M]. 上海：华东师范大学出版社，2000.

2. [英]约翰. 怀特：再论教育目的[M]. 李永宏，等，译. 北京：教育科学出版社，1997.

3. 李景舒. 教育法规选讲[M]. 成都：四川大学出版社，1998.

4. 黄楠森. 人学原理[M]. 南宁：广西人民出版社，2000.

5. 瞿葆奎. 教育文学集：教育目的[M]，北京：人民教育出版社，1989.

6. 袁振国. 当代教育学[M]. 北京：教育科学出版社，1998.

7. 瞿葆奎. 教育基本理论之研究[M]. 福州：福建教育出版社，1998.

8. [日]筑波大学教育学研究会. 现代教育学基础[M]. 钟启泉，译. 上海：上海教育出版社，1986.

9. 冯增俊，何谨，等. 教育人类学[M]. 南京：江苏教育出版社，1998.

10. 柳海民. 教育原理[M]. 长春：东北师范大学出版社，2000.

习题

1. 简述教育目的的概念。

2. 简述教育目的的体系。

3. 简述教育目的的功能。

4. 简述社会本位论和个人本位论的基本观点。

5. 简述我国教育目的的精神实质。

6. 结合马克思主义关于人的全面发展学说的基本思想，分析如何认识和处理各育的关系。

7. 简述素质教育的概念、内容与特征。

8. 简述素质教育的目标与要求、实施素质教育的方法与途径。

9. 简述素质教育与应试教育的区别。

第四章　学生与教师

【国考大纲导航】

  1. 理解学生的本质属性。

  2. 理解学生的社会地位。

  3. 了解教师职业的概念和性质。

  4. 理解教师职业的劳动特点。

  5. 理解教师的社会地位与角色。

  6. 了解教师的专业素养及专业发展。

  7. 了解师生关系的内容及特征。

  8. 知道如何建立良好师生关系。

第一节　学　生

一、学生的本质属性

  学生既是教育的对象又是教育的主体，了解和研究学生的本质、特点、地位等是教育工作的出发点和归宿。学生是指在教师的指导下从事学习的人，主要是指在校的儿童和青少年。

  (一)学生是发展中的人

  1. 学生的身心发展是有规律的

  个体身心发展的一般规律有顺序性、阶段性、不平衡性、互补性和个别差异性。中小学阶段的学生身心正在发展，经历着从简单到复杂、从低级到高级、从量变到质变的发展过程。学生又是发展中的人。从入学到中学毕业这一时期是一个人的生理和心理发育的关键时期，是一个从不成熟到成熟、从不定型到定型的重要时期，也是一个人生长发育特别旺盛的时期。

  2. 学生具有巨大的发展潜能

  学生身心各个方面潜藏着极大的发展可能性，他们身心发展过程中展现出的各种特征都还处在变化之中，具有极大的可塑性。传统教育的缺陷在于只看到学生现有的、静态的发展，看不到学生潜在的、动态的发展。现代教育认为每名学生作为一个指向未来的无限变化体，都具有无限的发展潜能，尤其是中小学阶段学生的发展具有更大的可能性和更强的可塑性。

  3. 学生是处于发展过程中的人

  教育应该以促进学生全面发展为着眼点，创造各种有利条件，把学生存在的多种潜能变成现实。教师绝不能依据学生的一时表现来断言学生没有发展的可能，而应该坚信每名学生都具有巨大的可供挖掘和开发的潜能，应该看到学生的未完成性，并给学生创造发展的良好环境和机会。

（二）学生是具有主体性的人

学生是学习的主体，教育的根本目的在于促进学生主体性的发展。主体性是指学生在教学中的主观能动性，具体包括以下几个方面。

1. 独立性

每名学生都是一个组织系统，一个独立的物质实体。每名学生都是独立于教师的头脑之外，不以教师的意志为转移的客观存在。承认学生的独立性是发挥学生主体性的前提条件，承认学生的独立性也就承认了学生发展过程、发展方式和发展结果的差异性。

2. 选择性

选择性是指在教育过程中，学生可以在多种目标、多种活动中进行选择。学生对教学的影响不是无条件地接受，不是盲目地模仿，而是根据主体的条件（愿望、态度、能力等）来进行选择的。不过，选择的效果如何，还依赖于学生已有的主体能力和环境提供的支持。

3. 调控性

学生可以对自己的学习活动进行有目的的调整和控制。例如，学习困难时，学生可以激励自己；取得成绩时，学生可以告诫自己不要骄傲。

4. 创造性

创造性是指学生在教育活动中可以超越教师的认识，超越时代的认识与实践的局限，科学地提出不同的观点、看法，并创造具有成效的学习方法。创造性是主体性的最高表现形式。

5. 自我意识性

自我意识性即学生作为主体对自己的状态及在教育中的地位、作用、情感、态度、行为等的自我认知。对自己的认识越全面客观，主体性就可能越强；反之，自我认知水平越低，自我调控能力就越差，自我创造和自我实现的可能性就越小。

综上，学生是参与教育过程的主体，在这个过程中自我意识性、主观能动性和创造性的确立是学生主体地位确立的标志。在我国教育改革日益深化的今天，学校教育要强调学生的责权主体性：一是学生是责任主体，学校和教师要引导学生学会对学习、对生活、对自己、对他人负责，学会承担责任；二是学生是权利主体，学校和教师要保护学生的合法权利。

（三）学生是完整性的人

教育的意义在于"成人"。人是整体的人，是具有"多向度"的人。叶澜教授认为，"生命的整体性"，"是指人的生命是多层次的、多方面的整合体。生命有多方面的需要：生理的、心理的、社会的；物质的、精神的、行为的；认知的、价值的、信仰的。任何一种活动，人都是以一个完整的生命体的方式参与和投入，而不是局部的、孤立的、某一方面的参与和投入"。[①] 素质教育的真正功能在于让学生在获取知识的同时实现人格的完善、灵感的启迪、情感的交融，从而让学生得到生命多层次的满足和体验。

---

① 钟启泉：《解读中国教育》，6页，北京，教育科学出版社，2000。

早在古希腊，亚里士多德就曾提出造就"体、智、德"和谐发展，"真、善、美"三位一体的"完美的人"。古罗马西塞罗(Cicero)提出通过教育使个人的才能得到最大限度发展的要求。空想社会主义者莫尔(More)、欧文(Owen)、傅立叶(Fourier)等都提出了人的全面发展的思想。马克思对人的发展做了系统的历史考察，吸收了历史上尤其是空想社会主义关于人的全面发展思想，使人的全面发展从空想变为现实。《学会生存——教育世界的今天和明天》指出："把一个人在体力、智力、情绪、伦理各方面的因素综合起来，使他成为一个完善的人，这就是对教育基本目的的一个广义的界说。"①"完人"虽可能永远只是理想，但这种必要的追求却不应终止。这显示出教育的无止境性。在教育活动中，作为完整的人而存在的学生，不仅具备全部的智慧力量和人格力量，而且体验着全部的教育生活。要把学生作为完整的人来对待，就必须反对那种割裂人的完整性的做法，要还给学生完整的生活世界，丰富学生的精神生活，给予学生全面展现个性力量的时间和空间。

(四)学生是个性化的人

马克思主义的个性观强调在人的全面发展的基础上发展个性。真正的个性是在全面发展的基础上形成的，个人全面发展的真谛就是使每个人的个性都获得发展。人的个性发展与全面发展不是矛盾的。在当今时代背景下，促进学生个性的发展正成为世界教育领域发展的主题，也是我国进行素质教育以及新课程改革的内在需要。教师应尊重每名学生丰富的差异性，拒绝运用同一标准来评价学生，力图使每名学生都成为充满个性魅力的生命体。在教学实践活动中，教师要注重个性化教育和个性化教学，照顾学生的个性差异，因材施教，为每名学生的发展提供有利条件，让学生充分发挥其独特的个性优势，从而发展个性。

二、学生的社会地位

中小学生是在国家法律认可的初、中等学校或教育机构中接受教育的人。随着主体意识的不断增强，学生的权利和义务也逐渐受到重视。

(一)学生的权利

学生拥有的权利应该包括两个方面：一是作为一个人所拥有的基本的人权，如生存权、发展权等；二是因为学生这个特殊的身份而拥有的特殊权利。

学生是权利的主体，享有法律所规定的各项社会权利。我国对学生尤其是青少年学生权利的规定主要有以下几种。

1. 生存的权利

《中华人民共和国宪法》第四十九条规定："父母有抚养教育未成年子女的义务。"《中华人民共和国婚姻法》除规定了同样的内容外，还针对许多具体的情况做出了规定。《中华人民共和国未成年人保护法》第十条规定："父母或者其他监护人应当创造良好、和睦的家族环境，依法履行对未成年人的监护职责和抚养义务。禁止对未成年人实施家族暴力，禁止虐待、遗弃未成年人，禁止溺婴和其他残害婴儿的行为，不得歧视女

---

① 联合国教科文组织国际教育发展委员会：《学会生存——教育世界的今天和明天》，华东师范大学比较教育研究所译，195页，北京，教育科学出版社，1996。

性未成年人或者有残疾的未成年。"

2. 受教育权利

《中华人民共和国宪法》第四十六条规定："国家培养青年、少年、儿童在品德、智力、体质等方面全面发展。"《中华人民共和国义务教育法》第四条规定："凡具有中华人民共和国国籍的适龄儿童、少年，不分性别、民族、种族家族财产状况、家教信仰等，依法享有平等接受义务教育的权利，并履行接受义务教育的义务。"《中华人民共和国未成年人保护法》第三条规定："父母或者其他监护人应当尊重未成年人接受义务教育的权利，必须使适龄未成年人依法入学接受并完成义务教育，不得使接受义务教育的未成年人辍学。"

3. 受尊重的权利

《中华人民共和国未成年人保护法》第二十一条规定："学校、幼儿园、托儿所的教职员工应当尊重未成年人的人格尊严，不得对未成年人实施体罚、变相体罚或者其他侮辱人格尊严的行为。"第三十九条规定："任何组织或者个人不得披露未成年人的个人隐私。""对未成年人的信件、日记、电子邮件，任何组织或者个人不得隐匿、毁弃；除因追查犯罪的需要，由公安机关或者人民检察院依法进行检查，或者对无行为能力的未成年人的信件、日记、电子邮件由其父母或者其他监护人代为开拆、查阅外，任何组织或者个人不得开拆、查阅。"

4. 安全的权利

《中华人民共和国未成年人保护法》第二十二条、第三十四条和第三十七条分别规定："学校、幼儿园、托儿所不得在危及未成年人人身安全、健康的校舍和其他设施、场所中进行教育教学活动。""禁止任何组织、个人制作或者向未成年人出售、出租或者以其他方式传播淫秽、暴力、凶杀、恐怖、赌博等毒害未成年人的图书、报刊、音像制品、电子出版物以及网络信息等。""任何人不得在中小学、幼儿园、托儿所的教室、寝室、活动室和其他未成年人集中活动的场所吸烟、饮酒。"

(二)学生的义务

学生的义务是在公民义务的基础上，针对学校、教育及学生的特点而规定的对学生行为的限制和要求。它一般体现在具体的法律条文和学校的各种规章制度中。《中华人民共和国教育法》第四十四条规定受教育者应当履行如下义务：

①遵守法律、法规；

②遵守学生行为规范，尊敬师长，养成良好的思想品德和行为习惯；

③努力学习，完成规定的学习任务；

④遵守所在学校或者其他教育机构的管理制度。

我国各级各类学校学生守则的内容也都是对学生应该履行的义务的规定。

第二节　教　师

一、教师职业的概念和性质

(一)教师职业的概念

有教育就有教师，历史上对教师的称谓和定义不同。我国商周时期称教师为"师"，或"子""夫子"，秦汉时期称教师为"博士"，唐以后称教师为"教授""直讲""助教"，清末称教师为"教习""教员"，中华人民共和国成立后称教师为"人民教师"。古今中外的教育家曾对教师下过不同的定义，有着不同的界说。就我国而言，典型的有：①"师者，教人以道者之称也。"②"师者，所以正礼也。""教之以事，而喻诸德者也。"③"智如泉源，行可以为仪表者，人之师也。"④"师者，人之楷模也。"⑤"师者，所以传道、授业、解惑也。"⑥《辞源》把教师解释为"传授学业"之人；《辞海》把教师解释为"向学生传授知识，执行教学任务的人员"。上述这些对教师的定义中，有的是按照教师的功能和作用做出界定的，如①②⑤⑥；有的是按照教师的品质和要求做出界定的，如③④。不管角度如何，这些定义都从特定的方面揭示了教师的某些基本特征，具有一定的价值。

上述这些认识带有时代的局限性，古代的教师偏重于德的要求和"正礼""示德"，近代的教师偏重于知识的要求和授业，当代的教师越来越多地强调思考。教师的职责和素质要求随着时代的变化而变化，所以，我们定义教师时要结合特定的时代要求，全面考察教师所扮演的社会角色、承担的社会职责和专业化的要求。

我们在日常生活中所使用的教师概念有两种：广义的教师和作为一种职业的狭义的教师。广义的教师是指社会上一切能给别人积极影响的人，即我们通常所说的"能者为师"和"三人行，必有我师焉"。从狭义角度看，教师是履行教育教学职责的专业人员，承担教书育人、培养社会主义事业建设者和接班人、提高民族素质的使命。

(二)教师职业的性质

1. 教师职业是一种专门职业，教师是专业人员

专业社会学对专门职业有两种不同的界定：一种是把专业界定为具有一定的专业知识与服务理想的职业群体，另一种是把专业界定为对自身职业具有控制权的职业群体。人们往往根据这两种界定来断定某一种职业是否为专业。

教师职业属于专门职业。1966年，联合国教科文组织在《关于教师地位的建议》中指出："教学应当被认为是一种专业，它是一种公共服务的形式。教学需要教师具有专门的知识和技能，并通过严格和持续的学习来获得和发展这些知识和技能。"教师工作作为一种专门职业，在国际组织的文件中早已得到确认。

教师是专业人员。在国际劳工组织制定的《国际标准职业分类》中，教师被列入了"专家、技术人员和有关工作者"的类别。1986年6月21日，在我国国家统计局和国家标准局发布的《中华人民共和国国家标准职业分类与代码》中，各级各类教师被列入了"专业、技术人员"的类别。1993年，我国颁布的《中华人民共和国教师法》把教师界定为"履行教育教学工作的专业人员"。随后我国又分别于1995年和2000年相继颁布了《教师资格条例》和《〈教师资格条例〉实施办法》，通过资格认定来体现教师专业的从业要求。

2. 教师职业是以教书育人、促进个体社会化为主的职业

教师是教育者，承担着培养合格的社会成员、延续人类社会发展的重要职责。培养人的活动是教育区别于其他社会活动的本质特征。培养人的方式多种多样。教师通过承担各门课程的教学任务，向学生传授系统的科学文化知识，引导学生树立正确的世界观和人生观，指导学生积极主动地学习，营造良好的教学风气，促进学生健康成

长。教书与育人是同一个过程的两个方面，尽管它可能会因为时代、社会、个体的差异而存在差别，但教书育人是教师职业的使命，这是不变的。

二、教师职业的劳动特点

无论在任何国家、任何时代，教师的劳动都不是简单的劳动，而是一种特殊的、复杂的脑力劳动。教师劳动在目的、对象和手段方面与其他职业的劳动有很大的差异，具有自身的特点。

(一)复杂性

1. 教师劳动的对象是复杂的

教师劳动的对象是活生生的人，是正在成长中的学生。由于先天的遗传素质、个性心理、社会环境、家庭影响以及后天教育的差异，他们有着不同的经历、不同的兴趣和爱好、不同的禀赋和能力、不同的气质和性格、不同的意志和情感、不同的思想和行为、不同的水平和特点。此外，教师劳动的对象还具有主观能动性，是自我教育的主体。他们并不是被动地接受教师的影响，而是能动地参与教学过程，制约着教师的劳动。对于教师的劳动，他们既有可能是积极的参与者，也有可能是中立的旁观者，还有可能成为消极的排斥者。

2. 教师劳动的过程是复杂的

教师劳动以知识信息的传递和转化为主要形式，是一种综合运用、消化、传递、发现知识和技能的复杂的劳动。在教育过程中，教师劳动比较难以意志努力为转移。教师劳动的效果不仅取决于教师的努力和能力，还取决于学生的自身因素。因为任何教育活动都不是靠教师的单向作用，而是靠教师与学生之间的双向作用来完成的。

3. 教师劳动的任务是复杂的

教师劳动的根本任务是教书育人，促使每名学生的身心得到和谐统一的发展。这就是说，教师既要教书，又要育人；既要传播知识，又要发展智力；既要使培养出来的学生在将来能适应社会生产力的发展，又要使培养出来的学生能承受现有的社会关系以适应社会生活。这都体现了教师劳动任务的复杂性。教师要完成这样复杂的劳动任务，还必须配合家庭和社会来进行，把工作深入到家庭和社会。

4. 教师劳动的手段是复杂的

教师对学生的影响不仅有知识方面的，还有人格、品行方面的，具有全面性；不是个别教师的，而是集体教师的，具有全员性；不仅有学校的，而且有社会、家庭的，具有全方位性。教育要有效地促进学生的全面发展，必须保持教育影响的一致性，优化组合各种影响，使之发挥最佳的合力。然而，要把这些复杂多样的影响有效地组织到教育过程中，做到来自各方面影响的协调一致，本身就是一种复杂的工作。

(二)创造性

从表面上，教师年复一年、日复一日、周而复始、按部就班地工作着，教师劳动似乎是最平凡的。但就其本质而言，教师劳动是一项充满着创造性的劳动。教师劳动的创造性表现在多个方面。

首先，教师劳动的创造性表现在对不同学生区别对待、因材施教上，体现出了灵活性。教师面临的教育对象是经常变化的。每名学生都有自己成长的条件，都有不同的个性特征。这决定了教师不能千篇一律用老方法来培养塑造他们，要"一把钥匙开一把锁"。因而教师在工作中不仅要考虑群体的特点和教育目标的统一性，而且要针对学生的个别差异提出不同的要求，采取不同的方法，创造性地开展工作。

其次，教师劳动的创造性表现在对教育教学内容、教育方法和教育形式的选择和运用上。教师不是把科学家发现和概括出来的知识简单地传授给学生，而是必须对知识进行加工，使知识易于被学生理解和接受。就像导演对剧本的再创造一样，教师对教学内容也需要再创造。教育过程的制约因素是多方面的、复杂的。教育内容、教育形式和教育方法不仅受到教育目的的制约，而且受到学生身心发展阶段、知识水平和能力的影响。教育内容和教育形式应反映出时代的特点，不能一成不变。教育教学有原则可遵循。人们在长期的教育实践中总结出关于教育教学工作的许多原则，但我们在实际工作中有时无法直接套用这些原则。在什么时候、什么情况下运用什么原则以及怎样运用，这在很大程度上取决于教师劳动的创造性。同样，教育有法可依，但无定法可抄。照抄照搬别人的经验通常是不能达到教育目的的，教师必须根据实际情况灵活地选用教育方法。

最后，教师劳动的创造性表现在教育机智上。教育机智是指教师对于突发性的事件做出恰当的、迅速的处理的能力。复杂的教育教学过程中常常会出现一些预料不到的情况。这就要求教师具有教育机智，善于把突发事件转化为教育契机，变消极因素为积极因素，使教育教学活动走向成功。增强创造意识和创造能力，不仅是教师做好教育教学工作以及推进教学改革的重要前提，也是教师在工作中更好地感受乐趣和成就感、实现自我的重要前提。

(三)示范性

德国哲学家雅斯贝尔斯(Jaspers)在《什么是教育》中这样理解教育："教育的本质意味着：一棵树摇动另一棵树，一朵云推动另一朵云，一个灵魂唤醒另一个灵魂。"黑格尔(Hegel)有一句名言："教师是孩子们心目中最完美的偶像。"我国汉代的扬雄在《法言·学行》中提出："师者，人之模范也。"教师劳动与其他劳动的一个最大不同点就在于教师主要是用自己的思想、学识和言行，通过示范的方式去直接影响教育对象的。任何一名教师，不管他是否意识到这一点，不管他是自觉的还是不自觉的，他都在对学生进行示范。与其说教师是用教材、教学方法和教学手段教学生，不如说是用自己的知识、技能、能力、世界观和思想感情教学生，是用自己的人格教学生。再者，教师劳动工具的主体化也是教师劳动主体性的表现。教师使用的教具、教材必须为教师自己所掌握，成为教师自己的东西。教师劳动的示范性是由人的认识过程和心理过程的特点决定的。教师以自己的语言、形象、活动和激情向学生传授知识，能使学生把握知识内涵，并留下深刻印象。教师劳动的示范性也是由青少年的心理特征决定的。青少年富于模仿性，易受暗示，都把教师看作知识的化身、高尚人格的代表，看作天然的模仿对象。在他们的眼里，教师一般都具有某种权威性，甚至认为凡是教师做的说的就是对的。大部分学生相信教师甚于相信严父、慈母、挚友。在很多情况下，教师本身的和教师提倡的思想行为、品德等都是学生最信任的模仿对象。因而，教师在传道、授业时，个人的人格、品行、举止都可能成为学生的模仿对象，教师的思想行为、求知精神、科学态度、思维方式都对学生起着模范作用。

（四）长期性与间接性

教师劳动培养人才的周期较长。正如中国古代思想家管仲所说："一年之计，莫如树谷；十年之计，莫如树木；终身之计，莫如树人。"不仅人的成长的各个阶段需要很长的时间，就是一个基本观点的形成或某种思想水平的提高也需要很长时间，并且往往需要多次反复。教师劳动的长期性的一个重要表现就是劳动的效果需要很长时间才能得到检验。一个人在各个阶段的成长也能使教育效果得到某种检验，但人才成长和教育效果最终要在参加社会实践后才能得到检验，通常不能立竿见影。所以从效果上来讲，教师的劳动又具有迟效性。这种劳动的长期性既表现为滞后性，又表现为长效性，即教师劳动对人的一生都会发挥作用。

间接性指教师劳动不直接创造物质财富，而是以学生为中介实现教师劳动的价值的。教师的劳动并没有直接服务于社会，没有直接贡献人类的物质产品和精神产品。教师劳动的结晶是学生，是学生的品德、学识和才能。学生走上社会后，为社会创造财富。

（五）个体性与集体性

教师劳动首先是以个体的方式进行的，但我们又不可忽视教师群体通力合作的作用。首先，教师劳动具有个体性。从形式上看，教师劳动是以个人劳动形式呈现的，备课、上课、批改作业、谈话、家访、成绩评定、和学生交往等都是单独进行的，每名教师都有独特的风格。因此，教师要有高度的责任心、较强的自觉性、娴熟的技艺、广博的知识，这是完成分内工作的条件。其次，教师劳动又具有集体性。在现代教育中，任何一名学生在德、智、体等方面的发展都是依靠教师的集体力量实现的，是集体相互协作的结晶。因为学生的发展和进步很难说完全是哪一名教师个人劳动的成果，而要依靠教师集体的协调工作，是全体教师、员工共同努力的结果。教师的劳动成果具有鲜明的集体性特点。所以，教师在平时除了个人努力工作外，还要自觉树立集体协作的观念。每名教师都要与其他同事通力合作，统一步调，处理好与他人的关系，虚心学习，取长补短。另外，教师要与学校、家庭、社会保持一致，坚持正确的教育思想，创造良好的教育环境和教育氛围，以取得最佳的教育效果。

（六）连续性和广延性

从时空角度来看，教师的劳动具有很大的弹性。虽然教师的教育活动有时间的限制，教育活动的场所也有相对的限定，但每一具体的教育活动却没有严格的时空界限。教师不能因为教学时间已到而置学生存在的学习疑问于不顾，也不能因为学生在校外发生问题而不理。从影响学生发展的因素看，除了学校影响外，社会、家庭都会对学生的发展产生影响。为了取得校内与校外教育影响的一致性，教师需要突破学校教育的时空界限，把学生教育工作扩展到学校教育以外的空间，深入学生的活动内部，追踪每一名学生，依靠家长和社会的配合形成教育的内外合力，以实现教育目的。

学生接受外界影响没有时空界限，教师的劳动自然也没有时空界限。所以教师需要采取各种形式，如校外活动、家访、街访等来扩大教育的空间。教师的劳动时间没有上下班的严格界限，是全天制工作。教师没有固定的劳动场所，课堂内外、学校内外都可能成为教师劳动的空间。教师不仅要在课内、校内发挥影响力，还要走出校门，协调学校、社会、家庭的教育影响，以便形成教育合力。

三、教师的社会地位与角色

(一)教师的社会地位

教师的社会地位是指教师职业在整个社会职业体系中所处的位置。它事关教师队伍的稳定、教师素质的提高、教学质量的好坏和人才培养质量的高低等一系列教育问题。一般来说，一门职业的社会地位是由多种因素相互作用决定的，其中四个因素起主要作用：经济地位、政治地位、专业地位和职业声望。

1. 教师的经济地位

教师的经济地位一般是通过对教师的福利待遇与其他职业进行比较来确定的。教师的经济地位是其社会地位的基础和直接表现，是决定教师职业是否有吸引力、能否吸引高素质人才的一个关键性因素。教师职业的福利待遇是指社会给予教师的物质报酬，包括工资、奖金、保险、退休金等。

从世界范围来看，多数发达国家和一些发展中国家都非常重视提高本国教师的经济地位，通过给教师优厚的待遇，如带薪假期、退休金、医疗保险、住房补贴等福利，使教师的生活保持在中等及以上的水平，以形成一支稳定的、高质量的师资队伍，满足教育事业发展的需要。在我国，《中华人民共和国教师法》规定：教师的平均工资水平应当不低于国家公务员的平均工资水平，并逐步提高。这从法律上保证了教师的经济地位。但是，与社会一些职业相比，教师的经济收入仍然偏低。近些年来，我国通过多方的努力，再加上社会尊师重教风尚的逐步形成，教师的经济待遇较之以往有很大的改善，教师职业的吸引力也越来越强。这一切都预示着随着教师经济地位的逐渐提升，其社会地位必将随之逐步提升。

2. 教师的政治地位

教师的政治地位主要通过教师在政治上享有的各种权利、待遇等体现出来。教师政治地位的高低是与时代及社会制度紧密联系在一起的。在阶级对立的社会，教师只是宣扬统治阶级思想、帮助统治阶级愚弄和驯服人民的工具，是统治阶级的附属品，根本谈不上拥有多大的政治权利和多高的政治地位。在社会主义社会，教师的政治地位发生了根本性的变化。教师成了国家的主人，享有广泛的民主权利和崇高的荣誉。而且随着国民经济的发展对人才的巨大需求，国家越来越认识到教育的重要性，进而更注重从各方面充分发挥教师对培养人才、发展经济的重要作用，从法律等相关方面对教师的政治地位予以保障。从1985年起，我国把每年的9月10日定为教师节，以号召全社会都尊师重教；1993年，《中华人民共和国教师法》以法律的形式保障教师应有的权利和待遇；1994年，我国把中小学教师纳入享受政府特殊津贴的选拔范围。各级政府还选举教师当人大代表，公开表彰、奖励优秀教师，从教师中选拔人才进入各级政府的领导班子。这些都有力地提高了教师的政治地位，更是对教师工作劲头和积极性的极大鼓舞。

3. 教师的专业地位

教师的专业地位问题实质上探讨的就是教师这个职业的专业性问题。美国和日本的一些学者从专业的一般标准出发，以教师职业自身特点为基础，通过与医生、律师等专业进行比较后，发现教师职业离专业的标准还有相当的距离。它的专业成熟程度还不高，与护士、社会工作者的水平相当。这同时也说明教师职业的专业性质已不是有无的问题，而是专业化程度高低的问题。近几十年来，各国对作为教师所必备的专业知识、专门技能的要求以及对获得教师资格条件的要求更为严格和具体，并陆续实行了教师资格证书制度。教师的专业自主权进一步得到保障。教师的专业地位逐步地确立起来。

由于我国教师教育发展水平不高，教师专业训练不足，训练过程还存在着这样那样的问题，加上人们长期以来形成的对教师职业的一些错误认识的积淀，人们对教师职业的价值认识不足，甚至贬低教师劳动的社会价值与作用，致使教师职业在人们心目中所处的地位较低。可见，教师专业意识的增强、专业水准的提高都对教师社会地位的稳固与提高具有非常重要的意义。

4. 教师的职业声望

教师的职业声望是指人们对教师职业的社会评价，进一步讲是指他人和社会对教师职业的积极评价，如公众的认可和称道、尊敬和钦佩、荣誉和敬意等。国内外学者研究表明，在现代社会，教师的职业声望通常具有两个比较突出的特点：一是教师的职业声望通常处于中上的地位，高于他们的经济地位；二是教师的职业声望具有逐渐提高的趋势。在我国，由于新中国的教师有着为祖国、为人民、为下一代甘当"蜡烛""人梯"，以及辛勤耕耘、无私奉献的精神，因此，教师一向被社会公认为最佳形象，享有较高的职业声望。值得注意的是，教师职业声望与教师实际的社会地位有相关性，但二者之间并无直接的对应关系。而且，教师职业声望高，并不能说明或预测社会的实际行为。特别是当教师的经济待遇及其他权益得不到有效保障时，教师职业的高声望与人们实际的低选择就易形成明显的反差，这是我们今后应注意的问题。

综上所述，教师社会地位高低是由众多评判标准决定的。我们应持有全面的、客观的、发展的观点，从全方位、多角度进行考察，而不能仅以经济收入高低来下定论。

（二）教师角色

角色是指一个人在某一特定社会群体中的身份及其为身份所规定的行为和行为模式的总和。个人的社会身份包括个人的社会职能、权利和责任。它规定了一个人活动的特定范围，即应该做什么、不应该做什么。一个人行使自己社会身份规定的行为时，便充当着角色。教师的职业角色指教师在学校、课堂、职业生活中所表现出的一种身份，以及由此身份规定的行为规范和行为模式的总和。教师角色既代表教师的社会地位，同时也蕴含着社会对教师的角色期望，应该全面地反映教师职业活动的行为规范和教师起到的作用。教师作用的对象不只是学生，而且包括社会、文化和自身，因此教师角色具有多样化的特点。一般来说，教师职业角色主要如下几种。

1. 传道者的角色

传道者是我国教师传统的一个角色定位。唐代韩愈在《师说》中说："师者，所以传道、授业、解惑也。"这句话首先强调的是教师负有传道的社会职责，就是要传递社会道德规范，承担社会职责。教师的基本职责是教书育人，在教书过程中育人。教师是知识的传授者，这是教师最原始、最基本的角色。在学习途径多样化的现代社会，学生可以从其他诸多渠道获取知识，有时学生甚至在某些方面所掌握了解的比教师还要多。教师以往的"权威"地位受到了威胁。尽管如此，教师传承文化的基本职能仍没有变。较之其他学习工具，教师有评判和筛选知识的能力，呈现给学生的知识更符合学生的需求，有益于学生的发展。另外，在教学过程中，教师与学生情感上的交流与沟通也是其他学习途径无法替代的。进入现代社会，虽然人们的道德观、价值观呈多元化趋势，但教师的道德观、价值观总是代表居于社会主导地位的道德观、价值观的。教师对学生的做人之道、治学之道、为业之道等有引导和示范的责任。

2. 授业解惑者的角色

教师是各行各业建设人才的培养者。教师在掌握了人类经过长期的社会实践所获得的知识经验、技能的基础上，对其进行加工整理，然后以便于学生学习掌握的方式传授给学生，帮助学生在很短的时间内掌握人类几百年、几千年积累的知识，形成自己的知识结构和技能技巧。学生在学习的过程中，总会遇到自己不能解决的问题，需要通过求师来解决。教师的作用就是在别人有了困惑的时候能够为别人解决困惑。因此教师的作用不但在于传道，而且在于解惑，启发学生思维，促进学生自主学习与成长。

3. 管理者的角色

教师在教育教学过程中，除了向学生传授知识外，还要通过组织教学、课堂管理和考核激励等措施，确保教育教学的有序性和有效性。教师对教育教学活动的管理包括确定目标，组织班集体，制定和贯彻规章制度，维持班级纪律，组织班级活动，协调人际关系，对教育教学活动进行控制、检查和评价。教师应该熟悉教育教学规律和学生身心发展规律，了解班级管理的基本知识、基本程序，并在长期的管理实践中积累管理经验，不断总结反思，逐渐形成自己的管理风格。

4. 示范者的角色

教师的言行是学生学习和模仿的榜样。学生具有向师性的特点，教师的言论、行动、为人处世的态度对学生具有耳濡目染、潜移默化的作用。教师对学生人格的影响不仅表现在教师的"说"上，而且表现在教师的"行"中。所以教师要注重言传身教。身教需要教师成为学生的榜样。"行可以为表仪者，人师也。"教师的榜样示范是一种不可缺少的教育力量。孔子说："其身正，不令而行；其身不正，虽令不从。"所以，作为榜样，教师必须以身作则。

5. 朋友的角色

对于教师在教育中的情感角色，苏霍姆林斯基曾在《帕夫雷什中学》中指出："应当成为孩子们的朋友，深入到他的兴趣中去，与他同欢乐、共忧伤，忘记自己是教师。这样，孩子才会向教师敞开他的心灵。"[1]教师往往被学生视为自己的父母或朋友。低年级的学生倾向于把教师看作父母的化身，对教师的态度类似于对父母的态度；高年级的学生往往视教师为朋友，希望在学习、人生等方面得到教师的指导，同时又希望教师是分担自己的痛苦、忧愁的朋友。但是教师作为朋友不是完整意义上的私人朋友。私人朋友是以个人感情为支配主线的，而师生之间的基本关系是教育关系。因此，教师不能过于热衷于扮演朋友的角色。

---

① ［苏联］苏霍姆林斯基：《帕夫雷什中学》，赵玮、王义高、蔡兴文等译，44页，北京，教育科学出版社，1983。

6. 研究者的角色

20 世纪 60 年代，斯腾豪斯（Stenhouse）率先提出"教师即研究者"的观点，要求把教师的教学与研究结合起来，力图改变教师在教学中的原有定位。20 世纪 80 年代以来，伴随着社会发展对教育教学要求的提高，学者对教师专业化的探讨达到了空前的高度，"教师即研究者"也成为教育界乃至全社会普遍认同的理念。教师工作的对象是充满生命力的、千差万别的个体，传授的内容是不断发展变化的科学知识和人文知识，教育过程又是一个复杂的动态变化过程。这就决定了教师不能以固有的态度对待自己的工作，而是要以一种变化发展的观点、研究的态度对待自己的工作对象、工作内容和各种教育活动，不断学习新知识、新理论，不断反思自己的实践，不断发现新的问题，以使自己适应不断变化的形势，并且有所创新。成熟的教师应是专家型的教师，不仅要有有效的经验，还要有理性的思考，能反思自己的教育实践，完善教育实践，在不断变化的教育环境中更好地认识和接受新事物，获得新经验，巩固自己的专业地位，胜任新的教育任务。

四、教师的专业素养

教师的专业素养是教师从事专业活动必须具备的专业品质。教师作为一种专门职业，并非任何人都能胜任，因此，什么样的人才能够担当教师一职是学者研究的一大课题。我国关于教师素养的讨论很多，大体分为两个阶段：在教师专业化讨论之前和在教师专业化讨论之后。在教师专业化讨论之前，国内关于教师素养的认识大致统一，主要包括思想政治素养、道德素养、科学文化素养、能力素养、身心素养、风度仪表等。这一阶段的讨论按照人的素质来要求教师，只不过对教师提出了特殊的要求。在专业化讨论之后，学者把教师的素养植入专业化的视野中，试图厘清教师的专业素养与一般素养的不同，从而提炼教师的专业素养。关于这方面的研究，代表性的观点有如表 4-1 所示。

表 4-1　不同学者对教师素养的认识

研究者	教师的专业素养结构
艾伦	学科知识，行为技能，人格技能
林瑞钦	所教学科的知识（能教），教育专业能力（会教），教育专业精神（愿教）
曾荣光	专业知识，服务理想
叶澜	专业理念，知识结构，能力结构
林崇德	师德与师魂，教师的知识，教师的能力
白益民	教育信念，知识，能力，专业态度与动机，自我专业发展的需要和意识

其实，关于教师的专业素养，学者很难用某种分类囊括所有。本书主要从以下几方面探讨教师专业素养。

（一）教师专业理念与师德

教师专业理念是"教师在对教育工作本质理解基础上形成的关于教育的观念和理性

信念"①, 为教师专业行为提供理性支点, 直接影响教师的教育教学行为、师生交往以及教师的专业发展。教育部 2012 年颁布的《中学教师专业标准(试行)》明确提出"学生为本、师德为先、能力为重、终身学习"四项基本理念, 并从专业理念与师德、专业知识、专业能力三个维度对中小学教师的专业素质提出了基本要求, 为我国中学教师的专业发展提供了依据。现以《中学教师专业标准(试行)》为例, 讨论教师专业理念的具体内容(见表 4-2)。

表 4-2 教师专业理念与师德要求

维度	领域	基本要求
专业理念与师德	(一)职业理解与认识	1. 贯彻党和国家的教育方针和政策, 遵守教育法律法规 2. 理解中学教育工作的意义, 热爱中学教育事业, 具有职业理想和敬业精神 3. 认同中学教师的专业性和独特性, 注重自身专业发展 4. 具有良好职业道德修养, 为人师表 5. 具有团队合作精神, 积极开展协作与交流
	(二)对学生的态度与行为	6. 关爱中学生, 重视中学生身心健康发展, 保护中学生生命安全 7. 尊重中学生独立人格, 维护中学生合法权益, 平等对待每位中学生, 不讽刺、挖苦、歧视中学生, 不体罚或变相体罚中学生 8. 尊重个体差异, 主动了解和满足中学生的不同需要 9. 信任中学生, 积极创造条件, 促进中学生的自主发展
	(三)教育教学的态度与行为	10. 树立育人为本、德育为先的理念, 将中学生的知识学习、能力发展与品德养成相结合, 重视中学生的全面发展 11. 尊重教育规律和中学生身心发展规律, 为每一位中学生提供适合的教育 12. 激发中学生的求知欲和好奇心, 培养中学生学习兴趣和爱好, 营造自由探索、勇于创新的氛围 13. 引导中学生自主学习、自强自立, 培养良好的思维习惯和适应社会的能力 14. 尊重和发挥好共青团、少先队组织的教育引导作用
	(四)个人修养与行为	15. 富有爱心、责任心、耐心和细心 16. 乐观向上、热情开朗、有亲和力 17. 善于自我调节情绪, 保持平和心态 18. 勤于学习, 不断进取 19. 衣着整洁得体, 语言规范健康, 举止文明礼貌

1. 学生为本

尊重中学生的权益, 以中学生为主体, 充分调动和发挥中学生的主动性; 遵循中学生身心发展特点和教育教学规律, 提供合适的教育; 促进中学生生动活泼地学习, 健康快乐地成长, 全面且有个性地发展。

---

① 叶澜:《新世纪教师专业素质初探》, 载《教育研究与实验》, 1998(1)。

2. 师德为先

热爱中学教育事业，具有职业理想，践行社会主义核心价值体系，履行教师职业道德规范，依法执教；关爱中学生，尊重中学生人格，富有爱心、责任心和耐心；为人师表，教书育人，自尊自律，以人格魅力和学识魅力教育感染中学生，做中学生健康成长的指导者和引路人。

3. 能力为重

把学科知识、教育理论与教育实践相结合，突出教书育人的能力；研究中学生身心发展特点，遵循中学生成长规律，提升教育教学专业化水平；坚持实践、反思、再实践、再反思，不断提高专业能力。

4. 终身学习

学习先进中学的教育理念，了解国内外中学教育改革与发展的经验和做法；优化知识结构，提高文化素养；具有终身学习与持续发展的意识和能力，做终身学习的典范。

教师职业道德是指教师在从事教育教学活动中形成的比较稳定的道德观念、行为规范和道德品质的总和，调节着教师与他人、教师与集体、教师与社会、教师与自我的相互关系。教师是全面推进素质教育的主力军，是学生增长知识和深化思想的导师。教师职业道德修养直接关系到众多青少年的健康成长。中华人民共和国成立以来，国家四次正式颁布《中小学教师职业道德规范》。2008年新修订的《中小学教师职业道德规范》的基本内容继承了我国的优秀师德传统，并充分反映了新形势下经济、社会和教育发展对中小学教师应有的道德品质和职业行为的基本要求，体现了新的时代精神。主要目的是进一步加强教师队伍建设，全面提高中小学教师队伍的师德素质和专业水平。该文件强调了提高教师职业道德水平在新形势下的紧迫性，对教师的职业道德提出了新的要求。新的职业道德规范包括6个方面：爱国守法，爱岗敬业，关爱学生，教书育人，为人师表，终身学习。（具体内容详见第十章）

（二）教师专业知识

我国一般认为教师合理的知识结构包括：本体性知识，即特定学科知识及相关知识，是教学活动的基础；条件性知识，即认识教育对象、开展教育活动和进行研究所需的教育学科知识和技能，如教育原理、心理学、教学论、学习论、班级管理等；实践性知识，即课堂情境知识，体现教师个人的教学技巧、教育智慧和教学风格，如导入、强化、发问、课堂管理、沟通与表达、结课等技巧。2012年，我国颁发的《中学教师专业标准（试行）》明确规定了各类型教师专业知识的内容。以中学教师为例，具体教师专业知识要求见表4-3。

表 4-3　教师专业知识要求

维度	领域	基本要求
专业知识	（一）教育知识	1. 掌握中学教育的基本原理和主要方法 2. 掌握班级、共青团少先队建设与管理的原则与方法 3. 了解中学生身心发展的一般规律与特点 4. 了解中学生世界观、人生观、价值观形成的过程及其教育方法 5. 了解中学生思维能力、创新能力和实践能力发展的过程与特点 6. 了解中学生群体文化特点与行为方式

维度	领域	基本要求
专业知识	（二）学科知识	7. 理解所教学科的知识体系、基本思想与方法 8. 掌握所教学科内容的基本知识、基本原理与技能 9. 了解所教学科与其他学科的联系 10. 了解所教学科与社会实践及共青团少先队活动的联系
	（三）学科教学知识	11. 掌握所教学科课程标准 12. 掌握所教学科课程资源开发的主要方法与策略 13. 了解中学生在学习具体学科内容时的认知特点 14. 掌握针对具体学科内容进行教学和研究性学习的方法与策略
	（四）通识性知识	15. 具有相应的自然科学和人文社会科学知识 16. 了解中国教育基本情况 17. 具有相应的艺术欣赏与表现知识 18. 具有适应教育内容、教学手段和方法现代化的信息技术知识

(三)教师专业能力

教师专业能力是教师完成一定教育教学活动的本领。现代教育要求教师具有的教学能力主要包括：语言表达能力、人际交往能力、组织管理能力、教学设计能力、教学实施能力、教学评价能力、把握信息技术能力、教育教学研究能力和终身学习能力等。《中学教师专业标准（试行）》对教师专业能力维度所涉领域及基本要求做出了更为具体的说明，如表 4-4 所示。

表 4-4　教师专业能力要求

维度	领域	基本要求
专业能力	（一）教学设计	1. 科学设计教学目标和教学计划 2. 合理利用教学资源和方法设计教学过程 3. 引导和帮助中学生设计个性化的学习计划
	（二）教学实施	4. 营造良好的学习环境与氛围，激发与保护中学生的学习兴趣 5. 通过启发式、探究式、讨论式、参与式等多种方式，有效实施教学 6. 有效调控教学过程，合理处理课堂偶发事件 7. 引发中学生独立思考和主动探究，发展学生创新能力 8. 发挥好共青团少先队组织生活、集体活动、传播信息等教育功能 9. 将现代教育技术手段整合应用到教学中
	（三）班级管理与教育活动	10. 建立良好的师生关系，帮助中学生建立良好的同伴关系 11. 注重结合学科教学进行育人活动 12. 根据中学生世界观、人生观、价值观形成的特点，有针对性地组织开展德育活动 13. 针对中学生青春期生理和心理发展特点，有针对性地组织开展有益身心健康发展的教育活动 14. 指导学生理想、心理、学业等多方面发展 15. 有效管理和开展班级、共青团、少先队活动 16. 妥善应对突发事件

维度	领域	基本要求
专业能力	（四）教育教学评价	17. 利用评价工具，掌握多元评价方法，多视角、全过程地评价学生发展 18. 引导学生进行自我评价 19. 自我评价教育教学效果，及时调整和改进教育教学工作
	（五）沟通与合作	20. 了解中学生，平等地与中学生进行沟通交流 21. 与同事合作交流，分享经验和资源，共同发展 22. 与家长进行有效沟通合作，共同促进中学生发展 23. 协助中学与社区建立合作互助的良好关系
	（六）反思与发展	24. 主动收集分析相关信息，不断进行反思，改进教育教学工作 25. 针对教育教学工作中的现实需要与问题，进行探索和研究 26. 制定专业发展规划，积极参加专业培训，不断提高自身专业素质

（四）教师身心素质

教师的身体素质是指教师在教学活动中的自然力，是教师的身体状态在教学中的表现。它主要通过健康的体魄、旺盛的精力、蓬勃的活力、有节律的生活方式和锻炼习惯等体现。教师的身体素质在教育教学中具有重要的意义。

教师的心理素质是教师素质的重要部分，是教师在教学实践中沉积的教学必备的心理品质，具体包括认真、负责、亲切的教学态度，积极、丰富的教学情感，坚忍不拔的教学意志，丰富的兴趣爱好，机智果断的办事作风，善良随和的性格等。由于教师劳动的对象、任务、手段等十分复杂，加上新时期赋予了教师特殊的历史使命和重任，因此社会对教师心理素质提出了更高的要求。没有良好的心理素质，教师的整体素质难以发展到较高水平。

五、教师专业发展

（一）教师专业发展的内涵

教师专业发展是指教师在整个专业生涯中，依据专业组织、专门的培养制度和管理制度，通过终身专业训练，习得教育专业知识技能，形成专业理想、专业道德和专业能力，从而实现专业自主的过程；是提高专业自主、专业道德、从教素质的水平，成为一名良好的教育专业工作者的专业成长过程。教师专业发展包括教师群体的专业发展和教师个体的专业发展。

1. 教师群体的专业发展

教师群体的专业发展是指教师职业不断成熟、逐渐达到专业标准，并获得相应的专业地位的过程。它既是教师个体专业化的条件与保障，也代表着教师职业的专业化水平。教师群体的专业发展主要包括以下内容。

第一，教育知识技能的体系化。国家对教师任职既有规定的学历标准，也有必要的教育知识、教育能力和职业道德的要求。

第二，国家有教师教育的专门机构、专门教育内容和措施。

第三，国家有针对教师资格和教师教育机构的认定制度和管理制度。

2. 教师个体的专业发展

教师个体的专业发展是指教师在整个专业生涯中，通过终身专业训练，习得教育专业知识技能，在专业思想、专业知识、专业能力、专业心理品质等方面从不成熟到成熟的发展过程，即由一个专业新手发展成专家型教师的过程。

(二)教师专业发展阶段

从一个专业新手到专家型教师不是一蹴而就的，需要一定的阶段。每一个阶段都有其特定的发展核心、特征表现和问题。每一个核心问题的解决与否、解决程度如何，对后一个阶段有很大影响，决定着教师在后一个阶段能否得到发展，得到怎么样的发展。教师正是通过每一个阶段的专业活动不断地获得专业发展的。

教师专业发展是教师人格、社会性、教学教育专长等诸方面综合发展的过程。不同的研究者关注的方面不同，提出了不同方向的教师职业发展阶段。这里仅列举其中几个影响较大的研究成果作为对教师专业发展历程及其阶段性特征的认识和理解的依据。

国外研究成果。

1. 伯顿(Burton)的三阶段论

伯顿把教师专业发展分为三个阶段：求生存阶段、调整阶段、成熟阶段。

求生存阶段。教师较少参与教学活动，关注学科教学但又感到没有多少专业见解，缺乏信心且不愿意尝试新的方法。

调整阶段。教师学到了许多有关课堂、学生、课程和方法等方面的知识，开始认识到学生的复杂性，并学习新的技能以满足各方面的需要，对待学生更加开放和真诚，感到有能力满足学生的需要，逐渐有了信心。

成熟阶段。教师能更好地控制教学活动和教学环境，以学生为中心，充满自信和安全感，乐于尝试新的教学方法，已经有了自己新的专业见解，能够处理可能出现的问题。

2. 富勒(Fuller)的四阶段论

富勒把教师专业发展分为四个阶段：教学前关注阶段、早期生存关注阶段、教学情境关注阶段、关注学生阶段。

教学前关注阶段。在职前阶段，教师仍扮演学生角色，教师工作只存在于想象之中。教师因为未曾经历教学，所以没有教学经验，只关注自己。不仅如此，教师还对于任教的教师抱有评判的态度，在观察初期往往对教师不表同情，甚至还带有敌意。

早期生存关注阶段。此阶段是教师初次接触实际教学的实习阶段。实习教师关注自己的生存问题，即能否在这个新环境中生存下来；关注自我胜任能力，感觉人微言轻；关注对课堂的控制；关注对班级的管理和对教学内容的精通熟练程度；关注学生和其他人对自己教学的评价。在此阶段，教师表现出明显的焦虑与紧张，在这一时期的压力是相当大的。

教学情境关注阶段。在此阶段，教师固然还要关心前一阶段的种种问题，但同时也会关注教学上的种种需要、限制和挫折。因为此阶段会对教师的教学能力与技巧提出要求，所以教师较多关注教学所需的知识、能力与技巧，关注如何掌握相应的教学技能。总之，在此阶段，教师关注的是自己的教学表现，而不是学生的学习。

关注学生阶段。许多教师虽然在实习教育阶段就能表达出对学生的学习、品德乃至情绪需求的关注，但是并不能真正地满足学生的需要，往往要等到自己能适应教学的角色压力和负荷之后，才能真正地关怀学生。在这个阶段，教师开始把学生作为关注的核心，关注他们的学习、社会和情感需要以及如何通过教学更好地影响他们的成绩和表现。

3. 司德菲（Steffy）的五阶段论

司德菲把教师专业发展分为五个阶段：预备生涯阶段、专家生涯阶段、退缩生涯阶段、新生涯阶段、退出生涯阶段。

预备生涯阶段。这一阶段的教师主要包括初任职的教师，或重新任职的教师。初任职的教师通常需要三年的时间才会进展到下一阶段，而重新任职的教师则能很快超越此阶段。在此阶段的教师具有以下几个特征：理想主义、有活力、富创意、接纳新观念、积极进取、努力向上。

专家生涯阶段。这一阶段的教师已具有较高水平的教学能力，同时拥有多方面的信息来源，能进行有效的班级经营和时间管理，对学生抱有较高的期望，也能在自己的工作中激发自我潜能，达到自我实现的目的。同时，这一阶段的教师具有一种内在的透视力，可随时掌握学生的一举一动。

退缩生涯阶段。①初期的退缩（initial withdrawal）。这一时期教师的表现不是最好的，也不是最坏的。这一类的教师在学校中可以说是最多的，也是最容易被忽视的。他们很少致力于教学革新，年复一年地使用同样的教学内容，所教的学生表现平平。此类教师所持的信念都较为固执，多半都沉默寡言，跟随别人，消极行事。这时，如果教育行政人员给予适时适当的支持与鼓励，这些教师就会恢复到专家生涯阶段。②持续的退缩（persistent withdrawal）。这一时期，教师表现出职业倦怠，经常批评学校、家长、学生、教育行政部门，有时对一些表现好的教师也妄加指责。此外，这些教师会抗拒变革，对于行政上的措施不做任何反应。这些行为都有可能妨碍学校的发展。处于这一时期的教师或是独来独往，或是行为极端，或是喋喋不休。这些教师人际关系都不甚和谐，家庭生活有时也会出现问题。因此，这一时期的教师需要得到帮助。③深度的退缩（deep withdrawal）。这一时期的教师在教学上表现出无力感，甚至有时还会伤害学生。但是这些教师并不认为自己有这些缺点，且具有很强的防范心理，这是学校最难处理的事情之一。解决办法是让这些教师暂时转岗或转业。

新生涯阶段。这一阶段的教师在一开始出现厌烦的征兆时就采取了较为积极的对应措施，如参加研讨会，进修课程，加入教师组织等。因此在此阶段的教师又有预备生涯阶段朝气蓬勃的状态——有活力、肯吸收新知识、进取向上。唯一不同之处在于，预备生涯阶段的教师对教学工作感到新奇，而在新生涯阶段的教师致力于追求专业成长，吸收新的教学知识。但在此阶段的教师，仍需要外在的支持。

退出生涯阶段。教师到了退休年龄，或由于其他原因而离开教育岗位。一些教师开始安度晚年，一些教师可能继续追求生涯的"第二春天"。

国内研究成果。

钟祖荣认为，从教师的素质和工作成绩来看，教师的成长大致要经过准备期、适应期、发展期、创造期四个阶段。每个阶段结束时的教师可以分别被称为新任教师、合格教师(1～3 年)、骨干教师(4～10 年)、专家教师(学科带头人或特级教师等)(16～25年)。

准备期。教师从事教育工作以前的时期,是接受教育和学习的阶段。

适应期。教师走上工作岗位,由没有实践经验到初步适应教育教学工作,具备最基本、最起码的教育教学能力和其他素质的时期。这一时期大体上为 1～3 年。

发展期。教师在初步适应教育教学工作后,继续在教育教学实践中锻炼自己的教育教学能力,使之达到熟练程度的时期。教师在这一时期的素质特点是工作技能日趋娴熟,素质发展日趋全面,教育工作重心由做好自己转向关心学生。教师度过这一阶段的时间差别较大。成长速度较快的大约需要 3～7 年,有些教师一生都在这个阶段度过。

创造期。这是教师由固定地、常规地、自动化地工作转变为开始探索和创新的时期,是教师形成自己的独到见解和教学风格的时期。在此阶段,教师具有强烈的创新意识,科研能力明显增强,理论水平大幅度提高。骨干教师要成长为专家教师需要经历长时期的积累。对特级教师的调查表明,从走上工作岗位,到对教育问题有比较系统的见解,取得较多的研究成果和实践成果,需要 16～25 年时间。

根据教师教育教学能力的发展,北京教育学院邵宝祥将教师专业的发展过程分为以下四个阶段。

第一,适应阶段。从教 1～2 年,初为人师,环境全新,课堂实际与师范教育所学理论反差较大。对新教师来说,最重要的是如何通过教育实践尽快完成理论与实际的初步结合,初步形成自己的教学实践技能和技巧,使自己适应课堂教学工作。这时教师要实现两个转变:一是由师范生向教师的转变,二是教学知识向教学能力的转变。

第二,成长阶段。从教 3～8 年,是教师教育教学能力发展最迅速的阶段。教师对教育教学工作已有较多的成功与失败的体验,获得了初步的教育教学经验,掌握了各种教育教学技能,与学生建立起了感情纽带,逐步达到称职教师的标准。

第三,称职阶段。这一阶段又称高原阶段。进入这一阶段的教师一般在 35 岁以后。在这一阶段,教师已基本适应教育教学工作,能驾驭班级、课堂,业务水平、自信心、外部的评价都达到较高水平。但是,相当多的教师的教育教学能力发展在这一时期开始缓慢下来,一部分教师甚至出现了停滞,定型为教书匠。他们由于个人抱负、意志品质、教育观念、知识结构以及种种外部条件的制约终究未能冲出高原阶段。而对另一部分教师来说,通过个体持续不断努力以及外部积极因素的作用,就会突破高原现象,其教育教学能力会获得新的发展。

第四,成熟阶段。在这一阶段,教师在知识和能力结构上将会有重大改造,形成自己教育教学的独特风格和特色,成为骨干教师、学科带头人,甚至对教育教学理论某些方面有所发现和创造,成为专家型教师或学者型教师。

(三)教师专业发展的途径

教师专业发展是一个持续的过程。教师个体专业发展途径主要包括师范教育、新教师的入职教育、在职培训、教师专业发展学校和自我教育。

1. 师范教育

师范教育是教师个体专业发展的起点和基础。最早的师范学校可追溯到 1684 年法国天主教神父拉萨尔在兰斯克创办的师资训练学校。最初的教师并没有专门的教师培训机构和认定标准。专门的师范教育体系是产业革命后伴随大工业发展和教育普及产生的。1879年法国颁布法令，规定每省必设男、女师范学校各一所。德国师范教育源远流长，其师资养成所是世界师范教育的先驱。早在18世纪30年代，德国各邦就相继成立了一批初具规模的师范学校。最初出现的师范学校是培养小学教师的，中等学校的教师由大学培养。中学教师的培养因放在大学而强调学术性，小学教师强调初等教育内容的掌握、教学方法的领会以及教育伦理。20世纪以后，由于义务教育年限的延长，教学论的发展，学校体系的单轨化，师范学校被纳入高等教育的范畴，师范学校与大学的合作随之出现。一方面，德国为了克服师范院校训练过偏过狭的弊端，采取在大学办教育学院的方式，以提升教师的学术性；另一方面，德国仍然维持特设师范院校的形式，二者并存。我国师范教育始于1897年（光绪二十三年），当时清政府大理寺少卿盛宣怀经奏准在上海创办南洋公学，内设师范院，为其他各院培养师资。1902年京师大学堂内设师范馆，培养中学师资。师范教育体系由此建立。

2. 新教师的入职教育

新教师的入职教育是20世纪70年代发展起来并被人们广泛接受的一种促进教师专业发展的指导措施。新教师的入职教育主要由有经验的导师进行现场指导。在我国，各级师范院校还承担了短期的系统培训工作。其目的是向新教师提供系统且持续的帮助，使之尽快转变角色、适应环境。新教师的入职教育是师范生转变为正式教师的一个过渡环节，这个环节对师范生能否尽快成为一位专业化的教师非常关键。

3. 在职培训

在职培训是为了满足教育改革与发展的需要，为在职教师提供适应教师专业发展不同阶段的继续教育，主要采取理论学习、尝试实践、反省探究三结合的方式，引导教师不断掌握现代教育教学理论，培养教师研究教育问题的意识和能力。教师在职培训活动很广，可以是业余进修，也可以是校本培训。

校本培训是指在教育行政部门、教师培训机构的规划指导下，由中小学校长组织领导，教师任职学校自主开展，紧密结合学校工作，以提高学校教学质量和办学效益、促进教师专业发展为目的的教师在职培训形式。校本培训始于西方。在20世纪70年代中期，西方国家因教师教育院校的培训出现脱离中小学教育教学实际的倾向，校本培训的方式开始受到关注。20世纪80年代中期以后，随着各国教师专业化运动的不断发展，美国、英国、德国、荷兰等国开始广泛实施教师的校本培训计划。20世纪80—90年代，这一计划还被推广到东南亚以及非洲、美洲一些国家。我国于20世纪90年代开始对教师校本培训进行有计划的试验和系统的理论研究。

校本培训的特点如下。第一，培训主体是中小学。校本培训要求培训从学校的实际出发，培训计划取决于学校和教师的需求意向，因此校本培训是以中小学为基地进行的有针对性的培训。第二，培训理念强调以本校全体教师的专业发展为本。校本培训以本校教师专业发展的实际问题和需求为出发点，按照学校的总体改革发展计划，对本校教师的发展进行系统的、有弹性的设计，有针对性地进行符合教师需要的培训，使教师不必脱离工作岗位。这种培训方式既节省了时间，减少了工学矛盾，又使培训内容与工作相结合，解决了教师工作中的实际问题，避免了培训和工作实际脱离的现象。第三，培训的内容强调理论联系实际，主要以学校和教师发展中迫切需要解决的实际问题为中心。第四，培训方式贴近本校教育现场，较多采用经验交流、问题研讨、专家咨询、现场诊断、案例评析、行动研究、课堂教学展示等方法，强调个体自主研究与小组研讨相结合，实行师徒制。

4. 教师专业发展学校

教师专业发展学校(Professional Development School，PDS)源于美国，于 1986 年由美国霍姆斯小组发表的《明天的教师》提出。后来这一概念经过更多学者的充实变得丰富和明晰起来。1990 年霍姆斯小组在其《明天的学校——建立 PDS 学校的原则》报告中指出，教师专业发展学校是大学与公立学校之间形成伙伴关系的一种新型机构。它不仅是供大学教育研究的实验学校或示范学校，而且是培养新的教育专业人员的学校，是供有经验的教育专业人员继续发展的学校。

教师专业发展学校是改进教育实习的主要方式，可以让在完成普通教育后有从教意向的学生在教师发展学校里进行锻炼。教师发展学校是大学和中小学的合作，通常以工作组的形式开展教育理论的学习和新教师的培训。工作组由大学教师、中小学教师、教育专业的研究生和师范生组成。工作组是根据要解决的问题而组建的，不是固定的，也不是永久的。工作组的任务是收集信息，制订行动计划，实施计划，评估采取的行动。他们所开展的活动有以现场为基础的学校改进活动、课程理论培训、短期研讨、专题研究等。在教师专业发展学校，大学派出的教师具有双重身份，既是教育专家和研究人员，又是普通教师。大学教师和中小学教师通过在教育实践中合作实现教师的专业发展。教师发展学校中的大学教师不能要求中小学教师按自己的理论来做的，而要通过新教师的教学实践，帮助他们分析教学，发现问题，解决问题。当然，新教师的教学工作还需要优秀中小学教师的引导。

5. 自我教育

自我教育是教师个体专业发展最直接、最普遍的途径。无论是政府提供的教师继续教育，还是学校提供的校本培训，对教师发展来说，都是外在的因素。这些外在的因素提供了教师发展的便利条件和可能性。但这些因素能否起作用，根本上取决于教师对待专业发展的态度。教师自我教育的方式主要有：经常性地、系统地自我反思，主动收集教育改革信息，研究教育教学中的各种关键事件，自学现代教育教学理论，积极感受教学的成功与失败等。教师的自我教育是专业理想确立、专业情感积淀、专业技能提高、专业风格形成的关键。

此外，同伴互助、教学反思、教育行动研究、课题研究、建立发展性教师评价机制等也是中小学教师专业发展的重要途径。

第三节 师生关系

一、师生关系的定义及作用

师生关系是指教师和学生在教育教学过程中结成的相互关系，包括彼此所处的地位、作用和对待彼此的态度等。它是一种特殊的社会关系和人际关系，是教师和学生为实现教育目标，以各自独特的身份和地位，通过教与学的直接交流活动而形成的多性质、多层次的关系。良好的师生关系不仅是顺利完成教学任务的基础，而且是师生在教育教学活动中的价值、生命意义的具体体现。

(一)良好的师生关系是教育教学活动顺利进行的重要条件

教师是以学生的发展为最终目的的，要达到这一目的，必须充分调动学生的积极性、主动性，促进学生发展。然而，学生愿不愿意接受教师的教育影响，能不能主动配合教师，直接影响着教育教学质量。研究表明，师生关系与学生学习成绩显著相关，教师与学生建立一种友谊关系，对于促进学生完整人格的形成有着重要意义。[①] 良好的师生关系使学生产生安全感，乐于接受教师的教育，激发学习的兴趣，集中学习的注意力；同时，也能唤醒教师的教学热情与责任感，激励教师专心致志地从事教育工作。相反，师生关系紧张，甚至互不信任、彼此戒备，将会干扰教育教学活动的顺利进行，降低学生的学习兴趣和教师的教学热情，影响教育教学质量。

(二)师生关系是衡量教师和学生学校生活质量的重要指标

教育教学活动是教师和学生的生命活动，特别是精神活动的方式。教育教学活动中结成的师生关系是教师和学生生存方式的具体表现。不同类型的师生关系对师生发展不同影响。专制的师生关系会培养学生的专制品质，民主的师生关系会培养学生的民主素质。因此，师生关系除了对教育教学目标的实现有影响以外，还对教师和学生的发展有影响。理想的师生关系是教师和学生既作为独立的、完整的人，又作为合作者、共享共创者所形成的相互理解、相互尊重、相互信任、相互合作的和谐亲密关系。学生在教育交往中感受到人格的尊严，张扬着个性，体验到人生的价值和幸福，进而发展自由的个性，形成健康的人格。教师在与丰富多彩的年轻生命的交往中，感受到生命的神奇与可爱，体验到自己工作的价值。

(三)师生关系是学校发展的无形动力

师生关系是学校中最基本、最重要的人际关系，是一所学校的校风、教风、学风等风貌的整体反映，可以体现学校办学的价值取向、人际关系状况以及管理水平的高低等。师生关系作为校园文化的组成部分，能对学校的发展产生无形的影响，不仅会影响学校精神文化建设，而且会影响学校物质文化建设。融洽的师生关系能产生学校向心力，促使学校的各项事业积极健康发展。反之，如果一个学校的师生关系紧张，学生身心的健康成长就得不到保障，学校就难有好的教学效果。教育质量无法保障，学校的发展就无从谈起。

二、师生关系的内容及特征

(一)师生关系的内容

师生关系是一个综合的概念，其内容丰富多样且不断变化。师生关系一般包括如下几个方面的内容。

1. 师生之间的教育关系

师生之间的教育关系是指教师和学生在教育教学活动中为完成一定的教育任务，以教和学为中介，以促进学生的整体发展和自主发展为目标而建立的一种关系。教育

---

① 李春苗、刘祖平：《关于师生关系对中学生学习影响的研究》，载《教育探索》，1998(1)。

关系是由教师和学生在教育过程中所处的客观条件决定的,不能以他们的主观愿望为转移。可以说,教育关系是师生关系的主体。没有教育关系,教育活动就难以开展。

师生之间和谐的教育关系表现为教育活动中教师和学生协调一致,双方在严肃、友好、民主、合作的气氛中顺利完成教育教学任务。正确认识和处理这种关系能使师生之间相处融洽,使教育工作顺利开展。这种关系是由师生双方从事的主要工作和面对的主要任务决定的,是辩证统一的,任何一方都不能绝对地拥有或占据对方。良好教育关系的建立首先取决于教师的业务水平,如教师的专业知识、教育技能、思想品德和人格力量等;其次受制于师生双边的合作和协调状况。可以说,只有和谐的教育关系,才能产生积极的教育效应。

2. 师生之间的心理关系

师生关系的建立和发展不仅受社会需要、传统文化、现实制度及教育自身规定的制约,也受教师和学生心理活动规律的制约。师生间的心理关系是指师生为完成共同的教学任务而产生的心理交往和情感交流。这种关系能把师生双方联结在一定的情感氛围和体验中,实现情感信息的传递和交流。师生之间的心理关系贯穿于教育全过程,渗透于一切师生关系中。其实质是师生间的人际关系的和谐程度,主要包括认知关系和情感关系。师生间的心理关系是建立在相互认知基础上的。教师对学生的认识、理解和评价反映了自身的价值观和人生观,学生对教师的印象和评价反映了学生自己的认识水平和个性倾向。能够产生积极教育效果的师生关系也是建立在相互认知和判断基础上的。教师和学生在教育中因信息交流、互相了解和评价而形成了情感关系。情感关系是教育活动的自然结果,也是教育活动状况的重要衡量工具,构成了具体教育活动的重要心理背景。情感关系对教育的过程和效果能产生重要的影响。师生间的积极情感不仅有调节教师自身行为的功能,而且对学生也是一种感染和激励;不仅满足了学生的心理需要,而且对教师也是一种心理上的回报与激励。积极的情感会使师生间产生一种相互融合的心理关系,加强师生之间的相互理解和沟通,有利于学生的学和教师的教。

3. 师生之间的道德关系

师生之间的道德关系是指在教育过程中教师和学生双方都履行自己的道德义务的关系。这种关系是靠责任感、义务感来维持和巩固的。师生关系虽然是师生之间在教育情境中建立的人际关系,但从最简单的社会联系开始到最复杂的具有稳定的社会行为,无一不受社会道德规范的影响和制约,无一不遵守一定的社会伦理要求,从而保持自身的伦理结构。因此,师生关系能集中反映社会伦理文化,表现出一种鲜明的道德关系。从教育教学的特点来看,教育教学活动自身就是一种道德活动。在师生关系建立过程中,师生一刻都离不开对道德规范的遵守,也离不开道德规范的调节。因此,师生之间建立良好的道德关系是实现教育目的的重要条件。

从师生关系的结构体系中,我们可以看出,师生之间的教育关系是师生关系的基础。离开了这一关系,其他关系也就失去了存在的依据和意义。师生之间的心理关系是伴随教育关系而产成的关系。在教育关系中,如果没有心理意义上的情感作用和联系,教育关系也不能得到有效维持。师生之间的道德关系使师生相处更为融洽,交流更为流畅。

师生关系与一般社会关系的最大不同就在于它是因教育而生，又为教育而存的。其最大的功能就是教育功能。因而良好的师生关系是极为重要的。

(二)理想师生关系的特征

理想的师生关系是一种"我—你"主体间的对话关系，这种关系在本质上体现了一种真正意义上人与人之间的关系。这种理想师生关系具有如下特征。

1. 民主平等性

师生之间相互平等是教育活动的基础和出发点，这一点在传统的师生关系中由于功利主义和工具主义的盛行而没能得到很好体现。教师与学生只有在平等的基础上才能彼此敞开心扉，进行真正的对话与沟通，从而达到相互理解的境界。实际上，师生关系不但是知识的授受关系，而且包含情感的交流、智慧的碰撞等。这种师生平等关系既是外在形式上的平等，又是真正意义上的平等。在这种关系中，教师不再是知识的权威者及教学过程中的主宰者，也不再是学生的对立面，而是师生平等关系的推动者。

2. 互利互惠性

"我—你"师生关系的确立表现出互利互惠的特点。在这种师生关系中，教师在讲授的同时，本身也受益，学生在被教的同时也反过来影响教师，师生在课堂上共同展现着自身的生命价值，在充分发掘自己生命潜能的过程中共同生长、共同进步。借用生命哲学家西美尔(Simmel)的话："当一个人通过注视把他人引入自身时，它也在展现自己。""这种注视无疑成就了人类关系领域中最完满的互惠关系。"[①]教师通过跟学生真诚对话感受到自身的学识与境界，体验到一种心灵的自由和成就感，享受着跟学生平等对话带来的自由轻松的生命体验。学生也自觉地提升自己，拥有了话语权，不再沉默不语，拥有了充分的自由，在同教师的自由对话中学习，感受着作为人的尊严，享受着对话带来的无穷愉悦。

3. 合作对话性

合作是新型师生关系的特征。在合作关系中，教师和学生以完全平等的地位、真诚信赖的态度协同开展教学活动。学生充分发挥主动性和独立性，使学习在高效状态下进行。在这种关系中，教师从不作为知识的占有者和给予者，而是通过合作与对话启迪学生的智慧。对话的本质并非将一种观点强加于另一种观点之上，而是改变双方的观点，达到一种新的境界。因此，真正的对话总是蕴含着一种伙伴关系或合作关系的，它将学生从教师单独控制的思想牢笼中彻底解放出来。在自由的对话中，死寂沉闷的传统课堂为充满生命活力和魅力的课堂生活所取代。"通过对话，教师的学生以及学生的教师等字眼不复存在，新的术语随之出现：教师学生及学生教师。"[②]在对话中，言说者和倾听者的关系是相互转化的，即学生不只是倾听者，教师也不只是言说者，二者都可以是倾听者和言说者。这样，师生之间就形成了真正的相互交流、相互理解的对话关系。这种师生关系体现着一种真正的民主式对话教学。对话双方没有高低之

---

① 李家成：《论师生交往的个体生命价值》，载《集美大学学报》，2002，3(1)。

② ［巴西］保罗·弗莱雷：《被压迫者教育学》，顾建新、赵友华、何曙荣译，108页，上海，华东师范大学出版社，2001。

分，只有相互启发。

(三)师生关系的类型

综合有关师生关系的研究，我们可将师生关系归为以下四种类型。

1. 命令—服从型师生关系

这种师生关系的特点是片面地强调教师的权威作用，忽视学生的主体性，要求学生不问是非，绝对服从。这是一种不平等的、不民主的师生关系。其表现是教师决定教育过程的一切，学生只是被动地接受教师的安排。这种师生关系容易引起学生的反感、不满，导致师生交往有障碍。

2. 领导—依赖型师生关系

这种师生关系的特点是教师以领导者自居，学生采取服从的态度。教师包揽一切活动，学生跟着教师设计的路子走，明显缺乏学习的主动性、创造性。

3. 放任—自流型师生关系

这种师生关系的特点是教师片面强调学生的主体性、独立性，居于旁观者地位，权威意识较弱。由于教师的主导作用和指导作用被削弱，因此教学中容易出现学习无计划、学习效率低下、学习内容不系统等弊端。

4. 民主—参与型师生关系

这种师生关系的特点是教师与学生之间相互平等、相互合作、相互信任，既肯定教师在教育过程中的主导作用和指导作用，发挥教师的积极性，又强调学生的主体性，发挥学生学习的主动性、自觉性、能动性。

三、良好师生关系的建立

教师是教育过程的组织者，在全部教育活动中起主导作用。从根本上说，良好的师生关系首先取决于教师的教育水平、文化知识、思想品德、教育技巧等职业素质。建立良好的师生关系对教师提出了如下基本要求。

(一)树立以人为本的学生观

学生观就是教师对学生的基本看法。它影响着教师对学生的认识及其态度与行为，进而影响学生的发展。在新课程改革的背景下，教师应树立以人为本的学生观，这是构建和谐民主师生关系的重要基础。教育活动中的以人为本就是要以学生为本，以学生的全面发展为本，以全体学生的全面发展为本。

1. 学生是具有独立意义的个体

学生在教育活动中处于主体地位，具有个体独立性，不以教师的意志为转移，在教育活动中具有主体的需求与责权。以人为本的学生观要求教师把学生置于教育活动的主体地位，注重学生的主体性需求，关注学生的全面成长，把学生真正当作"人"进行教育，尊重学生的自主意识，不以教师的个人意志去支配学生，按照学生的成长规律开展具体的教育教学活动。

2. 学生是发展中的人

学生的身心发展具有顺序性、阶段性、不平衡性、互补性、个体差异性，学生具有巨大的发展潜能。以人为本的学生观要求教师应当把学生看作发展过程中的客观存在，用发展的眼光去看待学生，倡导对学生进行形成性评价。

3. 学生是具有个性与差异的人

人的全面发展是以承认学生差异和个性发展为基础的，学生的个性与差异要求教师切实贯彻因材施教的教育原则。以人为本的学生观要求教师不仅将学生作为一个整体来全面看待，而且要关注学生的个体差异和个性化成长。以人为本的学生观是面向全体学生的。教师要关注每一名学生的发展，承认学生的个体差异性，满足学生的个性发展要求。

（二）了解和研究学生

了解和研究学生是建立良好师生关系的前提条件。从教育社会学角度来看，教师是社会文化的代表者与文化传递者，属于规范性文化；学生是社会未成熟者与文化学习者，属于需求性文化。教师与学生一般存在年龄差异。因此，教师要与学生有共同语言，就必须换位思考，学会理解，从学生的角度了解其思想、兴趣、需要、知识水平、个性特点、身体状况等，深入学生的内心世界，真正地理解学生，尊重学生，认同学生，信任学生，做一名知心教师。

（三）热爱、尊重学生，公平对待学生

热爱学生包括热爱所有学生，对学生充满爱心，经常走到学生之中，切忌挖苦、讽刺学生，粗暴对待学生。尊重学生特别要尊重学生的人格，保护学生的自尊心，维护学生的合法权益，避免师生对立。在教育教学活动中，教师与学生承担的任务不同，扮演的角色不同，享有的权利不同，但他们的地位是平等的，都拥有独立的人格和平等对话的权利。教师处理问题必须公正无私，使学生心悦诚服。每一名学生都是活生生的、有思想的、有情感的人，需要受到尊重和平等对待。这不仅是教育教学活动的需要，还是学生成长的需要。在平等的师生关系中，学生才能学会做人。

（四）善于与学生交往

任何一种人际关系的建立都需要积极沟通，师生关系也不例外。从某种意义上说，由于教师与学生关系的多层次性，他们之间的沟通更加复杂，容易因理解不同而产生冲突。因此，教师需要掌握沟通的技巧和交往策略，主动与学生谈话，采用多种沟通渠道，如电话、网络、书信、组织活动等，加强与学生的联系，真正走进学生的生活世界。

（五）提高自我修养，健全人格

教师的人格是影响师生关系的核心因素。要构建良好的师生关系，教师就必须不断提高自身素养，富有人格魅力。具体而言，教师要真诚地对待学生，坦率地表达自己的真实思想和情感，言行一致，才能赢得学生的尊重和信赖。爱学生是教师最宝贵的人格品质，也是开启学生心智的钥匙，能使学生亲近教师，乐于接受教师的教诲。教师要严于律己，做到慎独，使自己的行为符合教师职业道德规范。

参考文献

1. 联合国教科文组织国际教育发展委员会. 学会生存：教育世界的今天和明天[M]. 北京：教育科学出版社，1996.

2. 叶澜，白益民，王枬，等. 教师角色与教师发展新探[M]. 北京：教育科学出版社，2001.

3. 陈寒 . 教育学教程[M]. 北京：北京师范大学出版社，2011.

4. 钟祖荣 . 现代教师学导论——教师专业发展指导[M]. 北京：中央广播电视大学出版社，2006.

5. 钱焕琦，刘云林，等 . 学校教育伦理[M]. 南京：南京师范大学出版社，2005.

6. 熊川武，江玲 . 理解教育论[M]. 北京：教育科学出版社，2005.

7. 崔丽，关博 . 论教师专业发展的内涵与价值取向[J]，中国成人教育，2013（21）.

8. 申继亮，姚计海 . 心理学视野中的教师专业化发展[J]，北京师范大学学报（社会科学版），2004(1).

9. 教师教育课程标准课题组 . 教师教育课程标准解读[M]. 北京：北京师范大学出版社，2012.

10. 李其龙，陈永明 . 教师教育课程的国际比较[M]. 北京：教育科学出版社，2002.

11. 徐国政 . 伙伴意识：现代教师必备的学生观[J]. 上海教育科研，2007(9).

12. 金连平 . 论基础教育的学生观[J]. 上海教育科研，2000 (11) .

13. 王希尧 . 人本教育学[M]. 成都：四川教育出版社，1999.

14. 冯帮，张丹，沈三平 . 近十五年我国中小学师生关系研究述评——基于CNKI期刊的统计学分析[J]. 教师教育学报，2017(5).

15. 吴伦敦：教师专业发展导论[M]. 武汉：华中师范大学出版社，2005.

16. 华东师范大学教育学编写组 . 基于教师资格考试的教育学[M]. 上海：华东师范大学出版社，2016.

17. 全国十二所重点师范大学 . 教育学基础（第3版）[M]. 北京：教育科学出版社，2014.

习题

1. 学生特有的本质属性表现在哪些方面？
2. 学生享有的合法权利包括哪些？
3. 教师的教育专业素养包括哪些？
4. 师生关系表现在哪几个方面？

第五章　教育制度

【国考大纲导航】

1. 识记学校教育制度、义务教育的概念，识记典型学制的类型。
2. 理解学校教育制度制定的依据、我国学制发展的基本脉络、终身教育制度。
3. 掌握西方和我国学校教育制度发展的趋势，并能用其来思考和解决教育实践问题。

在现代社会，一个国家要有效地发展教育事业，培养所需的各级各类人才，就必须设立相应的教育机构，建立能充分发挥所有教育机构整体功能的教育制度。教育制度是根据国家的性质制定的教育目的、教育方针以及建立的各级各类教育机构和设施的总称。现代教育制度具有普及性、公平性、民主性、人文性、实用性等特点。现代教育制度的核心是学校教育制度。

第一节　学校教育制度概述

一、学校教育制度的概念

学校教育制度简称学制，是指一个国家各级各类学校的系统及其管理规则，规定着各级各类学校的性质、任务、入学条件、修业年限以及它们之间的关系。学校教育制度是国民教育制度的核心与主体，是国民教育制度中最重要的组成部分，体现了一个国家国民教育制度的实质。学校教育制度是一个国家教育政策的根本体现，由三个基本要素构成，即学校的类型、学校的级别和学校的结构。

二、制定学校教育制度的依据

学校教育制度是国家教育制度的重要组成部分，与其他各种制度一样，是诸多因素共同作用的结果。

第一，社会生产力发展水平和科学技术发展状况。生产力发展水平决定着学校教育的规模和类型。在生产发展水平较低的社会，学校类型比较单一，规模也较小。近代以来，随着生产力水平的提升，生产力与教育的结合程度也越来越高，学校类型日趋多样，学校规模日渐壮大，成体系的学校教育制度开始在各国出现。在现代社会，随着新技术的更新与普及，远程教育、网络教育、慕课等新形式的教育类型纷纷涌现，学制类型也发生着前所未有的变化。

第二，社会政治经济制度。一个社会的政治经济制度决定着教育的性质。学校入学条件、修业年限、各级各类学校的教育目的等直接受政治经济制度的制约，反映着政治经济制度的要求。我国唐代学校体系的核心是"六学二馆"，明确表明了祖辈、父辈的官阶与子孙的受教育权利的关系。在古代阶级森严的社会中，受教育权主要集中在统治阶级手中，普通民众很少有机会接受正规教育。此时的教育表现出强烈的阶级性。随着社会的发展与进步，民主成为社会各个阶层的要求，教育民主也在其中。近代以来，普及教育在越来越多的国家成为现实。这是时代的进步，也是政治经济制度的反映。

第三，青少年儿童身心发展规律。考虑教育问题的重要依据在于教育活动对象。教育活动对象主要是青少年儿童，这一对象具备的条件和特点是开展教育活动的基础。青少年儿童身心发展规律是教育活动的基础，各个阶段的不同特点是各个阶段教育活动必须遵循的基本法则。现代心理学证明，人的发展过程中存在着各种能力发展的敏感期（关键期）。教育如果能够充分利用敏感期，就能有效地促进青少年儿童的发展，否则就会贻误时机，使青少年儿童发展迟滞。

第四，本国学制的历史发展和外国学制的影响。教育的发展具有历史性。本国学制的历史发展是建立现代学制的基础。前期的学制虽然存在着诸多不完善的地方，但是这些都是后来学制发展的准备。此外，在特定情况下，外国学制也可能具有很重要的影响。我国近代学制的建立验证了这一思想。我国近代学制诞生于 1902 年（农历壬寅年），史称壬寅学制。壬寅学制既得益于我国古老的教育经验的积累，同时也参照了国外的经验——日本学制。近代日本与中国的历史具有一定的相似性，学人对此多有认识。故而在构建新学制时，参与者赞同在日本学制基础上结合我国国情进行修改，最终形成我国的学制。这段史实告诉我们，任何国家在建立学制时，既不能脱离本国学制的历史沿革，也要吸收其他国家学制改革的有益经验，或多或少地根据国情加以改革。

三、学校教育制度的类型及特点

欧洲资本主义工业革命后，现代学校迅猛发展。学校系统的形成有两条途径：一条自上而下发展，以最早的中世纪大学为顶端，向下延伸，产生了古典文科中学，经过长期发展形成了大学和中学系统；另一条自下而上发展，由最初面向广大劳动人民的国民小学到中学（包括初级中学、高级中学和职业学校等），并沿至高等职业学校。到 19 世纪末，西方现代学制逐步形成。

欧美各国学校教育制度在发展过程中形成了三种典型的学制类型。

（一）双轨制

双轨制是 19 世纪欧洲各国盛行的一种学制，英国是典型的双轨制的代表。双轨制的典型特征是学制中存在互不沟通互不衔接的、如火车轨道般并行的两个体系。其一是为资产阶级子女设立的，从中学到大学，具有较强的学术性，为社会上层所垄断；其二是为劳动人民子女设立的，从小学到中等职业学校，是为培养劳动者服务的，地位较低。

（二）单轨制

19 世纪末 20 世纪初，美国形成了一种与欧洲不同的学制。其基本特点是所有的学生在同样的学校系统中学习，从小学、中学到大学，各级各类学校相互衔接。这种学制表面上是美国公立学校运动的结果，实质上这种看起来相对公平的学制根植于美国特殊的社会环境：特权阶层相对较少，影响较小。这是与双轨制截然不同的学制，有利于普及教育，提高国民素质，同时也是潮流所向。

(三)分支制

分支制又叫分支型学制，是 20 世纪在苏联建立的学制。这种学制在初等教育阶段强调共同的基础性教育，到中等教育阶段分职业教育和普通教育两个分支，既有上下级学校间的相互衔接，又有职业技术学校之间横向的相互联系，形成了立体的模式。分支制的特点是"上通(高等学校)下达(初等学校)，左(中等专业学校)右(中等职业学校)畅通"。这种学制既有利于教育的普及，又使学术性保持较高水平，反映了人们对教育民主的追求。但课时多，课程复杂，教学计划、大纲和教科书必须统一，教学不够灵活，分支制的实施也遭遇了困境。

第二节　我国现行学校教育制度

我国现代学校教育制度出现于清末，在民国时期得到了长足的发展。中华人民共和国成立后，我国学制经历了曲折的变革，并最终形成今日的格局。

一、我国学制的演变

(一)壬寅学制与癸卯学制

清末，我国教育发生了巨大的变化，其中之一就是确立了近代学制。经过五大臣出国考察，1902 年清政府颁布了《钦定学堂章程》。因为 1902 年是中国旧历壬寅年，该章程又称壬寅学制。这是我国颁布的第一个近代学制。由于学制本身存在不足，壬寅学制没有实行便被进行了修改。修改后的学制于 1904 年颁布，称《奏定学堂章程》，又称癸卯学制。这是我国近代得以实施的第一个学制。该学制规定教育宗旨是"忠君、尊孔、尚公、尚武、尚实"，共 26 年，不许男女同校，轻视女子教育。该学制基本体现了日本学制的特点，也是半殖民地半封建社会的性质在学制上的表现。

(二)壬子癸丑学制

壬子癸丑学制又称 1912—1913 年学制。民国政府成立后，重新组建了以蔡元培先生为首的教育部。教育部根据新的情势，重新制定并陆续颁布了一系列的学制，即壬子癸丑学制。这些学制根据不同的教育阶段，分别做了一定的修改，如废除读经，充实了自然科学的内容，将学堂改为学校，将蒙养院改称幼稚园等。这些修改表现了资产阶级的教育诉求。这是一个具有资产阶级性质的学制。

(三)壬戌学制

壬戌学制又称"六三三"学制。1922 年，在北洋军阀统治下，留美派主持的全国教育联合会以美国学制为蓝本，颁布了新学制。该学制的主体是小学 6 年，初中、高中分别是 3 年，是为"六三三"。该学制受美国学制的影响，强调满足社会进化的需要，发扬平民教育精神，谋求个性发展，注重生活教育，给各个地方的具体实施留下了伸缩余地。壬戌学制明确以学龄儿童和青少年的特点为依据，这在我国现代学制史上是一大进步。此后，虽然国民党政府于 1928 年就学制做了些修改，但基本上继承了壬戌学制。该学制一直沿用到中华人民共和国成立初期。

(四)中华人民共和国成立后的学制改革与发展

1.1951 年颁布的新学制

1951 年 10 月 1 日，中华人民共和国政务院颁布了《关于学制改革的决定》，确定了中华人民共和国第一个学制，标志着我国学制发展到一个新阶段。首先，这个学制吸收了老解放区的经验及 1922 年学制和苏联学制的合理因素，发扬了我国单轨制的传统，使各级各类学校互相衔接，保证了劳动人民子女受教育的平等权利；其次，职业教育在新学制中占有重要地位，体现了重视培养各种建设人才和为生产建设服务的方针，表现了我国学制向分支型学制方向的发展；最后，重视工农干部的速成教育和工农群众的业余教育，坚持面向工农和向工农开放的方向，初步表现了我国学制由学校教育机构系统向包括幼儿教育和成人教育在内的现代教育施教机构系统的发展，显示了终身教育的萌芽。

2.1958 年的学制改革

1958 年 9 月，中共中央和国务院颁布了《关于教育工作的指示》，明确指出："现行的学制是需要积极地妥当地加以改革的，各省、市、自治区党委和政府有权对新的学制积极进行典型试验，并报告中央教育部。经过典型试验取得充分的经验之后，应该规定全国通行的新学制。"随后，许多地区开展了学制改革的试验，如为了提早入学年龄，进行了六岁入学的试验；为了缩短年限，进行了中小学十年一贯制的试验；为了贯彻"两条腿走路"的方针，采用多种形式办学，创办了农业中学、半工半读学校，进一步发展了业余学校。但是由于受"左倾"影响，由于急躁冒进和盲目发展，不仅使学制改革的试验不可能在正常的教学秩序下进行，而且一大批新创办的各级各类学校由于师资、设备跟不上，也难以维持。1961 年我国开始贯彻"调整、巩固、充实、提高"的方针，特别是制定了大、中、小学工作条例，在肯定一些积极成果的同时对当时各种"左倾"表现做了纠正。

3.1985 年颁布的《中共中央关于教育体制改革的决定》

党的十一届三中全会以后，为了改变教育不适应新形势发展的状况，我国于 1985 年颁布了《中共中央关于教育体制改革的决定》。1985 年教育体制改革的主要内容包括以下几个方面。

加强基础教育，有步骤地实施九年义务教育。为了解决我国落后的基础教育与建设富强、民主、文明的社会主义现代化国家之间的尖锐矛盾，必须实施关系民族素质提高和国家兴旺发达的九年义务教育。根据实际情况，在沿海城市和内地经济发达地区按质按量普及初级中学；在中等发达程度的城镇和农村首先按质按量普及小学，同时准备条件普及初中阶段的普通教育或职业技术教育；在经济落后地区进行不同程度的普及基础教育的工作。

调整中等教育结构，大力发展职业技术教育。职业技术教育是我国教育事业发展最薄弱的环节，也是调整中等教育结构的关键。为此我国需要大力发展职业技术教育，以中等职业技术教育为重点，发挥中等专业学校的骨干作用，同时还要积极发展高等职业技术教育，逐步建立起一个从初级到高级、行业配套、结构合理、能与普通教育相互沟通的职业技术教育体系。

改革高等教育招生与分配制度，扩大高等学校办学的自主权，改革高等学校统一招生、毕业生由国家包分配的一贯做法。在招生和分配上实行三种办法：一是国家计划招生，分配方式为在国家计划指导下，本人选报志愿、学校推荐、用人单位择优录用；二是用人单位委托招生；三是学校可以在国家计划外招少数自费生。在扩大高等学校自主权方面，主要的改进办法有：在执行国家的政策、法令、计划的前提下，高等学校有权在计划外接受委托培养学生和招收自费生；有权调整专业的服务方向，制定教学计划和教学大纲，编写和选用教材；有权接受委托或与外单位合作，进行科学研究和技术开发，建立教学、科研、生产联合体；有权提名任免副校长和其他各级干部；有权具体安排国家拨发的基建投资和经费；有权利用自筹资金，开展国际教育和学术交流等。在高等教育结构方面，要依据经济建设、社会发展和科技进步的需要进行相应的调整，改革专科与本科比例不合理的状况，加快专科的发展。

对学校教育实行分级管理。基础教育管理权属地方，省、市（地）、县、乡分级管理的职责划分由省（自治区、直辖市）决定；中等职业技术教育主要由地方负责；对于中央各部门办的这类学校，地方也要予以协调和配合；高等教育实行中央、省（自治区、直辖市）、中心城市三级办学的体制，中央部门和地方办的高等学校要优先满足主办部门和地方培养人才的需要，同时要发挥潜力，接受委托，为其他部门和单位培养学生，积极倡导部门、地方之间联合办学。

4.1993 年颁布的《中国教育改革和发展纲要》

为了指导 20 世纪末 21 世纪初我国教育的改革和发展，使教育更好地为社会主义现代化建设服务，中共中央、国务院于 1993 年 2 月 13 日印发了《中国教育改革和发展纲要》，其中有关教育制度的内容如下。

确定了 20 世纪末教育发展的总目标：基本普及九年义务教育，基本扫除青壮年文盲；全面贯彻党的教育方针，全面提高教育质量；建设好一批重点学校和一批重点学科。简称"两基""两全""两重"。

调整教育结构。基础教育是提高民族素质的奠基工程，必须大力加强；职业技术教育是现代化教育的重要组成部分，是工业化、生产社会化和现代化的重要支柱，要积极发展；高等教育担负着培养高级专门人才、发展科学技术文化和促进现代化建设的重大任务；成人教育是传统学校教育向终身教育发展的一种新型教育制度。另外，还要重视和扶持少数民族教育事业，重视和支持残疾人教育事业，积极发展广播电视教育。

改革办学体制。改变政府包揽办学的传统格局，逐步建立以政府办学为主体、社会各界共同办学的体制。基础教育应以地方政府办学为主；高等教育要逐步形成以中央、省（自治区、直辖市）两级政府办学为主，社会各界参与办学的新格局；职业教育和民办教育主要依靠行业、企业、事业单位和社会各方面联合办学。

改革高校的招生和毕业生就业制度。实行国家任务计划与调节性计划相结合，并逐步实行收费制度；改变统招统分和包当干部的就业制度，实行少数毕业生由国家安排就业，多数毕业生自主择业的制度。

改革和完善投资体制。增加教育经费，逐步建立以国家财政拨款为主，以征收教育税费、收取学费、社会捐资集资、设立教育基金等为辅的多渠道筹措教育经费的制度；要努力实现"三个增长"，即"中央和地方政府教育拨款的增长要高于财政经常性收入的增长，并使按在校学生人数平均的教育费用逐步增长，切实保证教师工资和生均公用经费逐年有所增长"①。

5.1995 年颁布的《中华人民共和国教育法》

经过近一个世纪的发展，我国已建立了比较完整的学制，这个学制在 1995 年颁布的《中华人民共和国教育法》中得到了确认。它包括以下几个层次的教育。

学前教育（幼儿园）：招收 3～6、7 岁的儿童。

初等教育：主要指全日制小学教育，招收 6、7 岁儿童入学，学制为 5～6 年；在成人教育方面，是成人初等业余教育。

中等教育：指全日制普通中学、各类中等职业学校和业余中学。全日制中学修业年限为 6 年，包括初中 3 年和高中 3 年；职业高中 2～3 年；中等专业学校 3～4 年；技工学校 2～3 年。属成人教育的各类业余中学，修业年限适当延长。

高等教育：指全日制大学、专门学院、专科学校、研究生院和各种形式的业余大学。高等学校招收高中毕业生和同等学力者。专科学校修业为 2～3 年。大学和专门学院为 4～5 年，毕业考试合格者，授予学士学位。业余大学修业年限适当延长，学完规定课程经考核达到全日制高等学校同类专业水平者，获得学历，享受同等待遇。条件较好的大学、专门学院和科学研究机关设立研究生教育机构。硕士研究生修业年限为 2～3 年，招收获学士学位和同等学力者，完成学业授予硕士学位。博士研究生修业年限为 3 年，招收获硕士学位者和同等学力者，完成学业授予博士学位。在职研究生修业年限适当延长，完成学业者也可获相应学位。

6.1999 年颁布的《中共中央 国务院关于深化教育改革，全面推进素质教育的决定》

1999 年颁布的《中共中央 国务院关于深化教育改革，全面推进素质教育的决定》提出要形成社会化、开放式的教育网络。主要内容包括：明确教育工作的"两基""两重"，调整教育结构，构建相互衔接的教育体制，分组管理，多种力量办学，改革招生考试和评价制度，加大教育投入。

7.2001 年颁布的《国务院关于基础教育改革与发展的决定》

2001 年颁布的《国务院关于基础教育改革与发展的决定》提出：通过教育制度内部权力与资源的重整和优化配置，提高教育的效益以及教育适应变革的能力。主要内容包括：教育优先发展，完善农村义务教育管理体制，改革招生选拔和考试评价制度，改革办学体制。

8.2004 年颁布的《2003－2007 年教育振兴行动计划》

2004 年颁布的《2003－2007 年教育振兴行动计划》主要内容包括：继续推进"三教统筹"（普通教育、职业教育、成人教育）和"农科教"结合，努力提高普及九年义务教育的水平和质量，为 2010 年全面普及九年义务教育和全面提高教育质量打好基础。

9.2006 年新《中华人民共和国义务教育法》对学制的规定

2006 年再次修订通过的《中华人民共和国义务教育法》明确提出我国义务教育学制主要有"六三制"（小学六年，初中三年）和"五四制"（小学五年，初中四年），以及不划分两个阶段的"九年一贯制"。其中还有少数地区实行八年制的义务教育，即小学五年

---

① 引自《中共中央关于教育体制改革的决定》。

制，初中三年制。

10. 2010 年通过的《国家中长期教育改革与发展规划纲要(2010—2020 年)》

2010 年 6 月 21 日，中共中央前总书记胡锦涛主持政治局会议，审议并通过了《国家中长期教育改革与发展规划纲要(2010—2020 年)》(以下简称《纲要》)，这是 21 世纪以来我国第一个教育规划纲要，是指导教育改革和发展的纲领性文件。

根据这一规划，今后一定时期内我国教育事业改革发展的工作方针是优先发展，育人为本，改革创新，促进公平，提高质量。《纲要》指出：坚持把教育摆在优先发展的战略地位，把育人作为教育工作的根本，把改革创新作为教育发展的强大动力，把促进公平作为国家基本教育政策，把提高质量作为改革发展的核心任务。到 2020 年，我国教育事业改革发展的战略目标是"两基本、一进入"，即基本实现教育现代化，基本形成学习型社会，进入人力资源强国行列。

在学制方面，《纲要》按照完善现代国民教育体系、形成终身教育体系的要求，明确了今后一个时期我国学制方面的发展任务。《纲要》在学制上的主要要求有：一是积极发展学前教育，重点发展农村学前教育；二是巩固提高九年义务教育水平，重点推进均衡发展；三是普及高中阶段教育；四是把职业教育放在更加突出的位置；五是全面提高高等教育质量；六是发展继续教育，努力建设学习型社会；七是关心和支持特殊教育，完善特殊教育体系，健全特殊教育保障机制。

第三节 学校教育制度的变革及主要趋势

一、欧美学制的变革与发展趋势

欧美学制在 20 世纪得到了迅速发展。各国按照自身历史传统和现代社会的要求，分别进行了变革。这些变革一方面表现出了各国的独特性，另一方面也表现出了一些共同趋势。第一，从纵向学校系统分析，双轨制在向分支制和单轨制方向发展，综合中学成了现代中等教育发展的一种趋势。第二，从横向学校阶段来看，每个阶段都发生了重大变化：很多国家把幼儿教育列入学制系统；小学教育阶段成为普及文化科学基础教育的初级阶段；初中阶段成为科学基础教育的重要阶段，对其后的职业教育和进一步的科学教育有重要作用；高中阶段教育结构的多样化是现代学制的一个重要特点；职业教育当前在发达国家基本上都是在高中和大学阶段进行的；高等学校要为现代生产和现代科学技术的迅猛发展培养各级各类高级人才，高等教育结构发生了变化。

二、我国现行学制的发展趋势

一般来说，学制由横向划分的学校类型与纵向划分的学校系统构成。横向划分的学校类型有普通教育、职业教育、成人教育等类型，纵向划分的学校系统有幼儿教育、初等教育、中等教育、高等教育等阶段。从形态上看，我国现行学制是从单轨制发展而来的分支制。我国现行学制的发展趋势主要有如下几个方面。

(一)基本普及学前教育

许多发达国家将学前教育确定为义务教育的组成部分,将其纳入学校教育体系。入园年龄提前且有结束期提前、由大班到小班逐步普及、加强学前教育与小学低年级教育的联系和衔接的趋势。近年来,我国学前教育发展较快,也显现出上述趋势。

(二)均衡发展义务教育

2006年6月修订的《中华人民共和国义务教育法》第四条规定:"凡具有中华人民共和国国籍的适龄儿童、少年,不分性别、民族、种族、家庭财产状况、宗教信仰等,依法享有平等接受义务教育的权利,并履行接受义务教育的义务。"第五条规定:"各级人民政府及其有关部门应当履行本法规定的各项职责,保障适龄儿童、少年接受义务教育的权利。适龄儿童、少年的父母或者其他法定监护人应当依法保证其按时入学接受并完成义务教育。依法实施义务教育的学校应当按照规定标准完成教育教学任务,保证教育教学质量。社会组织和个人应当为适龄儿童、少年接受义务教育创造良好的环境。"经过各方面的努力,到2008年年底,我国实现了义务教育的全面普及。但我国的义务教育存在发展不平衡、法规体系不完备、教育投入总量不足、义务教育资金短缺等问题。因此,解决这些问题、促进义务教育的均衡发展已成为我国现阶段教育改革和发展的重大任务。

(三)普及高中教育

在完全普及九年义务教育以后,普及高中教育就成为教育发展的重要趋势。普及高中教育是巩固义务教育普及成果、完善现代职业教育体系、增强高等教育发展后劲的重大举措,是适应我国经济结构转型升级、延长劳动力受教育年限的迫切需要,是进一步提升国民整体素质、建设人力资源强国的基础工程。普及高中教育要着力提高教育基础薄弱地区特别是高中阶段教育毛入学率较低地区的普及程度,增加特殊群体接受高中教育的机会;要统筹普通高中和中等职业教育协调发展,提高中等职业教育招生比例;要基本消除普通高中大班额现象,减少超大规模学校。当前,我国高中阶段学制主流是分支制,但还应考虑世界中等教育发展的趋势,即由双轨制向分支制转变,而后通过综合高中达到单轨制,以及我国基本普及高中阶段教育的前景,即在普通高中进行综合中学的试验已经提到日程上来了。

(四)高等教育走向开放和大众化

近几十年,由于高等学校和生产、科学技术、社会生活各方面的联系日益密切,以及高中教育逐步普及,越来越多的人要求接受高等教育,因此大学走出了象牙塔,日益走向开放和大众化。我国高等教育在近些年来的发展也出现了这种趋势。经过短短数年的艰苦努力,我国高等教育发展为大众化教育。当然,高等教育开放的重要条件是和社会生产及社会生活密切联系的高等学校越来越多,特别是短期大学和社区开放大学的出现。高等教育走向开放和大众化主要表现在三个方面:一是高等教育的多层次,如果说过去的大学主要是本科一个层次的话,那么现在有专科、本科、研究生多个层次;二是高等教育的多类型,如果过去的高等教育是综合教育的话,那么现在有理、工、农、林、医、师、文法、财经、军事、管理等多种院校、专业;三是高等教育向在职人员开放,为他们提供学习方便,主要是通过函授、继续教育、网络教育和自学考试等形式,使在职人员有机会进修高等学校的课程和学位。

第四节　义务教育制度

一、义务教育及其特点

义务教育是指根据法律规定，适龄儿童和青少年都必须接受，国家、社会、家庭必须予以保证的国民教育。

义务教育是强迫教育，具有强制性、普及性、免费性等特点。其强制性包含两层含义：一是适龄儿童必须接受教育，二是国家必须予以保障。普及性又称义务性，意味着原则上义务教育覆盖我国所有适龄儿童，包括具有接受教育能力的盲、聋、哑、智力低下以及残疾儿童。免费性又称公益性。义务教育是国家、社会、学校和家庭必须予以保障的教育。国家对接受义务教育的学生免收学费、杂费，动员社会力量捐资助学。学校应积极改善办学条件，为接受义务教育的学生提供良好的学习条件。父母和监护人负有保证子女接受义务教育的责任。

二、义务教育制度的发展

义务教育是近代以来欧洲首先倡导并实施的教育制度。16世纪德国宗教改革运动中，德国宗教改革家马丁·路德（Martin Luther）为了使人们信仰新教，提倡国家公费设立学校，强迫人民送子女上学。1619年，普鲁士的魏玛共和国率先尝试通过立法的手段，以国家权力强制全部适龄儿童接受初步的国民教育，规定送6～12岁儿童入学。学者一般认为这是义务教育的开端。1763年，德国做出了普及义务教育的规定，是世界上最早的普及义务教育的国家。19世纪中后期，几乎所有的发达资本主义国家都颁布了普及教育的法令，义务教育成为一种潮流。

我国义务教育法颁布较晚。1986年，《中华人民共和国义务教育法》颁布，要求省（自治区、直辖市）根据本地区经济、文化发展状况，推行义务教育。该法于同年7月1日正式施行。这是中华人民共和国成立以来一项重要的教育法，标志着我国已确立了义务教育制度。此法的制定也标志着我国基础教育发展到一个新阶段。

2006年6月29日，在我国已基本普及九年义务教育的基础上，第十届全国人民代表大会常务委员会第二十二次会议再次修订通过《中华人民共和国义务教育法》（以下简称新《义务教法》），对我国义务教育制度进行重新思考和定位。新《义务教育法》规定了"国家实行九年义务教育制度""实施义务教育，不收学费、杂费"等，拉开了我国义务教育向着均衡、公平方向快速发展的序幕。

第五节　终身教育制度

教育制度永远在随社会的发展变化而不断地发展变化。不过，它已由过去的机构与组织系统发展为当代的以学校教育机构与组织系统为主体，包括幼儿教育与组织系统、校外儿童教育机构与组织系统和成人教育机构与组织系统的一个庞大的系统。它的发展方向是终身教育制度。终身教育是人一生各阶段所受各种教育的总和，是人所受不同类型教育的综合。前者是从纵向来讲的，说明终身教育不仅是青少年的教育，而且涵盖了人的一生。法国"巴黎全国讨论会"指出，终身教育"是从幼儿期到死亡的不间断的学校及校外教育，不存在青少年、成年之间的区别，与培养人格和职业生活的训练相结合"。后者是从横向来讲的，说明终身教育既包括正规教育，也包括非正规教育。英国学者里士满（Richmond）与终身教育的倡导者朗格朗（Lengrand）指出："终身教育的含义相当简单，指教育并非局限于学校教育。相反，它的影响扩展到学习者的私人生活和公众生活的所有方向——他的家庭和职业关系、他的政治、他的社会活动、他的业余爱好等。终身教育求助于各种各样的机构：学校、学院、大学，同时还有家庭、社区和工作领域、书籍、出版社、剧场和大众传播媒介。"①

终身教育的概念也在不断发展。国际 21 世纪教育委员会在其向联合国教科文组织提交的《教育——财富蕴藏其中》的报告中，对终身教育这个概念做了进一步的揭示。终身教育固然要重视使人适应工作和职业需要的作用，然而并不意味着人就是经济发展的工具。除了人的工作和职业需要之外，终身教育还应塑造人格、发展个性，使每个人潜在的才能都得到充分发展。20 世纪 60 年代以来，终身教育作为一种最有影响的教育思潮引起世界各国的关注。从发达国家到发展中国家，它已被不同社会制度的国家普遍接受。有的国家已在国家一级设立"终身教育委员会"，制定了保证终身教育实施的法律，结合各自的国情把终身教育从原则和政策转向实际的应用。国际 21 世纪教育委员会在《教育——财富蕴藏其中》的报告中认为，在迅速变革的时代，终身教育应该处于社会的中心位置上。终身教育是打开"21 世纪之门"的一把"钥匙"。教育制度正在越来越多地向终身教育的方向迈进。

习题

1. 简述学校教育制度建立的依据。
2. 简述当代学校教育制度发展的一般趋势。
3. 简评 1951 年新学制。
4. 简述 1985 年学制改革的主要内容。
5. 简述 1993 年《中国教育改革和发展纲要》提出的"两基""两全""两重"的内涵。
6. 简述 1993 年《中国教育改革和发展纲要》中有关学制改革的内容。
7. 简述《中华人民共和国义务教育法》中关于义务教育的规定。

---

① ［英］里士满：《继续教育的概念》，张俊洪等译，553 页，北京，人民教育出版社，1990。

第六章　课　程

【国考大纲导航】

1. 了解不同课程流派的基本观点，包括学科中心课程理论、儿童中心课程理论、社会中心课程理论；理解课程开发的主要影响因素，包括外部因素和内部因素。

2. 了解课程目标，掌握基本的课程类型及其特征，其中包括学科课程、活动课程、综合课程；显性课程、隐性课程；国家课程、地方课程、校本课程；必修课程、选修课程等。

3. 了解课程实施、课程评价等含义和相关理论。

4. 了解课程开发及校本课程开发相关理论。

5. 了解我国当前基础教育课程改革的理念、改革目标及其基本的实施状况。

第一节　课程概述

课程概念处在一个不断演变的过程中，至今尚无一个公认的比较精确的定义。定义事物是主体认识事物的起点，分析课程的各种定义，认识不同课程流派和了解影响课程的因素，有助于拓展、深化我们对课程的认识。

一、课程定义

课程一词在我国最早见于唐朝孔颖达在《五经正义》里为《诗经·小雅·小弁》中"奕奕寝庙，君子作之"一句的注疏："维护课程，必君子监之，乃依法制。"但这里的"课程"与当前我们所说的课程的意思相去甚远。宋代朱熹在《朱子全书·论学》中多次提到课程一词，如"宽着期限，紧着课程""小立课程，大作功夫"等。这里的课程主要指功课及其进程，与今天我们对课程的认识很相近。

课程一词在西方最早出现于英国教育家斯宾塞所著的《什么知识最有价值》（1859年）一书中。课程是从拉丁语"currere"一词派生出来的，意为"跑道"（race-course）。根据这个词源，西方通常把课程定义为学习的进程。

目前关于课程的定义很多，归纳起来大致可以分为以下六种类型。[①]

（一）课程即学科或教学科目

把课程看作学科或教学科目是出现最早且比较普遍的一种定义。例如，我国古代的"六艺"（礼、乐、射、御、书、数），欧洲中世纪的"七艺"（文法、修辞、辩证法、算术、几何、音乐、天文），都强调把课程看作学科。目前我国的《辞海》《中国大百科全书》（教育卷）以及一些教育学教材也普遍把课程看作教学科目。此定义实质是强调学校

---

① 施良方：《课程理论——课程的基础、原理与问题》，327页，北京，教育科学出版社，1996。

向学生传授学科知识体系，认为课程是一种典型的教程。但我们如果只关注教学科目，就很容易忽视学生的心智发展、情感陶冶、创造性表现、个性培养等一些对学生成长有重要影响的因素。其实，学校为学生提供的学习范围已远远超过了正式列入课程的学科。

(二)课程即有计划的教学活动

此定义把教学范围、序列和进程安排，教学方法和教学设计，即所有有计划的教学活动都组合在一起，力图对课程有一个全面的认识。但此定义也存在问题：首先，过于重视计划性和可观察的教学活动就容易忽视学生在教学活动中的实际体验；其次，过于重视书面内容容易忽视真实教学情境的课程意义。

(三)课程即预期的学习结果或目标

此定义认为课程不应指向活动，而应直接关注预期的学习结果或目标，在课程设计时注重事先制定一套有结构、有序列的学习目标，所有教学活动都是为达到这些目标服务的。但在实际教育教学情境中，预期发生的事情与实际发生的事情之间总是有差异的。另外，如果只关注预期的结果就容易忽视非预期的结果，如容易忽视校园环境、师生关系等对学生成长有重要关系的非预期因素。

(四)课程即学习经验

此定义针对传统中人们习惯从教师角度对课程进行界定的问题，将课程的视角转向学生的学习，从而把课程视为学生在教师指导下所获得的经验或体验。虽说经验要通过活动才能获得，但活动本身并不是关键所在，因为每名学生都是独特的学习者，从同一活动中获得的经验各不一样。所以，学生的学习取决于他自己做了些什么，而不是教师做了些什么。也就是说，唯有学习经验才是学生实际认识到的或学习到的课程。从理论上讲，课程这一界定很有吸引力，但在实践中很难实行。例如，在实际教学情境中，一名教师应如何同时满足几十名学生不同的个体经验需要呢？应如何为每一名学生制订合适的课程计划呢？

(五)课程即社会文化的再生产

有教育家认为，任何社会文化中的课程实际上都是这种社会文化的反映，学校教育的职责就是要再生产对下一代有用的知识和价值。政府有关部门根据国家需要来规定所教的内容，专业教育者的任务是要考虑如何把它们转换成可以传递给学生的课程。此定义所依据的基本假设是个体是社会的产物，教育就是要使个体社会化。课程应该反映各种社会需要，以便使学生适应社会。可见，此定义的实质是使学生顺应现存的社会，从而把课程的重点从教材、学生转向社会。然而认为课程应该不加批判地再生产社会文化的想法是很幼稚的，现实的社会文化并非人们想象的那样合理。

(六)课程即社会改造

一些激进的教育家认为，课程不是要使学生适应或顺从社会文化，而是要帮助学生摆脱现存社会制度的束缚。因此有人提出学校要敢于建立一种新的社会秩序的口号。他们认为，课程的重点应放在当代社会的主要问题和主要弊端、学生关心的社会现实及社会改造和社会活动规划等方面。课程应帮助学生摆脱对外部强加给他们的世界观的盲目依从，使学生具有批判的意识。然而学校组织并未在政治上强大到足以使社会发生重大变革的地步，因此，认为学校课程能够起指导社会变革的作用就未免过于天真了。

上述每一种课程定义或多或少都涉及课程的某些本质特征，但也都存在明显的不足。每一种课程定义都有其社会背景、认识论基础和方法论依据，而且它们所指的课程可能并不是在同一层次上的。美国学者古德莱德（Goodlad）归纳出五种不同的课程。理想的课程，指一些研究机构、学术团体和课程专家提出的应该开设的课程。例如，有人提议在中学开设性教育课程，并从理论和实践的角度论证其必要性，这种课程就属于理想的课程。其能否实施取决于是否被官方采纳。正式的课程，即由教育行政部门规定的课程计划、课程标准和教材等。领悟的课程，即任课教师所领会的课程。由于教师对正式课程会有不同的解释方式，因此对课程的领会与正式的课程之间会有一定的距离。我国学者将这种课程称为"师定课程"。运作的课程，即在课堂上实际实施的课程。通常教师领会的课程与他们实际实施的课程之间会有一定的距离，因此教师会根据具体教学情境随时进行调整。经验的课程，即学生实际体验到的东西。由于每名学生对事物都有自己特定的理解，因此不同学生在同一课堂中会有不同的体验。

当前，一般认为课程指课业及其进程。但对于教育工作者来说，重要的不是选择某种课程定义，而是要意识到各种课程定义所要解决的问题以及伴随的新问题，以便根据课程实践的要求做出明智的决策。

二、课程理论流派

针对有关课程的一些根本性问题，如学校应该教什么，为什么教，怎样选择与组织教材等，不同的课程专家对这些问题存在分歧，形成了不同的课程流派。

（一）学科中心课程理论（又称知识中心课程理论）

学科中心课程由来已久，如中国古代的"六艺"和西方传统的"七艺"。夸美纽斯与赫尔巴特为现代学科中心课程理论奠定了基础。夸美纽斯的"泛智论"课程思想主张"把一切事物交给一切人类"，并提出了设置百科全书式的课程。赫尔巴特从心理学方面立论，认为在知、情、意中，知是主要的，情和意的存在与表现都要依靠知。他提出人的六种兴趣，并认为中学课程应设置同这六种兴趣相适应的学科课程体系：经验的兴趣对应课程为自然、物理、化学、地理，思辨的兴趣对应课程为数学、逻辑学、文法，审美的兴趣对应课程为图画、音乐、文学，同情的兴趣对应课程为母语、外国语，社会的兴趣对应课程为公民、历史、政治、法律，宗教的兴趣对应课程为神学。

学科中心课程还包括要素主义课程、永恒主义课程、结构主义课程等现代理论形态。

要素主义课程认为应当把人类社会文化、种族遗产中的精华（共同要素）作为课程传递给下一代。要素主义课程推崇智力学科，认为智力学科在学校课程中应处于核心位置，学校的课程应该给学生提供分化的、有组织的知识，即按分科课程进行，学生应在教师严格教导下以掌握按照一定逻辑顺序编排的间接经验为主。

永恒主义课程认为传统学科价值高于实用学科的价值，因为这些学科更具有理智训练的价值；要选择那些经久不衰的、具有永恒价值的名著作为课程和教材，来达到理智训练的教育目的；经典名著中包含了关于宇宙的见解和观念、正确的思维方法，论述了人类永恒的道德问题，体现了人类应该考虑的永恒的原则与内容，更有利于促进学生智慧的发展；名著大都出自伟大的知识分子之手，学生在阅读过程中就能受到他们的思想的熏陶，还可以培养独立思考的能力与习惯。

结构主义课程以美国教育家布鲁纳为代表。布鲁纳在其《教育过程》中提出"任何学科都能够用智育上正确的方式，有效地教给任何发展阶段的任何儿童"的观点，主张课程的价值在于提供给学生每一学科的基本概念和基本结构，从而达到知识掌握与智力发展的目的。布鲁纳倡导螺旋式课程组织，即在不同学习阶段重复特定的学科内容，使学科逻辑与学生心理逻辑相统一。他还倡导学生通过发现法来掌握学科概念和原理。

学科中心课程理论主张教学内容以学科为中心，按分科教学，有利于按照教育目标的要求来确定课程内容，有利于学生掌握人类文化遗产中的精华和系统的基础知识、基本技能，也有利于教师传授系统的文化科学知识；但过于强调按知识体系编制课程，容易与社会生活和生产实际脱离，忽视儿童的 2 兴趣和需要。

（二）儿童中心课程理论（又称经验主义或活动中心课程理论）

以美国教育家杜威为代表的儿童中心课程理论认为，课程应以儿童的活动为中心；课程的价值在于促进儿童的生长与发展；课程的内容应在儿童的经验与生活的范围；课程的组织应考虑到儿童心理发展的顺序，通过"做中学"来实现儿童经验的改组或改造。

儿童中心课程理论主张在课程设计与安排上要满足学生的兴趣和需要，有利于调动学生的学习主动性、积极性；强调围绕现实社会生活来设计和组织课程，有利于学生获得对世界完整的认识；注重直接经验的获得，有利于培养学生的实践能力。但儿童中心课程理论过于夸大了儿童的个人经验，忽视了知识本身的逻辑顺序和系统知识的学习。另外，儿童中心课程没有明确的课程标准及教材，过分强调儿童个人的兴趣、经验，使课程设置带有很大的随意性，难以保证教学质量。

（三）社会中心课程理论（又称社会改造主义课程理论）

社会中心课程理论主张围绕重大的社会问题来组织课程内容，帮助学生在社会改造方面获得发展。它认为教育的根本价值是促进社会发展，学校应致力于社会的改造而不是个人的发展；课程目标应与社会紧密相关，课程内容应围绕社会问题；学生应尽可能多地参与到社会中去学习，培养对社会现实的批判精神与社会改造能力。

社会中心课程理论重视教育与社会、课程内容与社会生活的联系，以社会的需要来设计课程，有利于培养学生的社会责任意识和社会适应能力；但片面强调社会需要，容易忽视学生的兴趣和需要，不利于学生对系统知识的掌握。

三、影响课程开发的基本因素

课程由什么决定或制约学校课程的主要因素有哪些，这是国内外课程研究中的一个重要命题。美国课程专家泰勒（Taylor）认为制约课程目标、课程内容的主要因素是学习者的特点、知识的编排和社会。美国学者坦纳（Tanner）夫妇与塞勒（Thaler）认为建立一种有效的课程应关注社会、学生、知识三种因素。目前我国教育学、课程论著作大多是从经济、政治、科技和儿童身心发展等方面考察课程发展变化的。一般来说，课程的发展要受来自外部因素和内部因素的影响和制约。

（一）外部因素

1. 社会

社会对课程的制约是从社会要求和社会条件两方面来体现的。

首先，社会生产要求是课程产生和发展的直接动力。社会生产要求不仅是科学技术发展的强大动力，也是课程内容选择的主要准则，制约着课程发展的速度和方向。随着社会生产的发展，各门学科课程的地位与作用发生着深刻的变化，相应的课程内容不断地更新，要求也在不断地提高。例如，在古代社会，学校设置的课程大多数属于哲学、政治、道德、宗教等人文学科以及语言学等工具学科，与生产力直接联系的自然科学和技术方面的课程很少。到了近代，随着社会生产的发展，西方国家进入资本主义社会以后，课程领域出现最大的变革就是实科课程的兴起，自然科学在学科课程体系中处于重要地位。20世纪中叶以来，在新技术革命影响下，许多国家积极进行课程改革，许多新兴的科学技术，如原子物理、激光技术、计算机技术、遗传工程、系统理论相继纳入学校课程内容，以培养促进现代生产力发展的合格人才。

其次，社会为课程的产生和发展提供了必要条件。其中，生产力的发展水平、政治制度、经济制度、教育制度、教育目的和具体的学校培养目标对学校课程既提供了发展的条件，又提出了发展的要求。这就要求我们必须根据社会提供的办学条件，根据社会对各种人才的需求，设计出满足广泛需求的多层次、多类型的课程方案，改革现有课程，使课程与社会协调发展。

2. 知识

知识是课程的重要源泉，课程内容就是从人类长期积累起来的知识中精选出来的。人类在长期的社会实践活动中建构起关于知识的来源与性质、知识的价值、知识的形式与分类的观点，这些对课程产生了深刻影响，具体表现为以下三方面。

第一，知识的来源观对课程观起着直接的指导作用。对知识来源的不同认识导致人们形成了不同的课程观。理性主义知识观认为，知识是人类理性认识的结果，是人们对事物本质的反映和表述，一切知识均源于借助理性得到的确凿的公理，所有的感觉经验都不能构成真正的知识，课程的价值在于为学生的未来生活提供充足的理性准备，注重理性能力的培养。经验主义知识观反对任何先验的观点，认为人类所有的知识均来源于感觉经验，学校课程应重视感官训练与直观教学。例如，英国教育家洛克认为，人的心灵如同一张白纸，没有任何先验的观念，所有的观念都是通过感觉得来的，感觉是人们获得知识的唯一途径。实用主义知识观认为知识是一种行动的工具，是实践行为的一种方式，知识本身是有机体与环境之间相互作用的中介，是有机体为了适应环境刺激而做出探究的结果。实用主义知识观重视儿童的兴趣、爱好和需要，认为课程是经验的改造和改组，强调实践性，强调做中学，注重目的和过程的统一，把课程看成是不断变化发展的，强调课程的开放性和未完成性，强调知识的非确定性。后现代主义知识观把知识视为动态的、非客观的、价值无涉的、开放的自我调节系统，认为研究者内在于这一系统；课程具有开放性，课程内容不是绝对客观、稳定不变的知识体系，课程目标也不是预定的；学习课程是师生共同探索新知的过程，是一个非预设的、未完成的过程。

第二，知识价值观影响课程内容的选择与组织。知识价值观一直是影响课程内容选择与组织的重要因素。对近现代课程内容的选择与组织产生广泛且深远影响的有形式教育论与实质教育论、科学主义教育与人文主义教育所持的知识价值观。形式教育论以官能心理学为基础，认为学校的任务在于发展学生的智力，拉丁文、文法、逻辑、数学等学科知识对训练学生智力的作用最大，最有价值。实质教育论从为学生未来完满的生活做准备出发，主张向学生传授有实用价值的知识。例如，实质教育论的倡导者斯宾塞在回答他自己提出的"什么知识最有价值"的问题时，认为现代语文、历史、地理、物理、天文、化学、商业、法律等学科知识最有价值，学校课程内容应由这些学科知识组成。科学主义教育认为只有以经验实证、逻辑推理为方法建立起来的具有确定性、精确性的学科知识（如数学、物理、化学、生物等）才是知识，这些知识对发展学生的探索能力、求知能力和改造客观世界的能力具有实用价值，而那些具有不确切性的人文学科知识都不是知识，不应在学校课程中获得地位。人文主义教育对科学主义教育的知识价值观持批判、否定态度，认为科学理性漠视人的情感和精神价值，使人丧失了精神的追求，把人降为一味追求物质利益的单纯的生产者，理性和科学已由早期解放人的工具变为奴役人的工具。为提升人的价值和尊严，丰富人的内在精神，使个性得以充分自由地发展，人文主义教育特别推崇哲学、伦理学、文学、艺术、历史、宗教等人文学科的课程内容。形式教育论与实质教育论、科学主义与人文主义教育在知识价值上各执一端，以致在课程内容的选择上出现一类学科知识取代另一类学科知识的现象。本书认为正确反映人类不同认识领域的各类学科知识对于培养个性完善、人格健全的人具有不可替代的功能和价值，应将它们整合于教育教学中。

第三，有关学科知识结构划分的观点是划分学校课程门类的依据。在古代，人们由于对世界的认识还处于朦胧的整体认识阶段，对自身物质和精神的活动结构尚未进行精细的分析研究，因此还未对知识的类别做严格的细分。当时学校课程的设置也呈现这一特点，即一直以古典人文学科和治人之术作为课程，没有设置自然科学的课程体系。到了近代，人类的思维方式进入以分析方法为主导的阶段，文化知识开始逐步形成有独立对象、有较为充实且稳定内容的系统独立学科。当时学校课程同样出现了这样的特点，如西方 16 世纪以前的地理学到 17 世纪被分化为地理学、植物学和动物学。

3. 学生

制约课程的学生因素包括学生的身心发展规律和身心发展需要。课程一方面要受学生身心发展阶段（年龄特征）的制约，另一方面要受学生心理发展水平、个性差异的制约。前者要求依据学生不同年龄阶段的认知特点，变知识的科学体系为课程的学科体系，按照循序渐进的原则设计出各级学校的课程和教科书；后者要求根据不同条件、不同个性学生的兴趣和需要，设计多种多样的课程学习计划，编写多套教科书。

具体来说，学生身心发展规律影响课程组织。课程组织不仅要遵循学科本身的逻辑，也要遵循学生心理发展的规律，因为学生的心理活动直接关系到实现课程目标的程度。对学生身心发展的认识的不断发展，使课程组织的逻辑顺序也不断得到调整。例如，根据儿童身心发展年龄特征，有学者把个体成长分为婴儿期、幼儿期、儿童期、少年期、青年期、成年期、老年期，相应地课程内容组织也就有了阶段上的差异，同时也注意到了各阶段的联系与衔接。

学生的身心发展需要对课程的影响首先表现在制约课程内容的选择和课程结构的调整。人的生命需求是多种多样的，包括生理的、心理的，具体地说有社会的、物质的、精神的、行为的、认知的、信仰的、审美的等。按传统观念理解人的发展需求仅仅狭隘地重视学生认知和智能方面的发展需求。现代科技革命和生产力发展形势要求必须丰富对学生基本需求的理解。课程设置不仅要满足学生知识、技能等方面科学素养的要求，还要注重学生生命发展中人文素养的意义，并将两者有机结合。课程还要重视学生创造性发展的要求，密切注意不同学生的独特性，把学生看成是有多方面个性特点的人。课程既要满足学生共同的发展需要，包含统一的必修课程，还要针对学生的个别差异，包含符合不同学生个性发展的选修课程，以促进每一名学生的真正发展。其次，学生身心发展的需要制约着课程开设的顺序。课程设置必须要考虑学生的可能接受性，学生的身心发展水平影响学校教育各个阶段的课程计划、课程标准和教材编写。所以，只有考虑学生心理发展的顺序，把科学知识的逻辑顺序与学生心理发展顺序统一起来，才能使学生掌握课程内容。

社会、知识和学生对课程的影响是综合的、交错的，从本质上说是社会结构、科学结构与学生心理结构发展的综合交错。课程设置者必须要对这三方面有所权衡，有所选择。

(二)影响课程的内部因素

1. 课程传统

课程传统是课程设置的基础，后来的课程革新都是在原有课程基础上的继承和超越。因为课程在一定程度上反映了一定社会发展的普遍要求和科学发展的水平。有些内容具有客观性、普遍性，任何时期的课程设置都有这样的特征。从课程发展的历史看，一门新课程的建立，总是对原有课程进行辩证的否定，同时加以合理的继承。因为课程传统影响课程设置，所以各国课程设置多姿多彩，反映了本国教育的传统和特色，体现了不同民族的教育特色。

2. 课程理论

从本质上说，课程理论是对课程内部的一些基本关系的看法，涉及课程内容的来源、课程性质、课程编制、课程目标、课程组织与实施、课程评价等方面。课程理论是确定课程的指南，任何课程实践总是在一定的课程理论指导下进行的。也只有在课程理论的指导下，课程实践才能减少盲目性，增强科学性。在历史上，不同课程理论的冲突导致了课程实践的分化和多样化。尤其在当代，课程理论丰富多彩，课程理论的冲突变化多端，这既给课程实践提供了多元视角，又常使课程实践陷入无所适从的境地。

3. 课程自身发展的规律

课程遵循辩证否定的发展规律，总是处在不断扬弃的过程之中。在这个过程中，旧课程不断被淘汰，新课程不断产生。自从学校教育产生后，学科课程成为最早的课程类型。随着社会的发展，学科课程与社会的要求、学生的发展产生了矛盾，于是活动课程产生了。到今天，由于多种因素的影响，课程出现了综合化的趋势。

总之，课程发展是众多因素相互作用的结果，各种因素经常整体地发挥作用，难分彼此。在课程改革中，相对来说人们比较重视外部因素的影响作用，但这些外部因素最终还是要通过内部因素发挥作用。

第二节 课程编制

课程编制是指为了完成一项课程计划而实施的所有程序，包括课程目标的确定、课程内容的选择与组织、课程实施和课程评价。[①]

一、课程目标

课程目标是指特定阶段的课程所要达到的预期结果。它规定了某一教育阶段的学生通过学习课程以后，在发展品德、智力、体质等方面被期望实现的程度，是确定课程内容、教学目标和教学方法的基础。任何教育目的、培养目标都要以课程为中介才能实现，因此我们也可以说课程是达到教育目的、实现培养目标的手段。确定课程目标首先要明确课程与教育目的、培养目标的衔接关系，以确保这些要求在课程中得到体现；其次要在对学生的特点、社会的需求、学科的发展等各方面深入研究的基础上，确定行之有效的课程目标。课程目标有助于澄清课程编制者的意图，使各门课程不仅注意到学科的逻辑关系，而且关注教师的教与学生的学以及课程内容与社会需求的关系。[②]

(一)课程目标的特征

整体性：各级各类的课程目标都是相互关联的，而不是彼此孤立的。

阶段性：课程目标是一个多层次和全方位的系统，如小学课程目标、初中课程目标等。

持续性：高年级课程目标是低年级课程目标的延续和深化。

层次性：课程目标可以逐步分解为总目标和从属目标。

递进性：低年级课程目标是高年级课程目标的基础，没有低年级课程目标的实现，就难以完成高年级的课程目标。

时间性：随着时间的推移，课程目标会有相应的调整。

(二)确定课程目标的方法

1. 筛选法

筛选法是美国北加州大学课程开发中心研制的方法，多年来被许多教育机构模仿。其具体步骤如下：

①预定若干项课程目标，涉及课程的各个方面，如培养阅读、写作、说、听的技能，培养吃苦耐劳的精神，培养自尊心；

②书面征求有关人员对预定课程目标的意见，允许他们补充其他课程目标；

③把预定的课程目标和补充的其他课程目标汇总在一起；

④请有关人员根据汇总的课程目标，依次选出若干项重要的课程目标；

⑤根据统计结果，确定名次靠前的若干项课程目标。

---

① 施良方：《课程理论——课程的基础、原理与问题》，81页，北京，教育科学出版社，1996。

② 全国十二所重点师范大学：《教育学基础》第3版，170～172页，北京，教育科学出版社，2014。

2. 参照法

在确定课程目标的过程中，课程设置者参考过去的课程目标和其他国家的课程目标，并根据本国国情和教育状况，确定符合本国情况的课程目标。

除了上述两种方法，还有其他多种确定课程目标的方法。

二、课程内容

(一)课程内容的构成

课程内容是指各门学科中特定的事实、观点、原理和问题以及处理它们关系的方式。课程内容(课程的文本)主要包括课程计划、课程标准和教材。

1. 课程计划

课程计划是根据一定的教育目的和培养目标，由国家教育主管部门制定的有关学校教育教学工作的指导性文件。课程计划是关于学校课程的宏观规划，从整体上规定了学校的性质、培养目标、教学目标、指导思想、教学内容范围、学科设置、教学进度、课时安排、教学效果评价及课程管理办法。

课程计划的内容主要包括课程设置、学科顺序、课时分配、学年编制和学周安排。课程设置指根据国家的教育目的、各级各类学校任务、培养目标和修业年限来确定学校的学科和课程。课程设置是制订课程计划的首要问题及中心内容。学科顺序是指根据修业年限、学科内容、学科衔接、学生身心发展水平等因素来确定学科开设的顺序。课时分配规定各门学科的教学时数，包括学科在一学年内的授课时数及周授课时数等。学年编制和学周安排是指学年阶段的划分、学生在校学习的时间、学校节假期的规定等。

课程计划是学校组织和指导教育教学工作的重要依据，也是学校安排课程检查、衡量学校工作和质量的基本依据，还是制定课程标准的依据。

2. 课程标准

课程标准主要指学科课程标准，是国家根据课程计划，以纲要的形式规定某一学科的课程性质、课程目标、内容标准、实施建议的教学指导性文件。

课程标准的结构如下：第一部分是前言，包括课程的性质与地位、基本理念、设计思路等；第二部分是课程目标，这是课程标准的核心内容，包括学科总目标和阶段目标；第三部分是课程内容，即根据课程目标阐述课程的具体内容；第四部分是实施建议，包括教学建议、评价建议、教材编写建议、课程资源的开发与利用建议等；第五部分是附录，包括术语解释、案例等。

课程标准是教材编写、教学、评估和考试命题的依据，是国家管理和评价课程的基础。它规定了学科的教学目的和任务，知识的范围、深度和结构，教学进度以及有关教学法的基本要求。

3. 教材

教材是教师和学生进行教学活动的材料，是课程的主要载体，包括教科书、讲义、讲授提纲、参考书、练习册、教学指导书以及各种视听材料。其中，教科书和讲义是教材的主要部分。教科书又称课本，是依据课程标准编制的、系统反映学科内容的教学用书。

教材编写主要有螺旋式和直线式两种基本方式。中小学教材编写的基本原则有：第一，按照不同学科的特点，体现科学性和思想性；第二，强调内容的基础性；第三，结合当前社会发展需要；第四，合理体现学科知识的逻辑顺序和受教育者的学习心理顺序；第五，兼顾同年级学科内容之间的关系和上下年级同学科教材的衔接。

教材是学生在学校获得系统知识、进行学习的主要材料，可以帮助学生掌握教师讲授的内容；同时，也便于学生预习、复习和做作业。教材也是教师进行教学的主要依据，为教师备课、上课、布置作业、评定学生学习成绩提供了基本材料。

(二)课程类型

课程类型指课程的组织方式或设计种类。由于课程设计者的课程观不同，设计的课程类型也会有所不同。目前，课程类型名目繁多，人们划分课程类别的标准也不尽相同。这里只介绍在国内外具有一定代表性的几种课程类型。

1. 根据课程的组织形式，课程可分为学科课程、活动课程和综合课程

第一，学科课程。

学科课程又称分科课程，是以文化知识为基础，按照一定的价值标准和逻辑顺序，从不同的知识领域或学术领域(科学)选择一定内容加以组织，形成不同学科的课程。学科课程历史悠久，是较古老的一种课程类型。我国古代学校课程中设置的"六艺"和古希腊学校的"七艺"都是较早的学科课程。在近现代教育中，学科课程更为突出，主张"百科全书式"教育的捷克教育家夸美纽斯提出了比较完整的学科课程的理论与方法。在其《大教学论》一书中，他列出了20门学科的课程体系。德国教育家赫尔巴特最早为分科课程提供了心理学理论基础，主张设置多方面课程来满足学生多方面的兴趣。学科课程具有以下特点：第一，强调知识本位，主张按不同知识体系编制课程；第二，以知识本身的内在逻辑关系来编制课程；第三，重视学科基本概念、原理、规律的掌握和学习。

学科课程之所以至今仍在学校课程中占有主导地位，始终受到人们重视，是因为其具有许多优点：第一，它以各门学科的体系为依据进行设计，能最大限度地保证知识的系统性和连贯性；第二，有助于学生获得系统的文化知识；第三，有助于教学科目的设计与管理；第四，有助于教师进行教学。但学科课程也存在明显的不足，主要体现在：第一，以知识的逻辑体系安排课程，容易忽视学生的兴趣和需要；第二，科目分化过细，容易造成学科之间相互分隔，从而限制了学生的视野，不利于学生从整体上认识外部世界；第三，使学校课程门类越来越多，且各学科都极力强调自身体系的完整，这不仅加重了学生的学习负担，而且提高了学科间的学术壁垒，不利于学生吸纳新的科学成果，尤其是综合性学科的有关内容。

第二，活动课程。

活动课程又称经验课程或生活课程。它是从儿童兴趣、需要出发，按照各种实践活动类型和特定活动方式设计的课程。人们一般认为，活动课程起源于19世纪末20世纪初欧美的"新教育运动"和"进步教育运动"，代表人物是杜威。这场教育改革运动对传统的学科课程提出了指责，认为学科课程以学科为教学活动中心，学科分得过细，没有照顾到儿童的兴趣和需要；学生偏重书本知识学习，脱离了实际生活。在"进步教育运动"的代表人物杜威的倡导下，美国芝加哥实验学校开始试行活动课程。杜威认为，课程应该以学生的兴趣和需要为中心组织活动，从"做中学"，让学生在亲身的实

践中去体验。他认为课程计划不应预先规定好，而应随着学生的兴趣和需要的变化而变化。杜威主张教育即生活，学校即社会，课程要与学生的生活实际相结合。活动课程具有以下特点：第一，从儿童的兴趣、需要出发设计课程；第二，按照儿童的心理发展顺序设计课程；第三，主张儿童通过实践活动获得直接经验。

活动课程与学科课程相比，具有自身的特色，表现在以下几方面。第一，实践性。它以学生的现实生活和实践为基础，强调学生的实际操作和亲自体验，要求学生在实际活动中通过考察、体验、探究进一步消化、巩固课堂教学中获得的知识并体验和感受生活，获得分析问题、解决问题的能力。第二，开放性与灵活性。活动课程不局限于课堂，而是面向学生的整个生活世界，尊重学生的兴趣和需要，并随着学生生活的变化而变化，其活动内容和形式具有多样性和灵活性。第三，自主性与探究性。活动课程把学生的兴趣、需要置于核心地位，学生可以自主选择学习的目标、内容、方式及指导教师，自己决定活动结果的呈现形式，因此学生可根据自己的需要与特长在活动中自我组织，自我设计，大胆想象和探究，学会发现与创新。但活动课程也有其不足之处，如容易忽视教师在教学中的主导作用，也不利于学生对系统知识的学习。

第三，综合课程。

综合课程是以分科课程改革者的面孔出现的，最早由教育家怀特海（Whitehead）提出。它是采用合并相邻学科的方法，把两门及以上学科教学内容组织在一门综合学科中，以减少科目来编订的课程。综合课程针对学科课程分科过度精细的学科化倾向，力主打破传统学科的界限，以满足科学技术发展日益综合化的需要。早在19世纪中期，欧洲就有了综合课程的萌芽。当时由于学科课程占据支配地位，科目中的知识、技能和能力以及不同科目之间的知识、技能和能力被割裂，使人的发展由片面演变为畸形，因此人们开始注意学科之间的联系问题，并尝试设置综合课程。20世纪初，活动课程出现时，综合课程也得到了发展。从当前世界课程改革的实践来看，各个国家都倡导课程的综合化。综合课程具有以下特点：第一，有利于促进知识的综合化，帮助学生从整体上去认识世界，培养综合分析问题的能力；第二，有利于促进课程内容与社会生活实践的联系。

根据各学科知识综合的程度，综合课程又可以分为以下三种类型。

相关课程。它把两门及两门以上学科的一些主题或观点上相互联系起来，但保持原有学科的独立形态。例如，语文与历史、数学与物理等可以建立起联系。

融合课程。它使相邻学科合并在一起成为一门新的学科，原有的学科不再单独存在。例如，历史、地理、公民课融合为社会科，物理、化学、生物融合为综合理科等。

广域课程。它是指能够涵盖整个知识领域的课程整体，比融合课程更具综合性。例如，将学科课程分为普通社会科、普通理科、普通技能等。采用广域课程可以减少课程设置的数目，使学生对于整个认知领域有统合的观点，但实施起来对于教师和教材编写来说都有很大难度。

2. 根据课程的呈现方式，课程可分为显性课程和隐性课程

第一，显性课程。

显性课程也叫正式课程，是指学校有目的、有计划地以直接和明显的方式呈现的课程，通俗地说就是指学校课程表中明确规定的学科和活动。显性课程的主导价值在

于教育目标明确，对学生的发展能够产生直接的影响，是学校教育课程结构的主体。

第二，隐性课程。

隐性课程也叫潜在课程或隐蔽课程，是指学校情境中以间接的、内隐的方式呈现的课程。隐性课程一词最早是由美国学者杰克逊（Jackson）于 1968 年在其《教室生活》一书中提出来的。学校里的隐性课程主要包括以下三个方面：第一，物质形态的隐性课程，如学校中的建筑物、教学设备等；第二，精神形态的隐性课程，如师生关系、校风、班风、学风等；第三，制度形态的隐性课程，如学校管理制度等。隐性课程与显性课程相比有其自身特征：一是涉及范围广，涉及显性课程以外的所有方面；二是潜在性，常借助于显性课程的形式或其他方式来间接、隐蔽地影响学生的思想、情感、态度等；三是结果难以量化，学生在隐性课程中得到的主要是非学术性知识，这些主要作用于学生的精神世界中的非理性领域，很难量化。杜威提出的"连带学习"和克伯屈（Kilpatrick）提出的"附属学习"指的就是隐性课程。

3. 根据课程开发和管理主体的不同，课程可分为国家课程、地方课程与校本课程

第一，国家课程。

国家课程是指由国家教育部门总体规划、统一组织开发并在全国范围内实施的课程，集中体现了国家的意志，具有权威性和强制性，是一个国家基础教育课程设计中的主体部分，是衡量一个国家基础教育质量的标志。

第二，地方课程。

地方课程是指由地方根据各自的政治、经济、文化、民族等的发展需要来组织开发并在本地实施的课程。地方课程有利于保护地方文化，发扬各民族文化特色。

第三，校本课程。

校本课程是指由学校根据本校实际自主开发并在本校实施的课程。校本课程的编制、实施、评价等皆由学校负责，是针对国家课程的许多弊端而设置的。

无论是国家课程、地方课程，还是校本课程，都是课程结构中不可缺少的重要组成部分，在课程设置方案中都占有一定的课时比例，并通过具体的科目、门类落实到学校的教育教学中去，发挥各自独特的育人功能。一般来说，国家课程有利于统一质量要求，对于基础教育的发展，特别是人才培养的质量和规格具有决定性作用。地方课程有利于发挥地方办学特色，保护地方文化。校本课程有利于体现学校办学特色，满足不同条件学校学生的学习需要。

4. 根据课程的设置要求，课程可分为必修课程和选修课程

第一，必修课程。

必修课程指要求所有学生都必须学习的课程。必修课程在于保证学生掌握系统的科学文化知识和基本技能，使学生达到一定程度的文化水平，是社会权威在课程中的体现，具有一定的强制性。

第二，选修课程。

选修课程指学生可以根据自己的兴趣和爱好自由选择的课程。选修课程是为了满足学生的个性差异而开发的课程，有助于学生的个性发展。选修课又可分为必选课程与任选课程。必选课（又称限选课）是指在规定的范围内学生必须选择的课程，一般是与基础知识和基本技能相关的课程。任选课程是指为拓宽学生的知识面、培养和发展

学生的兴趣特长的课程，学生可以依据自身需要选修不同课程。

必修课程与选修课程具有同等的价值。学生的发展既有共性又有差别。满足学生共同需要的必修课程与满足学生不同需要的选修课程必须相互结合，形成一个有机整体。

（三）课程内容组织

课程内容组织指在一定的教育价值观的指导下，将选出的各种课程要素妥善地组织成课程结构，使各种课程要素在课程结构系统中产生合力，以有效地实现课程目标。课程内容组织原则如下。

第一，纵向组织与横向组织。纵向组织是指依据知识的逻辑序列，按照从已知到未知、从具体到抽象的顺序组织安排课程内容。横向组织是指打破学科的知识界限和传统的知识体系，按照学生发展的阶段和需要来组织课程内容。

第二，逻辑顺序与心理顺序。逻辑顺序是指根据学科本身的体系和知识的内在联系来组织课程内容。心理顺序是指按照学生心理发展的特点来组织课程内容。

第三，直线式组织与螺旋式组织。直线式组织是将一门学科的内容按照逻辑组织起来，其前后内容基本上不重复。螺旋式组织指在学生学习的不同阶段重复呈现特定的学科内容，同时逐步扩大学习的范围，加深学习的程度。

三、课程实施

课程实施指把课程计划付诸实践的过程，是实现课程目标的基本途径。20世纪70年代以后，课程实施成为课程研究者关注的焦点。因为课程设计得再好，如果在实践中得不到实施，也就没有任何意义。课程实施中教师扮演着重要的角色，因为课程计划最终都要通过教师的教学来实施的。众多研究表明，教师在一定程度上参与课程规划和设计工作，不仅会影响课程设计的结果，也会影响课程实施的进程。

研究课程实施非常必要：第一，只有直接分析和了解课程实施过程，才知道实际发生的情况；第二，研究课程实施过程有助于了解课程计划是否合理；第三，研究实施过程可以解释学生学习的结果。

课程实施存在三种不同的取向：一是忠实取向，指在实施中严格按照课程设计者的意图来执行，以达到预定的课程目标；二是相互调适取向，指在实施中根据实际情境，将课程的目标、内容、方法、组织模式等方面加以调整、改变；三是创生取向，认为真正的课程是教师与学生联合缔造的教育经验，课程实施本质上是在具体教育情境中缔造新的教育经验的过程。

四、课程评价

（一）课程评价的概念

课程评价是指依据一定的评价标准，通过系统地收集信息，采用各种定性、定量的方法，对课程计划、实施过程、实施结果等做出价值判断并寻求改进途径的活动。

（二）课程评价的主要类型

1. 以评价标准为依据进行分类

以评价标准为依据进行分类，课程评价可分为相对评价、绝对评价和个体内差异评价。

相对评价指以评价对象群体的平均水平或其中某一对象的水平为参照点，确定评价对象在群体中的相对位置或与群体中某一对象之间的差距的一种评价。其优点在于教师利用相对评价可以了解学生之间的差异，便于比较个体学习成绩的优劣，有利于激发学生的竞争意识；缺点是评判基准会随集体的不同而发生变化，因而不同集体中的个体就难以比较。

绝对评价指在评价对象群体之外，以某一预定的目标或标准为客观参照点，确定评价对象达到的绝对标准位置的一种评价方式。其优点是标准比较客观，可直接鉴别各项目标完成情况，明确今后工作的重点；缺点是评价标准容易受到评价者的教育价值取向和经验的影响。

个体内差异评价指把评价对象群体中每个评价对象的过去与现在进行比较，或者把个体的一些方面相互进行比较，从而得到评价结论。其优点是有利于学生发现自身的变化，但被评价者由于不与他人相比，难以找出自己在群体中的真正位置。

2. 以评价作用为依据进行分类

以评价作用为依据进行分类，课程评价可分为诊断性评价、形式性评价和终结性评价。

诊断性评价是指在课程实施之前，为了解学习者已有的水平而做的评价。其目的是了解评价对象的现状、存在的问题，以便采取适当措施对症下药。

形成性评价是指通过诊断教育方案或计划、教育过程中存在的问题，为正在进行的教育活动提供反馈信息，以提高教育活动质量的一种评价方式。评价的目的在于了解某项教学活动的效果，及时发现问题，以便调整课程计划或教学活动。

终结性评价也称总结性评价，指在课程实施结束后，对评价对象的整体效益做出价值判断。它的一个重要功能就是确认目标实现的程度。终结性评价的直接目的是对教育效果做出判断，从而区别优劣，分出等级或鉴定合格与否，是与教学效能核定联系在一起的，可为个体决策提供依据。

(三)课程评价主要模式

1. 目标评价模式

此模式由被誉为"教育评价之父"的美国教育家泰勒提出。泰勒认为，教育的目的在于改变学生的行为，评价就是衡量学生行为实际发生变化的程度。目标评价模式以目标为中心，其步骤和方法为：确定目标—目标分类—界定目标—确定评价情境—选择评价方法—收集有关学生表现的资料—确定目标达成程度。

2. 目的游离评价模式

此模式由美国教育家斯克里文(Scriven)针对目标评价模式的弊端提出的。他认为，评价者应该注意的是课程计划的实际效应，而不是原预期确定的目标。斯克里文主张采用目的游离评价模式，即把评价的重点从课程计划预期的结果转向课程计划实际的结果。

3. CIPP 评价模式

此模式由斯塔弗尔比姆(Stufflebeam)及其同事于 20 世纪 60 年代末提出。CIPP 是由背景(Context)、输入(Input)、过程(Process)和成果(Product)这四个英语名称的第一个字母组成的缩略语。该模式包括四个步骤：

第一，背景评价，即确定课程计划实施机构的背景，明确评价对象及其需要，明确满足需要的机会，诊断需要的基本问题，判断目标是否已反映这些需要；

第二，输入评价，主要是为了帮助决策者选择实现目标的最佳手段，从而对各种可供选择的课程计划进行评价；

第三，过程评价，主要是通过描述实际过程来确定或预测课程计划本身或实施过程中存在的问题，从而为决策者提供修正课程计划的有效信息；

第四，成果评价，指要解释和评判课程计划，要收集与结果有关的种种描述与判断，把它们与目标、背景和过程等方面的信息联系起来，并对它们的价值和优点做出解释。

第三节　课程开发

课程开发是指通过对社会和学习者需求的分析，确定课程目标，再根据这一目标选择某一个学科的教学内容和相关教学活动，进行计划、组织、实施、评价、修订，以最终实现课程目标的整个工作过程。

一、课程开发的模式

有关课程开发的模式很多，这些模式对课程开发都产生了重要影响。20 世纪以来，课程开发模式主要有以下四种类型。

（一）目标模式

目标模式是美国课程论专家泰勒在《课程与教学的基本原理》（1949 年）一书中提出的，又被称为泰勒原理，是一个比较系统完整的课程开发理论体系。泰勒认为开发任何课程都必须要回答四个基本问题：学校应该达到什么样的教学目标？提供哪些教育经验才能实现这些目标？如何有效地组织这些教育经验？如何确定这些目标得以实现？这四个基本问题——确定教育目标、选择教育经验、组织教育经验、评价教育效果构成了著名的泰勒原理。泰勒原理自问世以来就成了课程开发的主导范式，至今仍具有很大影响力。首先，泰勒原理为人们提供了一个课程研究的范式，这四个基本问题是研究课程不可回避的，后来的课程开发模式都是在反思与批判泰勒原理的基础上形成的；其次，泰勒将评价引入课程开发，提高了课程开发的科学性，加强了人们对课程开发的反馈和调节；最后，泰勒将目标贯穿于课程开发全过程，使目标模式具有极强的操作性，也使目标模式获得了强大生命力。

（二）过程模式

过程模式是英国课程论专家斯腾豪斯在《课程研究与编制导论》（1975 年）一书中提出的，建立在对泰勒模式的批判的基础上。斯腾豪斯认为目标模式对于训练行为技能是很合适的，但对知识的学习却不合适。这是因为学习知识的本质在于通过知识的运用进行创造性思维，课程应考虑知识更新的不确定性，鼓励学生富有创造性地学习，而不是把知识及学习作为实现预定目标的尝试。人们能够从具有内在价值的知识形式中挑选出那些可以体现该知识形式的内容，这些选择出来的内容能够代表那些最重要的过程、最关键的概念和该知识形式(或领域)中固有的标准。过程模式鼓励教师对课程实践进行反思批判,强调过程本身的育人价值,强调师生互动,既重视教师的自主权,又重视学生的自主活动。过程模式对教师素质的要求很高,由此斯腾豪斯提出了"教师即研究者"的课程思想,认为教师应当成为课程的研制者、开发者。这一思想为当今世界课程改革中重视教师主体作用的开发模式提供了理论基础。

(三)环境模式[①]

环境模式又称情境模式或文化分析模式,代表人物是英国课程专家丹尼斯·劳顿(Dennis Lawton)和斯基尔贝克(Skilbeck)。该模式的可操作程序包括分析情境,表述目标,制定方案,阐明和实施,检查、评价、反馈和改进五个部分。

环境模式是一种更综合的课程开发模式,综合了目标模式和过程模式,试图把课程开发作为一个整体,用系统的观点来实施,注重结合特定的环境来分析过程中各个要素及各个方面,并把决策同更广泛的文化因素和社会因素联系起来,是一种灵活的、适应性强的课程开发模式。

(四)实践模式[②]

美国学者施瓦布(Schwab)认为,课程是由教师、学生、教材、环境四个要素构成的,这四个要素持续地相互作用便构成了实践性课程的基本内涵。教师和学生是课程的创造者,学生又是实践性课程的中心。教材是课程的有机构成部分,是由课程政策文件、课本和其他教学资料构成的。但是,教材只有在成为相互作用过程中的积极因素时,只有在满足特定学习情境的问题、需要和兴趣时,才具有课程意义。因此,教材具有很大的灵活性和变通性,教师可以根据不同学习情境的需要进行选择。课程环境是由除教师、学生、教材之外的物质的、心理的、社会的、文化的因素构成的,直接参与到课程相互作用的系统中。

实践性课程的开发方法是审议。审议是指课程开发的主体对具体教育实践情境中的问题反复讨论权衡,以获得一致的理解与解释,最终做出恰当的、一致的课程变革的决定,提出相应的策略。

二、课程开发的基本程序

第一,确定开发原则。这主要指要正确处理社会、知识、学生三者之间的辩证关系。任何课程开发都要涉及如何处理好这三者之间的关系,既要考虑满足一定社会需求,又要考虑知识本身的内在逻辑关系,同时也要照顾学生身心发展的需要。

第二,了解有关需求。这些需求来自社会、学生等方面。任何一门课程都具有一定的针对性,都是为满足一定的需求服务的。

第三,确定课程目标。首先要根据社会需求、学校要求、学生现状以及课程专家的建议确定课程目标的框架及要素;其次要将目标要素转化成一定的表述形式,即目标的具体化,如可以用描述性语言来表述目标(如情感、态度、价值观方面的目标)。

---

① 全国十二所重点师范大学:《课程论》,266~268 页,北京,教育科学出版社,2007。
② 全国十二所重点师范大学:《课程论》,268 页,北京,教育科学出版社,2007。

第四，选择和组织课程内容。根据目标以及当时的社会、社区、学校的特定情况，选择基本的课程内容。基本的课程内容指那些既集中表现了目标及社会的要求，又能够帮助师生在互动中产生新的内容，有助于学生个性化、创造性地学习的内容。课程内容的组织主要考虑内容的排列、秩序和统整，注重知识的逻辑性与儿童的心理发展相统一。

第五，实施课程评价。它包括两个方面的工作：一是对课程实施本身进行的评价，如在课程实施过程中对教师的表现、学生的表现以及学校、课堂的环境等方面的评价，对学生发展的评价，对课程可行性的评价等；二是对该项课程开发活动的评价，这种评价带有工作总结的性质，如目标确定妥当与否、课程实施过程的管理、课程评价的适切性等都是评价的对象。

三、校本课程开发

校本课程是国家教育课程体系的一个组成部分，明确校本课程开发的内涵、充分认识校本课程开发的意义、了解校本课程开发的类型、掌握校本课程开发的过程有助于充分发挥校本课程的作用。

（一）校本课程开发的内涵

校本课程开发（School-based Curriculum Development，SBCD）一词是近年来我国课程研究者从西方教育文献中引进的新名词。关于它的定义众多，学者存在着分歧。例如，有的强调课程开发的过程，有的重视课程开发的结果；有的认为校本课程开发应以学校内教育人员为主体，有的主张学校外人士共同参与；有的认为校本课程开发的关键是权力结构的重新分配，有的重视整体学校情境的变革。尽管学者存在分歧，但众多定义都强调了应以学校为基础来开发课程，重视学校内教育人员在课程开发中的主体地位。综合有关校本课程开发的定义，我们可以将其定义为学校为实现教育目标或解决学校自身的教育问题，根据国家或地方制定的课程纲要的基本精神，以学校为主体，结合学校的性质、特点、条件以及可以开发利用的资源，由学校成员，如校长、行政人员、教师、学生，结合家长和社区人员等进行的课程发展过程与结果。[①]

（二）校本课程开发的意义

校本课程开发的意义体现在以下几方面。

第一，完善课程体系。完整的课程系统在纵向上应包括国家课程、地方课程、学校课程各个层次，在横向上应是教育行政管理人员、课程专家、学校领导者、教师、学生、社会团体、家长等多方面参与开发的课程。校本课程开发在很大程度上克服了以往课程研制的不足，完善了课程系统。

第二，有利于学校特色的形成。学校特色主要体现在学校的办学特色、管理特色等方面。校本课程开发是在充分调查评估学校的现状和需求的基础上进行的，因而能保证各项课程决策都是针对具体的学校制定与实行的，能促进学校办学特色的形成。校本课程开发是在学校校长、教师、学生等各主体的参与、协作与支持下进行的。参与者在开发与实施过程中会自觉或不自觉地体验、领会、理解这种协作精神，促进开

---

① 靳玉乐：《校本课程开发的理念与策略》，17 页，成都，四川教育出版社，2006。

放的、民主的学校管理特色的形成。

第三，有利于学生个性的发展。校本课程开发充分尊重学生的差异性和多样性，能为学生提供更多的课程选择机会，因而有助于学生的个性得到更充分的发展。

第四，有利于教师专业发展。教师是校本课程开发的主体，校本课程开发对教师提出了挑战，也为教师专业发展提供了机遇。首先，参与校本课程开发有助于教师更新观念，如形成以学生发展为本的学生观，使教师由教书匠向专家型教师转变。其次，参与校本课程开发有助于教师完善知识结构。参与校本课程开发必须具备一定的理论知识基础，这必将促进教师知识结构的重组。最后，有助于教师提高能力水平，特别是提高课程研究能力。校本课程开发要求教师了解和掌握有关课程开发的原理，学会如何确定课程目标，选择和组织课程内容，进行课程评价等，同时要求教师不断反思自己的教学行为，承担起研究者的任务。

(三)校本课程开发的类型

从校本课程开发的具体活动方式来看，校本课程开发可以分为课程选择、课程改编、课程整合、课程补充、课程拓展和课程新编六种类型。[①]

1. 课程选择

课程选择是校本课程开发过程中最普遍的活动，指从众多可能的课程项目中选择学校付诸实施的课程项目的过程。选择活动使教师能够在决定教什么的问题上发挥积极的作用。课程选择至少需要满足两个条件，即教师要有选择的权利，同时还要有选择的空间。此外课程选择对教师的专业资质也提出了相当高的要求。因为课程选择会对学生的学习和生活产生重要且长远的影响，所以教师必须掌握课程选择的专业知识，并在实践中加以运用。

课程选择有多种方法，其中最综合的方法是课程计划中的科目选择。大多数具备校本课程开发机制的教育系统都会为学校提供一系列供选科目清单，学校要从中选择所要开设的少数科目。通常中央教育行政部门对选择的原则提出一些规定和建议，学校也有权开设供选科目清单中没有的科目。

2. 课程改编

课程改编是指针对与原有课程准备对象不同的群体进行的课程上的修改。校本课程开发中的课程改编主要指教师对正式课程的目标和内容加以修改以适应具体的课堂情境。此外，课程改编也包括某些学校对国外引进课程进行翻译和本土化改造。在日益多元化和个性化的社会中，教师可能面临越来越多的课程改编任务。

进行课程改编需要充分考虑很多方面的因素，这些因素大致可以归纳为五大类，即目的、内容选择，内容组织、学习经验、学习资料。教师应该对上述五大类进行综合考虑，通过增加、删减或改变顺序与重点等方式对指令性课程、引进课程等加以修改，从而更好地适应学校和班级的具体情况，更好地促进学生的健康发展。

3. 课程整合

课程整合是指综合不同知识体系，以关注共同要素的方式来安排学习的课程开发活动。课程整合的目的是减少知识的分割，把学生所需要的不同的知识体系统一联结

---

① 吴刚平：《校本课程开发活动的类型分析》，载《教育发展研究》，1999(11)。

起来。课程整合的一个重要理由就是必须减少因知识剧增对课程数量的影响，防止学生有过重的课业负担。

课程整合的常用方法有开发关联课程和跨学科课程两种。其中开发关联课程是指在课程设计时就科目间的相关问题进行协调，往往体现的是两门学科间的联系。例如，物理和数学关联课程就意味着物理和数学专题的编排顺序应该是把那些解决物理问题需要运用的数学方法安排在前面。跨学科课程是把不同的学科作为一门课程来学习。例如，美国学校的社会学科就是作为一门课程来开设的，它把地理学、经济学、人类学、社会学、心理学，有时还有历史学串联在一起。20 世纪 80 年代，科学、技术与社会(STS)在国外成为一门广泛开设的学校课程，这也是课程整合的产物。

4. 课程补充

课程补充是指为提高国家课程的教学成效而进行的课程材料开发活动。课程补充材料可以是矫正性和补救性练习、报纸、期刊剪报、声像材料、教学视频、电影短剧、图画、模型、图表、游戏和电脑光盘等。教师根据实际情况，可以选择提供补充材料，可以与同事一道合作开发，也可以独自进行开发。

5. 课程拓展

课程拓展是指以拓宽课程的范围为目的而进行的课程开发活动。课程拓展材料可以为学生提供获取知识、内化价值观和掌握技能的机会。这些材料与学生所学课程专题有关，但却超出了正规课程所覆盖的广度和深度。

6. 课程新编

课程新编是指全新的课程单元开发。例如，突出学校特点的特色课程，地方性专题课程。此外，学校还可以开发新兴的专题或学科领域，以适应社会变革和科技进步。

地方性专题课程可以被安排在某一具体科目中，也可以被安排在相关学科的整合课程中。地方性专题课程在地理教学中运用得最为常见，实际上最初的地理课程单元所涉及的现象都与学生周围的环境密切相关。学习地图的最初步骤是根据由远到近的原则加以安排的。从与学生周围的地区有关的专题开始，这样能把学生的个人经验与学校的正规学习整合起来了。这样的课程单元可以由当地教师参与编排。大多数学校都有地方性专题，像地方史或与当地有关的著名历史人物的传记。

(四)校本课程开发的一般过程

校本课程开发过程是一个专业性比较强的活动，涉及许多复杂的因素。根据国内外学者的研究，我们认为校本课程开发应包括以下几个基本的操作环节。

1. 组建校本课程开发队伍

在进行校本课程开发时，首先学校必须要根据自身的各种资源、办学历史和教育宗旨来确定本学校课程开发的发展方向，在此之后要成立校本课程开发队伍，以便开展各项活动。校本课程开发队伍应包括学校内部人员与学校外部人员。学校内部人员主要包括校长、教学主任、学科教师、学生代表，外部人员主要包括地方当局行政主管领导、课程或学科专家、家长和社区代表。只有内外配合、群策群力，才能有效地促进校本课程的开发。

2. 情境和需要分析

学校只有对各种校内外的情境和需要进行科学充分的了解和分析，才能开发出适合本学校的课程。校本课程开发除了要考虑校内的情境和需要外，也要考虑校外的情境和需要。对校内情境和需求的分析包括对校内资源的评估，对教师和学生的评估。校内资源包括人力资源、物质和财政条件等。教师是校本课程开发的主体，教师自己的知识水平和兴趣很大程度上影响着课程开发的质量。对学生评估关系到校本课程的针对性，包括学生的家庭背景、身心发展状况。校外的情境主要包括社会需求、社区状况、家庭情况等。从社会需求来看，校本课程要考虑当代社会需要全面发展、具备多方面才能的人才，因此校本课程应给学生提供更多的发展自己专长的机会。从社区状况来看，学校处在一定的社区环境中，会受到来自社区的多方面影响，因此学校课程设计应把握社区的实际状况。从家庭情况来看，家庭发生了许多变化，包括家庭受教育程度等。学校课程应考虑不同家庭结构、经济条件下学生的需求。

3. 拟订目标

校本课程开发实质就是依据学校制定的教育目标，建构学校的总体课程，并加以实施、评估、改善的过程。所以校本课程开发者应先明确学校的教育目标，这样才能为校本课程的建设与发展指明方向和提供依据。学校教育目标是学校对人才培养的基本要求。学校教育目标的制定要遵循国家的教育目的，考虑社会发展的要求和学校的实际情况。学校教育目标必须转化为课程的总体目标，并进一步细化为各学习领域的目标，通过教学来实现。

4. 设计方案

制定好目标后，校本课程开发者要进行课程编制。课程编制需要考虑许多因素，如学校教育目标的要求、社区的实际情况、学校的实际情况等。因各学校的规模、教师结构等条件不同，学校课程编制很难有相同的步骤，但大体包含确认学校课程编制的基本方针、决定学校课程编制的具体组织与进程、确定课程的设置与教学时间三个步骤。

5. 解释与实施

教师在实施课程方案前需要跟家长、其他教师沟通与说明，听取他们对课程方案的意见，争取他们的支持与合作，以便做出必要修正，这样才能保证实施的效果。课程实施是将课程方案付诸实践，也就是将书面的课程转化为教学实际。实施过程中教师应做好充分准备，协调各方面，也需要有足够的物质支持。

6. 评价与修订

评价是课程建设过程中的重要环节，可以真实反映课程现状与目标的差距、现存问题以及需修订的方面，使课程开发者实施者得到反馈，从而更有效地促进课程的发展。校本课程评价一般来说要包括以下四个方面。第一，评价时间，既要包括诊断性评价，也要包括形成性评价和终结性评价。第二，评价主体，应以内部评价为主，外部评价为辅，主体应多元化。第三，评价内容，不仅要有结果评价，也要有过程评价；不仅要有对学生的评价，也要有对教师的评价。第四，评价方式，校本课程多是非学术的活动型或体验型课程，其学习结果不很明显，难以用简单的量化方法来评价，因此采用质性评价更合适，如档案袋评价、描述性评价等方式。

第四节　我国基础教育新课程改革

自改革开放以来，我国基础教育取得了辉煌成就，基础教育课程建设也取得了显著成绩。但随着我国经济的快速发展，原有的基础教育课程已不能完全满足时代发展的需要。为此，教育部于 2001 年 6 月颁布了《基础教育课程改革纲要（试行）》，决定对我国基础教育的课程体系、课程结构、课程内容等进行调整与改革，以构建符合素质教育要求的新的基础教育课程体系，这标志着我国第八次基础教育课程改革的开始。这里主要介绍本次新课程改革的背景、理念、目标和实施状况。

一、基础教育新课程改革的背景

21 世纪是以知识的创新和应用为重要特征的知识经济时代，科学技术迅猛发展，国际竞争日益激烈，国力的强弱越来越取决于劳动者素质的高低。社会的信息化、经济的全球化使创新精神与实践能力成为影响整个民族生存状况的基本因素。我国是人口大国，人口素质直接关系到国际竞争力，关系到民族的兴旺发达。

中华人民共和国成立以来，在广大教育工作者的共同努力和全社会的大力支持下，我国基础教育取得了巨大成就，基础教育课程也在不断改革。尤其是 1986 年《中华人民共和国义务教育法》颁布后，我国开始了具有划时代意义的课程改革，并由此形成了基础教育课程现行体系。1999 年 6 月，党中央、国务院召开了改革开放以来第三次全国教育工作会议，做出了"深化教育改革，全面推进素质教育"的决定，这为我国基础教育课程改革指明了方向。基础教育课程改革是实施素质教育的核心环节，因为课程集中反映了社会发展对教育的需求，体现了教育价值的取向，制约着教育活动方式，直接影响了学生身心的发展和整体教育质量的提高。随着时代的发展，根据全国教育工作会议的精神，审视现行基础教育课程，我们发现基础教育课程确实存在着一些问题，主要表现在：教育观念滞后，人才培养目标已不能完全满足时代的需求；思想品德教育、爱国主义教育、历史教育在形成民族凝聚力方面还没有很好地统一起来；部分课程内容陈旧；课程结构过于单一，学科体系相对封闭，难以反映现代科技、社会发展的新内容，脱离了学生经验和社会实际；课程实施过程基本以教师、课堂、书本为中心，难以培养学生的创新精神和实践能力；课程评价只重视学业成绩，忽视学生的全面发展；课程管理过于集中，不能适应当地经济、社会发展和学生多样发展等。导致这些问题的重要因素就是课程系统不完善。为此改革基础教育课程，构建素质教育的基础教育课程体系便成为当务之急。

二、基础教育课程改革的理念

（一）核心理念

贯穿我国当前课程改革的核心理念是为了中华民族的复兴，为了每名学生的发展。这一基本的价值取向预示着我国基础教育课程体系的价值转型。课程改革既要满足时代发展需要，又要满足学生发展需要，努力培养学生健全的个性和人格，造就新一代高素质的社会公民，加快我国从人口大国迈向人力资源强国的步伐，以实现中华民族

125

的伟大复兴。

为了每名学生的发展，具体体现在以下两个方面：第一，关注每名学生的发展。每名学生都是具有主体性的人、发展的人、有尊严的人，都应是教师关注的对象，都应得到尊重、关爱；第二，关注学生的全面发展，要使学生智力与人格和谐发展。

(二)基本理念

第一，三维课程目标观，即知识与技能、过程与方法、情感态度与价值观。新课程的三维目标指向学生全面发展，注重学生在品德、才智、审美等方面的发展，是国家新课程基本理念的重要体现之一。

第二，综合课程观。课程的设置要体现整体性、开放性、动态性，培养学生的综合视角和综合能力。

第三，内容联系观。课程内容要与社会生活相联系，与学生经验相联系，加强教学内容的生活化。

第四，学习方式观。强调自主、合作、探究的学习方式，培养学生学习的自主性、合作性、创造性，以满足社会发展的需要。

第五，发展评价观。重视学习的过程评价，发挥评价促进学习的功能。

第六，校本发展观。学校根据自身实际情况和学生发展需要，开发校本课程，促进教师、学生和学校的发展。

三、基础教育课程改革的目标

(一)总体目标

我国基础教育课程改革总体目标是以邓小平提出的"教育要面向现代化，面向世界，面向未来"和江泽民提出的"三个代表"重要思想为指导，全面贯彻党的教育方针，全面推进素质教育。新课程的培养目标应体现时代要求，使学生具有爱国主义精神、集体主义精神，热爱社会主义，继承和发扬中华民族的优秀传统和革命传统；具有社会主义民主和法治意识，遵守国家法律和社会公德；逐步形成正确的世界观、人生观、价值观；具有社会责任感，努力为人民服务；具有初步的创新精神、实践能力、科学素养、人文素养以及环保意识；具有终身学习的意识和能力；具有健壮的体魄和良好的心理素质，养成健康的生活方式，成为有理想、有道德、有文化、有纪律的一代新人。

(二)具体目标

第一，改变课程过于注重知识传授的倾向，强调学生形成积极主动的学习态度，使学生获得基础知识与基本技能的过程同时成为学会学习和形成正确价值观的过程。

第二，改变课程结构过于强调学科本位、科目过多和缺乏整合的现状，整体设置九年一贯的课程门类和课时比例，并设置综合课程，以满足不同地区和学生发展的需求，体现课程结构的均衡性、综合性和选择性。

第三，改变课程内容难、繁、偏、旧和过于注重书本知识的现状，加强课程内容与学生生活、现代社会、科技发展的联系，关注学生的学习兴趣和经验，精选终身学习必备的基础知识和基本技能。

第四，改变课程实施过于强调接受学习、死记硬背、机械训练的现状，倡导学生主动参与、乐于探究、勤于动手，培养学生收集和处理信息的能力、获取新知识的能力、分析和解决问题的能力以及交流与合作的能力。

第五，改变课程评价过分强调甄别与选拔的功能，发挥评价促进学生发展、教师提高和教学实践改进的功能。

第六，改变课程管理过于集中的状况，实行国家、地方、学校三级课程管理体制，增强课程对地方、学校及学生的促进作用。

四、基础教育课程改革的实施状况

(一)课程结构

1. 整体设置九年一贯的义务教育课程

整体设置九年一贯的义务教育课程是我国新课程结构改革的总体思路，其课程结构的设计与学生年龄特征相一致。具体表现为小学阶段以综合课程为主，初中阶段设置分科与综合相结合的课程，高中阶段以分科课程为主；小学至高中都设置综合实践活动课程，并将其作为必修课程。

2. 调整课程结构，使其均衡发展

新课程结构中，将语文所占的比重由原来的24%降至20%～22%，将数学所占的比重由原来的16%降至13%～15%，对其他传统优势科目所占的比重进行了适当的下调。将下调后剩余的课时分配给综合实践活动课程和校本课程。其中综合实践活动课程拥有6%～8%的课时，校本课程拥有10%～12%的课时。

3. 设置综合实践活动课程

小学三年级至高中设置综合实践活动课程，并将其作为必修课。综合实践活动课程包括信息技术教育、研究性学习、社区服务与社会实践、劳动与技术教育。

(二)课程内容

新课程内容体现普及性、基础性和发展性三大特点。通过加强课程内容与学生生活、当代社会发展间的联系，精选有利于学生终身发展的、现实生活所需的基础知识与技能，实现课程内容的现代化、生活化与综合化。

(三)课程实施

学生学习方式转变是本次课程改革的关键环节，自主学习、合作学习、探究学习是课程改革的重要方向。为了使学生的学习方式发生根本的转变，本次基础教育课程改革主要做了四个方面的努力。[1]

第一，调整课程结构，为学生开展自主、探究、合作学习提供了时间和空间上的保证，尤其是增加了社会实践、研究性学习时间，为学生自主发展与个性化学习创造了条件。

其二，改变了学习内容的呈现方式，注重发挥学生的主体性，促使学生积极主动地学习。在教学中，强调学习过程的教育价值，鼓励学生不断提出问题，独立解决问题，探索问题答案；教会学生针对不同的学习内容，选择不同的学习方式进行学习，

---

[1] 华东师范大学教育学编写组：《基于教师资格考试的教育学》，150页，上海，华东师范大学出版社，2016。

促使学生的学习过程变得丰富且有个性。

第三，创造了开放的学习空间。新课程强调探究性和实践性的教学目标，倡导新的课程形式，努力为学生提供一个具有开放性的、面向实际的、能够主动探究的学习环境。

第四，关注对方法的学习，把教会学生学习作为课程改革的重点之一。新课程强调改变一味关注学习结果而忽略学习方式和学习策略的传统学习观，对学生如何掌握和获得知识的过程和方法给予特别关注，意在彻底摒弃那种死记硬背、题海训练的陈腐学习方式，为学生通过自主探究、发现学习、同学互助来获取知识创造条件。

(四)课程管理

新课程管理改革的一大创举就是实行国家、地方、学校三级课程管理模式，增强课程对地方、学校及学生的促进作用，在妥善处理课程的统一性和多样性的关系基础上更重视校本课程的研制与开发。

(五)课程评价

新基础教育课程改革提出了发挥评价促进学生发展和教师提高，增强教学实践的功能的评价观。在学生评价方面，建立评价学生发展的指标体系，采用自评与他评相结合和多元化的评价标准，实施定量与定性相结合的方法。在教师评价方面，打破用学生分数衡量教师工作业绩的传统做法，建立教师自评为主，校长、教师、学生、家长共同参与的多元评价制度。

参考文献

1. 施良方. 课程理论——课程的基础、原理与问题[M]. 北京：教育科学出版社，1996.

2. 张华. 课程与教学论[M]. 上海：上海教育出版社，2000.

3. 陈扬光. 课程论与课程编制[M]. 福州：福建人民出版社，1998.

4. 褚远辉，张平海，闫祯. 教育学新编[M]. 武汉：华中师范大学出版社，2006.

5. 钟启泉，崔允漷，张华. 为了中华民族的复兴 为了每一位学生的发展 基础教育课程改革纲要(试行)解读[M]. 上海：华东师范大学出版社，2001.

6. 郑金洲. 教育通论[M]. 上海：华东师范大学出版社，2000.

7. 钟启泉，崔允漷. 新课程的理念与创新——师范生读本[M]. 北京：高等教育出版社，2003.

8. 靳玉乐. 校本课程开发的理念与策略[M]. 成都：四川教育出版社，2007.

9. 靳玉乐. 新课程改革的理念与创新[M]. 北京：人民教育出版社，2003.

10. 华东师范大学教育学编写组. 基于教师资格考试的教育学[M]. 上海：华东师范大学出版社，2016.

11. 全国十二所重点师范大学. 课程论[M]. 北京：教育科学出版社，2007.

12. 全国十二所重点师范大学. 教育学基础(第3版)[M]. 北京：教育科学出版社，2014.

13. 中公教育教师资格考试研究院. 教育知识与能力·中学[M]. 北京：世界图书出版公司北京公司，2017.

习题

1. 简述课程计划的含义和内容。
2. 简述课程标准的含义和结构。
3. 简述教科书编写的基本原则。
4. 简述课程理论三大流派的各自不同观点。
5. 试比较学科课程与活动课程的关系。
6. 收集一个校本课程开发实例，并用有关原理对其进行分析。
7. 简述新课程改革的具体目标。

第七章 教 学

【国考大纲导航】

1. 理解教学的意义，了解有关教学过程的各种本质观。

2. 熟悉和运用教学过程的基本规律，分析和解决中学教学实际中的问题。

3. 掌握和运用常用的教学原则、教学方法，了解教学组织形式的内容及要求，掌握教学工作的基本环节及要求。

第一节 教学概述

一、教学的含义及与相关概念的关系

(一)教学的含义

从词源看，教学由教、学两个字构成。按照东汉时期许慎《说文解字》的解释，"教，上所施下所效也"；"学，觉悟也"。"教"侧重于传授和接受的行为，"学"侧重于内心的感受和所得。在英文中，"教"常用 teaching 表示，"学"常用 learning 表示，"教学"常用 instruction 表示。

国内外关于教学的定义颇多。我国学者一般认为，教学是指在教育目的的指引下，教师的教与学生的学共同组成的一种活动。教学是学校全面发展教育的基本途径。

(二)教学与相关概念的关系

为了更好地理解教学的内涵，我们有必要探讨教学与相关概念的关系。

1. 教学与教育

教学与教育既相互联系又相互区别，两者是整体与部分的关系。教育包括教学，教学是学校进行全面教育的一个基本途径。除教学外，学校还通过课外活动、生产劳动、社会实践等途径向学生进行教育。教学工作是学校工作的一个组成部分，是学校教育的中心。

2. 教学与智育

教学与智育既有区别又有联系。作为教育组成部分之一的智育，其任务是向学生传授系统的知识和发展学生的认识能力。教学是智育的主要途径，但不是唯一途径，智育也需要课外活动等途径才能全面实现。教学要完成智育任务，但智育不是教学的唯一任务，教学也要完成德育、体育等的任务(如图 7-1 所示)。所以，我们不能把教学等同于智育。

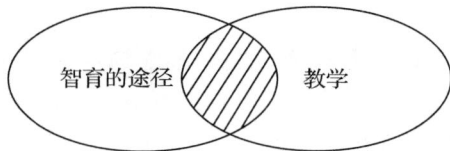

图 7-1　智育的途径和教学的关系

3. 教学与上课的关系

上课是实施教学的一种方式。就当前我国的情况来看，上课是教学的基本组织形式，教学工作以上课为中心环节。

二、教学的地位、意义与任务

(一) 教学的地位

教学工作是学校的中心工作，表现为从教育途径来看，学校教育途径包括教学、课外校外活动、共青团活动、少先队活动、班主任工作等。无论从时间、空间，还是设施来看，绝大部分工作为教学所占据，这是教学具有的中心地位的客观体现。从工作类型来看，一所学校的工作一般分为教学工作、党务工作、行政工作和总务工作等，后三种工作都是为教学工作服务的，这就从活动范围上保障了教学工作是学校工作的中心。从活动目的来看，教学目的是使学生德、智、体、美全面发展，是与教育目的相统一的，学校其他活动的直接目的是单方面的，这也决定了教学处于中心地位。从历史上正反两方面的经验看，凡是以教学为中心的学校，教育会不断发展，教学质量会得到提高；否则，学校教育就会遭受挫折，教学质量会严重下滑。

(二) 教学的意义

教学是学校教育中最基本的活动，不仅是智育的主要途径，也是德育、体育、美育等的基本途径，在学校整个教育系统中居于中心地位。教学的主要作用有以下几个方面。

1. 教学是社会经验得以再生产的一种主要手段

教学是解决个体经验和人类社会历史经验之间矛盾的强有力工具之一。教学作为一种专门组织起来传递人类知识经验的活动，能快捷地将人类积累的科学文化知识转化为学生个体的精神财富，使他们在短时间内达到人类发展的一般水平。教学不仅能加快个体实现社会化的进程，而且能使人类文化一代代继承发展。因此，教学是社会经验得以再生产的一种主要手段。

2. 教学为个人全面发展提供科学的基础

教学的作用直接地、具体地表现在对个体发展的影响上：使个体的认识突破时空局限，扩大了个体的认识范围，加快了个体的认识的速度；使个体的身心发展建立在科学的基础上，结合科学知识的传授和学习，在一个统一的过程中实现德、智、体、美诸方面的和谐发展。

3. 教学是教育工作的主体部分，又是教育的基本途径

学校工作应坚持以教学为主，但是教学必须与其他教育形式结合，必须与生活实践联系，才能充分发挥作用。因此，教师应妥善地处理教学与其他教育活动的关系，建立正常的教学秩序，保证全面提高学校教育的质量。

(三)教学的任务

教学的任务指明了教学应该干什么。关于教学的任务是什么，历史上出现过形式教育论与实质教育论之争。

1. 形式教育论与实质教育论

形式教育论历史很长，起源于古希腊，纵贯整个中世纪，形成于 17 世纪，盛行于 18—19 世纪，衰落于 20 世纪初，代表人物主要有英国教育家洛克和瑞士教育家裴斯泰洛齐。他们认为教学的主要任务不是教给学生知识，而是在于提高学生的能力。形式教育论的观点主要有三：第一，教学的主要任务在于训练心灵的官能；第二，教育应该以形式为目的，在教育中灌输知识远不如训练官能重要；第三，学习的迁移是心灵官能得到训练而自动产生的。[①] 形式教育论主张通过开设希腊文、拉丁文、逻辑、文法和数学等学科发展学生的智力，认为学科内容的实用意义是无关紧要的。形式教育论以官能心理学为基础。

实质教育论是对立于形式教育论出现的一种教育学说，起源于古希腊和古罗马，在中世纪受压制，形成于 18 世纪，兴盛于 19 世纪，衰落于 20 世纪初。德国教育家赫尔巴特和英国教育家斯宾塞是主要代表人物。实质教育论认为教学的主要任务是使学生获得有价值的知识，学习知识本身就包含着能力的培养，能力无须加以特别训练。实质教育论以联想主义心理学为基础。

可见，形式教育理论与实质教育论的本质是能力与知识的关系。

2. 我国现阶段的教学任务

教学任务的确定受教育目的制约。从根本上说，教学与其他教育形式一样，都是要促进学生德、智、体、美等方面全面发展的。但教学在实现促进学生全面发展的总目标时，又有不同于其他教育活动的工作内容和工作方式。教学任务是教育目的与教学具体实践相结合的产物。教学的一般任务指明的是各教育阶段、各科教学应共同实现的目标。在我国，教学的一般任务如下。

第一，使学生掌握系统的现代科学文化基础知识，形成基本技能，这是教学的首要任务。因为教学的其他任务都只有在引导学生掌握知识和技能的基础上才能完成。所以，只有扎扎实实完成这个教学任务，才能有条件完成其他教学任务，确保人才培养的质量。教学的重要任务是将贮存在书本或其他信息载体中的物化知识作为学生认识的客体，经过有指导的学习活动，将人类总体的知识转化为学生个体的、内在的知识。

第二，发展学生的智力、体力和创造能力。发展学生的智力、体力，培养学生的创造能力，既是顺利地、高质量地进行教学的重要条件，也是培养全面发展人才的基本要求。因而这是现代教学的一项十分重要的任务。教学不仅要使学生掌握知识，而且要发展以思维为核心的认识能力；不仅要发展学生的智力，而且要发展学生的体力，注意教学卫生，保护学生视力，增强学生体质，使学生养成自觉锻炼的习惯，有规律、有节奏地学习与生活，特别是要通过发展性教学，启发诱导学生进行推理、证明、探索和发现，教会学生学习，培养学生独立学习、分析和解决问题的能力，从而培养学

---

① 瞿葆奎、施良方：《"形式教育"与"实质教育"(上)》，载《华东师范大学学报(教育科学版)》，1988(1)。

生的创造才能，以满足科学技术发展的时代要求。

第三，培养学生的社会主义品德和审美情趣，使学生形成科学的世界观。培养高尚的审美情趣、良好的思想品德和行为习惯是学生健康成长的需要，也是教学的重要任务。世界观是对世界总的看法，科学世界观的形成必须建立在科学知识的基础之上。学生的品德、审美情趣和世界观正处在逐步形成的时期。教学在使学生形成科学世界观、培养优良道德品质方面起着重要作用。原因在于教学具有教育性。学生在教学中进行的学习和交往是他们在生活中认识世界和进行社会交往的组成部分。他们在掌握自然科学知识和社会科学知识、联系实际的过程中提高自己的道德修养，在班级的集体活动中依据一定的规范和要求来调节自己的思想和行为，这都为学生形成科学世界观奠定了坚实基础。

第四，关注学生个性发展。关注学生个性发展就是要协调好学生知识、智力、兴趣、情感、意志、性格等各方面的因素。从心理发展的角度看，一方面，教学的作用表现为促进学生认知能力的发展，包括使学生掌握一定知识，形成一定技能，发展一定能力；另一方面，教学在促进学生认知能力发展的同时，也影响学生情感的发展。情感涉及人的需要、兴趣、动机、情感、理想、信念等个性心理倾向和注意力、意志力、气质、性格等个性心理品质。教师通过教学不仅要引导学生的智力活动，还要注意促进学生情感的发展，培养学生良好的个性心理品质，如发展学生的主观能动性，培养学生坚强的意志，提高学生的自我情绪管理能力等。

上述教学的四项任务本身具有内在的一致性。知识、智力、思想、观点与态度以及个性发展都交织在一个人的学习活动之中。各门学科由于在教学实践中所承担的任务不同，又各有自己的侧重点。

三、教学理论流派

(一)传统教学理论

1. 夸美纽斯的教学思想

夸美纽斯提出了自然适应性原则，认为自然的秩序应是支配教学活动的法则。"秩序是把一切事物教给一切人们的教学艺术的主导原则。"[①]根据这一原理，他提出了划分儿童的学龄阶段，建立全国统一的学校制度的主张。他还认为，教学工作也要遵照自然的秩序，把时间、科目和方法加以安排。具体的做法是建立学年制和班级授课制。

在自然适应性原则的指导下，夸美纽斯努力寻求支配教学活动的一般法则、一般原理，从而使教学活动进入理性的确证阶段，并使教学经验总结开始向教学理论过渡。具体表现在三方面。

第一，直观原理。教学不应始于对事物的语言说明，而应始于对事物的观察。他要求在一切教学中普遍地运用这一原理。

第二，活动原理。活动原理是指不仅要使学生理解事物，还要使学生参与活动。在学校里，教师应该让学生从书写中学书写，从谈话中学谈话，从唱歌中学唱歌，从推理中学推理。学校是为学生今后从事出色工作做准备的"大工厂"。

---

① ［捷］夸美纽斯：《大教学论》，傅任敏译，65页，北京，教育科学出版社，1999。

第三，兴趣与自发原理。他认为，学生有求知的欲望是很自然的事，因此不能用强制和惩罚的方法来强迫他们学习，应当使教学成为轻松愉快的事情，应当采取一切可能的方法来激发学生对知识和学习的强烈愿望。他进一步主张，学习应当在符合年龄特点和理解力的条件下进行，教学是基础工作，教师应当按照一定的顺序一步步地开展教学。

2. 赫尔巴特的教学思想

赫尔巴特继承了欧洲教育个人道德本位的传统，认为"教学的唯一工作与全部工作可以总结在这一概念之中——道德"，"道德普遍地被认为是人类的最高目的，因此也是教育的最高目的"。他把道德培养主要集中在内心自由、完善、仁慈、正义和公平五种道德观念上。为了达到这个最终目的，他又指出，教学必须包含较近的目的，即多方面的兴趣。

赫尔巴特认为教育手段包括管理、教学和训育三部分。管理就是要克服学生的"不服从的烈性"，以维持教学与教育秩序，为实施教学创造条件。其主要措施是威胁、监督、命令、适度的体罚、权威和爱。训育是指有目的地进行培养，目的在于培养性格的道德力量。训育的措施有激发与抑制，其中包括赞许与奖励、压制与惩罚。教学是赫尔巴特的核心概念。他在教育学历史上第一次明确提出"教育性教学"的概念，把道德教育与学科知识教学统一在同一个教学过程中。

赫尔巴特认为教学过程是观念被统觉的过程，是从清楚明确地感知到与旧观念联系再到应用的过程，即明了(清楚)、联想、系统和方法四个阶段，这四个阶段被称为"教学四阶段论"。

(二)当代教学理论流派

1. 哲学取向的教学理论

哲学取向关注的问题主要是教学的目的与手段。苏联和我国的教学理论大致可以被归于这一类。这种教学理论的基本主张是知识-道德本位的目的观、知识授受的教学过程、科目本位的教学内容、语言呈示为主的教学方法。

2. 行为主义心理学教学理论

20世纪初，以美国心理学家华生为首发起的行为革命对心理学发展影响很大。这一理论认为教学的艺术在于如何安排强化。这一理论在教学上的应用是程序教学、计算机辅助教学、个别学习法和视听教学等多种教学模式。

3. 认知心理学教学理论

认知心理学家批判行为主义是在研究"空洞的有机体"。在个体与环境的相互作用问题上，他们认为是个体作用于环境，而非环境引起人的行为，环境只是提供潜在刺激，这些刺激是否受到注意或被加工取决于学习者内部的心理结构。该理论的主要代表人物是美国教育心理学家布鲁纳和奥苏伯尔(Ausubel)，基本观点是理智发展的教学目标、动机—结构—序列—强化原则、学科知识结构、发现法。

4. 情感心理学教学理论

20世纪60年代以来，人本主义心理开始兴起。它批评认知心理学把人当作"冷血动物"，即没有感情的人，主张心理学应该探讨完整的人，而不是把人分割成行为、认知等从属方面。该理论的主要代表人物是美国人本主义心理学家罗杰斯。他提出了"非指导性教学"。

5. 建构主义教学理论

建构主义理论是认知学习理论的新发展。建构主义理论的主要代表人物有皮亚杰、科尔伯格(Kohlberg)、斯滕伯格(Sternberg)、维果茨基(Vygotsky)。建构主义强调学生对知识的主动探索、主动发现和对所学知识意义的主动建构。建构主义蕴含的教学思想主要反映在知识观、学习观、学生观、师生角色的定位及其作用、学习环境和教学模式六个方面。在建构主义的教学模式下，目前已开发出的、比较成熟的教学方法主要有以下几种：支架式教学、抛锚式教学、随机进入教学。建构主义认为情境、协作、会话、意义建构是学习环境中的四大要素，使用的教学设计原则如下：强调以学生为中心，强调情境对意义建构的重要作用，强调协作学习对意义建构的关键作用，强调对学习环境(而非教学环境)的设计，强调利用各种信息资源来支持学习，强调学习的最终目的是完成意义建构。

第二节 教学过程

一、教学过程的本质

教学过程是指教师根据教学目的、教学任务和学生身心发展的特点，通过指导学生有目的、有计划地掌握系统的科学文化基础知识和基本技能，发展学生的智力和体力，使学生形成科学的世界观，培养学生的道德品质，发展学生的个性的过程。

关于教学过程的本质，不同学者有不同的观点。有的认为教学过程是促进人的内在官能显现和成长的过程；有的认为是知识授受和观念运动的过程，是习得间接经验的过程；有的认为是个体亲身探索、操作从而获得直接经验的过程；有的认为是人性的表达和自我实现的过程。我国有学者把教学过程本质进行了归纳，大致形成了十种观点：特殊认识说、发展说、层次类型说、传递说、学习说、统一说、实践说、认识-实践说、交往说和价值增值说。这些不同观点各有其哲学、心理学的理论依据，并在一定程度上反映了对教学实践认识的不断发展。我国学者通常把教学过程看成是一种特殊的认识活动和实现学生身心发展的过程。主要观点如下。

1. 教学过程主要是一种认识过程

教学过程的基本矛盾是学生与所学知识之间的矛盾，这一基本矛盾决定了教学过程主要是一个认识过程。这里的认识不等于认知，是一个在层次上高于心理学中的认识的哲学概念，即人脑对客观世界积极的反映，概括了心理学上认知、情感、意志以及个性心理品质的形成等概念。教学过程首先主要是一个认识过程，是学生在教师的指导下，借助教材或精神客体，掌握科学的认识方法，以最经济的途径认识现实世界并改造主观世界，发展自身的活动过程。学生是教学认识的主体，是在教师指导下进行学习活动的主体，具有发展性和可塑性。教学的客体以教材为基本形式，是人类社会历史经验凝聚的精神客体，既是学生认识的对象，又是学生认识和发展自身的工具，具有中介性。教学过程是教师教学生认识世界的过程，包括教师教与学生学这两个既有区别又相互依存的有机统一的活动，其内部的发展动力是教师提出的教学任务同学生完成这些任务的需要、实际水平之间的矛盾。教学过程受一般认识过程的普遍规律的制约，即认识的普遍规律为揭示教学过程的规律指明了总的方向和根本线索。

2. 教学过程是一个特殊的认识过程

教学过程要遵循一般认识过程的普遍规律，要经历由感性认识上升到理性认识、由理性认识回到实践的过程。它又有自身的特殊性，是认识的一种特殊形式。其特殊性在于它是由教师领导未成年的主体通过学习知识去间接认识世界的过程。学生认识的特殊性主要表现在以下四个方面。

第一，认识的间接性。学生学习的内容是间接经验，以书本知识为主。学生在教学中间接地去认识世界。教学的基本方式是掌握，这是一种简约的经过提炼的认识过程。这种简约、直接、高效的认识方式可以减少认识过程中的盲目性，节省时间和精力，有效避免人类认识历史上的曲折，从而大大提高认识效率；能使学生尽快获得大量的科学文化知识，在此基础上为更加深入、广泛地认识世界和改造世界创造有利的条件。

第二，认识的交往性。教学活动是教师的教和学生的学组成的双边活动，是发生在师生之间（或学生间）的一种特殊的交往活动。学生的认识如果离开了师生在特定情境中为特定目的而进行的交往，教学活动的概念就可以扩大到生活教育的领域。教学实质上是教师引导学生学习的过程，教师在教学活动中起主导作用，学生在教学活动中占主体地位。在教学过程中，教师的教只有以学生的主动学习为基础才能取得预期的效果，学生主体性的形成和发展也离不开教师的正确引导。

第三，认识的教育性。教学是形成人的品德的基本途径，我们不能把教学的教养作用（知识涵养）与教学的陶冶品性的作用分割开来，应该把二者统一于教学过程中。在教学中，学生的认识既是目的，也是手段。学生在认识过程中实现着知、情、意、行的协调发展与完整人格的养成。

第四，有领导的认识。学生的个体认识始终是在教师的指导下进行的。区别于一般的认识过程，教学认识是在主客体之间嵌入一个起主导作用的中介因素——教师，形成学生（主体）—课程与教材（客体）—教师（领导）相互作用的特殊的三体结构。学生的认识实际上走的是人类认识的捷径，是在教师的指导下以课本为载体完成的。

二、教学过程的阶段

(一)古今中外教育家的观点

教学过程的阶段理论是教学的基本理论，古已有之。孔子把学习过程概括为学—思—习—行的统一过程。后来儒家思孟学派进一步提出"博学之、审问之、慎思之、明辨之、笃行之"[①]，其重点在于说明学习过程。先秦儒家集大成者荀子主张"不闻不若闻之，闻之不若见之，见之不若知之，知之不若行之，学至于行而止矣"[②]，这也是一个闻、见、知、行的过程。宋代朱熹称学习过程为"为学之序"，并将其写入《白鹿洞书院揭示》。

---

① 《礼记·中庸》。
② 《荀子·儒效》。

西方对教学过程阶段的研究始于夸美纽斯。他主张遵循自然的原则,尽量以感官去施教,反对死记硬背,注重理解学习。他对教学过程阶段的划分是使学生先去运用他们的感官(因为这最容易);然后运用记忆;最后再运用判断,即感觉、记忆、理解、判断。

到了18世纪末,德国教育家赫尔巴特试图按照心理活动规律来分析教学过程,认为教师在传授新知识时能够在学生的心灵唤起一系列已有观念,并将教学过程进一步分为明了、联想、系统和方法四个阶段。此后,他的学生齐勒尔(Ziller)和莱因(Rhine)又加以补充修改,提出"赫尔巴特五阶段",即预备、提示、联合、总结、应用。

现代教育的代表杜威也主张五个阶段,他的主张更侧重于思维的训练。他认为教学方法的要素和思维的要素是相同的。后人将他的思维要素概括为"思维五步法",即暗示—问题—假设—推理—验证,其中问题是核心,问题的产生和解决问题的整个过程也就构成了教学过程。杜威的学生克伯屈依据其思想创设了设计教学法,其基本阶段是创造情境,引起动机,确定目的,制订计划,实行计划,评价成果。这成为实用主义教学过程的模式。

苏联教育家凯洛夫强调教学过程要发挥教师的主导作用,应以知识、技能体系去武装学生,在此基础上提出了感知、理解、巩固、运用四个阶段。可见,他基本上师承了赫尔巴特的观点。但问题在于他的理解仅注重从哲学认识论的角度去揭示,忽视了心理成分的研究;只强调掌握知识,不注意分析学生的智力发展;只看到教师的主导作用,忽视了学生的主体作用。

这些研究为我国教学过程的研究提供了宝贵借鉴。

(二)教学过程的基本阶段

我国教育界对教学过程阶段划分的看法基本一致,大致分为五个阶段。

1. 激发学习动机

学习兴趣和求知欲是推动学生学习的直接动力。激发学生的兴趣和求知欲主要靠以下三下方面:第一,所学的内容及知识本身,如事实、现象、特点、逻辑等,具有吸引力;第二,强调学生的活动;第三,依靠教师的引导,将所学内容与学生的生活实际有机地结合起来。

2. 感知与理解教材

感知与理解教材被称为教学过程的领会知识阶段,是教学过程的中心环节。

感知教材。教师要引导学生通过感知,形成清晰的表象和鲜明的观点,为理解抽象概念提供基础。感知的来源包括学生的知识经验,直观教具的演示,教师形象生动的语言描述,学生的再造想象以及社会生产生活实践。

理解教材。教师引导学生在感知的基础上,通过分析、比较、抽象概括、归纳、演绎等思维方法进行加工,形成概念、原理,真正认识事物的本质和规律。理解教材有两种思维途径:一是从具体形象思维向抽象逻辑思维过渡;二是从已知到未知,不必都从感知具体事物开始。

3. 巩固知识

巩固知识是教学过程的必要环节。必要性在于:第一,学生在课堂上所获得的知识是间接知识,易遗忘,必须通过复习来加以巩固;第二,只有掌握与记住知识,才能为下一步学习奠定基础，才能顺利学习新知识、新材料。因此，教师在教学的每一个环节都应重视对教材的巩固。

4. 运用知识

掌握知识是为了运用知识。教学中，运用知识和形成技能技巧主要通过教学实践来实现，如完成各种书面或口头作业、实验等。从掌握知识到形成技能，再从技能发展到技巧，需要经过反复的练习才能实现。此外，运用知识还包括迁移知识和创造等。

5. 反馈与评价

这个阶段也被称为检查知识阶段，是指教师通过作业、提问、测验等方式对学生的学习效果进行考查的过程。考查学习效果的目的在于使教师获得关于教学效果的反馈信息，以调整教学进程与要求；帮助学生了解自己掌握知识技能的情况，发现学习上的问题，及时调节自己的学习方式，改进学习方法，提高学习效率。

三、教学过程的基本规律

教学现象中客观存在的，对教学活动具有制约、指导作用的，具有必然性、稳定性、普遍性联系的，便是教学过程的规律，简称教学规律。

(一)直接经验与间接经验相统一的规律

这是教学过程中学生认识的特殊性规律。人们认识客观事物主要有两条途径：一是获取直接经验，即通过亲自探索、实践所获得的经验；二是获取间接经验，即他人的认识成果，主要是指人类在长期认识过程中积累并整理而成的书本知识。

1. 学生以学习间接经验为主

教学中学生学习的主要是间接经验，并且是间接地去学习。首先，在学习内容上，学习的内容是经过系统选择，精心加工、简化和典型化的人类文明经验的精华；其次，在认识方式上，学生主要是通过读书接受现成的知识，然后再去应用的。

2. 学生学习间接经验要以直接经验为基础

要使人类的知识转化为学生真正理解掌握的知识，必须以个人以往积累的或现时获得的感性经验为基础。原因在于学生学习的书本知识是以抽象的文字符号表示的，是对前人生产实践和社会实践的认识与概括，而不是来自学生的实践与经验。教师在教学中应积极创造条件，引导学生质疑、调查、探究，在实践中学习。

这里需要指出的是，教学中学生直接经验的获得与人类实践活动中直接经验的获得的方式不尽相同。教学中往往将直接经验典型化、简约化，主要方式是动手实验、观看教学录像、参加一定的生产劳动和社会调查、设置模拟的生活情境让学生体验等。选择的经验材料是经过改造的、少量的且能充分反映事物本质特征的。教学活动是学生认识客观世界的过程，要以间接经验为主，也要辅之以直接经验，把二者有机地结合起来。

(二)传授知识与思想教育相统一的规律

这个规律是指教学过程既是传授和学习系统的科学文化知识的过程，又是学生在掌握知识的基础上接受思想品德教育的过程。古今中外的教育家历来都非常强调传授知识与道德教育的关系。其中，德国教育家赫尔巴特对这个问题阐述得非常明确。他指出："教学如果没有进行道德教育，只是一种没有目的的手段，道德教育如果没有教学，就是一种失去了手段的目的。"①在教学过程中，学生掌握文化科学知识和培养思想品德是相辅相成的两个方面，知识是思想品德形成的基础，思想品德的形成又为他们积极地学习知识提供了动力。坚持传授知识和进思想品德教育相统一要防止两种倾向：一是脱离知识进行思想品德教育；二是只强调传授知识，忽视思想品德教育。教师在教学过程要把传授知识和进行思想品德教育相结合。

(三)掌握知识与发展能力相统一的规律

传授知识与发展能力这两个教学任务统一在同一个教学活动之中，统一在同一个认识主体的认识活动之中。掌握知识与发展能力相互依存、相互促进。现代教学论认为，教学不仅要使学生掌握知识技能，而且要发展学生的能力。重视教学的发展性是新时代的要求。

1.掌握知识是发展能力的基础

掌握知识为发展能力提供了广阔的领域。学生只有有了某一方面的知识，才有可能去从事某方面的思维活动。缺乏必要的知识就谈不上进行一定的判断、推理、分析、综合。所以离开了知识，能力就是无源之水、无本之木；缺乏知识是能力发展最大的障碍。

2.能力发展是掌握知识的重要条件

学生掌握知识的速度与质量依赖于学生原有能力水平的高低。能力水平高，就学得快，学得好；否则，就学得慢，学得差。

3.掌握知识与发展能力相互转化的内在机制

第一，教师传授给学生的知识应该是科学的、规律的知识；第二，教师必须科学地组织教学过程；第三，教师应重视教学中学生的操作与活动，应培养学生的参与意识与能力，提供学生积极参与实践的时间和空间；第四，教师应培养学生良好的个性品质，重视学生的个别差异。

4.教学过程既要重视学生能力的发展，又要重视知识的掌握

第一，教师应重视学生能力的发展。能力的发展是学生掌握文化科学知识的必要条件，能有效地提高他们的学习效率。第二，教师应引导学生自觉地掌握和运用知识。知识虽然并不等于能力，知识掌握得多也并不一定表明能力发展得好，但两者是互相联系的。教师只有调动学生学习的积极性，引导学生自觉地掌握知识，才能促进学生能力的发展。第三，教师要防止单纯抓知识或只重视能力发展的片面倾向。

(四)教师的主导作用与学生的主体作用相统一的规律

教学活动是教师的教和学生的学组成的双边活动，如何处理好教与学的关系一直是教育史上的重要的理论和实践问题。传统教育倾向于把师生关系看作单向的传授关系，以教师为中心，强调教师的权威和意志，把学生看作被动的知识接受者。学生中心主义又走向另一极端，在教学中把教师降到从属地位。现代教学论强调教与学二者的辩证关系，教学是教师教、学生学，学生这个学习主体是教师组织的教学活动中的学习主体，教师对学生的学习起主导、指导作用。

---

① 张焕庭：《西方资产阶级教育论著选》，257页，北京，人民教育出版社，1964。

1. 教师在教学过程中处于组织者的地位，应充分发挥主导作用

教师是教学活动的领导者、组织者，是对教学工作全面负责的人，代表社会并依据教育规律与人的发展规律来具体设计教学的目标、内容、形式和方法，组织实施教学过程，评估学生学习结果，引导学生沿着社会所期望的方向发展，使学生成为社会所需要的人才。教师受过专门训练，不仅闻道在先，"术业有专攻"，具有丰富的文化知识和较高的思想修养，而且了解学生身心发展的规律，懂得如何组织和进行教学，能够发挥主导作用。青少年期的学生正处于快速成长时期，思想尚不成熟，缺乏生活经验，只有借助于教师的帮助，才能以最简捷有效的方式掌握人类文化的精华，才能使身心得到健康的发展。教师的主导作用表现在教师的指导决定着学生学习的方向、内容、进程、结果和质量，起引导、规范、评价和纠正等作用。教师的教还影响着学生的学习方式以及学生学习积极性的发挥，影响着学生的个性以及人生观、世界观的形成。

2. 学生在教学过程中处于学习主体的地位，应充分发挥参与教学的主观能动性

在教学中，学生是学习的主人。教学内容只有被学生主动地吸收、消化才能为学生所掌握。学生虽然在许多方面并不成熟，需要教师的指导，但仍是认识的主体，具有主观能动性。因此教师只有充分发挥学生的主观能动性，才能促进教学活动顺利开展。否定学生在教学中的主观能动性，必然会削弱教学的效果。学生的主观能动性表现在受本人兴趣、需要以及所接受的外部要求的推动和支配，学生选择外部信息的能动性、自觉性；受知识经验、思维方式、情感意志、价值观等制约，学生对外部信息进行内部加工的独立性、创造性。

这里需要说明的是，教师的主导作用和学生主体作用是相互促进的。教师的主导作用要依赖于学生主体作用的发挥。学生学习的主动性、积极性越高，说明教师的主导作用发挥得越好。反过来，学生的主体作用是在教师主导下逐步确立的。学生主体从依赖向独立发展，正是教师主导的结果。只有教师、学生两方面互相配合，才能收到最佳的教学效果。

3. 教学过程中师主导作用和学生主体作用的发挥

在教学过程中，为能真正达到教学相长的目的，真正提高教学质量，就必须充分发挥教师的主导作用和学生的主体作用。

第一，教师应该充分发挥自己教的主导作用，具体表现为教师既要发挥自己的主观能动性，自觉地把握好自己的教的活动，又要使自己的教的活动以学生的特点和变化规律为前提与依据，使学生成为有主观能动性的人，因为教师的主导作用最终是通过教学过程中学生的主体性的展现而展现的。

第二，充分发挥学生的主体性，引导学生参与确定学习目标、学习计划，积极主动地进行学习，在学习过程中自觉地进行自我调控。

由于教学过程中教师的主导作用与学生的主体作用是相互影响、相互制约、相互促进的，因此我们既不能夸大教师在教学过程中的能动性，也不能夸大学生的能动性。

第三节 教学原则

教学原则是根据一定的教学目的和对教学过程规律的认识来制定的指导教学工作的基本准则，是教师进行教学必须遵循的基本要求。它反映了人们对教学活动本质特点和内在规律的认识，是指导教学活动的一般原理。教师要顺利完成教学任务，必须研究和掌握教学活动中的一系列原则。

一、科学性与思想性相结合原则

科学性与思想性相结合原则也称教学的教育性规律，是指教师要传授给学生准确无误的基础知识和基本技能，并结合知识教学有目的、有计划地对学生进行思想品德教育，使二者有机结合起来。

贯彻科学性与思想性相结合原则的要求如下：第一，认真钻研教材，保证教学的科学性；第二，深入挖掘教材和情境中蕴含的教育性因素，自觉地对学生进行思想品德教育；第三，将这些因素贯穿于教学过程之中；第四，不断提高自己的业务素质和思想品德素质。

二、理论联系实际原则

理论联系实际原则是指教师在教学中要引导学生从理论与实际的联系中去理解书本知识，掌握书本知识，并运用书本知识去分析问题和解决问题，做到学懂会用、学以致用。

贯彻理论联系实际原则的要求如下：第一，教学要以传授书本知识为主；第二，书本知识的教学要注重联系实际，教学中可联系的实际包括学生的生活经验、已有知识，科学知识在生产生活中的实际运用，最新科学成果；第三，重视对学生实践能力的培养；第四，正确处理知识教学与技能训练的关系（如精讲多练、精讲巧练、讲读议练等）；第五，适当补充乡土教材。

三、直观性原则

直观性原则是指教师在教学中要利用直观教具以及语言的形象描述，通过各种感知，丰富学生的直接经验和感性知识，使学生获得生动、确切的表象，从而正确理解书本知识，发展认识能力。

直观手段一般分为三大类：第一，实物直观，运用各种实物进行展示，包括各种实物、标本、实验等；第二，模像直观，运用各种实物的模拟形象进行展示，包括图片、图表、模型、幻灯等；第三，语言直观，运用形象化的语言向学生进行描述。

贯彻直观性原则的要求如下：第一，恰当地选择直观教育；第二，运用直观手段要与教师的讲解相结合；第三，注意运用语言直观；第四，直观是手段，而不是目的。

四、启发性原则

启发性原则是指教师在教学中要调动学生学习的主动性、积极性，使学生通过独立思考掌握知识，提高分析问题、解决问题的能力。

启发性原则自古以来就受到中外教育家的重视，如我国古代的孔子提出"不愤不启、不悱不发"；《学记》中也有相似论述，"道而弗牵，强而弗抑，开而弗达"。教学贵在启发学生、指导学生，而不是强迫学生、代替学生。古希腊的苏格拉底提出的"产婆术"是启发性原则的典范。德国教育家第斯多惠（Diesterweg）曾告诫说："一个坏的教师奉送真理，一个好的教师则教人发现真理。"①当今世界要求培养的人才具有独创性，因此，对于调动学生学习的积极性，培养学生分析问题、解决问题的能力的要求，比历史上任何时候都要强烈。

贯彻启发性原则的要求如下：第一，激发学生学习动机；第二，启发学生积极思维；第三，教给学生思考问题的方法；第四，发扬教学民主，形成良好的师生关系和生动活泼的课堂气氛。

五、循序渐进原则

循序渐进原则是指教学要按照科学知识的内在逻辑顺序和学生学习的客观规律及身心发展规律进行，使学生在知识、思想、能力等方面不断发展、不断提高。此原则是科学知识的系统性、教学过程的规律和儿童身心发展规律的必然要求，也称系统性原则。

《学记》中提到教学需要注意"学不躐等""不陵节而施""杂施而不孙，则坏乱而不修"。朱熹明确提出"循序而渐进，熟读而精思"。由于学生所学的科学知识有内在的、严密的逻辑性，学生的身心是由低级到高级、由简单到复杂、由具体到抽象发展的，因此教学必须按顺序进行。

贯彻循序渐进原则的要求如下：第一，按教材的系统性进行教学；第二，抓住主要矛盾，解决好重点与难点的教学；第三，由浅入深，由易到难，由简到繁，正确把握学生的最近发展区，掌握学生发展从量变到质变的飞跃，将教学的系统性、连贯性与高难度、高速度相结合。

六、巩固性原则

巩固性原则是指教师在教学中要使学生在理解的基础上，牢固地掌握所学的基础知识和基本技能，达到熟练程度，需要时能及时、准确地再现。

贯彻巩固性原则的要求如下：第一，使学生理解教学内容，为牢固掌握知识创造条件；第二，组织各种形式的复习和练习；第三，教给学生记忆的方法，发展学生的记忆能力。

七、因材施教原则

因材施教原则是指教师要根据学生的实际情况，照顾学生的个别差异，有针对性地进行教学，使每名学生都能在自己原有的基础上有所提高，在德、智、体诸方面都有所发展。

---

① 张焕庭：《西方资产阶级教育论著选》，557页，北京，人民教育出版社，1964。

宋代理学家程颐曾总结孔子的教育："孔子教人，各因其材，有以政事入者，有以言语入者，有以德行入者。"[①]朱熹继承了他们的观点，在《论语集注》中也称"孔子教人，各因其材"。因材施教由此而来。

贯彻因材施教原则的要求如下：从课程标准的统一要求出发，面向全体学生；又要根据学生的个别差异，有的放矢地进行教学，使学生扬长避短，获得最佳发展。

八、量力性原则

量力性原则也称可接受性原则，是由捷克教育家夸美纽斯提出的重要教学原则。其含义是教学的内容、方法、分量和进度要适合学生的特点，是他们能够接受的，但又要有一定的难度，需要他们经过努力才能掌握，以促进学生的身心发展。

贯彻量力性原则的基本要求如下：第一，教学内容必须适合学生的发展水平，不可超过他们的理解能力；第二，教学进度要适合学生的接受能力，不可使他们负担过重；第三，教学方法要适合学生的年龄、心理特点；第四，教学科目要适应学生的天性；第五，恰当地把握教学难度。

教师要灵活运用教学原则，不是在教学中非得把每一个原则都用到，而是要根据每个原则的贯彻要求，灵活运用它们。

第四节　教学方法

一、教学方法的定义及意义

教学方法是师生为完成一定的教学任务，在教学活动中采用的教学的方式、途径和手段，包括教师的教法和学生的学法。教授法必须依据学习法。由于教师在教学过程中处于主导地位，因此在教法和学法中，教法处于主导地位。

教学方法是教学系统中的重要因素，是联系教师与学生及课程内容的中介和桥梁。采用有效的教学方法对于学生积极地参与教学活动，实现课程目标，完成教学任务，提高教学效率和质量，减轻学生学习负担，都具有十分重要的意义。

二、教学方法的类型

(一)根据教学指导思想分

根据各种教学方法运用时的指导思想不同，教学方法可分为启发式和注入式两大类。各种具体的教学方法并无启发与注入之分。

(二)根据师生活动方式的特点分

以语言传递信息为主的方法：讲授法、谈话法、讨论法、读书指导法。

以直接感知为主的方法：演示法、参观法。

以实际训练为主的方法：练习法、实验法、实习作业法、实践活动法。

以引导探究为主的方法：研究法、讨论法。

---

① （宋）程颐：《河南程氏遗书》卷十九。

以情感陶冶为主的方法：欣赏教学法、情境教学法。

（三）根据主体因素分

根据主体因素，教学方法可分为以教为主的教学方法、以学为主的教学方法和教与学并重的教学方法。

以教为主的教学方法分为三种：以语言形式传递间接经验的讲授法，以直观形式传递直接经验的演示法，以实际训练形式传递技能、技巧的练习法。

以学为主的教学方法分为三种：以学生自定学习目标、学习计划，自我把握学习进程为特征的自主学习，以小组活动为主要形式、师生合作以及生生合作为特征的合作学习，以提出问题、分析问题、解决问题为线索的探究学习。

教与学并重的教学方法分为三种：以感受体验形式获得知识的角色扮演法，以参与互动形式获得知识的讨论法，以质疑问难形式获取知识的问题教学法。

三、我国中小学常用的教学方法

我国中小学常用的教学方法主要有以下几种：讲授、谈话、讨论、读书指导、演示、参观、实验、练习、实习、实践活动、欣赏教学、情境教学、发现、自主学习、合作学习。这些教学方法各有特点，各有特定的要求。

（一）语言传递为主的教学方法

1. 讲授法

讲授法是教师运用口头语言向学生描述现象、解释概念、论证原理和阐明规律的教学方法。这是历史上流传下来的最主要的一种教学方法，也是我国中小学应用得十分广泛的一种教学方法。这种教学方法的优点在于使学生在短时间内获得大量系统的科学知识，充分发挥了教师的主导作用，有利于提高教学效率；局限在于既要注意引起学生兴趣，又要注意启发学生思维和想象，否则易形成注入式教学，不易发挥学生学习的主动性、积极性。

讲授法的具体方式有讲述、讲解、讲读和讲演。

讲述：教师运用具体生动的语言，对教学内容做系统叙述和形象描绘的一种讲授方式。一般在人文学科教学中运用较多，又分为科学性讲述和艺术性讲述。

讲解：教师运用通俗易懂的语言，对教材内容进行解释、说明、论证的一种讲授方式。一般在自然科学教学中运用较多。

讲读：教师把讲述、讲解同阅读教材有机结合，把讲、读、练、思有机结合的一种讲授方式。一般用于语文、外语教学中，也可用于数学、物理、化学等学科的教学。

讲演：以教师做报告的形式，在较长的时间里系统地讲授教材内容，条分缕析，旁征博引，科学论证，从而得出科学结论的一种讲授方式。因为用时长、涉及广、难度大，主要运用于大学教学，中小学较少使用。

讲授法主要用于讲授新知识，也可适当地用于巩固旧知识，并和其他方法相配合完成不同内容的教学任务。运用此法的基本要求如下：第一，讲授的内容要有科学性和思想性，讲授要有系统性和逻辑性，既要突出重点、难点，又要系统、全面；第二，注重语言艺术，表达要清晰、准确、简练、形象、通俗易懂，音量、速度要适中，语调要抑扬顿挫；第三，注意理论联系实际，注重启发，在讲授中善于提问，引导学生分析和思考问题。

2. 谈话法

谈话法又称问答法，是教师按一定的教学要求，向学生提出适当的问题，并围绕问题引导学生积极思考，进行分析、综合、比较、概括、推理、判断，最后得出结论，获得知识的方法。此方法特别有助于激发学生的思维，调动学生学习的积极性，培养学生独立思考的能力和语言表达的能力。

谈话法可分为复习谈话和启发谈话两种，即复现式与启发式。前者是根据学生已学知识，教师向学生提出一系列问题，通过师生问答的形式，帮助学生复习、深化已学的知识；后者是通过向学生提出有思考性的问题，一步步引导学生深入思考和探索新知识。

谈话法既可用来讲授新知识，也可用来复习巩固和检查学生的已有知识。它和讲授法通常是结合使用的。在学生具备了开展谈话的知识和经验的基础上，教师才宜使用这种方法。运用此法的基本要求如下：第一，要准备好问题和谈话计划，要对谈话的中心和提问的内容做好充分的准备，安排好谈话的问题、顺序，以及问题间的过渡等；第二，提出的问题要明确具体，难易因人而异；第三，要善于启发诱导，问题能引起学生的学习兴趣；第四，要做好归纳小结，注意纠正一些不正确的认识，帮助学生准确掌握知识。

3. 讨论法

讨论法是在教师的指导下，全班或小组学生围绕某个中心问题，发表自己的看法，互相启发，互相学习，以弄清问题的一种教学方法。此法可以集思广益，互相启发，提高学生的认识水平，还可以激发学生的学习热情，培养学生对问题的钻研精神，训练学生的语言表达能力。

教学中开展讨论需要学生具有一定的基础知识，一定的独立思考能力和理解力，因此，一般在中学高年级用得多些。运用此法的基本要求如下：第一，要注意讨论的对象和范围；第二，要注意时间和频率；第三，要组织好过程；第四，做好讨论后的小结。

4. 读书指导法

读书指导法是指学生在教师的指导下独立阅读教科书、参考书或其他课外读物，以获得知识、培养阅读能力的教学方法。这种方法可以使学生更好地理解和消化教师所讲的内容，也可以培养学生的自学能力和习惯。这种能力和习惯能满足学生离校后独立获取新知识和工作的需要。在当代科技迅速发展、新知识不断增长的形势下，培养阅读能力尤其重要。

根据学生独立的程度，读书指导法可分为：教师指导性阅读、学生半独立阅读和学生独立性阅读。教师指导性阅读又可分为预习和复习阅读指导、课堂阅读指导和课外阅读指导。

运用此法的基本要求如下：第一，提出明确的目的、要求和思考题；第二，教给学生读书的方法；第三，加强评价和辅导；第四，适当组织学生交流读书心得。

以上几种教学方法都是传授间接知识的方法，各有其特点。讲授是用得最普遍的方法，能在短期内传授较多的内容，但如果讲授不得法，容易使学生处于被动地位，成为注入式教学方法；谈话法和讨论法容易激发学生思维，培养学生的思维能力和表达能力，但使用比较费时，对比较困难的教材或在学生不具备接受新知识所必需的知识、经验时，就不宜采用这种方法；阅读指导法能培养学生的独立学习能力，中小学教师要加强对学生阅读的指导，因此，教师在教学时要根据具体情况，可以单独运用某种方法，也可同时配合使用几种方法。

(二)直接感知为主的教学方法

1. 演示法

演示法是指教师向学生展示实物或教具，进行示范性的实验或通过现代化教学手段使学生获取知识的方法。演示的手段多种多样，有实物、模型和教师的示范性动作或操作等。演示法的主要特点是有利于激发学生的学习兴趣，培养学生的观察力。

运用此法的基本要求如下：第一，要明确演示的目的、要求与过程；第二，注意持续性和引导性，结合讲授进行演示，引导学生观察，必须可靠、规范，演示结束后要引导学生分析观察结果以及各种变化之间的关系，通过分析、比较、归纳等得出正确结论；第三，通过演示使所有学生都能清楚、准确地感知演示对象，并进行综合分析；第四，尽量排除次要因素或减小次要因素的影响，明确目的。

2. 参观法

参观法是教师根据教学目的和要求，组织学生对实物进行实地观察、研究，使学生在实际中获得新知识或巩固、验证已学知识的方法。此方法能使教学和实际生活紧密联系，开阔学生视野，使学生在接触社会中受到生动的教育；其不足在于费时较长。按照参观的性质，可分为三类：准备性参观、并行参观、总结性参观。

运用此法的基本要求如下：第一，做好参观的准备；第二，参观时要及时对学生进行具体指导；第三，参观后及时总结。

(三)实际训练为主的教学方法

1. 实验法

实验法是指学生在教师的指导下，利用一定的设备或材料，通过对一定条件的控制，引起某些事物或现象的产生和变化，然后进行观察和分析，获取知识的教学方法。小学自然常识和中学的物理、化学、生物、地理等学科教学常用实验法。实验一般在实验室、生物或农业实验地进行，有的可在教室里进行。实验法有利于学生理论联系实际，培养独立操作的实验能力和进行科学实验的探索精神。

运用此法的基本要求如下：第一，明确目的，精选内容，制订详细的实验计划，提出具体的操作步骤和实验要求；第二，做好实验的组织和指导，重视语言指导和教师的示范；第三，做好实验小结。

2. 练习法

练习法是指学生在教师的指导下，运用所学的知识，独立地进行实际操作，完成书面或口头作业的一种教学方法。这是一种应用范围很广的教学方法。按照练习的性质，练习法可分为智能练习、操作技能练习和行为习惯练习。练习法的突出特点是实践性和操作性。其根本意义在于促进学生手脑并用，理论与实际结合，认识与行动结合。

运用此法的基本要求如下：第一，使学生明白练习的目标与要求，掌握练习的原理和方法，从而提高练习的自觉性；第二，精选练习材料，适当分配分量、次数和时间，练习的方式要多样化，循序渐进，逐步提高；第三，让学生先复习后练习，严格要求；第四，对练习结果进行讲评。

3. 实习法

实习法又称实习作业法，是指组织学生到生产现场或专门场所进行实际操作，使学生将书本知识运用于实践的教学方法。实习法的实践性、综合性、独立性、创造性较强，能培养学生运用书本知识从事实际工作的能力，对培养社会主义建设人才具有重大意义。

4. 实践活动法

实践活动法是让学生参加社会实践活动，培养学生解决实际问题的能力和多方面的实践能力的教学方法。在实践活动中，学生是中心，教师是参谋者或顾问，必须保证学生的主动参与。

(四)情感陶冶为主的教学方法

1. 欣赏教学法

欣赏教学法是指教师在教学过程中指导学生体验客观事物的真、善、美的一种教学方法，一般包括对自然的欣赏、对人生的欣赏和对艺术的欣赏等。

2. 情境教学法

情境教学法是指教师有目的地引入或创设以形象为主题、具有一定情绪色彩的生动具体的场景，以引起学生的情感体验，从而帮助学生理解教材，并使学生的心理机能得到发展的教学方法。创设的情境一般包括生活展现的情境、实物演示的情境、音乐渲染的情境等。

(五)探究发现为主的教学方法

发现法又称探索法、研究法，是学生借助于教师提供的适合进行再发现的问题情境和学习内容，积极开展独立的探索、研究和尝试活动，以掌握解决问题的方法和步骤，研究客观事物的属性，发现相应的原理或结论，培养创造力的方法。它是由美国教育家布鲁纳倡导的。

运用此法的基本要求如下：第一，选择好研究课题；第二，体现学生的主体地位；第三，加强指导。

(六)自主学习法

自主学习法是一种与他主学习法相对应的学习方式，是指学生自己主宰自己的学习方式。它包括三方面：一是对自己学习活动的事先安排，二是对自己实际学习活动的监察、评价、反馈，三是对自己的学习活动进行调节、修正和控制。它是以学生自主、主动、独立为特征的，所以这样的学习难以有固定的步骤。

(七)合作学习法

合作学习法是指学生为了完成共同的任务，有明确责任分工的互助性学习。合作学习法鼓励学生为集体的利益和个人的利益一起工作，在完成共同任务的过程中实现自己的理想。运用此法的基本要求如下：第一，选择适宜的学习任务；第二，进行合理分工；第三，确定合适的合作方法；第四，给学生留有充足的学习时间；第五，强化教师的指导角色。

四、教学方法的选择和运用

教师在教学实践中很少单独使用一种教学方法。教必有法，但无定法。教师要取得好的教学效果，需要综合地、灵活地、创造性地运用各种教学方法。选择运用教学方法的基本依据如下：第一，教学的目的、任务；第二，学科的性质和教学内容；第三，学生的年龄特征和个别差异；第四，学校的环境、设备条件和教师自身的教学风格；第五，教学方法本身的特点和功能。

第五节 教学组织形式

任何教学活动都是由教师和学生在一定的时间和空间中进行的。完成教学任务，实现教学目标必然要涉及教师、学生、时间和空间的组织和安排问题，即教学组织形式的问题。

一、教学组织形式的含义

教学组织形式是教师和学生为实现一定的课程与教学目标，围绕一定的教育内容或学习经验，在一定时间和空间内，通过一定的媒体相互作用的方式、结构与程序。构成教学组织形式的要素有教师和学生、教学的时间和空间等其他教学要素。

（一）教学组织形式实践形态的形成机制：特殊的师生互动

师生互动是教学活动得以展开的内在机制，需要借助多种多样的方式：直接的或间接的，班级中、小组内或个体间的，教师个体对学生群体、教师个体对学生个体或教师团体对学生群体。

（二）教学组织形式物质环境的构成条件：特殊的时空安排

教学活动的开展离不开一定的时间条件（或单位）和空间条件（或单位）。课时是现代教学组织的基本时间条件，教室是现代教学组织的基本空间条件。时间条件与空间条件不是孤立存在的，它们与教学过程的其他因素紧密地联系在一起，组合构成大的教学时空环境。不同的教学时间分配和不同的教学空间的有机组合形成不同的时空环境。选择和确定了一种特定的时空环境，在某种意义上也就确定和实施了一种特定的教学组织形式。

（三）教学组织形式教学功能的实现路径：教学因素的特殊组合

在一定意义上，教学之所以需要借助一定的教学组织形式，是因为教学组织形式可以协调重组、优化配置教学过程各种因素及其功能，从而使这些因素的功能在特定的时空条件、特定的师生互动方式中得以集中地、系统地、有效地发挥。一方面，教学过程诸因素的特殊组合直接影响教学组织形式的呈现方式；另一方面，教学组织形式也要适应教学过程诸因素的不断发展和更新，这样才能发挥出更大的教学效能。

二、教学组织形式的历史沿革

教学组织形式是随着科技发展水平以及人才培养质量的不断提高而发展变化的。教学组织形式的发展大致经历了三个阶段。

(一)个别教学

个别教学产生于古代，是漫长的奴隶社会和封建社会中主要的教学组织形式。个别教学是最早的教学组织形式。它的基本特征如下：教师只同个别学生发生联系，学生年龄和文化程度参差不齐，教学内容与进度缺乏计划性与系统性，教学活动和教学时间没有明确的规定。总体来说，这种教学组织形式办学规模小、速度慢、效率低，但却能较好地适应个别差异。这种教学组织形式只能满足初级形式的教育要求，也是当时占统治地位的个体小手工生产方式在教学工作中的反映。

后来，随着社会的发展，教学组织形式发生了变化。我国宋代以后的书院和各类官学以及欧洲中世纪学校出现了班组教学，也有人称之为群体教学。它既不同于个别教学，也有别于班级教学，但在更大程度上类似于后者，是班级教学的雏形。班组教学的基本特点如下：教师（可能不止一名）向一群（几十名）学生授课，但不是固定的班级，学生彼此年龄和程度各不相同，学习进度、修业年限也不一样；数名教师分工负责班组的教学工作，一般由一名教师主讲，若干名教师辅助讲授；主要由教师个别地给学生讲授、指导，班组学生共同进行某些学习活动，如朗诵、讨论等；学校有修业计划和具体安排的章程，但没有统一规范的教学制度，学生入学、肄业、毕业都不固定。群体教学的发展为班级授课制的萌芽奠定了基础。

(二)班级授课制的兴起与普及

15 世纪，乌克兰和白俄罗斯的兄弟会学校中出现了班级授课制的萌芽。率先使用"班级"一词的是文艺复兴时期的教育家埃拉斯莫斯（Erasmus）。从 16 世纪末以来，资本主义工商业的兴起和科学技术的进步要求扩大学校教育的规模，增加教学内容。欧美的一些学校出现了以班级为单位的教学组织形式，即将学生按年龄和知识程度编班，教师分别按规定的时间、地点，根据统一的教材和要求，向全班学生进行教学的组织形式。最早的班级授课制出现于 16 世纪中叶的德国。17 世纪，捷克教育家夸美纽斯于1632 年发表了《大教学论》，对班级教学的实践做了总结和归纳，第一次对班级教学的特点、功能、应用等问题从理论上做了概括性的阐述和论证，奠定了班级教学的理论基础。夸美纽斯第一次确立了学年的概念，把一年分为四个学季，每学季上课和放假均有定时，每学年秋季招生；学生同时入学，同时升级，同时毕业。夸美纽斯建议教室要宽敞，光线要明亮，卫生要清洁，布置要精当，每班有一个教室，以免妨碍其他班级。夸美纽斯被称为班级授课制的奠基人。班级授课制后经德国教育家赫尔巴特的发展基本定型。工业革命后，这种教学组织形式在欧美逐步推广开来。在我国，1862年京师同文馆率先采用班级授课，1904 年的癸卯学制以法令的形式将班级授课确定下来。1912 年，国民政府将书院、学堂统一成学校，学校一律实行分班教学。至此班级授课制在我国全面实施。

班级授课制的出现是人类教育史上的一大进步。它满足了资本主义经济发展的需要，提高了教学效率，符合现代学校发展和普及教育的要求，因而班级授课制很快在全世界内得到发展和普及。其不足之处是教师同时面向全班学生，难以照顾学生的个别差异，不能充分考虑学生兴趣、爱好和特长。

(三)教学组织形式的多样化

到了 19 世纪 70 年代，班级授课制开始遭到批评。一场适应个别差异的班级教学组织形式的改造运动以美国为中心开始活跃起来。

1. 贝尔-兰卡斯特制

贝尔-兰卡斯特制也称导生制，产生于 19 世纪初的英国。在工场手工业向大机器生产过渡的过程中，为了满足生产需要并榨取工人更多的剩余价值，资本家只给工人提供最初级的教育。教师教年龄大的学生，再由其中的佼佼者，即导生去教年幼或学习差的学生。因这种教学组织形式由贝尔（Baer）和兰卡斯特（Lancaster）创建，故称贝尔-兰卡斯特制。

这种教学形式的特征是在班级中，教师把教学内容传授给一部分导生，再由导生转授给其他学生。这是英国双轨制教学的具体体现。

2. 设计教学法和道尔顿制

设计教学法是由美国教育家克伯屈于 1918 年创立的一种教学组织形式。这种教学组织形式主张废除班级授课制和教科书，打破传统的学科界限，在教师指导下由学生自己决定学习目的和内容，在自己设计、自己负责的单元活动中获得有关的知识和能力。

道尔顿制是美国道尔顿城的教育家柏克赫斯特（Parkhurst）于 1920 年提出并施行的一种教学组织形式。这是一种典型的自学辅导式的教学组织形式。教师每周进行有限的集体教学，然后指定学习内容。学生接受学习任务后，在各专业课堂自学，独立完成作业，然后由教师考查，合格后又接受新任务。这种教学组织形式虽然可以培养学生的自学能力，学生可按自己的能力确定学习进度，能够较好地照顾到个别差异，但要依赖学生高度的自觉性。道尔顿制没有固定班级组织，学生之间缺乏相互作用，彼此毫不相干，不利于学生的社会化和个性的全面发展；不再按教材系统授课，难以确保教学内容的系统性和连贯性，不利于学生形成良好的认知结构；学习任务不受课时限制，尤其是否定了教师的主导作用，也难以保障教学活动的效率。

3. 文纳特卡制

文纳特卡制是美国教育家华虚朋（Washburne）于 1919 年在芝加哥市郊文纳特卡镇公立学校实行的教学组织形式。按照这种教学组织形式，课程分两部分：一部分按学科进行，由学生个人自学读、写、算和历史、地理方面的知识与技能；另一部分通过音乐、艺术、运动、集会以及开办商店、组织自治会来培养学生的社会意识。这一教学组织形式的特点如下：第一，按单元进行学习，各单元都有明确的学习目标和具体的学习内容，并配以小步子的自学教材；第二，每个单元结束后，经测验诊断，接着学习新的单元；第三，教师随时对学生进行个别指导。

与道尔顿制相比，这种教学形式更加强化了教学的个别化，尤其是所用的小步子教学的原则对程序教学影响很大。

4. 分组教学

为解决班级授课制不易照顾学生个别差异的问题，19 世纪末 20 世纪初，西方出现了分组教学。分组教学是指按学生智力水平或学习成绩等因素，把学生分成不同的组进行教学的一种教学组织形式。分组教学主要有能力分组和作业分组两种类型，在形式上分为内部分组和外部分组。

分组教学能根据学生的学习能力或水平差异进行分层教学，便于教师组织教学，能够满足不同层次学生的学习准备和学习要求，有利于因材施教。其弊端表现为：很难科学地鉴别学生的能力和水平；不利于学生个性的健康发展，能力强的学生易滋生骄傲情绪，能力差的学生易产生自卑感；不同水平的学生缺乏相互交流。

5. 特朗普制

特朗普制是由美国教育家劳伊德·特朗普(Lloyd Trump)在 20 世纪 50 年代创立的。这种教学组织形式把大班上课、小组讨论、个人自学结合在一起，以灵活的时间代替固定统一的上课时间。大班集体教学由优秀教师采用现代化教学手段给几个平行班统一上课。之后的小组课研究讨论大班课上的教学材料，由 15～20 人组成一个小组，然后由学生个人独立自学、研习、作业。教学时间分配为大班上课占 40%，小组研究占 20%，个人自学占 40%。

这种教学组织形式兼容了班级授课、分组教学与个别教学的优点。教师，尤其是优秀教师的作用得到了充分体现，既培养了学生的思维能力、自学能力，又培养了学生的合作能力。

教学组织形式包括个别化教学、集体教学和综合教学三类。其中，个别教学、道尔顿制、文纳特卡制基本可以被划分为个别化教学一类，班级授课、分组教学、导生制可被划分为集体教学一类，特朗普制属于综合教学类。

三、现行的教学组织形式

(一)班级授课制

班级授课制是我国现行教学的基本组织形式，亦称课堂教学。

1. 班级授课制的基本特征

第一，把学生按照年龄和知识水平分别编入固定的班级，即同一个教学班学生的年龄和程度大致相同，并且人数固定。

第二，有统一和固定的教学内容，教师按规定的教学计划、课程标准和教科书进行教学。

第三，把教学内容以及为实施这些内容开展的教学活动按学科和学年分别分成许多大致平衡、彼此连续又相对完整的小部分，每一小部分内容叫作一课，教师一课接着一课地进行教学。

第四，把每一课规定在统一且固定的单位时间里进行。单位时间可以是 50 分钟、45 分钟或是 30 分钟，但都是统一的和固定的。课与课之间有一定的间歇时间或休息时间。从各学科总体上看，可能是单科进行，也可能是多科并进、轮流交替。

2. 班级授课制的优点与局限

与个别教学相比，班级授课制的突出优点如下：第一，有利于有效地大面积培养人才；第二，有利于教师发挥主导作用；第三，有利于发挥学生集体的作用；第四，有利于学生多方面地发展。

班级授课制的局限性如下：第一，教学面向全班学生，强调统一，难以照顾学生的个别差异；第二，教学内容和教学方法的灵活性有限；第三，学生的学习主要是接受现成的知识，动手机会少，不利于培养探索精神、创造能力和实践能力；第四，教学活动多由教师直接做主，学生的主体地位或独立性受到一定限制。

(二)辅助的教学组织形式

在教学时间和教学空间上,课堂教学具有明显的局限性,这些局限性势必对学生的健康发展产生负面影响。为弥补课堂教学的不足,人们又设计了辅助性教学组织形式。这种教学组织形式主要包括个别辅导和现场教学。

1. 个别辅导

个别辅导是以课堂教学为基础,根据学生的不同特点与需要进行辅导的教学组织形式。

2. 现场教学

现场教学是教师组织学生到生产现场或其他现场(纪念馆、博物馆、风景区等)进行教学的教学组织形式。这种教学组织形式能够让学生置身于自然情境或者社会生产、生活情境中,一方面可以拓宽学生的知识视野,有利于学生获得全新的生活经历;另一方面可以化抽象的书本知识为形象的现场展示,有利于学生进一步理解和运用书本知识。

实施现场教学应该注意如下几点。

第一,应注意找准现场教学和课堂教学的关节点。脱离课堂教学,另行一套现场教学,很容易造成教学内容上的脱节,打乱正规的教学管理秩序,这对学生进一步掌握和运用知识与经验是不利的。

第二,应事先做好充分的统筹规划,如参与活动的教学班级、教学场地、现场教学人员、相关书本知识和经验、注意事项、安全措施等,都需要精心安排。

第三,应注意调控现场教学次数。现场教学不宜过多过频,在活动的时间上要根据教学之需精打细算,毕竟它只是课堂教学的一种辅助形式。

(三)特殊的教学组织形式——复式教学

复式教学是把两个或两个以上年级的学生编在一个班里,由一名教师分别用不同程度的教学材料,在同一节课对不同年级的学生采取直接教学和自动作业交替的办法进行教学。它可以节约师资、教室和教学设备。这是一种经济和文化教育落后地区较常使用的教学组织形式,尤其在师资不足、教室短缺和教学设备匮乏的地区。

(四)新型教学组织形式

1. 翻转课堂

翻转课堂是指在信息化环境中,教师提供以教学视频为主要形式的学习资源,学生在上课前完成对视频等学习资源的观看和学习,师生在课堂上一起完成作业答疑、协作探究和互动交流等活动的新型教学组织形式。

翻转课堂有如下步骤。

第一,创建教学视频。创建时应注意:首先,应明确学生必须掌握的目标以及视频最终需要表现的内容;其次,收集和创建视频应考虑不同教师和班级的差异;最后,在制作过程中应考虑学生的想法,以适应不同学生的学习方法和习惯。

第二,组织课堂活动。内容在课外就传给了学生,课内需要有高质量的学习活动,包括学生创建内容,独立解决问题,进行探究式活动,基于项目进行学习等。

2. 微课

微课是指以视频为主要载体，记录教师在课堂内外教育教学过程中围绕某个知识点（重点、难点、疑点）或教学环节开展的教与学的活动的全过程。

微课的主要特点如下：第一，教学时间较短；第二，教学内容较少；第三，资源容量较小；第四，资源构成情境化；第五，主题突出，内容具体；第六，草根研究，趣味创作；第七，成果简化，多样传播；第八，反馈及时，针对性强。

3. 慕课

慕课（MOOC）是一种在线课程开发模式。所谓慕课，"M"代表大规模（Massive），与传统课程只有几十个学生不同，一门慕课课程动辄上万人，最多达 16 万人；第二个字母"O"代表开放（Open），以兴趣导向，凡是想学习的，都可以进来学，不分国籍，只需一个邮箱，就可注册参与；第三个字母"O"代表在线（Online），学习在网上完成，不受时空限制；第四个字母"C"代表课程（Course）。

慕课是一种将分布于世界各地的授课者和学习者通过某一个共同的话题或主题联系起来的方式。

这些课程通常对学习者没有特别的要求。所有的慕课会以每周研讨话题这样的形式提供一个大体的时间表，其余的课程通常会包括每周一次的讲授、研讨问题等。

第六节　教学工作的基本环节

一、备课

备课是教学工作的起始环节，是教师为上课所做的准备工作，是上好课的先决条件。教师备课主要是做好三项工作，制订三种计划。

（一）做好三项工作

1. 钻研教材

钻研教材包括钻研课程标准、教科书以及有关的教学参考书。课程标准是教师备课的指导文件。钻研课程标准就是要弄清本学科的教学目的，了解本学科的教材体系和基本内容，明确本学科在学生能力培养、思想教育和教学方法上的基本要求。教科书是教师备课和上课的主要依据。教师备课必须要通读全书，熟练地掌握教科书的全部内容，了解全书知识的结构体系，分清重点章节和各章节基本知识的重点、难点、关键点，将基础知识、基本技能进行初步编排；然后在准备上每一节课时，确定每段教材内容在整个学科知识体系中的地位、能力培养和思想教育的要求，对每一课时要讲的内容、实验和习题要按教学要求进行具体安排。

钻研教材可分三步走，即"懂""透""化"。"懂"就是要掌握教材的基本结构，弄懂整个教材的体系；"透"就是吃透教材的范围和深度，对教材融会贯通，把它纳入自己的知识体系；"化"就是将自己的思想感情和教材的思想性、科学性融合在一起，达到融化的程度。如此，教师才算完全掌握了教材。

2. 了解学生

了解学生主要包括了解学生原有的知识水平、学习态度、学习习惯和学习方法以及学生的兴趣、爱好、思想情况、个性特点、身体状况等。了解学生的途径很多，如注意观察、研究学生的档案材料和平时成绩、进行家访、开座谈会、个别谈话等。此外，教师还可运用心理测试获得一些有关智力和个性的资料。

3. 设计教法

备课必须考虑教法，包括如何组织教材以及选择什么样的教学方法。组织教材就是对教学材料进行加工，使之从内容顺序到体系安排到难度、进度的确定都符合学生心理发展特点，便于学生接受。

(二)制订三种计划

1. 学期(学年)教学进度计划

这是某学科的全学期(年)教学工作的整体规划，是对一学期(年)的教学工作所做的总的准备和制订的总的计划。内容包括：学生情况的简要分析，本学期(年)教学的总要求，教科书的各章节或课题及其教学时间的具体安排，各个课题所需的主要教具及其他资料，实验、参观、讨论等活动的安排，教学改革的设想等。这种计划一般应在学期(年)开始前制订出来，可以用条文的形式逐条叙述，也可以用表格的形式呈现。

2. 课题(或单元)教学计划

这是对课程标准中一个较大的课题或教科书中一个单元的教学工作的整体规划，应在课题或单元教学前制订出来。其内容主要有课题(或单元)名称、课题(或单元)教学目的、课时划分、每一课时的教学任务与内容、课的类型与主要方法等。

3. 课时计划

课时计划即教案。一个完整的教案应包括班级、学科名称、授课时间、课题、教学目的、课的类型、教学方法、教具、教学进程、板书设计、评定或小结等。其中，教学进程是课时计划的主要组成部分，包括教学内容的具体安排，教学方法的运用和教学时间的分配等。课时计划可详可略，其格式有条目式、卡片式和表格式三种。

教师只有认真制订以上三种计划，才能把整体备课和局部备课有机地结合起来，有效地提高教学质量。

二、上课

上课是整个教学工作的中心环节，是提高教学质量、培养学生的关键。就班级授课来说，教师须把握好课的类型和结构。

(一)课的类型和结构

1. 课的类型

课的类型是指课的种类，依据不同的划分标准可以有不同的类型。划分课的类型一般有两种标准。一是以课内采用的基本教学方法为划分依据，可分为观察课、讲授课、讨论课，实验课等。二是以一堂课完成任务的多少为依据，可分为单一课和综合课(又称混合课)。单一课是指一堂课内主要完成一项教学任务的课，综合课是指一堂课内同时完成两项或两项以上教学任务的课。

2. 课的结构

课的结构是指一堂课的组成部分及各部分的安排顺序和时间分配。

综合课的一般结构是组织教学，复习检查，讲授新课，巩固新课，布置课外作业。

(二)好课的基本要求

教师要上好课,就要遵循课堂教学的基本要求。

1. 目标明确

教学目标是课堂教学的灵魂和统帅,教学过程是实现教学目标的过程。教学目标制约着师生的双边活动,教学目标明确是教学成功的首要条件。

2. 内容正确

教学内容是教师和学生进行教学活动的重要依据,是学生认识和掌握的主要对象,表现为各门学科中的事实、观点、概念、原理和问题。教学内容的载体主要是课程计划、课程标准和教科书。教学内容的主要形态是书本知识,是根据教育目的、学生的年龄特点从人类千百年的认识成果中精选的特殊的知识系统①,是学生发展的主要源泉。所以,教学内容贵在正确,正确方能培养学生良好的思想品德和各种能力。

3. 教学组织严密

教学组织严密包括对课程的安排井井有条,教学能够有条不紊地进行;组织好一堂课的全过程,有良好的教学秩序;在整个教学过程中师生双方积极性高,表现出教与学的辩证统一。

4. 教学方法灵活

教学方法是师生为完成教或学的任务所采用的教法和学法。从现代教学论看,教师是主导,学生是主体,练习是主线。我们可以从学生的接受情况中看出教法是否得当。教学方法在运用上要灵活多变。

5. 学生思维活跃

宋代程颐说:"不深思则不能适其学。"评价一堂课最好是看教师指导下学生的思维是否活跃,通过学生的思维活动可以看到教学活动的大千世界,从学生的思维活动的指向目标可以看到教学目的是否明确,从学生的学习活动进程可以看出教学思路是否清楚,从学生发表意见的广度和深度可以看出教学是否能调动学生的智力因素和非智力因素。

6. 教学质量好

衡量教学质量的标准之一是看学生的学习效果:看学生是否有自学能力、思维能力、实践能力,乃至高层次的创造能力;看学生的思想政治素质是否有所提高。这个问题需要学校和教师运用教学评估来解决。解决的过程乃是不断提高教学水平的过程。教学效果明显既是课堂教学的基本要求,也是实现教学目的的要求。

总之,衡量一堂课的标准不仅要看教师教得怎么样,更主要的是要看学生学得怎么样,归根结底是看单位时间内学生的学习质量和学习效率。

三、课外作业的布置和批改

课外作业是结合教学内容,要求学生独立完成的各种类型的练习。

(一)课外作业的意义

课外作业是课内作业的延续,是教学工作的有机组成部分。其作用在于加强学生

---

① 裴娣娜:《教学论》,161页,北京,教育科学出版社,2007。

对教材的理解和巩固，使学生进一步掌握相关的技能、技巧。通过对课外作业的检查批改，教师可以及时发现学生在知识或技能上的缺陷，加以纠正，并做出评价，对学生的进一步学习提出建议。此外，课外作业对于培养学生独立思考、勤学苦练、克服困难的品质和自觉完成作业的习惯都有重要的意义。

(二)课外作业的形式

课外作业的形式多种多样：

第一，阅读教科书和参考书，如复习、预习教科书；

第二，各种口头作业和口头答案，如朗读、阅读、复述等；

第三，各种书面作业，如书面练习、演算习题、作文、绘图等；

第四，各种实际作业，如观察、实验、测量、社会调查等。

(三)课外作业布置的基本要求

教师布置作业时，应遵守下列要求：

第一，作业的内容要符合课程标准规定的范围和深度；

第二，选题要有代表性、典型性，分量要适当，难易要适度；

第三，作业应与教科书的内容有逻辑联系，但不应是教科书中例题或材料的照搬，要有举一反三的作用；

第四，教师要向学生提出明确的要求，并规定完成的时间；

第五，教师应经常检查和批改学生的作业，并做必要的讲评或个别指导。

四、课外辅导

课外辅导是课堂教学的有益补充。课外辅导是在课堂教学规定时间之外，教师对学生的辅导。其目的在于因材施教以及对学生的学习目的、学习态度与学习方法等方面进行个别教育和指导。课外辅导的方式有指导学生课外作业，解答学生学习中的疑难，给基础差的学生和因病缺课的学生补课，给成绩优异的学生个别辅导等。课外辅导的基本要求如下：

第一，要因材施教，从辅导对象的实际出发，确定辅导内容和措施；

第二，辅导要目的明确，采用启发式，指导学生独立思考、钻研，以形成科学的学习方法；

第三，发挥集体优势，组织学生开展互帮互学活动；

第四，辅导只是对课堂教学的补充，不能将主要精力放在辅导上。

五、学生学业成绩的检查和评定

学生学业成绩的检查与评定是教学工作不可缺少的手段，是诊断学生学习状况和教师教学效果、调控教学进程的重要手段。

(一)学生学业成绩检查与评定的作用

第一，对教师来说，可以了解自己的教学效果，总结教学经验，不断改进教学工作，提高教学质量。

第二，对学生来说，可以了解自己在学习上的进步与不足，明确努力的方向，不断改进学习方法，争取有更大的进步。

第三，对学校来说，可以了解全校教师的教学情况，制定有效的措施，不断改进对教学工作的领导和管理，以促进教学质量的提高。

第四，对学生家长来说，可以了解其子女的学习情况，更好地和学校配合，共同帮助子女提高学习成绩。

(二)学生学业成绩检查与评定的方式

学生学业成绩的检查与评定一般有平时检查、考试与考查。平时检查在平时教学中随时进行，包括平时的口头提问、平时的作业检查等形式。优点在于能使教师和学生及时了解并掌握学习情况与存在的问题，较好地帮助教师改进教学，帮助学生弥补不足。考试与考查是检查与评定学生学习和教师教学效果的重要方式，多集中在期末或一个教学时间段进行。考试是对学生的学习情况和成绩的一种较全面的检查，包括口试、笔试和实践性考试等方式，可开卷考，也可闭卷考。考试按时间分为期中考试、期末考试，按用途分为升学考试、毕业考试等。考查是指对学生的学习情况和成绩进行的一种小规模或个别的不全面检查。

(三)学业成绩检查与评定的基本要求

第一，检查与评定要注意科学性、有效性和可靠性。科学性是指检查与评定要客观公正，严格遵循评定标准；有效性是指检查与评定要能有效地检查出学生的学习情况；可靠性是指检查与评定要能反映学生较稳定的学习水平。

第二，检查与评定的内容应既力求全面，又突出重点，鼓励学生创新，不仅要看答案，而且要看思路，要重视学生思维的创造性。

第三，检查与评定的方法要灵活多样。

第四，对检查与评定的结果要做必要的分析，要指出学生学习上的优缺点和努力方向。

第七节 教学评价

一、教学评价的定义

教学评价是以教学目标为依据，运用可操作的科学手段，通过系统地收集有关教学的信息，对教学活动的过程和结果做出价值上的判断，并为被评价者完善自我和有关部门制定科学决策提供依据的过程。这个过程是研究教师的教和学生的学的价值的过程。教学评价的对象很多，主要是对学生学习效果的评价和对教师教学工作过程的评价。

教学评价具有诊断、激励及调节的作用。

二、教学评价的类型

评价的角度、标准不同，类型就不同。现主要介绍几种常见的评价类型。

(一)按评价基准分，教学评价可分为相对评价、绝对评价和个体内差异评价

1. 相对评价

相对评价是在被评价对象的集合中选取一个或若干个个体，以此为基准，然后将各个评价对象与基准进行比较，确定每个评价对象在集合中所处的相对位置。相对评价有利于教师了解学生的总体表现和学生之间的差异，比较不同群体间学习成绩的优劣。它的缺点是基准会随着群体的不同而发生变化，因而易使评价标准偏离教学目标，不能充分反映教学上的优缺点，不能为改进教学提供依据。

2. 绝对评价

绝对评价是在被评价对象的集合之外确定一个标准，这个标准被称为客观标准。评价时将评价对象与客观标准进行比较，从而判断其优劣。评价标准一般是教学大纲以及由此确定的评判细则。绝对评价的标准比较客观。如果评价是准确的，那么评价之后每个被评价者都可以明确自己与客观标准的差距。但是绝对评价也有缺点，最主要的缺点是客观标准很难落实，容易受评价者的经验和主观意愿的影响。

3. 个体内差异评价

个体内差异评价是以被评价对象自身某一时期的发展水平为标准，判断其发展状况的评价方法。个体内差异评价法最大的优点是充分体现了尊重个体差异的因材施教原则，并适当地减轻了被评价对象的压力。但由于评价本身缺乏客观标准，不与他人比较，不易给被评价对象提供明确的目标，难以发挥评价的应有功能。

(二)按评价功能和运用时间分，教学评价可分为诊断性评价、形成性评价和总结性评价

1. 诊断性评价

诊断性评价也称教学性评价、准备性评价，一般是指在某项教学活动开始之前对学生的知识、技能以及情感等状况进行的预测。诊断性评价的实施时间一般在课程、学期、学年开始时或教学过程中需要的时候。其作用主要有二：一是确定学生的学习准备程度，二是适当安置学生。教师通过诊断性评价可以了解学生学习困难的原因，由此决定如何教育学生。

2. 形成性评价

形成性评价是教师在教学过程中不断地收集有关信息，以判断学习或教学的成败，并显示教学或学习需要改进的地方的一种评价方式。它能反映阶段教学的结果和学生学习的进展情况、存在的问题等，以便教师及时反馈，及时调整和改进教学工作。形成性评价进行得较频繁，如一个单元活动结束时的评估，一个章节后的小测验等。形成性评价一般又是绝对评价。对于提高教学质量来说，重视形成性评价比重视总结性评价更有实际意义。形成性评价的主要目的是改进、完善教学过程，步骤如下：第一，确定形成性学习单元的目标和内容，分析其包含的要点和各要点的层次关系；第二，实施形成性测试，测试内容包括所测单元的所有重点，测试进行后教师要及时分析结果，同学生一起改进教学；第三，实施平行性测试，其目的是对学生所学知识加以复习巩固，确保学生掌握并为后期学习奠定基础。

3. 终结性评价

终结性评价又称总结性评价，一般是在教学活动告一段落时，为检验最终的活动成果而进行的评价。例如，学期末或学年末各门学科的考核、考试，目的是检验学生的学习是否达到了各科教学目标的要求。终结性评价注重的是教与学的结果，借此对被评价者所取得的成绩做出全面鉴定，区分等级，对整个教学方案的有效性做出评定。

（三）按评价表达分，教学评价可分为定性评价和定量评价

1. 定性评价

定性评价是指评价者对被评价者平时的表现进行观察和分析，直接对被评价者做出定性结论，如评出等级，写出评语等。

2. 定量评价

定量评价是从量的角度，运用统计分析、多元分析等数学方法，在复杂纷乱的评价数据中总结出规律性的结论。由于教学涉及人的因素，各种变量及其相互关系是比较复杂的，因此为了揭示数据的特征和规律性，定量评价的方向、范围必须由定性评价来规定。

可以说，定性评价和定量评价是密不可分的。两者互为补充，相得益彰，不可片面强调一方面而忽视另一方面。

三、教学评价的发展趋势

随着我国教育改革的逐渐深入，教学评价也发生了一系列变化，呈现出以下发展趋势。

第一，教学评价的功能从重视鉴定质量、区分优劣、选拔淘汰转向重视诊断、反馈、激励、改进，即强调教学评价的教育性功能，强调通过评价促进学生主动、全面、可持续发展。

第二，教学评价的着眼点从教师教得怎么样转向学生学得怎么样，以学论教成为新的教学评价的重要原则。

第三，教学评价的多元化趋势。一是教学评价主体的多元化，教师、学生、家长、领导和公众等都可以成为教学评价的主体。二是评价标准的多元化，就一个国家来说，宏观上，可以根据各地经济、教育发展水平的不同来确定评价标准；中观上，可以根据各学校的办学条件、培养目标等的不同来确定评价标准；微观上，可以针对每名学生的特殊情况，确立不同的发展目标和相应的评价标准。三是评价对象的多元化，体现在将学生的情意、能力等作为重要的评价对象，将课程目标、课程评价者、课程参与者作为评价对象。四是评价方法的多元化，当前世界课程评价中一个很重要的趋势就是定量评价与定性评价相结合。

第四，重视过程评价与结果评价的结合。教学评价中长期存在着过分注重学习结果，忽视对学习过程的评价的现象。当前教学改革尤其强调要把教学评价的重心放在过程评价、发展性评价上。教师要以学生已有的知识和能力基础为参照系，不仅评价学生学习的结果，而且评价学生在学习活动过程中的变化和发展。

参考文献

1. 裴娣娜. 教学论[M]. 北京：教育科学出版社[M]，2007.

2. 全国十二所重点师范大学. 教育学基础（第三版）[M]. 北京：教育科学出版社，2014.

3. 靳玉乐. 现代教育学[M]. 成都：四川教育出版社，2006.

4. 王本陆. 课程与教学论[M]. 北京：高等教育出版社，2004.

5. 王道俊，王汉澜．教育学[M]．北京：人民教育出版社，2004.

6. 华东师范大学教育学编写组．基于教师资格考试的教育学[M]．上海：华东师范大学出版社，2016.

7. 施良方，崔允漷．教学理论：课堂教学的原理、策略与研究[M]．上海：华东师范大学出版社，1999.

习题

一、辨析题

1.《学记》中提出"道而弗牵，强而弗抑，开而弗达"，这体现的是教学要贯彻循序渐进的原则。

2. 教学过程的主要矛盾是教育者与其所教授的知识之间的矛盾。

二、简答题

1. 简述学校教学活动的基本环节。

2. 简述选择教学方法的基本依据。

三、阅读下列材料，回答问题

某教师回到办公室说："初中二年级二班的学生真笨，这堂课我连续讲了三遍，他们还是不会。我是发挥了教师的主导作用了，他们就是不会，真拿他们没办法。"

问题：教学中怎样才能做到教师主导作用与学生主体作用相结合？

第八章　德　育

1. 熟悉德育的主要内容，包括爱国主义和国际主义教育、理想和传统教育、集体主义教育、劳动教育、自觉纪律教育、民主和法制教育、人道主义和社会公德教育、科学界观和人生观教育。

2. 熟悉和运用德育过程的基本规律，分析和解决学校德育实际中的问题。

3. 理解德育原则，掌握和运用德育方法，熟悉德育途径。

4. 了解生命教育、生存教育、生活教育、安全教育、升学就业指导教育的意义及基本途径。

第一节　德育概述

一、德育的概念与意义

(一)德育的概念

德育是学校教育的重要内容之一，是全面发展教育的重要组成部分。

德育的概念有广义和狭义之分。广义的德育又称思想品德教育，是指教师根据一定社会或阶级的要求和学生品德形成发展的规律与需要，有目的、有计划、有组织地对受教育者施加社会思想道德影响，并通过受教育者品德内部矛盾运动，使其形成教育者所期望的品德的活动，主要包括政治教育、思想教育、道德教育。其中，政治教育是指使学生形成一定政治观念、政治信念和政治信仰的教育；思想教育是指使学生形成一定世界观、人生观的教育；道德教育是指促进学生道德发展，即道德认知、情感与行为发展的教育。狭义的德育专指道德教育。

(二)德育的意义

古今中外的教育都非常重视德育。在我国奴隶社会和封建社会的学校里，德育居于首要地位。西周学校教育的内容为"六艺"(礼、乐、射、御、书、数)，"礼"教是居于首位的。在两千多年的中国封建社会里，"三纲五常"(君为臣纲、父为子纲、夫为妻纲，仁、义、礼、智、信)是德育的主要内容。

在欧洲中世纪的封建社会里，学校完全控制在教会手中，宣传信仰上帝，绝对服从、忍耐、节制、禁欲等宗教教条成为德育的主要内容。欧美资本主义发展时期出现了一些新的德育思想。例如，17世纪英国教育家洛克强调通过理性培养年轻绅士的风度和道德品质；18世纪法国教育家卢梭在德育思想上具有强烈的反宗教倾向，强调自然发展法则，尊重人的天性；19世纪德国教育家赫尔巴特十分重视德育，认为德育的最高目的在于培养具有完美德行的人；20世纪美国教育家杜威撰写了《道德教育原理》

一书，提出了一整套德育理论，认为德育最重要的问题是知行关系问题，道德是解决社会问题、增强人们幸福感的决定性因素。

当今世界各国面临着新技术革命的挑战，都在着手进行教育改革，不仅重视科学技术教育，而且出现了一个共同的趋势——都十分重视德育。德育的作用概括起来主要是社会作用、育人作用和对教育目的的作用。

1. 德育的社会作用——德育是社会主义现代化建设的条件和保证

第一，德育可通过影响生产力的主要因素——人来发挥重要作用。在以社会主义经济建设为中心的阶段，生产力水平是考虑一切问题的出发点和检验一切工作的根本标准。德育能提高人的思想政治觉悟和道德素养，激发人生产的自觉性和积极性，大大促进生产力的发展。正因为这样，不少发达国家增加德育投资，并把德育看作高效益的投资，这也充分说明了德育的经济价值和作用。

第二，德育能加快社会主义现代化建设的步伐。我国经济快速发展的现实必然会对德育提出新的要求，要求学生培养发展社会主义市场经济的新思想、新观念、新道德，如开拓进取的精神、效率观念、守时的观念、诚实的品质、艰苦的品质等。德育是社会主义精神文明的重要组成部分。如果全国各级各类学校真正做到了把德育放在首位，抓紧抓好，必将有力地促进全国人民思想水平、政治觉悟与道德水平的提高和整个社会风气的大改观，同时也将推动社会主义经济建设的发展和繁荣。

2. 德育的育人作用——德育是青少年儿童健康成长的条件和保证

青少年儿童正处于长身体、长知识时期，处于思想品德形成和发展时期。特别是处于青春发育期的初中学生，正由儿童向成人过渡，思想单纯，充满幻想，可塑性大，但由于知识经验少，辨别是非能力差，因此容易受到各种思想的影响。教师必须要运用正确的方法及时对他们进行教育，使他们形成良好的思想品德，向着社会要求的方向发展。德育对于青少年儿童的身心健康成长具有重要作用。

3. 德育对教育目的的作用——德育是实现教育目的的条件和保证

社会主义的教育目的是培养德、智、体等全面发展的社会主义建设者和接班人。宪法规定："国家培养青年、少年、儿童在品德、智力、体质等方面全面发展。"人的德、智、体等是相互联系、相互影响、相互制约和相互促进的辩证统一体。德育在促进青少年儿童品德发展的同时，为他们的全面发展提供了条件和保证。

二、德育目标

(一)德育目标的概念

德育目标是指通过德育活动使受教育者在品德形成和发展上所要达到的总体规格和要求，即德育活动所要达到的预期目的或结果的质量标准。

德育目标是德育工作的出发点和归宿，也是德育评价工作的依据。它不仅决定了德育的内容、形式和方法，也制约着德育工作的基本过程。正确认识德育目标是开展德育工作的基本前提。

(二)我国德育目标

1. 我国德育总目标

1988 年，《中共中央关于改革和加强中小学德育工作的通知》提出了我国中小学的德育目标："把全体学生培养成为爱国的具有社会公德、文明行为习惯的遵纪守法的好公民。在这个基础上，引导他们逐步确立科学的人生观、世界观，并不断提高社会主义思想觉悟，使他们中的优秀分子将来能够成长为坚定的共产主义者。"

1996年，《中共中央　国务院关于深化教育改革，全面推进素质教育的决定》指出："各级各类学校必须更加重视德育工作，以马克思列宁主义、毛泽东思想和邓小平理论为指导，按照德育总体目标和学生成长规律，确定不同学龄阶段的德育内容和要求，在培养学生的思想品德和行为规范方面，要形成一定的目标递进层次。"

2010年，《国家中长期教育改革和发展规划纲要（2010—2020年）》明确指出："坚持德育为先，立德树人，把社会主义核心价值体系融入国民教育全过程。加强马克思主义中国化最新成果教育，引导学生形成正确的世界观、人生观、价值观；加强理想信念教育和道德教育，坚定学生对中国共产党领导、社会主义制度的信念和信心；加强以爱国主义为核心的民族精神和以改革创新为核心的时代精神教育；加强社会主义荣辱观教育，培养学生团结互助、诚实守信、遵纪守法、艰苦奋斗的良好品质；加强公民意识教育，树立社会主义民主法治、自由平等、公平正义理念，培养社会主义合格公民；加强中华民族优秀文化传统教育和革命传统教育。"这是新时期我国确立的德育目标。

2. 小学德育目标

小学阶段的德育目标为："培养学生初步具有爱祖国、爱人民、爱劳动、爱科学、爱社会主义的思想感情和良好品德；遵守社会公德的意识和文明行为习惯；良好的意志、品格和活泼开朗的性格；自己管理自己，帮助别人，为集体服务和辨别是非的能力，为使他们成为德、智、体全面发展的社会主义事业的建设者和接班人，打下初步的良好思想品德基础。"

3. 中学德育目标

初中阶段的德育目标为："热爱祖国，具有民族自尊心、自信心、自豪感，立志为祖国的社会主义现代化努力学习，初步树立公民的国家观念、道德观念、法制观念；具有良好的道德品质、劳动习惯和文明行为习惯；遵纪守法，懂得用法律保护自己；讲科学，不迷信；具有自尊自爱、诚实正直、积极进取、不怕困难等心理品质和一定的分辨是非、抵制不良影响的能力。"

高中阶段的德育目标为："热爱祖国，具有报效祖国的精神，拥护党在社会主义初级阶段的基本路线；初步树立为建设有中国特色的社会主义现代化事业奋斗的理想志向和正确的人生观，具有公民的社会责任感；自觉遵守社会公德和宪法、法律；养成良好的劳动习惯、健康文明的生活方式和科学的思想方法，具有自尊自爱、自立自强、开拓进取、坚毅勇敢等心理品质和一定的道德评价能力、自我教育能力。"

三、德育内容

德育内容具体规定了学生发展的政治方向和应掌握的思想观点与道德规范，指明了应当培养学生哪些品德，是进行思想品德教育的依据，是完成德育任务、实现德育目的的重要保证。学校德育内容的确定主要依据教育目的和德育任务、学生品德发展的年龄特征、当前的形势任务和学生品德实际。我国中小学德育的基本内容包括下述几个方面。

(一)爱国主义和国际主义教育

爱国主义是指人们对自己祖国的一种深厚感情或热爱态度。爱国主义是一个历史范畴，具有历史性，也具有阶级性，在社会发展的不同历史阶段和不同的国体国度里具有不同的性质和内容。爱国主义教育的核心是激发爱国情感，树立民族自尊心和自豪感。爱国主义还包括热爱共产党，热爱人民解放军和热爱社会主义。同时，我们还需防止极端的、狭隘的民族主义倾向产生，应将爱国主义教育与增进世界和平、国际理解的国际主义教育结合起来，以加强国家之间的沟通、交流与合作，维护人类共同利益。

爱国主义和国际主义教育的基本内容如下：

第一，培养学生热爱祖国的深厚感情；

第二，教育学生增强国家意识和民族意识；

第三，引导学生发扬国际主义精神，维护世界和平，关心国际形势，同世界各国人民和平友好相处，平等互利，互相支持与学习，为反对霸权主义、维护世界和平、争取人类进步而斗争。

(二)理想和传统教育

理想教育重在使学生对未来有目标；传统教育重在使学生了解历史，有历史使命感。两者结合可以使学生避免满足现状、不求上进，不断努力超越自己。教师在对学生进行理想教育时应首先引导学生基于现实确立理想，包括生活理想、职业理想和社会理想；其次，为了实现理想，应有合理的人生规划并付诸实践；最后，应协调个人理想与组织团队、社会发展的关系。现阶段我国各族人民的共同理想是建设有中国特色的社会主义，把我国建设成富强、民主、文明、和谐、美丽的社会主义现代化强国。

理想和传统教育的基本内容如下：

第一，教育学生树立远大的理想；

第二，教育学生继承和发扬革命传统；

第三，使学生将远大的理想与个人的学习、实践紧密联系起来。

(三)集体主义教育

集体主义是社会主义和共产主义的核心，是区别于一切非无产阶级道德的根本标志。在以公有制为主体的社会主义中国，集体主义是处理社会成员之间以及个人、集体、国家之间关系的根本原则和基本行为准则。

集体主义教育的基本内容如下：

第一，培养学生为人民服务的思想；

第二，教育学生关心热爱集体；

第三，培养学生在集体中生活和工作的良好习惯。

(四)劳动教育

劳动教育应使学生明白"一分耕耘、一分收获"的道理，鼓励学生将自己掌握的科学文化知识与科学劳动相结合，养成积极探索、勤于动手的好习惯，并培养学生热爱劳动，尊重劳动、劳动者和劳动者成果的品质。

劳动教育的基本内容如下：

第一，教育学生认识劳动的意义；

第二，教育学生勤奋学习，树立爱科学、学科学的意识；

第三，教育学生正确对待升学和就业。

(五)自觉纪律教育

不同社会、不同阶级有不同的纪律。社会主义社会实行的是自觉纪律。自觉纪律是建立在个人、集体和国家利益基本一致以及人们对社会有高度责任感和充分认识到遵守纪律的重要意义的基础上的，是依靠人们内在信念维持的纪律，是同志式的、团结互助的纪律。它是社会生产和生活得以正常运行的基本保证。社会主义学校纪律既是学校顺利进行教育教学活动的重要条件和保证，又是培养具有高尚道德品质的一代新人的重要条件。

自觉纪律教育的基本内容如下：

第一，提高学生对自由与纪律的认识能力；

第二，教育学生严格执行纪律要求，养成遵守纪律的习惯。

(六)民主和法制教育

民主和法制不可分。法制通常指法律和制度。社会主义法制是包括立法、司法、守法三方面的统一体。社会主义法制体现人民的意志，保障人民的合法权益，调节人民之间的关系，规范和约束人民的行为，制裁和打击各种危害社会的行为。

民主和法制教育的基本内容如下：

第一，培养学生的民主思想和参与意识；

第二，要求学生掌握法律常识，严格遵纪守法。

(七)人道主义和社会公德教育

人类在长期的共同生活和交往中逐步形成了公共的道德风尚，主要有文明行为和人道主义。这些道德是人类共有的基本美德，是人类自身发展和自我完善的道德基础，是社会发展与进步的重要条件和标志。特别是人道主义是一种重要的公德，主张尊重人、信赖人，提倡人与人之间友爱、平等与互助，重视人的价值与地位，强调发展人性。

人道主义和社会公德教育的基本内容如下：

第一，教育学生发扬社会主义人道主义精神；

第二，引导学生的文明行为；

第三，帮助学生养成良好的品质。

(八)科学世界观和人生观教育

这是德育内容的最高层次。世界观是人们对待世界的根本态度。人生观是世界观的一部分，是人们对待人生问题的根本观点和态度。辩证唯物主义世界观认为物质世界是按照它本身固有的规律运动、变化和发展的，事物都是一分为二的。它揭示了事物发展的根本原因在于事物内部的矛盾。辩证唯物主义人生观在辩证唯物主义世界观的指导下，批判地继承了历史上各种进步人生观的合理成分，是人类历史上进步的、高尚的人生观。

科学世界观和人生观教育的基本内容如下：

第一，对学生进行辩证唯物主义和历史唯物主义基本观点的教育；

第二，教育学生认识人生的崇高目的和意义。

以上德育的内容是相互联系、相互渗透的一个整体，对培养学生的思想品德来说都是必需的。

第二节　德育过程

一、德育过程的概念及其与思想品德形成过程的关系

(一)德育过程的概念

德育过程是学生在教师的指导下，通过学校、家庭和社会多方面的影响，使得一定社会的政治思想、法制思想以及道德等社会意识、社会规范转化为自身品德的过程。德育过程本质上就是个体社会化与社会规范个体化的统一过程。

(二)德育过程与思想品德形成过程的关系

1. 联系

德育过程的实质就是教育者将一定的社会思想道德规范转化为受教育者个体思想品德的过程。换句话说，德育过程对思想品德形成过程具有调节和控制作用，能使思想品德的发展符合社会道德规范。此外，德育过程需遵循个体思想品德发展规律，只有这样才能有效地促进思想品德的形成。

2. 区别

性质不同：德育过程是一个教育过程，是教育者与受教育者双方共同活动的过程；思想品德形成过程是受教育者个体思想品德结构不断发展、不断完善的过程。

矛盾不同：德育过程的主要矛盾是教育者提出的德育要求与受教育者已有的思想品德水平之间的矛盾，思想品德形成过程的矛盾表现为外部各种复杂因素的影响与个体内部思想品德的矛盾。

影响因素不同：德育过程受到有目的、有计划、有组织的教育的影响，个体思想品德形成过程受到外界多种复杂因素的影响。

结果不同：德育过程是使受教育者形成符合社会道德规范的思想品德；思想品德形成的结果可能与社会道德规范一致，也可能不一致。

二、德育过程的结构和主要矛盾

(一)德育过程的结构

德育过程由教育者、受教育者、德育内容和德育方法四个相互制约的要素构成。

教育者是德育过程的组织者、领导者，是一定社会德育要求和思想道德的体现者，在德育过程中起主导作用。教育者包括直接的和间接的个体教育者与群体教育者。

受教育者是德育的对象。在德育过程中，受教育者既是德育的客体，又是德育的主体。当他作为德育对象时，他是德育的客体；当他接受德育影响、进行自我品德教育和对其他德育对象产生影响时，他便成为德育的主体。

德育内容是受教育者学习的品德的社会思想政治准则和法纪道德规范。学校德育

的基本内容是根据学校德育目标和学生品德形成发展的规律确定的，具有一定的范围和层次。

德育方法是教育者施教传道和受教育者受教学习相互作用的活动方式的总和。教育者借助一定的德育方法将德育内容作用于受教育者，受教育者借助一定的德育方法来学习、内化德育内容并将其转化为自己的品德。

德育过程中的各要素通过教育者施教传道和受教育者受教学习的活动发生一定的联系和作用，促使受教育者的品德发生预期变化。

(二)德育过程的主要矛盾

德育过程的主要矛盾是教育者提出的德育目标要求与受教育者已有品德发展水平之间的矛盾。德育过程的实质是将教育者提出的德育要求转化为受教育者的品德。

这其中要实现两个转化：

外在的社会要求⇨受教育者个体内在的意识⇨需要受教育者个体外显的行为习惯

三、德育过程的基本规律

(一)德育过程是培养学生知、情、意、行的过程

学生的思想品德是由道德认知、道德情感、道德意志和道德行为四个基本要素构成的。道德认知是人们对行为规范、是非善恶的主观认识和评价，是影响情感、坚定意志、采取行动的基础。道德情感是指人们对事物的真假、善恶、美丑的喜、怒、哀、乐、爱、憎等情绪体验，是伴随着思想品德的认识而产生和发展的，对道德行为起着巨大的调节作用。道德意志是一个人为一定的道德行为而体现的一种坚持精神。德育过程中教师要注意培养学生的坚强意志。道德行为是衡量一个人觉悟高低和道德好坏的重要标志，是学生在一定道德认知、道德情感、道德意志支配下所采取的行动。

一个人的思想品德由知、情、意、行诸要素构成。它们即有区别，又有联系。在处理这四者的关系时，要注意以下几点。

第一，注意全面性。知、情、意、行四个基本要素是相互作用的，其中，知是基础，行是关键。道德认识指导、控制和调节道德情感、道德意志和道德行为，道德情感和道德意志又可以巩固和发展道德认识。因此，在德育过程中，教师应在知、情、意、行四个方面同时对学生进行培养，以促进学生认识、情感、意志和行为的全面、协调发展。德育工作应发挥这四大要素的整体功能，只有晓之以理、动之以情、持之以恒、导之以行，才能取得良好的效果。

第二，有针对性(侧重性)。德育过程的一般顺序可以概括为提高道德认识、陶冶品德情感、锻炼品德意志和培养品德行为习惯。在品德的发展中，这四个因素的发展往往是不平衡的，即知、情、意、行的发展不一定按照常规顺序进行。学生在这几个方面的发展不平衡，有的快，有的慢，易出现薄弱环节，导致各因素不协调。教师可以根据学生的实际情况进行教育，知、情、意、行均可成为德育过程的开端。

(二)德育过程是促进学生思想内部矛盾运动的过程

学生思想上有许多的矛盾，学生思想品德的变化离不开学生的内部矛盾。这种主体内部矛盾是受教育者对当前德育要求的反映与原有思想道德状况之间的矛盾。因此，教师在德育过程中要充分发挥学生的自我教育作用，善于抓住学生思想上的矛盾，根

据他们的实际运用各种方法，启发他们按教育大纲和各项行为规范的要求进行自我分析、自我判断、自我控制、自我调节等。所以，德育过程也具有教育与自我教育相结合的特点。

教师还要充分重视学生思想品德充满内部矛盾且矛盾双方不断转化的事实，注意学生是不可能一成不变的，先进的可能落后，落后的可能先进。教师要针对各个人的特点，具体分析具体解决，做到"一把钥匙开一把锁"。

（三）德育过程是组织学生活动和交往，对学生有多方面教育影响的过程

1. 活动和交往是学生品德形成的基础，具有很强的社会性和实践性

活动和交往是道德发展的主要环境，成人、教师及其他社会环境因素施加的影响，都必须通过学生自身的积极活动与交往才会发生作用。学生只有通过实践，才能全面深刻地获得道德认知，调节道德行为，培养尊重、关心、合作等品质。只有当学生参与社会生活，并亲自处理各种社会关系时，才能获得对社会关系的深刻理解和认识，才能不断发展自己的情感体验、磨炼自己的道德意志，从而形成自觉的行为习惯。体验教育已经成为当前德育研究中的一个热点和亮点，主要是指让学生通过亲身经历，学习做人和做事的基本道理，并将其转化为行为习惯的教育。

2. 德育过程中学生活动和交往的特点

第一，学生活动和交往是在教师的指导下开展的；第二，学生体现出明显的主观能动性；第三，学生活动和交往应符合受学生的身心发展规律；第四，德育活动应满足人类社会发展的需要。

3. 教育性的交往活动是德育过程的重要条件

这种交往活动有鲜明的教育性，相比德育计划外的一般交往活动，具有较强的可控性。在教育实践中，教师要正确和合理利用好教育性环境。影响学生品德形成的因素来自各个方面，有些是可控的，有些是不可控的。在德育过程中，教育者必须努力扩大可控面，处理好教育性交往活动与其他的交往活动之间的关系，努力促使学校的教育性交往活动成为主导，以此统一学生的一般交往活动，使本来不受学校控制的交往活动在不同程度上纳入学校控制的范围。同时，公共传媒的发展、社会信息的扩散，使青少年处于庞杂的社会信息环境中。因此，教师要重视对社会信息的调查研究，为将社会信息纳入学校信息创造条件，把封闭式的德育环境变为开放式的德育环境。

（四）德育过程是一个长期、反复、逐步提高的过程

良好品德的形成和不良品德的改正，都要经历一个反复的培养或矫正训练的过程。人的品德是在其结构的相对稳定性和不断的变动性的矛盾中形成发展的，具有长期性和反复性的特征。随着学生的成长和发展，社会对他们的要求也不断提高。社会本身也在不断发展变化，原有的与社会要求相适应的品德在新的社会历史条件下又有进一步发展提高的必要。

第一，对学生思想品德的培养是一个多层次的发展过程。从小学生的日常生活、学习行为规范，到中学生、大学生的人生观、世界观的培养是一个长期的教育和自我教育的过程。

第二，中学生本身有很大的可塑性和不稳定性。各种思想矛盾交错出现和斗争时，有可能积极因素居于主导地位，也有可能消极因素居主导地位，因而中学生会出现时

起时伏、经常反复的情况。

第三，学生处在科学技术日新月异、经济迅速发展的时代，客观现实矛盾运动的复杂性、曲折性和长期性决定着学生思想品德形成的长期性和反复性。

第三节　德育模式

德育模式是指在德育实施过程中，道德理论与德育内容、德育方法、德育途径的组合方式。当代较有影响的德育模式有认知性道德发展模式、体谅模式、社会行动模式、社会学习模式。

一、认知性道德发展模式[①]

认知性道德发展模式是当代德育理论中流行较为广泛、占据主导地位的德育模式，由瑞士学者皮亚杰提出，而后由美国学者科尔伯格进一步深化。该模式假定人的道德判断力是按照一定的阶段和顺序从低到高不断发展的，道德教育的目的在于促进儿童道德判断力的发展及道德行为的发生。

（一）皮亚杰的道德认知发展理论

皮亚杰早在 20 世纪 30 年代就采用了对偶故事法对儿童的道德认知发展进行了系统的研究。他认为，儿童道德判断的发展与儿童认知发展的阶段相平行，儿童道德发展的进程在他们的认知进程中有所体现。他设计了一些包含道德价值内容的对偶故事让儿童回答，要求儿童辨认是非对错，从他们对特定行为情境的评价中推测出儿童现有的道德认知和道德判断水平。据此，皮亚杰揭示了儿童道德判断的发展进程，把儿童的道德分为他律道德和自律道德两种水平。

第一，他律道德水平。

在这一阶段，儿童对道德行为的思维判断主要根据他人设定的外在标准。他们认为规则是由权威人士制定且不可改变的，需要严格遵守。

第二，自律道德水平。

在这一阶段，儿童对道德行为的判断多半能依据自己的内在标准。随着年龄的增长和认知水平的提高，儿童的道德判断过渡到了自律道德阶段，也就是能按自身内在的标准进行道德判断。

皮亚杰认为，儿童的道德发展是一个由他律逐步向自律、由客观责任感逐步向主观责任感转化的过程。他把儿童的道德认知发展具体划分为四个阶段。

第一，前道德阶段（2～5 岁）。前道德阶段也称自我中心阶段。皮亚杰认为这一年龄阶段的儿童正处于前运算思维时期，他们对问题的考虑都还是以自我为中心的，不顾规则，按照自己的想象去看待规则；易冲动，感情泛化，道德认知不守恒。例如，同样的行动规则，若是出自父母就愿意遵守，若是出自同伴就不遵守。他们并不真正理解规则的含义，分不清公正、义务和服从。他们的行为既不是道德的，也不是不道

---

① 华东师范大学教育学编写组：《基于教师资格考试的教育学》，201～217 页，上海，华东师范大学出版社，2016。

德的。

第二,他律道德阶段或道德实在论阶段(5～8 岁)。他律道德阶段或道德实在论阶段也称权威阶段。该阶段的儿童服从外部规则,接受权威指定的规范,把人们规定的准则看作固定的、不可变更的。他们认为服从、听话的孩子就是好孩子,否则就不是好孩子。该阶段的儿童对行为的判断只根据行为后果,不考虑行为主观动机。例如,大人不在家,一个小孩为了帮父母做家务,无意打碎了 15 个杯子;另一个小孩为了偷橱柜上的糖果吃,打碎了 1 个杯子。让这个阶段的儿童做判断,他们往往认为打碎 15 个杯子的错误更大。

第三,可逆性阶段(8～10 岁)。可逆性阶段又称自律阶段。该阶段的儿童已不把准则看作不可改变的,而把它看作同伴间的共同约定,是可以改变的。儿童已经认知到同伴间的社会关系,认识到应彼此尊重。准则对他们来说已具有一种保证他们互利互惠的可逆特征。同伴间可逆关系的出现表明儿童已从自我中心解脱出来,认识到规则只是维护自己与他人的关系,倾向于自觉地遵守,表现出一定程度的自律。这标志着儿童道德认识开始形成。

第四,公正阶段(10 岁以后)。儿童的公正观念或正义感是在可逆的道德观念上发展起来的。他们开始倾向于主持公正、公平等。公正观念不是一种判断是或非的单纯的规则关系,而是一种出于关心与同情的真正的道德关系。也就是说,儿童不再刻板地按固定的规则去判断是非,在依据规则判断是非时会考虑到同伴的一些具体情况,从关心和同情出发去判断是非。

皮亚杰认为儿童道德发展的这些阶段的顺序是固定不变的,彼此之间形成了一个连续发展的统一体。皮亚杰道德发展理论中,道德判断能力的发展是一个重要的方面,这给学校德育工作提供了重要启示:要改变只重视道德知识传授而忽视能力培养的倾向,把重点放在发展学生的道德判断能力上,给学生提供更多的实践机会,同时要根据不同年龄阶段的学生采取不同的德育方法。

(二)柯尔伯格的道德发展阶段理论

柯尔伯格吸取了杜威的个人与社会相互作用说和皮亚杰的认知结构说的思想,在明确区分道德和非道德、确定道德冲突在人们做出道德决定时的作用的基础上,采用道德两难法研究了儿童的道德发展,特别是道德判断能力和教育问题,提出了道德认知发展阶段论及道德教育模式。

柯尔伯格认为,儿童的道德发展都经历三个水平、六个阶段的固有顺序。

1. 前习俗水平

这一水平的儿童为了免受惩罚或获得奖励而顺从权威人士规定的行为准则,根据行为的直接后果和自身的利害关系判断是非。

阶段 1:惩罚与服从的道德定向阶段。这一阶段的儿童根据行为的后果来判断行为是好是坏,还没有真正的道德概念,服从权威或规则只是为了避免惩罚,认为受赞扬的行为就是好的,受惩罚的行为就是坏的。

阶段 2:相对功利的道德定向阶段。这一阶段的儿童的道德价值来自对自己需要的满足,不再把规则看成是绝对的、固定不变的,评定行为的好坏主要看是否符合自己的利益。

2. 习俗水平

这一水平的儿童能够着眼于社会的希望与要求，并从社会成员的角度思考道德问题，已经开始意识到个体的行为必须符合社会的准则，能够了解社会规范，并遵守和执行社会规范。

阶段3：寻求认可的道德定向阶段，也称"好孩子"定向阶段。在这一阶段，儿童的道德价值以人际关系的和谐为导向，谋求大家的赞赏和认可，总是按"好孩子"的要求去思考和行动。

阶段4：尊重权威与维护社会秩序的道德定向阶段。在这一阶段，儿童以服从权威为导向，服从社会规范，遵守公共秩序，尊重法律的权威，以法制观念判断是非，知法懂法。

3. 后习俗水平

这一水平的儿童道德判断已超出法律和权威的标准，他们有了更普遍的认识，想到的是人类的正义和个人的尊严，并已将此内化为自己内部的道德命令。

阶段5：社会契约定向阶段。处于这一阶段的儿童认为法律和规范是大家商定的，是一种社会契约。他们看重法律的效力，认为法律可以帮助人们维持公正；认为契约和法律的规定并不是绝对的，可以应大多数人的要求而改变。

阶段6：原则或良心定向阶段。这是进行道德判断的最高阶段，表现为儿童能以公正、平等、尊严这些原则为标准进行思考。

柯尔伯格道德发展理论提出的以公正观发展为主线的德育发展阶段理论，为我们开展德育工作提供了启示。其"三水平六阶段论"建构了较为科学的道德发展观，启发我们在进行德育活动时应遵循学生的道德发展规律，有针对性地开展教育，以促使学生向更高水平发展。提出的道德讨论法等一系列具有可操作性的教育方式有助于我们在教学中不断激发学生的兴趣，提高学生的道德水平。

二、体谅模式

体谅模式形成于20世纪70年代，由英国德育专家麦克菲尔（Mcphail）及其同事托马斯（Thomas）、查普曼（Chapman）首创。与认知性道德发展模式强调道德认知发展不同，体谅模式把道德情感的培养置于中心地位。该模式假定与人友好相处是人类的基本需要，满足这种需要是教育的职责。该模式的一大特色是它的理论假设是在对学生广泛调查的基础上提出的，它的教材也取自对学生的调查。它以一系列的人际与情境问题启发学生的人际意识和社会意识，引导学生学会关心、学会体谅。

（一）理论假设

第一，与人友好相处是人类的基本需要，帮助学生满足这种需要是教育的职责。因此，创设道德教育课程最令人信服的理由就是学生需要这种课程。

第二，道德教育重在增强学生的人际意识和社会意识，引导学生学会关心、学会体谅。麦克菲尔在调查的基础上总结：关心人和体谅人的品性是道德的基础和核心；以关心和体谅为核心的道德行为是一种自我强化；道德教育的重点在于增强学生的人际意识，培养学生相互关心的品质。

第三，鼓励处于社会试验期的青少年试着充当各种不同的角色。

第四，教育即学会关心。麦克菲尔坚信，行为和态度是富有感染力的，品德是感染出来的而非直接教出来的。因此，在学校引导学生形成关心人、体谅人的人际意识方面，他特别强调两点：一是营造相互关心、相互体谅的课堂气氛，使猜疑、谨小慎微、提心吊胆、存在敌意和忧虑在课堂生活中逐渐消失；二是教师在关心人、体谅人方面起道德表率作用。教师引导学生学会关心的办法就是教师自己学会关心。

(二)对我国学校德育改革的启示

体谅模式有助于教师较全面地认识学生在解决特定的人际-社会问题时的各种可能反映，同时也有助于教师较全面地认识学生在解决特定的人际-社会问题时遇到的种种困难，以便更好地帮助学生学会关心。该模式对当前学校德育改革具有重要的启示。如果把学会关心视为学校德育的一个重要方面，那么这个总的教育目的应当分解成层层推进的目标体系：从培养学生对他人需要、目的、利益的敏感性，到培养学生较强的人际意识，直到培养学生比人际意识更为复杂的社会意识。目标体系应当通过一套精心设计的、内容逼真的、包含人际-社会问题情境的教材体现出来；应当与各学科的教学结合起来使用；应当大量使用有助于增强学生人际意识的教学方法，如角色扮演、文字创作、小组讨论等。

三、社会行动模式

纽曼（Newman）开发的道德教育社会行动模式（the social action model of moral education）整合了道德认知、道德情感和道德行动等多个方面，并且将它们同公民投身于社会变革联系起来，探讨了小组讨论技能的重要性、信任和承诺等情感性问题以及道德推理技能的必要性。该模式旨在教学生如何影响公共政策，有鲜明的行动取向。

该模式既不鼓励学生去反思公共事务，也不鼓励学生去关心公共事务，而是强调每个公民都有对公共事务施加影响的权力。纽曼把影响环境的能力称作环境能力（environment competence），这是社会行动模式的一个核心概念。环境能力乃是对环境造成特定后果的行动能力，包括物质能力（对物体的影响能力）、人际能力（对人的影响能力）和公民能力（在公共事务中的影响能力）。道德行为产生的前提是有采取行动的能力。道德教育的关键在于培养和提高学生的行动能力。因此，纽曼特别强调培养学生的环境能力，特别是培养他们的公民行动能力。

社会行动模式旨在提高学生揭露、研究和解决社会问题的能力，这给学校德育改革提供了启发：在课程设计和组织上，要注重组织学生开展社会调查、社会实践及社区服务活动，使学生形成参与社会活动的兴趣和报效社会的动力，特别是提高学生理性干预社会公共事务的行动能力。

四、社会学习模式

社会学习模式也称社会模仿模式，由美国心理学家班杜拉（Bandura）创立。该模式吸取了认知发展论的某些观点，与行为主义的合理内涵相结合，创立了新的认知理论——行为主义学说。

该理论认为，学习并非刺激—反应（S—R）的结果，而是相当复杂的过程，"S—R说"既不能说明新行为的产生，也无法解释人的完整行为和复杂行为系统的完整模式，更不能说明学习后要延续时间行为才会出现等问题。为此，他主张用替代性学习概念，建立观察学习的理论体系来说明个体对刺激的反应和对行为体系的建构。他认为人类不必事事经过直接反应和亲身体验、强化，只需要通过观察他人在相同环境中的行为及他人行为获得的强化进行体验学习，所以建立在替代基础上的观察学习是人类学习的重要形式，是品德教育的主要渠道。

该理论强调观察学习是行为获得的基本学习方法，通过观察、模仿，再经认知过程进而形成人的复杂行为；注重强化的学习意义，利用外部直接强化、替代性强化和自我内在强化的交互作用，使学生提高学习效率；强调建立有利于学习的道德环境和心理调节机制。教师应引导学生通过建立自信、培养良好的道德品质和健全的人格等促进自我期望的实现，培养良好的心态。

第四节 德育的原则、方法和途径

一、德育原则

德育原则是学校对学生进行德育时必须遵循的基本要求，是根据教育目的、德育目标、德育的特点与内容等提出来的，也是对德育实践经验的概括和总结。我国中小学德育的教学原则主要如下。

（一）方向性原则

1. 含义

方向性原则是指教师在开展德育时要有一定的理想性和方向性，以指导学生向正确的方向发展。

2. 贯彻方向性原则的要求

第一，坚定正确的政治方向。

第二，德育目标需符合新时期的方针政策和总任务的要求。

第三，德育的理想性和现实性相结合：将学校德育置于社会大背景中，认同市场经济背景下形成的重视个人利益的同时坚持社会主义集体主义的价值导向，克服要求过高、不分层次、过于理想化的弊端。

（二）知行统一原则

1. 含义

知行统一原则也称理论与实际相统一原则，是指教师进行德育时既要对学生进行系统的理论教育，又要引导学生进行实际锻炼，把提高思想认识与培养道德行为结合起来，使学生成为知行统一、言行一致的人。

2. 贯彻知行统一原则的要求

第一，进行系统的理论教育，从根本上提高学生的思想道德认识水平。

第二，组织和指导学生参加各种实践活动。

第三，全面评价学生的思想品德，坚持知行统一的原则。

第四，以身作则，严于律己。

(三)疏导原则

1. 含义

疏导原则也称循循善诱原则，是指教师进行德育时要循循善诱，以理服人，从提高学生认识水平入手，调动学生的主动性，使他们积极向上。

2. 贯彻疏导原则的要求

第一，要从正面说理，疏通引导。

第二，选择先进典型，用榜样教育引导学生前进。

第三，建立必要的规章制度和集体组织的公约、守则等，并且严格管理，认真执行。

(四)长善救失原则

1. 含义

长善救失原则是指教师在进行德育时要调动学生自我教育的积极性，运用他们自身的积极因素去克服他们品德上的消极因素，实现品德发展内部矛盾的转化。

2. 贯彻长善救失原则的要求

第一，用一分为二的观点全面分析，客观评价学生的优点与缺点。

第二，有意识地创造条件，将学生思想中的消极因素转化为积极因素。

第三，提高学生自我认识能力和自我评价能力，启发他们自觉思考，克服缺点，发扬优点。

(五)尊重热爱与严格要求学生相结合原则

1. 含义

尊重热爱与严格要求学生相结合原则是指教师在进行德育时要把对学生的思想和行为的严格要求与对他们个人的尊重和信赖结合起来，使教师对学生的影响与要求转化为学生的品德。

2. 贯彻尊重热爱与严格要求学生相结合原则的要求

第一，爱护、尊重、信任每一名学生。

第二，善于向学生提出正确、合理、明确、具体的要求。

实践经验表明，爱是严的基础，严是爱的具体体现。在教育实践中，教师要注意区分严格要求学生与对学生凶狠。

(六)集体教育与个别教育相结合原则

1. 含义

集体教育与个别教育相结合原则是指教师在进行德育时既要组织好学生集体，依靠集体的舆论、优良风气和传统教育学生，又要注意通过对个别学生的教育来影响学生集体，使集体教育与个别教育有机地结合起来。

2. 贯彻集体教育与个别教育相结合原则的要求

第一，重视组织和培养良好的学生集体。

第二，善于发挥集体的影响作用。

第三，把个别教育与集体教育、教育个别与教育集体有机结合起来。

（七）因材施教原则

1. 含义

因材施教原则是指教师在进行德育时要从学生的思想认识和品德发展的实际出发，根据他们的年龄特征和个性差异进行不同的教育，使每名学生的品德都能得到最好的发展。

2. 贯彻因材施教原则的基本要求

第一，深入了解学生的个性特点和内心世界。

第二，根据学生个人特点，有的放矢地进行教育。

第三，根据学生的年龄特征，有计划地进行教育。

（八）教育影响一致性原则

1. 含义

教育影响一致性原则是指教师在进行德育时应有目的、有计划地把来自各方面的对学生的教育影响加以组织、调节，使其互相配合、协调一致、前后连贯，以保障学生的品德能按教育目的的要求发展。

2. 贯彻教育影响一致性原则的要求

第一，统一校内各种教育力量。

第二，密切联系家庭和社会，统一、协调对学生的教育影响。

第三，做好衔接工作：做好小学与初中、初中与高中及学期与学期之间学生品德教育的工作，做好因班主任和教师的调换产生的衔接工作，注意处理好集中性教育与经常性教育的关系。

二、德育方法

（一）说服教育法

说服教育法是指通过摆事实、讲道理的方式来提高学生的认识水平和思想觉悟。它重在培养学生明辨是非、善恶、美丑的能力。说服教育的具体方式包括：讲解、谈话、报告、讨论、参观、访问等。说服教育法的特点是以理服人。说服切忌灌输。教师在运用说服教育法时要注意以下几点。

第一，说服教育要有针对性。针对性是提高说服教育实效性的前提和条件。针对性即教师从学生的思想实际、年龄特点、个性差异及心理状态的实际出发，有的放矢地进行说服教育，要防止出现"放空炮""模式化""一刀切"的现象。

第二，说服教育要有感染性。感染性是指激发学生内在的积极情感，以达到师生双方心理相容、增强教育效果的目的。教师要使说服教育具有感染性，一要从爱护和关心学生出发，抱着尊重和信任的态度，设身处地为学生着想，循循善诱，推心置腹，坦诚相见，不能以惩罚等手段强迫学生接受自己的观点；二要使说服富有知识性和趣味性，注意给学生讲知识、理论和观点，选用的内容、表述的方式要生动有趣，使他们喜闻乐见，留下深刻的印象；三是使说服真诚自然，不能言不由衷或装腔作势。

第三，说服教育要讲究科学性和艺术性。科学性即阐述的道理必须符合客观真理，符合实际，要对学生讲实话。艺术性即灵活运用说理的方法和方式。这就要求讲的道理符合客观实际，所举事例是真实的，而不是杜撰或歪曲的；注意营造适宜的环境和气氛，选择合适的方法；提高语言修养，讲究言辞和方式。

（二）榜样示范法

榜样示范法是教育者借助榜样人物的优秀品质、模范行为、优异成绩或英勇事迹来教育学生、感染学生的方法。青少年都善于模仿，能把道德规范的要求与现实生活结合起来。生动典型的事例对他们具有很强的激励作用。用来示范的榜样主要有家长、教师、同学、英雄人物、革命领袖、历史伟人和文艺形象等。教师在运用榜样示范法时要注意以下几点。

第一，选好榜样是学习榜样的前提。教师要善于引导学生进行分析鉴别，在选择榜样时要注意青少年的年龄特征、接受能力以及社会氛围和时代特点，使榜样能有效地影响他们。

第二，树立榜样的威信，激起学生对榜样的敬慕之情。榜样的威信直接影响德育的效果。教师选择的榜样必须具有真实性、可信性，能以他们高尚的情操和感人的事迹赢得学生发自肺腑的敬仰和爱慕，这样才能让学生产生自觉性。相反，把榜样任意拔高以及神化的做法只能让学生怀疑和反感。

第三，激发学生学习榜样的动机。榜样的教育效果不仅依赖于外部条件，也依赖于学生自身的内部条件。激发学生的学习动机是非常重要的。教师要做到：第一，通过宣传，使榜样的模范事迹深入人心，激发学生的学习模仿积极性；第二，对学生提出具体可行的要求，使其明确学什么和怎样学；第三，有目的地组织一些活动，提供实践的机会，使学习榜样见之行动。

（三）情感陶冶法

情感陶冶法是教师通过创设和利用一定的情境，通过有教育意义的文艺作品对学生进行感化和熏陶，使学生在直观感受中潜移默化地形成思想品德的一种方法。陶冶教育方式主要包括人格感化、环境陶冶和文艺熏陶三种。人格感化是教师以自身的人格威望及其对学生的真挚热爱和期望来对学生进行陶冶；环境陶冶是利用优美的校园环境、优良的校风和班风、和谐的家庭氛围和良好的家风等创设各种情境，对学生进行潜移默化的影响，以达到陶冶性情、培养品德、净化灵魂的目的；文艺熏陶是运用文艺的教育作用进行陶冶。

在对若干种情感陶冶法进行尝试的过程中，英国教育家威尔逊的"家庭化模式"是一个可以借鉴的典型。其具体做法是由 30～80 名不同年龄和性别的学生组成一个"家庭"，有自己的家长、男女舍监和自己的房子，成员共同参与一些日常活动。其中家长既是保证规则实施的监督人和主持人，又是与学生地位平等的朋友。他们的主要任务是使学生意识到自己的情感问题，并正确处理好自己与他人的情感问题。男女舍监分别代表男女主人，管理家庭生活。家庭既可以提供交流与合作的机会，又可以促使学生独立思考和承担责任，达到情感生活与道德生活的统一。应该说"家庭化模式"是一种较好的德育方式。陶冶法的关键是设置具有隐性教育意义的教育情境，教师在运用情感陶冶法时要注意以下几点。

第一，创设良好的教育情境。教师的主要作用体现在教育情境的创设上。这一情境必须能够引人入胜，具有感染力。教育的作用是渗透于其中而非显性存在。在教育情境创设之后，教师的作用应当尽量减弱，除非教师在情境中作为情境的构成要素之一存在。

第二，提高自我修养。教师作为教育情境的构成要素的条件是对学生真诚，自身有较强的道德人格魅力。同时教师应当成为道德人格上的榜样。

第三，引导学生参与情境创设。教师应当促进学习主体与教育情境互动，强调学生主动参与以及对环境进行净化、美化和改造。主体的主动参与是增强道德陶冶作用的一个重要条件，因为参与可以使环境变成具有亲和力或亲切感的道德影响源。

(四)自我教育法

自我教育法是指在教师的启发和引导下，学生对自己的思想品德表现进行自我认识、自我克制、自我激励、自我评价、自我调节等，以提高自己的思想品德水平的方法。自我教育是学生思想进步的内部动力，是一种自我修养的方法。苏联教育家苏霍姆林斯基曾说过："只有促进自我教育的教育才是真正的教育。"[①]运用自我教育法时，教师一定要使教育活动与学生的自我教育结合起来，启发学生制订自我教育的计划，培养学生的自我道德评价能力。教师在运用自我教育法时要注意以下几点。

第一，激发学生自我教育的愿望，培养学生自我教育的自觉性。

第二，指导学生掌握自我教育的标准。

第三，创设有利的道德情境，组织各种实践活动，发展学生的自我教育能力。

(五) 实际锻炼法

实际锻炼法是学生形成和巩固思想品德与行为习惯的有效方法。这种方法是让学生通过参加各种活动接受实际的锻炼，从而养成良好的道德行为习惯，达到知行统一、言行一致的目的。学生参加实际锻炼的方式是多种多样的，包括执行制度，即让学生按照学生守则、课堂纪律、作息制度等必要的规章制度进行锻炼；委托任务，即教师或学生集体委托学生完成一定的工作任务；组织活动，即组织学生参加各种实际的活动，如学习活动、课外活动、劳动以及一定的社会实践活动等。教师在运用实际锻炼法时要注意以下几点。

第一，坚持严格要求。明确锻炼的目的和要求，有严密的组织工作和规章制度，如开展什么样的活动，受到哪些锻炼，训练哪方面的品德行为和能力，事先都要有周密的计划。

第二，要充分尊重和发挥学生的主动性与积极性，使学生成为各种实际锻炼的主人。

第三，注意检查和坚持。反复进行锻炼，做到持之以恒。中小学生的日常生活都是他们进行实际锻炼的机会，教师不要忽视这个环节，要让学生坚持通过日常的学习、劳动和生活进行反复锻炼。

(六)品德评价法

品德评价法是指通过对学生已经形成或正在形成的思想品德给予肯定或否定的评价，以激励其上进，预防不良品德滋长的方法。品德评价法的主要形式有以下三种。

奖励：这是对学生思想品德给予肯定评价的一种鼓励方法，有赞许、表扬和奖赏三种形式。

---

① ［苏联］苏霍姆林斯基：《少年的教育和自我教育》，姜励群、吴福生、张渭城等译，100 页，北京，北京出版社，1984。

惩罚：这是对学生不良思想行为的否定评价，其教育意义在于使学生认识到某些思想品德是错误的，促使其克服、纠正和彻底根除这些思想与行为，包括批评、谴责和处分三种形式。

操行评定：包括写评语和等级评定两种形式，这是在一定时期内对学生思想品德所做的比较全面的评价，是以对学生品德方面的要求为指导思想、以学生守则为基本内容来考查学生在课内外对待学习、生活、劳动、集体和同学等各方面的态度，做出概括性总结。

教师在运用品德评价法时要注意以下几点。

第一，要有明确目的。评价是教育手段而不是教育目的，是为了长善救失，激励学生进步。故教师在评价时应有明确的目的，从调动学生内在积极因素出发，充分肯定成绩，诚恳适当地指出缺点，提出改进意见。

第二，要客观慎重，实事求是。教师在评价学生时要坚持从实际出发，一分为二，灵活掌握评价的分量和时机，做到公平合理、恰如其分，该奖则奖、该罚则罚，使评价与学生品德表现的好坏程度相适应，坚决防止感情用事、滥用评价的做法。

第三，要充分发扬民主。评价，特别是对重大问题的评价，需要教师发扬民主，走群众路线，广泛征求各方面的意见，并取得集体舆论的支持与赞同，否则就会削弱教育作用，甚至产生不良后果。

第四，注意对象的个别差异。品德评价要求教师考虑学生的年龄特征和个性差异，灵活进行。例如，如果那些经常犯错误、挨批评的学生，做了好事，那么教师就应及时给予表扬鼓励；对经常受表扬的学生，教师应提出更高要求；对偶犯过失与明知故犯或屡犯不改者，教师在处理上也要有不同的分寸，不要千篇一律、简单解决。

以上各种德育方法各有其特点和作用，相互补充，共同构成德育方法的完整体系。教师要根据实际情况，考虑各种德育方法的优势，灵活地、创造性地加以运用。教师在选择德育方法时一般要考虑以下几点。

第一，德育目标。德育目标是德育工作的预期结果，德育方法是为实现德育目标服务的，所以选择德育方法首先要考虑德育目标的要求。

第二，德育内容。德育内容决定德育方法。德育内容的性质不同，德育方法也不同。例如，属于社会政治意识的德育内容，通常采用说服教育法；属于道德品质和良好行为习惯的德育内容，通常采用榜样示范法和实践锻炼法。

第三，学生的年龄特点和个性差异。德育方法的选择和运用必须符合学生身心发展的年龄特征和个性差异。对不同性别、不同个性的学生，同一种德育方法运用的具体方式和要求也应有所不同。

三、德育途径

德育途径是教师对学生实施德育影响的渠道，是实现德育目标的组织形式。我国学校德育途径有很多，其中教学是完成德育任务的基本途径，主要包括思想政治课与其他学科的教学活动。教师应充分发挥教学过程中德育因素的作用。课外活动、校外活动等都是德育的途径。

我国学校德育主要有以下几种实施途径。

（一）政治课与其他学科教学

教学不仅是学校实施全面发展教育的基本组织形式，也是学校德育最基本、最实用的形式。通过教学实施德育主要是通过传授文化科学知识实现的。各科教材中包含着大量的德育内容。教师只有充分发掘教材本身所具有的德育因素，把教学的科学性和思想性联系起来，才能在传授文化科学知识的同时，使学生受到科学精神、人文精神的熏陶，形成良好的品德。

教学方法、教学组织形式和教师的榜样作用等都具有教育意义。教师在教学中要教育学生明确学习目的，端正学习态度，培养学生的责任感，使学生养成勤奋刻苦学习的习惯。

（二）共青团、少先队、学生会组织的活动

共青团、少先队和学生会是学校里学生的集体组织，不仅有利于发挥学生的主体作用，调动学生的积极性和主动性，培养学生自我教育和自我管理的能力，而且是实施道德教育、实现德育目标的有效形式。

（三）课外、校外活动

课外、校外活动是由学校以外的教育机构组织和领导的学生课余教育活动。课外、校外活动是学校教育体系中的一个组成部分，也是全面发展教育和实施德育的一个重要途径。组织学生参加各种形式的社会实践活动是学校德育的一种方式。

（四）校会、班会、周会、晨会、时事政策学习

校会和班会是全校师生或全班同学参加的活动，能持久地、潜移默化地影响学生，及时地、有针对性地解决学生的思想问题。周会主要对学生进行社会主义道德教育和时事政策教育。晨会可以对随时出现的问题予以及时解决。时事政策学习是国情教育的重要途径，一般采用做政策报告，学生自己阅读报纸或收听广播、收看电视等形式。

（五）社会实践活动

学生的思想品德是在活动和交往中形成，并通过活动和交往表现出来的。社会实践活动有助于培养学生各种良好的品德和风尚，因此，社会实践活动也是学校德育不可缺少的重要途径。社会实践活动主要包括三种类型：组织学生参加劳动（工农业生产劳动、社会公益劳动、自我服务性劳动、勤工俭学劳动），组织学生参加社会政治活动（宣传党的方针政策活动、拥军优属活动），社会调查活动（参观、访问、考察等）。

（六）班主任工作

班级是学校教育工作的基本单位；班主任是班级教育系统的主导力量，也是学校实施德育的主干。通过班主任，学校可以强有力地管理学生集体，更好地发挥德育的作用。

第五节 "三生教育"、安全教育及升学和就业指导[①]

"三生教育"指生命教育、生存教育、生活教育。开展"三生教育"是我国学校素质

---

① 华东师范大学教育学编写组：《基于教师资格考试的教育学》，234～243 页，上海，华东师范大学出版社，2016。

教育的重要内容，也是新时期德育发展的新主题。生命教育是前提和根本，生存教育是基础和关键，生活教育是方向和目标。三者之间互为基础，相辅相成。

安全教育的主要目的在于培养学生的安全意识和救护技能，提高学生面临突发事件时的自救、自护、应变能力。

升学和就业指导的主要目的在于指导学生树立正确的职业观，帮助他们了解社会职业，引导他们按照社会需要和自己的特点为将来升学选择专业与就业选择职业做思想上、学习上的准备。

一、"三生教育"

(一)生命教育

1. 基本内涵

生命教育有广义和狭义之分。广义的生命教育是一种全人的教育，不仅包括对生命的关注，而且包括对生存能力的培养和对生命价值的提升。狭义的生命教育指的是对生命本身的关注，包括个人与他人的生命，进而扩展到一切自然生命。

2. 主要内容

生命教育的主要内容是认识生命、尊重生命、珍爱生命与发展生命。认识生命是前提，尊重生命是基础，珍爱生命是关键，发展生命是目的。教师要让学生认识人类的自然生命、精神生命和社会生命的存在与发展规律，认识个体的自我生命和他人的生命，认识生命的生老病死过程，认识自然界其他物种的生命存在和发展规律，最终树立正确的生命观，领悟生命的价值和意义；引导学生以个体的生命为着眼点，在与自我、他人、自然建立和谐关系的过程中促进生命的和谐发展。

3. 意义

生命教育能使学生树立正确的生命价值观，理解生命，善待生命，发掘生命的意义并珍惜生命；能帮助学生养成健全的人格，使学生在与他人的交流中能够感觉到生命的意义；能让学生在学习、劳动与实践的过程中体会到生命的美与力量，以更积极的态度去生活、钻研和探索；能让学生感到即使他们不能成才，他们仍然会成为一个健全的人、有用的人。

4. 基本途径

生命教育的基本途径主要有开设生命教育课程；在学科中渗透生命教育；组织各种学生活动，丰富学生的人生经历，让学生获得生命体验；提升教师自身的生命情怀；整合学校、家庭、社会的教育力量等。

(二)生存教育

1. 基本内涵

生存教育指通过开展一系列与生命保护和社会生存有关的教育活动和社会实践活动，向学生系统地传授生存的知识与经验，有目的、有计划地培养学生的生存意识、生存能力和生存态度，引导学生树立科学的生存价值观，从而促进学生自由、全面、健康发展，实现人与自然的和谐统一。

2. 主要内容

生存教育主要包括生存意识、生存知识、生存能力、生存价值观等方面的教育。

生存意识教育实际上是指珍惜生命的教育，包括生命安全教育、生活态度教育；生存知识教育包括自救知识教育、相处知识教育、健康知识教育；生存能力教育包括动手能力教育、适应环境能力教育、抗挫折能力教育、安全防范能力教育和自救能力教育；生存价值观教育包括生存意义教育。

3. 意义

通过生存教育，学生能够认识生存及提高生存能力的意义，树立人与自然、社会和谐发展的生存观，确立适合个体的生存追求，学会判断和选择正确的生存方式，学会应对生存危机和摆脱生存困境，善待生存挫折，形成一定的劳动能力，能够合法、高效地解决安身立命的问题。

4. 基本途径

生存教育的基本途径包括开设生存教育课，在学科中渗透生存教育，在实践活动中进行生存教育，家庭、学校、社会三者结合共同开展生存教育等。

(三)生活教育

1. 基本内涵

生活教育指帮助学生获得生活常识，掌握生活技能，确立生活目标，经历生活过程，获得生活体验，树立正确的生活观念，追求幸福生活的教育。

2. 主要内容

生活教育的基本内容包括生活行为教育、生活规范教育和生活情感教育三个方面。生活行为教育主要是帮助学生形成良好的生活所必需的各种行为习惯、生活方式及生活观念，较好地适应社会生活；生活规范教育主要是帮助学生形成良好的道德品质以及自我约束能力和自我调节能力；生活情感教育主要是帮助学生形成体验生活、热爱生活、幸福生活、追求高尚生活的良好情感。

3. 意义

通过生活教育，学生能够认识生活的意义，热爱生活，为生活奋斗；理解生活是由物质生活和精神生活、个人生活和社会生活、职业生活和公共生活等组成的复合体；提高生活能力，培养良好品德和行为习惯，培养爱心和感恩之心，培养社会责任感，形成立足现实、着眼未来的生活追求；做出正确的生活选择，理解生活的真谛，处理好学习与休闲、工作与生活的关系。

4. 基本途径

生活教育的基本途径包括开展贴近学生生活实际的生活化主题教育，通过实践活动提高生活质量。

二、安全教育

(一)基本内涵

安全教育是对学生开展安全意识、安全措施以及防范意外事故的教育。

(二)主要内容

学生安全教育主要包括交通安全、校内外活动安全、消防安全、饮食安全及家居安全。

(三)意义

开展学校安全教育有利于学生健康成长，有利于社会环境的净化，有利于增强各级各类学校的责任感。

(四)基本途径

安全教育的基本途径包括安全课程、学科教学、讲座、专栏专刊、知识竞赛等。

三、升学和就业指导教育

(一)基本内涵

升学和就业指导是指教师根据社会的需要指导学生树立正确的职业观，帮助他们了解社会职业，进而引导他们按照社会需要和自己的特点为将来升学选择专业与就业选择职业做好思想上、学习上和心理上的准备。

(二)意义

升学和就业指导可以帮助学生充分了解自己的个性特点，使学生对自己有全面、理性的认识；可以帮助学生完成学业，了解社会分工的要求，根据自身特点选择适合自身的发展方向；还可以激励学生以新的姿态继续学习，走向成功。

(三)基本途径

1. 升学指导的基本途径

升学指导的基本途径主要从以下三方面进行。一是学业价值观指导。毕业生报考什么学校、攻读什么专业，其选择过程与个人的价值观念直接相关。为此，教师要帮助学生树立正确的价值观和人生观，帮助学生了解在存在多种经济结构的社会环境中，国家需要多层次、多方面的建设人才，解除片面追求升学率对学生造成的心理压力。二是学习方法指导，包括指导学生制订切实可行的复习计划，做好对各任课教师的联络协调工作，指导学生进行解题技能训练，还可以指导学生合理安排作息时间。三是学习心理指导。学生中有一些常见的不良心理状态，如焦虑、恐惧等，严重影响了学生的正常复习和临场发挥。为此，教师应注意：一要指导学生进行自我心理调控，取得任课教师和家长的配合，改善环境条件和生活方式，不要对学生频繁地使用鞭策激励性话语，严格控制有关考试的流言，以免造成学生的情绪骚动；二要指导学生会适应考场，学生面对陌生的考场往往因备感紧张而影响考试情绪，为此教师可指导学生采用心理认同、置换、超脱等方法，以迅速适应考场。

2. 就业指导的基本途径

就业指导的基本途径分为就业意识指导和就业技能指导。就业意识指导是指教师帮助学生逐步树立远大的理想，形成正确的世界观，了解社会、职业、自己，树立正确的劳动观、职业观、择业观，处理好国家、集体和个人的关系。就业技能指导包括教师督促学生扎实地抓好对基础知识与基本技能的学习和一般职业技能训练；重视对学生进行职业道德教育；加强对学生职业心理素质的训练，培养学生的创业意识和刻苦精神；针对学生的心理特征，加强责任心、理智感、自制力的培养训练，帮助他们正确认识现实社会的种种矛盾，提高耐挫折能力，培养职业信念和创造能力。

参考文献

1. 王道俊，王汉澜. 教育学[M]. 北京：人民教育出版社，2004.

2. 华东师范大学教育学编写组. 基于教师资格考试的教育学[M]. 上海：华东师范大学出版社，2015.

3. 中公教育教师资格考试研究院. 教育知识与能力·中学[M]. 北京：世界图书出版公司，2017.

习题

1. 简述德育过程的规律。
2. 简述皮亚杰的道德认知发展理论。
3. 简述柯尔伯格的道德认知发展理论。

第九章　班级管理与班主任工作

【国考大纲导航】

1. 了解班级管理的模式和主要内容，熟悉班集体的发展阶段，能开展班级的日常管理工作。

2. 了解班主任工作的内容和方法。

3. 了解课外活动组织和管理的有关知识，包括课外活动的意义、基本内容、组织形式以及设计与实施的要求，能组织学生开展丰富多彩的课外活动。

第一节　班级、班级管理与班集体建设

一、班级

班级是由教师和学生共同组成的，是学校进行教育和教学活动的基本单位，是学生学习、生活、发展的直接环境，也是学生实现社会化发展的重要场所。班级对学生的成长有三方面的作用：第一，有利于促进学生相互学习与共同成长；第二，有利于学生社会化与个性发展；第三，有利于学生提升自我教育能力与自我管理能力。

班级是一种社会组织，其基本成员是班主任、教师（特指不担任班主任的任课教师）和学生。班级通过师生相互影响的过程来达到预定的教育目的。班级是由不同的个体组成的群体，反映正式组织层面与个人属性层面的需求，在结构上存在着正式组织与非正式组织。

班级组织是由学生组成的正式组织，旨在实现班级组织的公共目标。每个班级组织都有工作目标，都要根据班级分工建立不同的组织机构。我国中小学班级的正式组织一般分为三个层次：第一层次是对全班负责的角色，即班干部；第二层次是对小组工作负责的角色，即小组长；第三层次是对自身的任务负责的角色，即小组一般成员。

非正式组织源于班级组织的个人属性层面的人际关系，是学生在共同学习与活动中基于成员间的需求、能力、特点的不同，从个人的好感出发自然形成的。它没有定员编制，没有明确的组织形态，但却是客观存在的。非正式组织有四种类型。第一，积极型，这种非正式组织的价值目标与班级正式组织的目标是一致的，是班级正式组织的补充。第二，娱乐型，学生因情绪上的好感和消磨课余闲暇时间的需要而聚集在一起，主要目的是玩。这些团体有时格调不高，甚至庸俗，但他们感到很满足。第三，消极型，这种组织会自觉和不自觉地与班主任、班委会发生对立，如破坏纪律、发牢骚等。第四，破坏型，这种组织已游离出正式组织，没有是非标准，常对班级组织产生破坏作用。

二、班级管理

班级管理是教师根据一定的目的要求，采用一定的手段和措施，带领全班学生对班级中的各种资源进行计划、组织、协调、控制，以实现教育目标的活动过程。班级管理是一种有目的、有计划、有步骤的社会活动。这一活动的根本目的是实现教育目标，使学生得到充分的、全面的发展。

(一)班级管理的几种模式

1. 班级常规管理

班级常规管理是指通过制定和执行规章制度去管理班级。规章制度是学生在学习和生活中必须遵守的行为准则，具有管理、控制和教育作用。班主任通过制定规章制度，可以使班级各项工作有章可循，有条不紊；通过执行规章制度，可以培养学生良好的行为习惯，建立优良的班风。

开展以班级规章制度为核心的常规管理是班主任工作的重要内容之一。一般来说，班级规章制度主要由三部分组成：第一，教育行政部门统一规定的有关班集体与学生管理的制度，如学生守则、日常行为规范、体育锻炼标准等；第二，学校根据教育目标、上级有关指示制定的学校常规制度，如考勤制度、奖惩制度、课堂常规、作业要求等；第三，班集体根据学校要求和班级实际情况讨论制定的班级规范，如班规、值日生制度、考勤制度等。

2. 班级平行管理

班级平行管理是指班主任既通过对集体的管理去间接影响个人，又通过对个人的直接管理去影响集体，从而把对集体和个人的管理结合起来的管理方式。

班级平行管理的理论源于教育家马卡连柯(Макаренко)的平行教育思想。马卡连柯认为，教师要影响个别学生，首先要去影响这个学生所在的班级，然后通过班级与自身一起去影响这个学生，这样就会产生巨大的教育力量。班主任实施平行管理时，首先，要充分发挥班集体的教育功能，使班集体真正成为教育的力量；其次，要通过教育个别学生，促进班集体的发展。总之，班主任要实施对班集体与个别学生双管齐下、互相渗透的管理。

3. 班级民主管理

班级民主管理是指班级成员在服从班集体的正确决定和承担责任的前提下，参与班级管理的一种管理方式。班主任实施班级民主管理要做好两方面的工作：第一，组织全体学生参加班级全程管理，即在班级管理的计划、实行、检查、总结的各个阶段都让学生参与进来，与学生共同实施管理活动；第二，建立班级民主管理制度，如干部轮换制度、定期评议制度、值日生制度、值周生制度、定期召开民主教育活动制度等。

4. 班级目标管理

班级目标管理是指班主任与学生共同确定班级总体目标，然后将总体目标分解为小组目标和个人目标，使其与班级总体目标融为一体，形成目标体系，以此来推进班级管理活动，实现班级目标的管理方法。

班级目标管理是由美国管理学家德鲁克(Drucker)提出的，其理论的核心是将传统的他控式的管理方式转变为强调自我、自控的管理模式，是一种以自我管理为中心的管理模式。其目的是更好地调动被管理者的积极性。

在班级中实施目标管理，就是要围绕全体成员共同确立班级的奋斗目标，将学生个体的发展与班级进步紧密地联系在一起，并在目标的指导下，实施学生的自我管理。

(二)班级管理的主要内容

班级管理主要包括以下几方面的内容。

1. 班级组织建设

班级管理是以班集体为基础展开的，因此，建设良好的班集体是班级管理的核心工作。班级组织建设要做的主要工作包括如下几个方面：第一，确定集体的奋斗目标；第二，健全组织，发挥干部的作用，以形成集体核心；第三，有计划地开展集体活动；第四，形式正确的舆论和良好的班风。

2. 班级制度管理

班级制度管理的内容主要用两种。第一，成文的制度。成文的制度是学校教育教学工作的基本规范要求，即实施常规管理。它直接受社会的政治经济制度和文化制度的制约，既反映国家的教育方针政策等宏观层次的内容，又反映学校拟定的规章制度和公约等微观层次的内容。常规管理具有基础性、强制性、实际操作性等特点，属于定型性的管理，强调班级制度管理应避免控制主义的层级化管理。第二，非成文的制度。非成文的制度是指班级的传统、舆论、风气、习惯等，即不成文的、约定俗成的非常规管理，属于不定型性的管理。

3. 班级教学管理

教学是学校的中心工作，教学质量管理是班级教学管理的核心。班级教学管理包括以下内容。

第一，明确班级教学管理的目标和任务。现代教学理论主张教学活动应使学习目标共有，并使学生在学习活动中学会合作。学习目标共有意味着班主任和教师把代行制定的目标当作师生合作的目标，不仅让学生理解应该学习哪些内容，而且让学生共享学习内容的价值，培养学生的主体意识。

第二，建立有效的班级教学秩序。教学需要建立师生及学生之间的合作关系。合作性学习活动就是利用个别差异进行"智慧借用"和"帮助对方"，在此基础上，通过争论，实现一定的学习目标的活动。因此，班级组织要建立有利于教师引导学生发挥主体作用的教学秩序，创设相互支持的班级氛围。

第三，建立班级管理指挥系统。这是实现班级发展目标的组织保障体系，包括三个方面：一是以班主任为核心的班级任课教师群体，二是以班长或学习委员、课代表为骨干的学习沟通系统，三是以学习小组长为中心的执行系统。

第四，指导学生学会学习。学习指导包括培养学生正确的学习动机、浓厚的学习兴趣、顽强的学习意志，还包括培养学生稳定的注意力、敏锐的观察力、高超的记忆力、敏捷的思维力等。

4. 班级活动管理

班级活动的基本特点如下：第一，班级活动是一种交往活动；第二，班级活动的目的具有一致性，明确了师生共同遵循的行为准则与规范；第三，班级活动的时空具有一致性；第四，班级成员在活动中分工合作，互相配合，责任依从；第五，班级活动导致一系列诸如暗示、模仿、感染、舆论、心理相容等社会心理现象的出现，有利于良好的人际关系的形成。

班级活动的种类如下：

第一，按活动方式分，可分为课内活动和课外活动；

第二，按活动内容分，可分为思想品德教育活动、文化学习活动、科技活动、文艺活动、劳动活动、游戏活动、综合活动等；

第三，按活动目的分，可分为目标内化活动、建设舆论活动、建立良好人际关系活动、班级常规管理活动、培养学习兴趣活动等。

所有这些班级活动都有极强的目的性和严格的要求，要求班主任和任课教师加强对活动的管理与指导，确保实现应有的成效。

三、班集体建设

(一)班集体的概念和特征

1. 班集体的概念

班集体是指通过班主任等各种主要教育力量的教育和培养而形成的班级群体。它一般以集体主义思想为导向，具有共同的奋斗目标，较强的骨干力量，良好的纪律、舆论、班风，和谐的人际关系，能够促使班级全体成员德、智、体各方面不断发展。

班集体不同于班级。班级是校内行政部门依据一定的编班原则把十几个或几十个年龄和学龄相当、程度相近的学生编成的正式群体。班集体是班级群体的高级形式，班集体的形成需要全班学生和班主任以及各学科教师的共同努力。班集体具有如下特征。

第一，班集体是一个以学生亚文化为特征的社会群体，积淀着班级制度的社会文化基因(教育目标、规范和组织模式)。

第二，班集体是一个以教学为中介的共同活动体系，以课堂教学为中介，整合学校、社会、家庭的教育影响。社会化的共同学习活动是班集体形成和发展的主要整合因素。

第三，班集体是一个以直接交往为特征的人际关系系统。交往和人际关系动态地反映了集体与个体、个体与个体、集体与环境的相互作用，体现着集体形成的过程。

第四，班集体是一个以集体主义价值为导向的社会心理共同体，集体心理的统一性和社会成熟度综合反映了集体主体性的水平。

2. 班集体的特征

一个良好的班集体一般都有明确的奋斗目标、健全的组织系统、严格的纪律规范、共同的生活准则、坚强的领导核心、优良的班风传统。良好的班集体有如下特征。

第一，共同的班级奋斗目标。共同的班级奋斗目标是班集体形成的基础。班集体首先必须具有一个明确的、全班同学共同认可的奋斗目标。

第二，健全的组织系统和坚强的领导核心。班集体中健全的组织系统构成了班集体的核心。通过这个核心的组织系统，班级内部的每一个成员都可以活跃起来。

第三，严格的规章制度与纪律。一个正常运行的组织必须具有制度与纪律的约束，否则就是松散的团体。一个良好的班集体一般有相应的规章制度和纪律，全体成员都必须自觉遵守其规定。

第四，平等、民主的班级氛围。一个良好的班集体一般具有民主和谐的氛围，成员之间相互信赖、相互尊重，每个人的才能和优势都能得到最大限度的发挥。

(二)班集体的发展阶段

一般来说，班集体的形成主要包括组建、形核、发展和成熟四个基本阶段。

1. 组建阶段

刚成立的新班级均处于组建阶段，此时班级成员多数彼此尚不熟悉，学生在形式上同属一个班级，但实际上都是孤立的个体，缺乏班级的认同感，行动缺乏组织协调性。因此，班主任要根据教育要求和学生发展情况，确定班集体的发展目标，靠行政手段组织班级，指定和培养班干部。总之，班集体的学生群体核心力尚待形成，班主任是班集体建立的核心力量，组织管理工作主要靠班主任来抓。因此，班主任首先应对班级教学、集体活动等各项事务和活动进行全面规划，在学生入学时就对全体学生提出明确的纪律与规范要求。创建班集体的首要工作是帮助和指导学生制定班级的目标，包括远期、中期和近期的目标。制定的目标应该既有发展性和挑战性，又具有可行性。同时，班主任应尽量让全班同学都参与班级目标的制定，调动学生的积极性，从而使他们的个人目标能与班级目标结合起来。班集体组建阶段的关键是要使学生形成对班级的认同感，为班集体的发展打下坚实的基础。

2. 形核阶段

班集体积极组织形式多样的教育活动。通过丰富的教育活动与教学交往，学生之间逐渐相互了解，班级成员的地位和作用产生分化。在班主任的引导培养下，集体活动中涌现出一批积极分子，班集体有了得力的核心人物，开始协助班主任开展各项工作。集体舆论也逐渐形成。通过这一阶段，班集体有了自我教育和自我管理的能力。但是，班级里正确的舆论与良好的班风尚未形成。作为班主任的得力助手，班干部的综合能力和素质非常重要。因此班主任要注意加强对班干部的指导和培养，让他们协助管理班级事务，逐步培养他们组织和开展班级活动与学校活动的能力。

3. 发展阶段

此阶段班集体的正常秩序已建立起来，班集体已成为教育主体。不仅学生干部，而且大多数学生都能自我严格要求，互相严格要求。教育要求已转化为集体成员的自觉需要。学生无须太多的外在监督，已能自己管理和教育自己。同学之间团结友爱，形成了正确的班级舆论与良好的班风。总之，在发展阶段的班集体，集体成员具有强烈的集体意识，能自觉维护集体荣誉和利益。同时，集体也不断为每个成员的多方面发展和自我实现创造各种条件。

4. 成熟阶段

这一阶段是班集体趋向成熟的时期。经过长时间的磨合与发展，班干部队伍建立起来了。这时候班主任要对班干部加强监督。在这个阶段，班主任关键是要引导班干部以身作则、严于律己，从而带动集体中的每个成员都能自觉地遵守和维护班级秩序，关心热爱集体，积极参加集体的各项活动，形成班集体的凝聚力。

班级进入成熟阶段的主要标志如下。

第一，班委会逐渐成熟。班干部各司其职，自觉地根据班级制度和纪律要求进行自主管理，成为既能团结合作又能独立工作的领导核心。

第二，班级组织坚强有力。全班成为一个组织制度开明、健全的有机体，班级目标与学生的奋斗目标整合一致，集体观念基本树立，班集体的正确舆论与荣誉感基本形成，集体成为教育主体。

第三，班级活动丰富多彩。学生愿意积极承担集体工作，认真参加班级各项活动，争当积极分子的人越来越多，优良班风逐步形成。

（三）班集体建设的步骤与方法

班集体建设是班主任的中心工作。班主任在建设班集体时应该做好以下几个方面的工作。

1. 确定班集体的共同奋斗目标

确定班集体的共同奋斗目标是班集体建设和发展的重要环节，没有共同的奋斗目标就不可能产生坚强的集体凝聚力。明确的共同奋斗目标是班集体的发展方向，是全体学生在认识上和行动上保持一致的动力。首先，班主任要让班级目标深入人心。常用方法有召开班会，组织同学讨论，与个别学生谈话，根据学生的意见和期望对目标进行必要的修改。其次，班主任要对班级目标进行分割，把大目标细化为阶段目标。班集体的目标是一个有层级的系统，包括总目标和不同发展阶段的具体目标。根据班级不同发展阶段的实际情况，班主任可以组织学生共同制定每个阶段的具体目标，在一个目标实现后，要紧跟着制定下一个目标。最后，班主任要将班级目标具体落实到个体。每一名学生根据班级总目标和小组具体目标以及自身的实际，拟定切实可行的个人目标。

2. 健全班级组织机构，建立班集体的领导核心

班干部是班主任的得力助手，是班集体的核心力量。在班级建立之初，班主任指定班干部，然后组织各类班级活动，让全班学生都有发挥特长、为班级服务和互相了解的机会。一个月左右以后，全班同学彼此了解了，这时班主任可以采用民主选举的方式进行班干部的选拔。班委会职务和职责设置要坚持明确、独特、具体、全面和恰当的原则。选拔出班干部之后，班主任要帮他们树立在集体中的威信，培养他们服务同学的意识，充分发挥他们的积极示范作用。班干部工作表现突出时，班主任要对他们进行充分的肯定和表扬，鼓励其他同学学习。同时，班主任要对班干部进行严格要求，一旦发现他们犯有某个错误，就要及时客观、公正地处理，不能徇私舞弊。此外，班主任还要根据班级的实际情况，在合适的阶段做好班干部的改选工作，使班级组织机构能够正常运转。

3. 完善班级组织制度，建立和谐的班级人际关系

班级规章制度是班集体学习和各种活动顺利进行的标准与保障。健全的规章制度能使教学活动具有良好的秩序，对学生做出制度和纪律的约束，保证教育教学的质量。对于班集体来说，制定班级规章制度，对学生提出严格的纪律要求，不断提高学生遵守纪律的自觉性，这是建立和培养优秀班集体的必然途径。班级规章制度主要包括各种日常规章制度，如卫生制度、值日生制度、请假制度、考勤制度等，纪律方面的规

定，如课堂纪律、集体活动纪律等。制定班级规章制度应注意：合理可行；正面教育为主，强化人文关怀，防止体罚；条文尽量简明；全班同学民主讨论，要有全员参与性、公正性和透明度。班规的制定要走群众路线，而且所有学生必须严格遵照执行，任何学生都不能例外，否则会影响纪律和制度的威信。

4. 组织形式多样的教育活动

中小学生正处于社会化过程的重要时期，他们渴望与他人交往，希望获得友谊，需要与其他同学团结、合作、互相帮助来共同解决一些问题。丰富多彩的集体活动能满足中小学生的这一要求。集体活动一方面可以丰富学生的学习生活，另一方面具有极大的教育作用。班主任可以结合实际情况组织一些社会公益性活动，如组织集体劳动、参观博物馆、春游、举办运动会等有意义的活动，发挥集体活动的教育作用。有意义的集体活动能为班集体的巩固奠定情感基础，培养学生良好的个性品质，发展学生的道德意识和道德行为能力。

5. 培养正确的舆论和良好的班风

培养正确的舆论是建设优秀班集体的重要工作，正确的集体舆论是一种巨大的教育力量。正确的舆论和良好的班风对班集体每个成员都具有约束、感染和激励的作用，是形成和巩固班集体的重要推动力。班主任要引导学生形成积极、正确的集体舆论，让学生掌握分辨是非、善恶、美丑的标准；以民主的态度进行班级管理，表扬先进，教育后进。班主任在班级建设的过程中要使良好的班风成为一种潜移默化的教育力量，促进整个班集体和学生个体身心的健康发展。

第二节　班主任工作

一、班主任的角色作用和任务

班主任是特殊的教师，是班级的组织者和教育者，对学生身心的健康发展具有重要的意义和作用。班主任是对学生进行思想品德教育的主要人员，是班级的核心，对班级的发展和建设发挥着主导作用。班集体建设是班主任的中心工作。

(一)班主任是班集体的组织者和教育者

班级是学校教育工作的基本单位，也是学生学习、活动的基层组织。当学校把十几名或几十名来自不同家庭的年龄相当、身心发展水平相近的学生编成一个班级的时候，我们还不能说这样的班级就是一个集体。班集体需要由班主任通过大量的工作，有目的、有计划地组织、培养而成。班主任对班集体的组织建设负有专门的责任。

(二)班主任是学生全面发展的指导者

中小学生正处在身心发展的重要时期，要长身体，长知识，增强独立生活的能力，需要班主任的专门指导，从而在德、智、体等方面得到发展。特别是在当今时代，班主任不仅要教会学生适应社会生活，而且要帮助他们开发潜能，指导他们去创造新的生活。班主任要不断开发学生的潜能，使学生的创造力得到充分发挥，从而为社会做出更大贡献。班主任对学生的全面发展起着重要的作用。

(三)班主任是联系班级中各任课教师的纽带

一个班级往往有好几名教师任教，他们都肩负着教书育人的重任。教育教学的成果不是靠哪名教师单独创造出来的，而是教师集体长期共同劳动的结晶。班主任的作用就是使任课教师互相配合，步调一致，统一教育要求，形成教育合力，以增强教育的整体效果。

(四)班主任是沟通学校与家庭、社会的桥梁

学生处在学校、家庭、社会三方教育的交互影响下，从多方面接收信息，受到各种影响。班主任正是按照国家的教育目的、教育政策以及学校的教育要求来协调各方面的影响的，在沟通学校、家庭、社会的过程中起着桥梁作用。

(五)班主任是学校领导实施教学工作计划的得力助手和骨干力量

学校一般是通过班级来开展教学工作的。国家教育目的的贯彻落实，学校工作计划的实施，各项活动的开展以及学生的成长都取决于班级工作的开展，取决于班主任工作的质量。因此，班主任在学校工作中有着特殊的地位和作用，是学校领导的得力助手，是办好学校的骨干力量。

班主任工作的基本任务是依据我国教育目的和当前学校的教育任务，协调各方面对学生的要求与影响，有计划地组织全班学生的教育活动，做好学生的思想教育工作，并对他们的学习、劳动、课外活动和课余生活等全面负责，把班级培养成积极向上的集体，使每名学生在德、智、体、美等方面都得到充分的发展。

二、班主任工作的内容和方法

(一)了解学生，研究学生

学生是班主任工作的对象。对学生的教育没有一种固定的模式，班主任只有深入细致地了解学生、研究学生，才能指导得法。

1. 了解和研究学生的内容

首先，要了解和研究学生个人。了解和研究的内容包括思想品德状况、集体观念、劳动态度、人际关系、日常行为习惯、学习态度、学习成绩、学习方法、思维特点、智力水平、体质健康状况、个人卫生习惯、课外与校外活动情况、兴趣、爱好、性格、个性特点等。

其次，要了解和研究学生的群体关系。了解和研究的内容包括班级风气、舆论倾向、不同层次学生的结构、同学之间的关系、学生干部情况、学生群体所属年龄阶段的特点等。

最后，要了解和研究学生的学习与生活环境。了解和研究的内容包括学生的家庭类型、家庭物质生活与精神生活条件、家长的职业及思想品德和文化修养、学生在家庭中的地位、家长对学生的态度等。

2. 了解学生的方法

了解学生的方法有很多，班主任可以通过以下途径了解学生。

第一，通过阅读学生的有关材料来了解学生，如阅读记载学生各种情况的登记表、统计表和学生活动成果记录表等。这是一种间接的了解方法，比较客观、全面、准确。

第二，通过对学生本人或知情者的调查访问，从侧面间接地了解学生，如谈话、问卷、座谈等。这种了解方式具有一定的主观性。

第三，在自然条件下，有目的、有计划地对学生在各种活动中的行为表现进行观察。这种了解方式最为直接，也最为自然，可以更加直观地了解学生的真实状态。

班主任在班级管理中要把这几种方式结合起来使用，单纯地采取一种方法会有偏颇，不利于全面、客观、准确地掌握学生的整体情况。

(二)组织和培养班集体

班级是学校教学工作的基本单位，也是学校中学生集体的基层组织。组织和培养一个良好的班集体是班主任工作的重要组成部分。班集体是否有凝聚力，取决于班主任的组织和培养能力的高低。

(三)协调校内外各种教育力量

班级是一个开放的系统，学生是在多种因素纵横交错的影响下发展的。班主任要对班级实施有效的教育与管理，必须要争取校内外各种教育力量的配合，调动各种积极因素。

1. 充分发挥本班任课教师的作用

学生在校期间会遇到许多教师，学生的成长过程是多名教师通力协作教育的过程。班主任的职责之一就是要协调所有任课教师的工作，充分发挥他们的教育力量。具体来说，班主任可以从以下几个方面做起。

第一，要使班级养成尊师爱生的风气，这样可以促进教师与学生之间形成一种良性的关系，有助于教学工作的开展，为班级管理工作的顺利进行创造条件。

第二，要定期联系任课教师，经常互通情况。班级管理仅靠班主任一个人是无法完成的。班主任必须充分调动所有任课教师的积极性，与任课教师多沟通、多交流，更加全面地了解班级整体情况和个别学生学习状况，为班级管理提供有效的信息。

第三，调节各学科教育负责人，妥善做出全面的安排。学生的思想和学习状况可以通过许多方面表现出来，因此，关于学生思想和学习问题的解决也必须采取统筹的方式来进行。发挥各科教师的作用，通过对学生进行多方"会诊"、全方位"治疗"的方式更有助于问题的解决。

2. 协助和指导班级团队活动

团队的性质、任务决定了团队在班集体中的核心作用，班主任有责任协助和指导团队活动。具体来说，班主任可以从以下几个方面做起。

第一，协助团队组织制订工作计划。班级工作计划与团队组织计划要步调一致。班级中的团队工作计划必须是班级计划的具体体现，不能与班级整体计划背道而驰。为此，班主任有责任对班级中的团队工作计划进行指导，保证其方向的正确性。

第二，帮助团队组织落实计划，为他们创造开展活动的条件。学生团队的力量毕竟有限，因此班主任应该充分发挥自己的优势，为团队工作的开展创造条件。

第三，帮助团队干部提高思想认识水平和工作能力。团队干部是团队的核心，因此提高他们的思想认识水平和工作能力对于团队的发展乃至班级工作的顺利开展具有重要意义。班主任可以在工作开展的过程中对其进行指导，也可以通过相关的案例进行纠正和教育。

3. 争取和运用家庭与社会的教育力量

家庭和社会是学生成长的重要环境，班主任要积极争取家庭、社会对学校教育的支持，使学校、家庭、社会形成教育合力，从而实现整个教育在时空上的紧密衔接，保证整个教育在方向上的高度一致，实现各种教育力量间的互补作用，加强整体教育的有效性。

学校与家庭联系的基本方式如下。

第一，互相访问。其内容有三个方面：一是了解学生所在的学校、班级和家庭的基本情况；二是互相通报学校、家庭近来发生的重要变化以及学生在学校、家庭中的主要活动、表现和进步状况；三是共同协商和制定今后教育学生的步骤和方法，做到互相协调、互相配合，防止不一致现象的发生。教师与家庭互相联系要注意三个问题：要持之以恒，采取实事求是的态度，班主任与家长联系要注意学生的心理变化。如果条件和内容允许，班主任应邀请学生共同参与谈话，以营造融洽的气氛。

第二，通信联系。方式有书信、联系卡、电话、口信等。

第三，召开家长会，主要有全校性家长会、年级家长会和班级家长会三种形式。最常采用的是班级家长会。召开家长会的特点是学校能在较短时间内与绝大多数家长取得联系，效率较高。召开家长会时，班主任应事先有充分的准备，注意目的要明确，中心要突出，选择时间要合适，内容要丰富，以利于更多的家长参加会议，有效完成学校与家长的联系工作。

第四，在学校中组织家长委员会。其主要特点是家长对学校工作的参与性很强，既有利于提高家长对学校工作的责任感，也有利于争取更多方面支持学校的工作。

第五，举办家长学校。主要内容是请校长、教导主任、教师或有关专家讲解有关心理学和教育学方面的知识，有时也请家长互相交流有关教育子女的经验和体会。其最主要的特点是能从教育理论方面给家长以指导，从而为今后学校教育与家庭教育协调一致打好基础。

学校与社会教育机构联系的方式如下。

第一，建立学校、家庭、社会三者相结合的校外教育组织，使学校与学生主要居住区间形成稳定的联系。

第二，学校与宣传部门建立联系，共同开展一些对学生有益的活动。

第三，学校与社会公共文化机构建立和保持经常性的联系。

第四，学校与社会专门性的社会教育机构建立稳定的联系。

(四)指导开展班委会、共青团、少先队工作和课外活动

班主任要协调好班内外各种关系，充分发挥全体学生的主动性、积极性和创造性，有计划地组织好班委会活动，指导共青团、少先队做好工作，既尊重团队组织的独立性，又要充分发挥它们的组织作用，使团队组织成为班集体的核心；营造健康向上、丰富活跃的班级文化环境，组织学生参加课外、校外活动，指导学生丰富课余生活。

(五)评定学生操行

班主任是班级学生操行评定的组织者和实施者，是操行评定工作的主要责任人。班主任有权利和义务对班级学生进行操行评定。操行评定就是对学生的操行状况进行鉴定与描述。操行评定是对学生行为的全面评估与鉴定，不能以偏概全、以点代面，要客观公正，全面反映学生的真实情况，并且注意定量评价与定性评价相结合。

第三节 课外活动的组织与管理

一、课外活动的概念及发展历程

课外活动是指在课程教学计划和教学大纲之外，由学校组织指导或由校外教育机关组织指导学生开展的各种各样的教育活动。它是整个教育体系中重要的组成部分，用以补充课堂教学，实现教育目的。

我国古代已经出现了课外活动这一教育形式。《学记》中记载："大学之教也，时教必有正业，退息必有居学。"所谓"正业"就是指课堂教学，"居学"就是指课堂教学以外的活动。这句话即受教育者在课堂学习之外，还要进行与课堂学习有关的课外活动。这样，受教育者才能"安礼""乐学"，从而实现"安其学而亲其师""乐其友而信其道""虽离师辅而不反"的目的。

随着社会的发展，个别教学被以班级授课制为基础的课堂教学代替。课堂教学能够大规模地培养人才，满足社会和生产发展的要求。但是，它又具有一定的局限性，不利于从实际出发，因材施教；不利于受教育者个人天性的充分发展。因此，作为课堂教学的必要补充形式，课外活动便应运而生，并在长期的发展和实践中不断完善，日趋成熟。

课外活动与课堂教学是一个完整的教育系统，课外活动是课堂教育的必要补充，二者相互作用，相辅相成，对完成教育任务、实现教育目的具有重要的作用。它对解决学生的全面发展与因材施教、一般发展与特殊发展、间接经验与直接经验等矛盾具有重要意义。

二、课外活动的特点

课外活动与课堂教学虽然都是实现教育目的重要途径，但由于课外活动在内容、组织形式、方式等方面又不同于课堂教学，因此又具备自身的特点。

（一）自主性

课外活动是在课堂教学以外进行的活动。组织者根据教育教学的实际需要，可随时随地组织形式多种多样、内容丰富多彩的活动。课外活动有时是学校或校外教育机构统一组织的活动；还有很多时候是在学校或校外教育机构的指导下，学生根据自己的兴趣、爱好、特长以及实际的需要，自愿地组织、选择和参加的活动。这样不仅能发挥学生的积极性和主动性，而且能使学生的才能、个性得到充分发展，有利于学生优良个性品质的培养。

（二）灵活性

课外活动的开展可以根据学校的实际情况和学生的身心发展状况等来确定。活动规模的大小、活动时间的长短、活动内容的选择等都可以灵活设置，没有固定模式，灵活多样。

(三)实践性

课外活动与课堂教学相比,具有很强的实践性。课堂教学中,学生可以获得知识,培养思想品德,提高审美能力。在课外活动中,学生有直接动手的机会,在亲自参与、组织、设计的各种实践中,获得了实际知识,提高了思想品德水平和身体素质,发展了各方面的能力。

三、课外活动的意义

第一,促进学生全面发展,提高学生的社会化程度。课外活动强调学生自主参与、自愿组合,充分发挥了学生的个性。在活动过程中,学生的主体作用得到了充分发挥,独立性、责任心、参与意识等进一步增强。有人认为社交策略尤其可以通过参与课外活动来获得,校内外活动为学生提供了一个理想的环境。在这里,学生渐渐习得一些成人社会的行为。同时,学生还要解决一些与同伴相处的问题。这些都有助于学生从儿童向成人转化。

第二,促使学生在社会化过程中提高个性化程度。没有个性化,所谓个性的社会化就失去了现实意义,甚至是不可能实现的。社会要求各种各样的人才为其服务。在这一点上,个体的社会化与个性化是一致的。课外活动恰好能够在促进个体社会化的过程中最大限度地满足个体在个性化方面的需要。

第三,课外活动给学习生活增添了乐趣。一般来说,课外活动是学生自愿参加的,他们没有多少心理负担,有的只是为了愉悦。另外,相对于课内学习,课外活动内容比较新颖,容易给人以新鲜刺激,使人身心得到享受。课外活动也能帮助学生学会利用闲暇时间,培养健康的兴趣爱好,丰富精神生活。

第四,课外活动在发挥学生特长方面也有重要作用。在普及层次的课外活动中,通过有计划的、丰富多彩的活动,每名学生都能找到自己的特长。另外,在提高层次的课外活动中,一部分学生可以脱颖而出。国内外许多著名的科学家、学者都有这样的感悟:虽然学校教育给他们的发展奠定了坚实的基础,但专业方面的成就往往是与他们在青少年时代的课外兴趣和活动相联系的。

四、课外活动的基本内容

学校现行的课外活动的基本内容可以分为以下几类。

(一)科技活动

科技活动更强调动手过程,让学生在动手实践中综合利用已有知识,全面认识事物和解决问题。在实际操作过程中,增长学生关于某一领域的知识经验,提高学生的动手能力是科技活动的主要目的。

(二)学科活动

课外活动中的各个专门学习小组为学生提供了进一步钻研自己感兴趣、更适合自己能力的学科知识的机会,如数学小组、外语小组、绘画小组、声乐小组等。

(三)文体活动

文体活动包括文学、艺术、娱乐、体育训练与体育竞赛等。

(四)课外阅读活动

课外阅读活动是学生增长知识和经验的一个重要途径。学校组织的课外阅读活动不局限于与所学科目相关的范围,因而有助于扩大学生的知识面,增强学生对新知识、新见解的敏感性。

(五)社会活动

开展社会活动是培养学生社会责任感的重要途径。学校组织的社会活动一般以社会公益活动为主,如上街进行环保宣传和交通安全宣传、拥军小组活动、支农义务劳动等。

五、课外活动的组织形式

按活动人数和规模,课外活动可分为群众性活动、小组活动和个人活动三类。

(一)群众性活动

群众性活动是组织多数或全体学生参加的、带有普及性质的活动。其具体的活动方式有报告会、讲座、演讲、社团、纪念日活动、文艺主题会、晚会、墙报和黑板报、收听广播、看电影、参观、访问、游览、表演、各项竞赛、公益劳动、文娱训练、体育锻炼等。

(二)小组活动

小组活动是课外活动的主要组织形式,是根据部分学生的兴趣、爱好和要求以及学校的具体条件,就某一活动内容组成小组,进行有目的、有计划、经常性的活动。小组活动的方式有学科小组、科技小组、艺术小组、体育小组、劳动技术小组等。小组活动要制订活动计划,有固定的活动日和活动时间,有辅导员的具体指导,有严格的纪律制度。

(三)个人活动

个人活动是学生在课外进行单独活动的形式。它往往与小组活动或群众性活动相结合,由小组或班级根据个人的兴趣、才能分配任务,个人单独地进行。个人活动的主要方式有阅读课外书刊,写读书心得,记日记,练习创作、书法、绘画、演奏、摄影,进行小发明、小制作、小实验,进行各种体育锻炼等。

六、课外活动的设计与实施要求

(一)要有明确的目的性和计划性

组织课外活动必须从全面贯彻教育目的、落实培养目标的高度确定每一项课外活动的具体要求,目标要明确、具体。班主任要始终坚持寓教育于活动中,预防将活动流于形式。增强课外活动的计划性是保证课外活动实现目标的重要手段之一。

(二)活动内容要丰富多彩,富有吸引力

课外活动的目的在于使学生有所收益,补充课堂教学内容,扩宽学生的知识面。课外活动如果本身没有充实的知识内容和趣味性,不仅无法吸引学生,而且也会丧失教育意义。因此,课外活动本身应具有知识性、趣味性、新颖性,这样才能激发学生参加活动的愿望,提高学生参与的积极性和自觉性。

(三)充分发挥学生的积极主动性和独立性

课外活动是学生的自主性活动，因此要充分依靠和发挥学生的主动性，要让学生以主人翁的姿态来组织、参加活动，使他们从中学会自治、自理，培养他们独立思考、独立工作的能力。教师应处于辅助地位，给予学生引导、启发、指点和帮助。

第四节　班主任工作机制

健全的班主任工作机制是班主任工作顺利开展的重要保证，了解班主任工作机制是当好班主任的前提条件。班主任工作机制是班主任工作的运行方式，是对班主任制度如何落实的具体规定。良好的班主任工作机制主要解决班主任工作运行中的激励、评价、提高等问题。

国家教育主管部门为确立班主任工作地位，规范班主任工作行为，先后颁布系列文件，有力地促进了班主任队伍建设。1988年，国家教育委员会颁布《小学班主任工作暂行规定(试行)》和《中学班主任工作暂行规定》，明确了中小学班主任的地位、作用、任务、职责、方法、任免的条件、待遇与奖励、管理等内容。2006年，教育部出台《教育部关于进一步加强中小学班主任工作的意见》和《全国中小学班主任培训计划》，对班主任工作制度的完善起到重要的指导作用。2009年8月，教育部颁布《中小学班主任工作规定》。班主任工作制度进一步完善，许多具体问题得到进一步解决，如班主任工作量的计算、班主任工作与绩效工资挂钩等。如何落实文件精神，进一步提高班主任的地位，完善班主任工作制度，形成更加有效的班主任工作机制，是目前各级政府和教育行政主管部门需要解决的问题之一。

一、班主任选聘机制

班主任有特殊的专业素质要求，中小学必须实行班主任选聘机制。

(一)班主任任职条件

《中小学班主任工作规定》对班主任任职条件有明确要求，"选聘班主任应当在教师任职条件的基础上突出考查以下条件：作风正派，心理健康，为人师表；热爱学生，善于与学生、学生家长及其他任课教师沟通；爱岗敬业，具有较强的教育引导和组织管理能力"。

《教育部关于进一步加强中小学班主任工作的意见》指出："班主任岗位是具有较高素质和人格要求的重要专业性岗位，应由取得教师资格、思想道德素质好、业务水平高、身心健康、乐于奉献的教师担任。每个班必须配备班主任。中小学班主任一般应由学校从任课教师中选聘，聘期由学校确定。中小学班主任要忠于党的教育事业，热爱学生，善于做学生的思想工作，具有符合素质教育要求的教育观和较强的教育教学和组织能力，掌握教育学、心理学的基本知识和方法，熟悉相关法律法规；品德高尚，为人师表，具有团结协作精神和较强的人际沟通能力。"

归纳起来，中小学班主任的任职条件包括以下几个方面。

第一，优秀任课教师。取得教师资格的本校教师，最好是担任本班教学任务的任课教师。担任班主任的这名任课教师应该是学校公认的优秀教师，是班级学生敬仰的教师。

第二，思想道德品质好。忠于党的教育事业；热爱学生，尊重学生；自觉贯彻教育方针、政策、法规；有理想，有追求，有进取精神和竞争意识；有社会责任感和道德约束力；能顾全大局，有合作精神，不计个人得失；诚实守信，为人师表；客观，公正，平等。

第三，有较好的知识素养。有比较广博的文化知识，能满足拓宽学生视野的需要；有比较精深的专业知识，在一定范围内是专业行家；有良好的教育理论素养，了解中小学生的身心特点及教育策略；有必备的法律法规知识，能维护学生的合法权益。

第四，有较强的能力素养。除具备教师应该有的一般能力之外，还必须具备胜任班主任工作的专业能力，如组织开展班级活动的能力，协调各种教育关系的能力，处理班级偶发事件的能力，管理过程中的决策、组织、实施、监控、评价能力，班级管理研究能力等。

第五，有良好的心理品质。有敏锐的观察力，情感丰富，有责任感和荣誉感，自控力强，人际关系和谐，悦纳自我，兴趣广泛，有爱心、耐心、恒心、诚心、信心。

总之，要担任班主任职务必须获得任职资格，持证上岗。从事班主任工作的教师首先必须通过教师资格认证，不具备教师资格的不能担任班主任；在此基础上，还须严格按照《教育部办公厅关于启动实施全国中小学班主任培训计划的通知》的要求，参加岗位培训，成绩合格后，由教育行政部门签发上岗证方可担任班主任。

(二)班主任选聘程序

班主任由校长任免是基本原则，校长应该通过民主程序任免班主任。任免班主任是非常正式的、严肃的、庄重的事情，其过程应该公开化、规范化。现在中小学班主任任免工作存在许多问题：缺乏自愿基础，校长以行政命令的方式强行安排班主任；缺乏甄别选拔过程，只要愿意就可以当班主任；缺乏必要的文件形式，领导口头宣布；缺乏公示环节，教师"悄悄地"当上了班主任等。规范班主任选聘程序是班主任专业化的要求，是提高班级管理水平的需要。

班主任的选聘工作可以由学校德育处(政教处)组织实施。班主任由学校行政会议决定，由校长任命。班主任选聘程序应该包括：学校公布班主任职数及岗位职责；有任职愿望的班级任课教师提出书面申请；学校对提出书面申请的教师进行初步考核，确认其任职资质，在广泛征求学生、家长、科任教师等方面的意见后，确定班主任候选人；候选人公开竞争上岗，通过民主与集中结合的方式产生准班主任；对竞选产生的准班主任进行公示，进一步听取各方意见；公示期满，没有异议，经学校行政会议讨论通过；校长签发任命文件；在公开正式场合(如教师大会、学生大会、开学典礼、学期总结大会等)，学校校长向当选班主任颁发聘书。

(三)班主任任期

《中小学班主任工作规定》第五条规定："班主任由学校从班级任课教师中选聘。聘期由学校确定，担任一个班级的班主任时间一般应连续1学年以上。"

班主任队伍要相对稳定，班主任要尽量任满任期，学校不宜中途调换班主任。班主任任期满后要接受班主任工作考核，合格者可以继续留任。需继续留任的班主任可以不参加竞聘，但仍需校长任命。

对于不履行班主任职责，玩忽职守或因其他原因不适合做班主任工作的，由学校德育处（政教处）提请学校行政会议讨论，由校长宣布撤销或免去班主任职务。

二、班主任激励机制

（一）提高经济待遇

考虑到中小学班主任工作的特殊性和艰巨性，国家从 1978 年正式实行了班主任津贴制度。1979 年，教育部、财政部、国家劳动总局颁布了《关于在全国普通中学和小学公办教师中试行班主任津贴的通知》。1980 年，教育部公布了《关于在中等专业学校、盲聋哑学校班主任中试行津贴的通知》。1981 年，国家劳动总局颁发了《关于技工学校试行班主任津贴的通知》。至此，班主任津贴制度得以在中小学全面建立。

1988 年，国家制定中小学班主任津贴发放标准，按班额大小分三等：中学 10 元、12 元、14 元，小学 8 元、10 元、12 元。班主任津贴与班主任的工作量严重不成正比。

自 2009 年 1 月 1 日起，义务教育学校实施绩效工资分配政策，教师工资有较大幅度增长，班主任津贴在绩效工资中占相当大的比例。《中小学班主任工作规定》更是以文件的形式明确班主任工作量的计算办法，"班主任工作量按当地教师标准课时工作量的一半计入教师基本工作量。各地要合理安排班主任的课时工作量，确保班主任做好班级管理工作"，"班主任津贴纳入绩效工资管理。在绩效工资分配中要向班主任倾斜。对于班主任承担超课时工作量的，以超课时补贴发放班主任津贴"。

（二）授予政治荣誉

国家历来重视班主任表彰工作，对做出突出贡献的班主任授予"全国优秀班主任""全国劳动模范"称号，给予特殊的政治荣誉。1960 年我国召开了第一次"全国文教群英会"，不少班主任受到表彰。1984 年我国专门召开了"全国优秀班主任发奖大会"，共有上千名优秀班主任受到表彰。国家着力宣传优秀班主任事迹，魏书生、任小艾、丁蓉、李镇西等全国优秀班主任在教师群体中几乎人人皆知。

积极倡导学校、家庭、社会尊重班主任。学校可在校园醒目处开设"名师专栏"，宣传优秀班主任；建立师德教育网站，通过网站宣传班主任；利用教师节，集中开展优秀班主任宣传表彰活动；通过"学生爱戴的班主任""师德标兵"等评选活动，大力宣传师德高尚和教书育人先进班主任。学校要通过优惠政策积极鼓励优秀教师担任班主任，要用实际举措提高班主任的精神待遇和物质待遇。

（三）保障评职晋级

《教育部关于进一步加强中小学班主任工作的意见》提出"优秀班主任应列入学校党政后备干部培养范围"，《中小学班主任工作规定》再次强调"选拔学校管理干部应优先考虑长期从事班主任工作的优秀班主任"。

班主任绩效考核结果要作为绩效工资分配的主要依据，也要作为岗位聘任、职务晋升、培养培训、表彰奖励等工作的重要依据。班主任在评职晋级中享有优先权。

（四）提供培训机会

培训是班主任自我实现的需要，提供培训机会也是一种奖励。近几年，班主任培训层次多、形式多。学校要给优秀班主任提供培训、进修、参观考察的机会，使班主任了解新信息和新方法，改进工作，提高班级管理水平。

三、班主任培训机制

(一)培训内容

班主任的成长一般分为适应期、成熟期和发展期三个阶段，因此班主任的培训应该根据这三个阶段的需求进行分层培训。

适应期培训。这一阶段的培训主要是给初次走上班主任岗位的班主任提供工作榜样，让他们学习和模仿，传授班主任工作基本技能和规范。例如，让新班主任跟老班主任结对，参与班级的实际管理，增长感性认识；参加相关的见习班主任培训班，接受正规系统的理论培训。

成熟期培训。这一阶段的培训主要是让青年班主任对带班情况进行反思和总结。这是班主任专业化水平的中级培训。培训的内容和形式是多种多样的，如可以根据工作任务进行专题研究，还可以组织班主任工作经验交流会和理论研讨会。

发展期培训。这一阶段的培训主要是班主任工作的高级培训，目的是让已经适应且已走向成熟的班主任有所创新和超越。在这一阶段，学校可以组织班主任外出学习观摩，或请专家学者来校对班主任的工作进行点评指导；组织班主任把工作中积累的教育案例、班级讲话稿、主题班会方案、个别谈话记录等教育资料分门别类地收集和整理起来进行研讨，从而把工作经验从零碎转化成系统，从经验转化成理论，从无形转化成有形。这一阶段的培训对班主任的成长与发展有着重要的作用。

(二)班主任培训途径

1. 教育行政部门培训

《全国中小学班主任培训计划》明确了中小学班主任培训的目标与任务："从 2006 年 12 月起，建立中小学班主任岗位培训制度。今后凡担任中小学班主任的教师，在上岗前或上岗后半年时间内均需接受不少于 30 学时的专题培训。2006 年 12 月底之前已担任班主任工作，但未参加过班主任专题培训的教师，需在近年内采取多种方式进行补修。"

2. 班主任校本研修

班主任校本研修是针对学校班主任队伍存在的问题进行的教育和研究一体化的培训活动。它与传统培训不同之处在于：活动的主体不是专家，而是一线的班主任；活动的主要形式不是讲座，而是交流和研讨；活动的内容组织不以系统的理论逻辑为顺序，而以基于现实的问题为焦点。"以研促修，研训一体"是其最大的特色。

班主任校本研修可以具体解读为三个层面的意思：一是基于学校，以学校的实际为本，研究学校的传统、特色、现状以及存在的问题；二是基于学生，以学校的学生为本，研究生源结构、发展特点及基本定位；三是基于教师，以学校的班主任为本，研究班主任队伍现状、优势及面临的挑战等。其最终目标是搭建一个专业发展平台，促进班主任队伍整体专业素质的提升。

班主任校本研修的形式如下。

专家引领。校本研修并不拒绝或排斥传统的专家讲座。校本研修不同于专家讲座的地方在于不是学校服从于专家固有的理论体系，做一个被动的倾听者，而是专家服务于学校的现实需求，在与学校反复沟通的前提下，对学校班主任普遍感到困惑的问题做深入的理论分析及策略引领。不是专家讲什么学校就听什么，而是学校需求什么专家就指导什么。

名师导航。首席班主任制是最近几年流行的名师导航策略。首席班主任有示范、引领、培训和科研四大职能。第一，示范。首席班主任必须带好自己的班级，在行为规范、班集体建设等方面成为其他班级的榜样。第二，引领。首席班主任及其团队成为学校班级管理的智囊团，引领学校班级管理的基本方向。第三，培训。首席班主任承担起对青年班主任进行培训的任务，推动班主任队伍的整体发展。第四，科研。首席班主任承担国家和市、区、校班主任工作科研课题，实现从经验型向研究型的转变。2006年教师节前，济南市市中区教育局率先实行首席班主任制。首席班主任每年享受8000元岗位津贴。除首席班主任制外，有学校实行"名师班主任工作室"制度，即以学校优秀班主任的名字命名班主任工作团队，名师和一般班主任一道成长。例如，海南中学有"周小敏班主任工作室"。在固定时间，团队全体成员在一起开展合作式、互助式小组学习。

同事交流。同事交流的基本形式有三类。一是举办优秀班主任的思想或经验研讨会，全面总结其教育思想及策略，以提升班主任整体素养。二是举办形式多样的班主任论坛或沙龙。三是做全校性的问题研讨活动。班主任选择自己在工作中遇到的难题，以案例的形式记录下来，由学校德育处统一整理归类，将其分为不同类型的问题，如常规管理问题、学生个别教育问题、科任教师协调问题等，采取分配和自愿结合的原则，组成若干研讨小组，针对某一类问题进行深入分析及研究，并群策群力提出解决方案。这种形式以智慧碰撞为主，有助于改变班主任的思维方式。

合作研究。学校可把研究的理念引入培训，引导班主任树立"研究是一种专业的工作方式"的基本理念，鼓励他们做教育叙事研究，或者申请课题做合作研究，促进其科研能力的提高。

拓展训练。理论告诉我们，态度或情感的转变并非靠说教或灌输实现，也不能靠训练实现，主要靠体验和感悟。学校应该在班主任研修活动中引入拓展训练这种方式，通过精心设计的充满趣味及挑战性的拓展活动，如导盲实验、孤岛求生、集体木鞋等，让班主任亲身感受合作、民主、平等等理念，从而改变对待工作的态度，更新工作的方式。

3. 班主任自主学习

班主任要从经验型向研究型转变，就需要开放自我，多学习借鉴别人的经验，通过自主学习不断了解新信息，理解新理论，掌握新技术。班主任自主学习的方法很多，主要的方法如下。

第一，反思。反思是班主任以自己的工作为思考对象，对自己做出的决定、行为以及由此产生的结果进行审视和分析的过程，是一种通过提高自我觉察水平来促进专业能力发展的路径。波斯纳（Posner）曾提出一个教师成长的简要公式：经验＋反思＝成长，并指出没有反思的经验是狭隘的经验，至多只能形成肤浅的知识。班主任的专业发展是一个"学习—实践—反思—学习—实践"的过程。班主任要充分重视反思在班主任专业成长中的作用，在实践中反思，在反思中成长。

第二，教育科研。班主任参与教育研究是实现班主任专业化的必由之路。班主任开展教育科研，一方面可以增强问题意识，促进自己对各种教育现象的关注，对在班级管理过程中遇到的各种问题进行反思；另一方面可以激发自己对教育科学知识和专业理论的学习欲望，促使自己广泛收集研究资料和成果，不断更新专业知识结构。可见，班主任开展教育科研不仅是改进工作的有效方法，而且是提升专业素质的有效途径。

四、班主任考评机制

班主任考评指对班主任工作的考核与评定，是学校根据班主任工作职责，运用科学的手段，对班主任工作进行价值判断的过程。班主任考评是全面贯彻教育方针的建设性措施，是加强班主任科学管理、实现班主任队伍整体优化的重要环节，是促进班主任工作改革、提高班主任工作质量的有效手段。

(一)班主任考评的功能

1. 鉴定功能

鉴定功能是班主任考评的基本功能，其他功能是在科学鉴定的基础上实现的。"鉴"有审查、仔细看的意思。对一定对象进行鉴别必须有一定的标准，依据标准仔细辨别，确定对象与标准接近的程度，这就是鉴定。班主任工作的鉴定就是依据班主任工作评价标准对班主任的实际工作情况进行鉴别，以确定优劣、区分等级、排列名次。鉴定的结果有区分作用、激励作用、调节作用和管理作用。《中小学班主任工作规定》第二十条规定："学校建立班主任工作档案，定期组织对班主任的考核工作。考核结果作为教师聘任、奖励和职务晋升的重要依据。对不能履行班主任职责的，应调离班主任岗位。"由此看出，鉴定结果也是评选先进、资格审查、职务晋升和津贴发放的依据。

2. 导向功能

班主任考评具有引导班主任朝着理想目标前进的作用。导向功能是由评价标准的方向性决定的。评价标准涉及的目标、指标及其权重对班主任的工作都起着"指挥棒"的作用。标准强调的就是要努力完成的，实现了标准就能得到肯定，不符合标准就会受到处罚，所以说标准为行动指定了方向。

3. 激励功能

班主任考评具有激发班主任内在动力的作用。科学地考评使班主任更好地发挥潜能，创造性地完成任务，实现班级目标。通过考核与评定，优秀的班主任得到肯定与表扬，积极性会更高，工作会更加主动，会保持优势或冲击更高目标。与标准尚有一定距离的班主任会继续努力，争取达到优秀标准。考核与评定要公平、合理、客观、科学，只有这样的考评才能真正起到激励作用。

4. 诊断功能

班主任考评具有对班主任工作的成效、矛盾和问题做出判断的作用。班主任工作有哪些新的问题和矛盾，通过考评可以清晰地反映出来。考评有利于及时发现与处理问题和矛盾，可以诊断目标实现的程度，有利于调节班主任工作。

5. 调节功能

班主任考评具有目标调适、进程调整、自我调控的调节作用。一方面，学校管理者可以通过考评反思学校确定的班主任工作目标是否过高或过低，进程要求是否过快或过慢，措施是否恰当，班主任选聘是否合适等，并及时做出调整；另一方面，班主任可以通过考评找出自身差距，分析原因，回归正确方向。

（二）班主任考评的要求

1. 考评目的的发展性

考评的结果怎样并不重要，因为考评目的不是公示班主任考评的结果，而是通过考评促进班主任队伍的专业化和班主任个体的成长。因此，班主任考评要强调发展性，注重班主任工作质量的提升，促进班主任个体素质的提高。评价者在解读考核所得的数据时，不要只看数据，要通过数据看人，只见数据不见人是错误的。班主任的成长需要一个过程，这个过程有时比较漫长。成绩的好与坏是相对的，评价者不能凭数据简单地、武断地否定班主任的上进心，要以发展性为导向，肯定班主任的积极性，尊重班主任的个性，包容班主任的缺点。班主任队伍专业化水平和班主任个体素质提高了，班主任考评的目的就达到了。

2. 考评主体的多元性

传统的班主任工作考评方式重视他评的作用，即重视来自学校管理部门的信息。评价信息来源单一容易使评价结论出现片面、主观等问题，难以保证评价结果的客观性、公正性。新课程背景下的班主任工作评价强调评价主体的多元化和评价信息的多元化，重视自评、互评的作用。班主任考评应该整合来自管理部门、科任教师、学生、家长、社区组织、班主任自己等方面的信息。考评主体多元化使考评渠道增多，信息更加广泛，考评过程更加公开透明，考评结果更加客观公正。

3. 考评时限的全程性

班主任考评周期最好以学期为单位，每期一评，既与学校教师考评周期一致，便于纳入教师整体考核，又便于学校对班主任进行奖惩。考核和评定是动态的过程，贯穿于学期始终。评价者应将阶段考核与学期考核相结合，重视阶段考核；将过程评价与终结评价相结合，强调过程评价。学期总体评定是建立在各阶段的考核基础上的，评价者不能只看期末效果，忽视阶段表现。

4. 考评内容的全面性

教育部出台的《教育部关于做好义务教育学校教师绩效考核工作的指导意见》明确了班主任考核重点，"要强化对班主任工作的考核，重点考核其对学生的教育引导、班级管理、组织班集体和团队活动、关注每个学生全面发展的情况"。

班主任考评内容包括个人品行、工作态度、工作能力、工作绩效等方面，即人们常说的"德、勤、能、绩"表现。班主任个人品行必须纳入考评范畴，因为班主任工作具有极强的示范性。班主任的政治态度、思想观点、道德品质、心理素质等方面表现直接影响班级学生成长。工作态度主要指热爱本职工作的程度，具体表现在时间投入和情感投入上，勤到班、勤到场、次数多、时间有保障、精力充沛、热情高涨等都是观测点。工作能力包括制订计划能力、工作总结能力、建立班级规范能力、活动组织开展能力、了解研究学生能力、培养学生干部能力、学生评价能力、教育科研能力、协调能力、表达能力等。较强的工作能力是开展班主任工作的重要保障。工作绩效是班主任工作考评重点，主要观测点有计划执行、干部培养、班风学风、日常管理、思想教育、学习指导、班团队活动、家校沟通、社区共建、教师合作、教育科研。

5. 考评过程的规范性

班主任考评要纳入学校的计划，要由领导分管负责。考评过程要科学规范。一是成立班主任考核领导小组。小组成员应该具有广泛的代表性，学校相关职能部门负责人、教师代表、学生代表、家长代表及社区职能部门联系人等都该成为领导小组成员。二是班主任考评应该制度化、常规化，要有完善的制度和周密的计划，用制度管人，按计划行事，维护制度的稳定性，增强计划的执行力。三是班主任考评要有科学性和可操作性，评价标准做到内容全面、结构合理、指标明细、权重恰当，考评工作整体设计分步进行。四是认真组织考核工作，自评、他评、互评相结合，增加信息渠道，甄别信息真伪，使评价客观公正。五是建立班主任工作档案，注重资料收集和保存，尽量用原始材料说话，尽量反映学期整体表现。

6. 考评结果的有效性

考评结果与班主任实际情况相一致，视为考评有效。考评结果与班主任实际相差较大，夸大或者贬低班主任，会影响考评的有效性。考评过程弄虚作假，没有信度，内容不全面，权重不合理，辨别力差，会影响考评的效度。考评结果的有效性是由考评目的决定的，考评就是要甄别出好中差、合格与不合格。考评胜出的优秀者都是榜样，值得大家学习；未达标的班主任应该整改工作。如果考评误差大，榜样不优秀，后进委屈多，那么考评不但未起推动作用，反而阻碍了班主任队伍建设，得不偿失。因此，班主任考评不能应付了事，不能走过场。

参考文献

1. 全国十二所重点师范大学. 教育学基础（第3版）[M]. 北京：教育科学出版社，2014.

2. 靳玉乐. 现代教育学[M]. 成都：四川教育出版社，2006.

3. 王本陆. 课程与教学论[M]. 北京：高等教育出版社，2004.

4. 王道俊，王汉澜. 教育学[M]. 北京：人民教育出版社，2004.

5. 华东师范大学教育学编写组. 基于教师资格考试的教育学[M]. 上海：华东师范大学出版社，2016.

习题

1. 简述良好班集体的特征。

2. 简述班集体建立的阶段。

3. 案例分析

初二（2）班班主任黄老师走进教室后，有几十个同学还没有到，随后，在陆续的"报告"和开门声中，终于到齐，但是学生们的仪容仪表不符合标准的有二十几个。一堂课下来强调纪律有七八次。第一次做眼保健操时，有的同学在吃东西，有的在看小说。一周下来，学生会送来了五张扣分通知单，几个班干部自身规范还有问题。黄老师还暗暗观察任课教师，每次下课时在教师脸上都看不到幸福感。

结合材料分析黄老师的班级中存在什么问题，如何解决这些问题。

第十章 教师职业道德

【国考大纲导航】

1. 了解道德与职业道德、教师职业道德的区别与联系，《中小学教师职业道德规范》(2008 年修订)的主要内容，教师职业行为规范的要求。

2. 掌握教师职业道德规范的主要内容，尊重法律及社会接受的行为准则。

3. 理解《中小学班主任工作条例》文件精神和教师职业行为规范的主要内容。

4. 了解教师在教育活动中要处理的几大关系。

第一节 道德与职业道德

一、道德的含义与作用

(一)道德的含义

道德是区别人和动物的一个很重要的标志。道德是由一定社会的经济关系所决定的特殊意识形态；是以善恶评价为准，依靠社会舆论、传统习惯和内心信念维持的，调整人与人之间以及人与社会之间关系的行为规范的总和。

道德包括三层含义：第一，一个社会的道德的性质、内容是由社会生产方式、经济关系决定的，是随着社会经济不断变化发展而不断变化发展的，没有永恒不变的抽象的道德，不同的阶级有不同的道德观念；第二，道德通过区分善与恶、好与坏、偏私与公正等来调整人们的行为；第三，道德不是由专门的机构制定和强制实施的，而是依靠社会舆论，人们的信念、传统、习惯，教育的力量来调节的。

(二)道德的作用

道德功能的发挥和实现对社会的影响及影响的实际效果，就是道德的作用。

道德的社会作用主要表现在道德能够影响经济基础的形成、巩固。道德对其他社会意识形态的存在和发展有着重大的影响，是影响社会生产力发展的一种重要的精神力量，通过调整人们之间的关系维护社会稳定，是提高人的精神境界、促进人的自我完善、推动人的全面发展的内在动力，在阶级社会中是阶级斗争的重要工具。

二、职业道德的含义、特征与作用

(一)职业道德的含义

职业道德是同人们的职业活动紧密联系的、符合职业特点要求的道德准则、道德情操与道德品质的总和。它是调整职业内部、职业之间、职业与社会之间各种关系的行为准则，也是从业人员在职业活动中应当遵循的标准。

(二)职业道德的特征

职业道德有三方面的特征。第一，范围上的有限性。任何职业道德的适用范围都不是普遍的,而是特定的、有限的。一方面,它只适用于走上社会岗位的成年人;另一方面,尽管职业道德也有一些共同的要求,但某一特定行业的职业道德只适用于专门从事本行业的人。第二,内容上的连续性和稳定性。随着社会的变化,某些比较稳定的职业道德观念逐渐形成,最终成为职业传统。对于具体行业来说,某些职业传统,具有行业特色、符合行业要求的职业道德传统流传至今,也就有了内容上的连续性和稳定性。第三,形式上的多样性。职业道德的形式因行业而异。许多行业和企业会把适合自身特点的观念与要求融进职业道德。一般而言,有多少种职业,就有多少种职业道德。

(三)职业道德的作用

职业道德是社会道德体系的重要组成部分,一方面具有社会道德的一般作用,另一方面又具有自身的特殊作用。具体表现如下。

1. 调节职业交往中从业人员内部以及从业人员与服务对象之间的关系

职业道德的基本职能是调节职能。它一方面可以调节从业人员内部的关系,即运用职业道德规范约束职业内部人员的行为,促进职业内部人员团结协作。例如,职业道德规范要求各行业的从业人员都要团结、互助、爱岗、敬业,齐心协力地为发展本行业、本职业服务。另一方面,职业道德可以调节从业人员和服务对象之间的关系。例如,职业道德规定了制造产品的工人要怎样对用户负责,营销人员怎样对顾客负责,医生怎样对病人负责,教师怎样对学生负责,等等。

2. 维护和提高本行业的信誉

一个行业、一个企业的信誉也就是它们的形象。信誉是指企业及其产品与服务在社会公众中的受信任程度。提高企业的信誉主要靠产品质量和服务质量,从业人员职业道德水平是产品质量和服务质量的决定因素。从业人员若职业道德水平不高,就很难生产出优质的产品和提供优质的服务。

3. 促进本行业的发展

行业、企业的发展有赖于较高的经济效益,较高的经济效益源于较高的员工素质。员工素质主要包括知识、能力、责任心三个方面,其中责任心是最重要的。职业道德水平高的从业人员,其责任心是极强的。因此,职业道德能促进本行业的发展。

4. 提高全社会的道德水平

职业道德是整个社会道德的主要内容。一方面,职业道德涉及每个从业者如何对待职业、如何对待工作,是一个从业人员的生活态度、价值观念的表现,也是一个人的道德意识和道德行为发展的成熟水平,具有较强的稳定性和连续性。另一方面,职业道德也是一个职业群体,甚至一个行业全体人员的行为表现。每个行业、每个集体如果都具备优良的道德,那么对整个社会道德水平的提高就会发挥重要作用。

第二节　教师职业道德概述

一、教师职业道德的含义

教师职业道德是指教师在从事教育工作时所应遵循的价值取向、基本原则和行为规范的总和，是调节和处理教师与学生、教师与同事、教师与家长、教师与教育管理者的关系的基本规范和行为准则。教师职业道德一般简称为师德。在理解教师职业道德内涵和外延时应注意以下两个方面。

第一，教师道德与教师职业道德的关系。教师道德包括教师处理与他人、与国家、与社会的关系时的一切道德意识和道德行为规范的总和，教师职业道德仅仅是其中与职业工作相关的部分。

第二，教师个人道德与教师职业道德的关系。教师个人道德与教师职业道德关系密切。不同人的道德水平参差不齐，教师在教育活动中的积极态度、对学生的关爱等内隐的道德规范主要是靠教师的个人道德修养和个人内心信念维系的。教师个人道德水平的提高有助于教师职业道德向更高境界提升。

二、教师职业道德的特征

教师职业道德本身的专业性。教师职业道德本身的专业性指从专业特点出发建立的教师职业道德标准具有充分的专业依据和理论依据。

教师职业道德要求的先进性。教师职业道德要求的先进性指教师职业道德要求处于整个社会道德体系的较高水平和较高层次，对整个社会发展具有助推作用。

教师职业道德意识的自觉性。教师职业道德意识的自觉性指教师内心对职业的高度认可和对教育事业的信念，表现为较高的工作热情和较强的责任感。它是教师职业情感和职业行为的基础。

教师职业道德行为的示范性。教师职业道德行为的示范性指教师的言行举止作为教育学生的有效方式和手段，对学生具有榜样示范作用。

教师职业道德影响的深远性。教师职业道德影响的深远性在广度上表现为教师职业道德对学生人格培养、智慧发展等有全方位的影响，可以通过与家长、社区交流辐射到学生家庭、社区乃至整个社会得到体现。教师职业道德影响的深远性在深度上表现为教师职业道德对学生的世界观、人生观的影响可能伴随学生未来几十年的发展。

三、教师职业道德的基本范畴

范畴是人的思维对客观世界的本质的最一般概括，是揭示客观事物普遍联系和基本规律的最基本的概念。道德范畴从广义上讲是由一系列不同层次的反映道德现象的基本要领构成的体系，从狭义上讲是反映个人与个人、个人与社会之间最本质、最主要、最普遍的道德关系的概念。教师职业道德范畴有广义和狭义之分，我们说的一般是指狭义的概念。教师职业道德范畴要具备三个特点：第一，它必须是概括和反映教师职业道德现象的最本质、最主要、最普遍的道德关系的基本概念；第二，它的规定性必须体现教师职业道德原则和规范对教师的根本道德要求；第三，它必须作为一种信念存在于教师的内心，并能时时指挥和影响教师的行为。教师职业道德范畴主要包括教师良心、教师公正、教师义务、教师荣誉、教师威信。

(一)教师良心

良心是人们在履行对他人和社会的义务的过程中形成的道德责任感和自我评价能力，是各种道德心理因素在个人意识中的统一。教师良心是教师在教育实践中对社会向教师提出的一系列道德要求的自觉认识,是教师对学生、集体和社会自觉履行其职责的道德责任感以及对自己的教育行为进行道德控制和道德评价的能力,是多种教师职业道德在教师个人意识中的有机统一。教师良心的内容包括恪尽职守,自觉工作,爱护学生,团结执教。教师良心是道德的灵魂。教师良心的社会基础如下:第一,它是随着社会生活的发展而形成的;第二,它是对教师道德关系的自觉反映;第三,它是教师接受职业道德教育、自觉进行道德修养的产物。教师的自我道德体验、自我道德教育是形成教师良心的基础。教师良心对教师职业道德行为的作用如下:第一,教师良心对教师的行为选择起指导作用;第二,教师良心对教师的行为过程起监控作用;第三,教师良心对教师的行为结果起评价作用。

(二)教师公正

教师公正是指教师在教育活动中对待不同利益关系时表现出来的公平和正义,表现在教师与自身、教师与同事、教师与学生等人际关系中。教师公正包括教师对学生、对自己、对同事公正。教师对学生要做到爱无差等,一视同仁,实事求是,赏罚分明,长善救失,因材施教,面向全体,点面结合;对自己要做到对得起自己,维护自己的尊严、荣誉、合理的经济利益和合法权益;对同事要做到公正地评价自己和他人的工作,并在此基础上做到相互配合,共同完成教育的使命。其中公平合理地对待和评价所有学生是教师公正最基本的要求。教师公正的确立是由多方面因素决定的:第一,教师公正受一定社会历史条件、社会教育制度、教育职业劳动目的制约;第二,教师公正水平取决于教师对教育规律和每名学生的认识水平;第三,教师公正的确立取决于教师觉悟的提高。教师公正的作用如下:第一,有利于形成良好的教学环境,保证教育任务顺利完成;第二,有利于调动每名学生的学习积极性;第三,有利于教师威信的形成;第四,有利于给学生带来良好影响。

(三)教师义务

教师义务具有两方面的含义:一是指社会向教师提出的在从事职业活动时必须遵守的道德要求的总和;二是指教师在教育职业劳动中自觉意识到社会对教师提出的各种道德要求的合理性,把遵循教师职业道德的规范和要求看作个人的内在道德需要,看作对社会、对教育事业应尽的责任。

从其客观要求和内容来说,教师义务是教师的职责、使命或任务,具有不以人的意志为转移的客观约束力。教师义务的社会基础如下:第一,教师义务源于现实的社会主义教育劳动的内在关系;第二,教育义务的内容是由社会主义教师道德规范决定的。教师义务源于社会教育事业的利益和社会分工的要求。履行教师义务的作用如下:第一,履行教师义务有利于减少和缓解教育工作中的冲突情势,保证教育劳动顺利进行;第二,履行教师义务可以使教师在教育过程中自觉进行道德上的综合判断,选择正确的教育行为;第三,履行教师义务有利于教师在教育过程中自觉培养高尚的师德品质。

(四)教师荣誉

教师荣誉即社会对教师道德行为的价值做出的公认的客观评价和教师对自己行为价值的自我意识。

1．教师荣誉的内容

光荣的角色称号：教师职业被喻为"太阳底下最光辉的职业"。

无私的职业特点：教师这一职业的无私特点，是由教育的社会职能、教育劳动及社会效益的特殊性决定的。

崇高的人格形象：教师代表着道德高尚、人格典范的形象。

丰厚的劳动回报：教师享有一些政策法规的保护和社会的情感回馈。

2．教师荣誉的作用

第一，能够激励和推动教师积极进取，更好地履行教师义务，争取个人道德高尚、人格完善。

第二，对教师行为和品质的取向具有导向与制约作用。

第三，是促进教师自身道德发展和完善、形成良好道德风尚的重要精神条件。

3．正确对待荣誉的要求

第一，要处理好集体荣誉和个人荣誉的关系。

第二，要处理好自尊和谦逊的关系。个人荣誉不仅仅是个人奋斗的结果，更广泛地包含着集体奋斗的结果。集体荣誉是靠个人建立的功绩取得的，甚至是靠某些先进分子的个人荣誉取得的。

（五）教师威信

广义而言，教师威信指教育行业，特别是整体的学校教育在社会生活中的道德信誉。狭义而言，教师威信指教师在职业活动中建立起来的众所共仰的道德声望。关于教师威信的探讨可谓亘古久远。西方教育学家赫尔巴特、罗素将教师威信视为教师在社会所赋予的一定权利和地位的基础上建立起来的一种影响他人的思想和行为的力量。苏联教育家马卡连柯认为："威信本身的意义在于它不要求任何论证。在于它是一种不可怀疑的长者的尊严，他的力量和价值。"[1]但是他指出："威信只能由责任感产生出来，一个人应当对自己的工作负责，如果能负起责任，这就是他的威信。"[2]"威信是要自己来创造的，要利用生活中的任何机会来树立威信。"[3]一个有威信的教师是学生可以信赖和敬仰的良师益友，是学生崇拜、效仿的对象。人们常将教育威信和教育威严混为一谈，认为威严就是威信，或认为有了威严才有威信。实际上教育威信和教育威严是不同的：教育威信反映的是众所共仰的教师声望或信誉，是使学生感受到师道尊严从而信服教师的精神感召力量；教育威严更多体现的是威势和严厉，是使学生感到望而生畏的震慑力量。教师的威信大致包含以下四方面的内容。

第一，思想威信。每个教师的世界观、知识水平、品德表现以及对每一事物的态度都无时无刻不在对学生产生着潜移默化的影响。因此，教师在思想政治方面的威信在学生的成长中起着重要的甚至决定性的作用。

第二，学识威信。对教师来说，学识是他们的宝贵财富，具有一种科学赋予的特殊力量。教师如果具有丰富的学识，那么在学生中便会产生较大的影响力。

---

① 《马卡连柯教育文集》，138、148 页，北京，人民教育出版社，1985。

② 《马卡连柯教育思想论文集》，158 页，北京，北京师范大学出版社，1988。

③ 《马卡连柯教育文集》，138、148 页，北京，人民教育出版社，1985。

第三，品德威信。教师品德是调整与教师之间、与学生之间以及与社会各方面之间关系的行为准则，包括教师的道德、品行、人格、作风等对学生产生影响的因素。这些因素对于教师职业来说就是教师职业道德。品德可以决定教师的行为倾向。好的品德能够使学生产生敬畏感，并形成一种感染力、影响力。

第四，情感威信。教师如果能够做到既当教师，又做朋友，爱生如子，从思想上、学习上和生活上予以学生关心爱护，那么就会使学生产生信赖感。教师如果对学生怀着真挚的情感，为人谦逊，态度和蔼，那么就会使学生产生亲切感。有了信赖感和亲切感，教师对学生的影响力就会加大，教师的威信相应就提高了。

教师威信的形成受主客观因素的影响。

主观因素。影响教师威信的主观因素是多方面的，对教师威信的形成起着根本性的作用，主要包括以下四方面：第一，具备崇高的思想、良好的道德品质、渊博的知识、高超的教育教学艺术；第二，在与学生长期交往的过程中能适当满足学生的需要；第三，有很好的仪表、作风和习惯；第四，给学生良好的第一印象。

客观因素。影响教师威信形成的客观因素包括社会、学生家长、学校领导、学生对教师的态度，其中最重要的是社会对教师的态度，因为"大气候"决定"小气候"，社会环境和氛围制约着每个人。

总之，教师威信主要依靠教师个人的学识才智、育人成果、社会贡献获得，重在教师通过教育实践活动进行自我培养和提高。任何威信都有人际心理关系的内容。教师提高自己的威信有助于维护与学生的良好关系，同他人建立融洽和谐的人际关系。

四、教师职业道德规范

改革开放后，我国教师职业道德规范经历了五次讨论和修订。2008年教育部和中国教科文卫体工会全国委员会联合颁发《中小学教师职业道德规范》（以下简称《规范》），将教师职业道德规范表述为：爱国守法、爱岗敬业、关爱学生、教书育人、为人师表、终身学习。《规范》修订的基本原则为：坚持以人为本，坚持继承与创新相结合，坚持广泛性与先进性相结合，坚持倡导性要求与禁行性规定相结合，坚持他律与自律相结合。《规范》反映了新形势下社会发展对教师职业道德和职业行为的基本要求，体现了教师职业对教师职业道德的本质要求。"爱"与"责任"是贯穿其中的核心和灵魂。《规范》对教师职业道德起了指导作用，是调节教师与学生、教师与学校、教师与国家、教师与社会之间关系的基本行为准则。《规范》的具体内容如下。

（一）爱国守法

热爱祖国，热爱人民，拥护中国共产党领导，拥护社会主义。全面贯彻国家教育方针，自觉遵守教育法律法规，依法履行教师职责权利。不得有违背党和国家方针政策的言行。

爱国是教师做好本职工作的支撑。爱国是中华民族的优良传统，是我国各族人民道德品质的重要特征，是一个国家生存和发展的精神支柱。热爱自己的祖国是每个公民的义务。爱国作为教师职业道德规范，是教师做好本职工作的支撑点。教师要把热爱祖国作为自己的神圣职责，不断强化自己的爱国意识，培养爱国情操，激发爱国热情，做一个忠实的爱国者。

守法要求教师依法执教。守法是宪法规定的所有社会组织、国家机关和公民的基本义务；是指守法主体将法律作为自己的行为准则，依照法律行使权力和履行义务。教师职业的神圣性、示范性要求教师成为守法的楷模，进而对学生的守法行为产生潜移默化的影响，实现全体国民法律素质的提升，为建设社会主义法治国家奠定基础。

(二)爱岗敬业

忠诚于人民教育事业，志存高远，勤恳敬业，甘为人梯，乐于奉献。对工作高度负责，认真备课上课，认真批改作业，认真辅导学生，不得敷衍塞责。

倡导爱岗敬业就是要求教师对教育事业具有强烈的责任感和深厚的感情。没有责任感就办不好教育，没有感情就做不好工作。教师要始终牢记自己的神圣职责，志存高远，把个人的成长进步同社会主义伟大事业和祖国的繁荣富强紧密联系在一起，并在深刻的社会变革和丰富的社会实践中履行自己的光荣职责。

(三)关爱学生

关心爱护全体学生，尊重学生人格，平等公正对待学生。对学生严慈相济，做学生良师益友。保护学生安全，关心学生健康，维护学生权益。不讽刺、挖苦、歧视学生，不体罚或变相体罚学生。

倡导关爱学生就是要求教师有热爱学生、诲人不倦的情感和爱心。亲其师，信其道。没有爱，就没有教育。这是调节教师与学生关系的基本行为准则。教师必须关心爱护学生，尊重学生，平等公正对待学生，维护学生权益。

(四)教书育人

遵循教育规律，实施素质教育。循循善诱，诲人不倦，因材施教。培养学生良好品行，激发学生创新精神，促进学生全面发展。不以分数作为评价学生的唯一标准。

教书育人是教师最核心的职责与任务。教书是育人的主要手段，育人是教书的根本宗旨。二者相辅相成，辩证统一。倡导教书育人要求教师以育人为根本任务。

(五)为人师表

坚守高尚情操，知荣明耻，严于律己，以身作则。衣着得体，语言规范，举止文明。关心集体，团结协作，尊重同事，尊重家长。作风正派，廉洁奉公。自觉抵制有偿家教，不利用职务之便谋取私利。

为人师表是区别于其他职业道德的显著标志。倡导为人师表就是要求教师言传身教，以身立教。为人师表对教师工作具有特别重要的意义。教师要坚守高尚情操，在各个方面率先垂范，做学生的榜样，以自己的人格魅力和学识魅力教育影响学生。孔子曾说过："其身正，不令而行，其身不正，虽令不从。"所以教师要注意自己的一言一行，作风正派，廉洁奉公，自觉抵制不良之风，不利用职务之便牟取私利。

(六)终身学习

崇尚科学精神，树立终身学习理念，拓宽知识视野，更新知识结构。潜心钻研业务，勇于探索创新，不断提高专业素养和教育教学水平。

倡导终身学习就是要求教师做终身学习的表率。终身学习是时代发展的要求，也是由教师职业特点决定的。"活到老，学到老""建设学习型社会"，其实都是在倡导终身学习。当今社会，科技发展迅速，教师更需要与时俱进，不断更新自己的知识库，不断学习，保持进步。

五、《中小学班主任工作条例》

2009年8月，教育部颁布了新的《中小学班主任工作条例》（以下简称《条例》），这是全国中小学班主任工作的指导性文件。《条例》体现了两方面的精神：一是中小学班主任在中小学生思想道德建设和全面健康成长方面发挥着特殊作用，是学校中重要的、具有专门性的工作岗位；二是中小学班主任在班级中承担着特别的教育职责和组织管理任务，其中包括全面关心教育学生，进行班级日常管理和班集体建设，开展班级活动，进行学生评价，沟通学校、家长和社会等。《条例》的全部内容旨在让班主任明白自己的位置、职责、任务、待遇、权利，在新时期更好地从事班主任工作，教好书，育好人，培养祖国建设人才，实现自己的人生价值。

《条例》具体内容如下：

第一章　总则

第一条　为进一步推进未成年人思想道德建设，加强中小学班主任工作，充分发挥班主任在教育学生中的重要作用，制定本规定。

第二条　班主任是中小学日常思想道德教育和学生管理工作的主要实施者，是中小学生健康成长的引领者，班主任要努力成为中小学生的人生导师。

班主任是中小学的重要岗位，从事班主任工作是中小学教师的重要职责。教师担任班主任期间应将班主任工作作为主业。

第三条　加强班主任队伍建设是坚持育人为本、德育为先的重要体现。政府有关部门和学校应为班主任开展工作创造有利条件，保障其享有的待遇与权利。

第二章　配备与选聘

第四条　中小学每个班级应当配备一名班主任。

第五条　班主任由学校从班级任课教师中选聘。聘期由学校确定，担任一个班级的班主任时间一般应连续1学年以上。

第六条　教师初次担任班主任应接受岗前培训，符合选聘条件后学校方可聘用。

第七条　选聘班主任应当在教师任职条件的基础上突出考查以下条件：

（一）作风正派，心理健康，为人师表；

（二）热爱学生，善于与学生、学生家长及其他任课教师沟通；

（三）爱岗敬业，具有较强的教育引导和组织管理能力。

第三章　职责与任务

第八条　全面了解班级内每一个学生，深入分析学生思想、心理、学习、生活状况。关心爱护全体学生，平等对待每一个学生，尊重学生人格。采取多种方式与学生沟通，有针对性地进行思想道德教育，促进学生德智体美全面发展。

第一，《条例》四大亮点如下。

明确了班主任工作量，使班主任有更多的时间来做班主任工作。一直以来，班主任既要承担与其他学科教师一样的教学任务，又要负责繁重的班主任工作，使得班主任工作负担过重。《条例》要求："班主任工作量按当地教师标准课时工作量的一半计入教师基本工作量。各地要合理安排班主任的课时工作量，确保班主任做好班级管理工作。"《条例》明确了班主任应当把授课和做班主任工作都作为主业，要拿出一半的时间来做班主任工作，关心每个学生的思想道德状况、身心健康状况及其他各方面的发展状况。

第二，提高了班主任经济待遇，使班主任有更多的热情来做班主任工作。长期以来，广大中小学班主任辛勤工作在育人第一线，而享受的班主任津贴一直是1979年教育部、财政部、国家劳动总局颁布的《关于普通中学和小学班主任津贴试行办法》规定的。津贴标准低，已经远不能满足现代经济社会发展的要求。自2009年起，我国开始实施义务教育学校绩效工资制度。根据国务院办公厅转发的人力资源社会保障部、财政部、教育部《关于义务教育学校实施绩效工资的指导意见》，这次出台的《条例》第十五条要求将"班主任津贴纳入绩效工资管理。在绩效工资分配中要向班主任倾斜。对于班主任承担超课时工作量的，以超课时补贴发放班主任津贴"。

第三，保证了班主任教育学生的权利，使班主任有更多的空间来做班主任工作。在强调尊重学生、维护学生权利的今天，一些地方和学校也出现了教师特别是班主任不敢管学生、不敢批评教育学生、放任学生的现象。《条例》第十六条明确规定："班主任在日常教育教学管理中，有采取适当方式对学生进行批评教育的权利。"这一规定保证和维护了班主任教育学生的合法权利，使班主任在教育学生过程中在坚持正面教育为主的同时，不再缩手缩脚，可以适当采取批评等方式教育和管理学生。

第四，强调了班主任在学校中的重要地位，使班主任有更多信心来做班主任工作。《条例》从班主任的职业发展、职务晋升、参与学校管理、待遇保障、表彰奖励等多个方面强调了班主任在学校教育中的重要地位，充分体现了对班主任工作的尊重和认可，对广大班主任是极大的鼓舞和激励。强调班主任在学校教育中的重要地位，对于稳定班主任队伍，促进班主任专业成长，鼓励广大班主任长期、深入、细致地开展班主任工作有着积极的意义。

第三节　教师职业行为规范

职业行为是指人们对职业劳动的认识、评价、情感和态度等心理过程的行为反映。职业行为的产生一般都会伴随一定的道德价值的产生，所以职业行为应体现道德责任。教师职业行为规范指教师在职业活动中为实现教育目标，履行教师职责，严守职业道德，从思想认识到日常行为应遵守的基本规则。教师职业道德规范是教师在思想层面的认识。教师在具体的教育教学实践过程中，必须以基本职业道德要求为指导，将规范要求转化为实际职业行为。从教师的角度讲，教师职业行为是教师专业化的体现，决定着教师专业发展的长远性。从学生的角度讲，教师职业行为是学生的榜样，对学生的身心发展具有潜移默化的影响，引导着学生的思想建构和品德养成。教师职业行为规范的基本内容可分为两个层次：第一个层次是由国家立法机关和有关行政部门制定的关于教师活动要求的法律、条例和守则等，这些要求具有法律和行政效力，是每个教师在获取任职资格过程中必须学习和牢记的；第二个层次是由社会道德规范及人们公认的职业特点构成的，是通过社会舆论、群体力量、个人的自尊和习惯来实现的。根据《中华人民共和国教师法》和《中小学教师职业道德规范》，结合我国文化传统和社会发展现状，教师在处理与学生、与学生家长、与同事以及与教育管理者的关系时必须遵守教师职业行为规范。教师职业行为规范具体包括以下五个方面。

一、教师思想行为规范

教师教书育人的工作具有一定的特殊性和重大的现实意义，关系到社会的发展和国家的命运。教师的思想境界和道德水平直接影响着学生的成长。因此，教师的思想行为起着至关重要的作用。教师要做到以下三方面。

第一，热爱祖国，拥护中国共产党，认真学习和宣传马克思列宁主义、毛泽东思想和邓小平理论，坚持科学发展观，以实现中国梦为奋斗方向，热爱教育事业，践行公民道德。

第二，贯彻执行党的教育方针，为人师表，学而不厌，诲人不倦；树立素质教育观念，以教育学生为首要职责，以学生的德、智、体、美全面发展为己任；遵循教育规律，依法治教，恪尽职守，努力维护教育专业的荣誉与尊严。

第三，树立正确的人生观和价值观，弘扬爱岗敬业、淡泊名利、勇挑重担、乐于奉献的精神，正直诚实，表里如一，自尊自爱，锐意进取，不说有损国格、人格的话，不做有损国格、人格的事。

二、教师教育教学行为规范

教学是实现教育目标的重要途径。教师要提高教育教学质量，必须不断努力学习，提高自己的知识技能。动力规范教师教学行为是提高教师业务素质和教育教学质量的客观要求。

第一，有正确的教育思想和端正的教学态度，严肃认真地对待教育教学活动中的每一项内容和每一个环节。

第二，对自己的教学质量负责，准确把握课程标准，熟悉学科教材，认真备课，充分运用现代教学手段和网络媒体资源；善于激发学生的求知欲，组织好课堂教学，营造生动活泼的课堂氛围；精心编排练习，认真批改作业，及时纠正错误，定时做好教学质量检查分析工作，及时查缺补漏；根据学生的个别情况及学习能力因材施教。

第三，按时上、下课，不迟到，不缺课，不拖堂；使用普通话，语言文明、清晰、流畅，表达准确简洁；板书整洁规范，内容简练精当；课堂上关闭手机；教师之间不得随意换课。

第四，依据课程标准制订好教学计划，按教学流程把握教学进度，避免随意性；认真设计学生作业，避免学生课业负担过重；监考及阅卷要认真。

第五，在教育教学过程中关心学生的安全，及时处理好突发事件，给予学生公平的学习机会，不体罚和变相体罚学生。

第六，坚持不懈地苦练教师基本功，钻研业务，通过各种学习途径不断提高专业才能，丰富对教育及世界发展的认识。

第七，对自己有严格要求，对于有利于促进学生身心健康成长的活动，都应积极参加，以满足社会对教师专业的期望。

三、教师人际行为规范

教师的职业特点决定了其工作的特殊性和复杂性。与教师交往的对象主要包括学生、教师、行政领导、家长及其他社会人士。无论与哪个群体交往，教师都要遵守应有的基本行为规范。

（一）教师与学生之间

教师应努力让学生认识到他们是未来社会的栋梁，鼓励学生发掘自己的潜能，激励学生积极探究，引导学生确立正确的人生目标。

第一，应与学生建立互相信任、互相尊重的关系，尊重学生的人格。

第二，任何时候都以公平、公正的态度对待学生，循循善诱，不偏不袒，客观、公正地评价每一个学生，不歧视学生，确保有关学生表现的报告具有真实性和客观性。

第三，帮助学生特别是学困生、德困生、贫困生认识自己的价值，建立自尊。

第四，与学生讨论问题时应尽量保持和蔼，勇于接受学生的正确意见。

第五，培养学生的创新精神和独立能力，鼓励学生独立思考和精益求精的精神。

第六，培养学生的民主精神，教育学生尊重他人。当与公众意见有分歧时，应教导学生尊重不同的立场和观点。鼓励学生尊重师生，不做恶意批评，对学生的评论应具有建设性。

第七，避免使学生难堪或受到羞辱，如果不是专业或法律上的需要，不应泄露学生的资料。

第八，不应利用与学生的专业关系谋取私利。

第九，不应将专业性的教学工作交付非专业人士执行，有需要时应寻求其他专业人士的协助。

第十，在执行专业职务时若发现有违反《中华人民共和国未成年人保护法》的行为，应及时举报。

第十一，与学生谈话的礼仪指南如下。

提前通知，有所准备。最好提前与学生打招呼，让学生有思想准备，这既是一种礼貌，又是对学生的尊重。

热情迎候，营造平等气氛，举止端正，行为有度。谈话时语气要平和，要有耐心，压低音量，不反唇相讥，表现出良好的道德修养。

分清场合，入情入理。表情要与谈话对象、内容协调一致；在与学生进行谈话时不要言过其实，也不应传播不利于团结或道听途说的事情。

（二）教师与教师之间

成功的教育有赖于各级各类教师的合作。因此，教师应视同事为专业工作者，彼此尊重，忌生嫉妒。

第一，应以学生利益为重，与同事互助合作。

第二，乐于助人，协作共进，支持同事执行专业任务，鼓励其发掘潜能。

第三，相互学习，取长补短，与同事分享观点与资料，以促进彼此专业发展。

第四，与同事平等相待，和谐共处，不搬弄是非，不压制他人、抬高自己。

第五，反对文人相轻，背后议论。若因工作需要需对某一同事做出评价时，应容许该同事知道报告内容。

第六，为其他同事做推荐人或证明人时，应以公正、真实为原则，不应恶意损害同事的专业信誉与事业前途。

第七，不应破坏学生对同事的信任及尊敬。

第八，不应故意使同事难堪或受到羞辱；除非事前通知对方，否则不应对同事的专业活动做批评；在批评同事时，应避免伤害其自尊；交流工作时，提出的意见应客观且具有建设性。

(三)教师与行政领导之间

第一，应遵守与学校的合约，尊重学校行政班子的合法权利，正确处理个人利益和工作大局的关系。

第二，积极促进学校和服务机构政策的完善。

第三，贯彻执行有利于教育的学校政策和指示。

第四，对于有违良知的行政政策和措施，应遵循专业内的要求提出异议。

(四)教师与家长之间

教师应认识到教育学生是学校与家长的共同责任，应做到尊重家长，理解家长，充分调动家长的教育积极性，与家长形成教育合力。

第一，尊重家长询问、被咨询、获知子女情况的权利。

第二，与家长建立友善合作的关系。

第三，与家长交流对学生成长有利的资料及心得，向家长宣传科学的教育思想和方法。

第四，尊重家长在子女教育上合乎情理的要求，虚心听取家长意见，不挫伤家长的自尊心。

第五，如实向家长反映其子女在校的表现，注重采用不同方式加强与家长的联系和沟通。

第六，尊重家长的特殊性，对所获悉的家庭隐私应注意保密。

第七，协助家长维护其子女在人身上、学业上的权利。

(五)教师与社会人士之间

第一，友好相处，注重交流，努力促进不同行业、文化之间相互了解与合作。

第二，正确对待职业或分工的差异导致的分配或待遇的高低，不盲目攀比。

第三，不断提高公众对教育的认识水平，以维持崇高的专业形象及和谐的公共关系。

第四，相互尊重，不卑不亢，不做有损专业形象的事，不应为谋取个人私利而做宣传。

第五，明辨是非，广交朋友，不应接受可能导致影响专业判断的酬金、礼物或其他利益。

第六，以专业工作者的身份发言时，应首先声明发言的资格、发言的身份和发言的实质代表性。若发言涉及某方面的利益，须澄清发言者与受益者的关系。

四、教师仪表行为规范

第一，男教师不留长发，不烫发，不染发(黑色除外)，不剃光头，不留胡须；女教师不染红、蓝、紫等非大众化颜色的头发，不烫标新立异或非大众化的发型。

第二，衣着整洁、得体、大方，在教育教学或集体活动中不穿拖鞋。男教师不穿短裤、背心；女教师不过多佩戴首饰，不穿透、露、无袖、吊带服装和超短裙，不化浓妆，不染指甲。

第三，举止端庄、稳重，言行有礼，既不轻浮粗俗，又不拘谨呆板。

五、教师日常活动行为规范

第一，尊重法律及社会接受的行为准则，以身作则，履行公民的义务；关注社区建设，参与社区活动，积极支持推广公民教育。

第二，注意时事，关心社会问题，致力于维护良好的社会风气；不参加邪教组织及封建迷信活动，不参与赌博。

第三，上班时间未经允许不在校内开展与教育教学活动无关的娱乐活动。

第四，在教育教学活动中不吸烟；在上班期间不饮酒，不说脏话、粗话。

第五，不在校内利用节假日或其他休息时间进行有偿补课；不进行有偿家教；不诱导学生购买或强行推销未经准入的教辅资料和其他学习用品，不代收费用；不为中专和高中学校的招生进行诱导性宣传。

第六，按时、按质、按量完成单位交办的各项工作任务及相关社会工作，增强收集、整理、保管各类资料的意识。

第七，平等对待学生，一视同仁，不讽刺、挖苦、歧视残疾学生，不随意停学生的课。

第八，参加会议或集体活动时自觉遵守纪律，关闭通信工具，不做与会议或集体活动无关的事，认真做好笔记。

第九，不训斥、责难和恫吓学生家长，不接受学生家长的馈赠和宴请，不直接或间接索要家长钱物。

第四节　教师在教育活动中要处理的几大关系

一、教师与学生的关系

师生关系是教师各类人际关系中最基本、最重要的关系。素质教育观下构建良好的师生关系应当从热爱学生、尊重学生、了解学生、公平公正地对待学生、严格要求学生五个具体的方面展开。

(一)热爱学生

热爱学生是处理师生关系的基础和根本出发点。教师应在具体的教育教学实践中把学生的成长放在第一位，关爱每一个学生。

(二)尊重学生

尊重学生是教师建立师生间平等关系的表现。在师生平等的交往关系中，教师只有付出真爱，学生才能够感受到教师对自己的关心，从而接受教师对自己的教育。

首先，尊重学生就要尊重学生的人格。在教育教学过程中，教师对学生有管理、教育的义务和权利。在人格上，教师和学生是平等的。因此，教师所有教育行为都应以尊重学生的人格为前提。其次，尊重学生的个别差异。教师应在教育教学的细节中做到尊重学生的个别差异，尽量减少由社会不公正给学生带来的影响，辩证地看待学生的优缺点，在学生犯错后要考虑不同的动机和原因。最后，要信任学生。教师的信任能激发学生的兴趣，调动学生的积极性，为学生提供进步的强大动力。

（三）了解学生

了解学生是教师热爱学生的起点，是教师进行教育的前提，也是教师公正地评价学生的基础。首先，教师要努力使自己成为学生的朋友，在人格上师生平等，在教学上师生教学相长。其次，教师要克服不良心理效应的影响，深入了解每一个学生，克服惯性思维、自我中心、以偏概全等错误思想，不在不了解学生的情况下轻易下结论，以免影响学生发展。了解学生是对学生负责的体现。教师如果不了解学生，即使使用的方法正确，也难以达到理想的效果。因此，对学生负责的前提是了解学生。

（四）公平公正地对待学生

公平公正地对待学生要求教师要不偏不倚，一视同仁。一方面，教师不能因为个人感情的好恶、私人关系、学生成绩的优劣等偏袒或是轻视学生；另一方面，教师不能因为学生的性别、美丑、性格特征、身体条件、家庭出身等方面的不同把学生分为"三六九"等。公平公正地对待学生是树立正确师生观的核心。

（五）严格要求学生

教师对学生的爱是一种将热爱、尊重和严格要求统一结合起来的爱。这种爱不是宠爱、溺爱和偏爱，而是爱中有严、严中有爱、严慈相济。教师严格要求学生，首先，严而有理。一方面，教师要遵循学生身心发展规律和教育规律，不压抑学生发展；另一方面，教师要把严格要求与摆事实、讲道理相结合，使学生心服口服。其次，严而有度。教师要根据学生实际情况提出适度的要求，从关心、爱护学生的角度出发，认真考虑每一项要求有可能产生的后果，以便做到恰到好处。再次，严而有恒。教师提出的要求必须始终如一，不能朝令夕改，虎头蛇尾。最后，严而有方。教师要讲求方式方法，针对教育条件与学生个体差异，刚柔相济，灵活处理。

二、教师与家长的关系

家长作为孩子的第一任教师，对孩子的成长也负有责任，并且是影响孩子成长的重要因素。因此，家庭教育对学生在学校中接受教育的效果有着重要的影响，教师与家长的关系尤为重要。

（一）建立平等的沟通关系

教师和家长都是以教育好学生、促进学生身心全面发展为共同目标的，应该建立彼此信任、相互支持的平等关系。只有平等，双方才能进行有效的沟通；只有平等，双方才不会陷入误区，形成推诿、渎职等状态，从而齐心合力教育好学生。

（二）形成良好的沟通习惯

首先，教师要积极主动地与家长建立联系，通过家访、家长会、联系手册、电话、通信、网络等多种形式与家长互通情况，共同商讨，协调教育方法、步骤。

其次，教师要树立服务意识，尊重家长，全面、客观地介绍学生在校学习、生活的情况，热情、耐心地与家长进行沟通。

再次，教师要及时地通报学生的思想、学习、生活的动态，特别是出现异常情况或突发事件时，要第一时间与家长沟通，及时分析原因，商讨对策，共同实施有效的教育方法。

最后，教师要认真听取家长的意见和建议，放下"教育"的架子，经常向家长征求意见，虚心听取他们的批评和建议，找出有效地对学生进行教育的方法和途径，以不断改进自己的工作。

（三）尊重家长的人格

在教师与家长关系中，教师起主导作用。但教师和家长在人格上是完全平等的，不存在尊卑之分。因此，教师必须尊重家长的人格。

三、教师与同事的关系

（一）尊重

教师在教师集体中开展的教育教学专业活动通常需要靠集体的力量去完成，因此，同处于教育教学活动中的同事在地位上应当是平等的，教师应给予对方必要的尊重。

（二）理解

教师工作从个体上看是存在差异的，因而具体分工有所不同。由于工作任务及性质上存在差异，教师集体中也会产生矛盾与冲突，这就需要教师与同事之间必须互相理解。

（三）协作

教师在集体中共同完成教育教学工作。若想实现一定的教育目的，教师必须与同事进行协作，维护团结，相互理解，相互支持。

四、教师与教育管理者的关系

教师的教育教学活动必然要在教育管理者的管理之下开展。从管理的角度看，教师与教育管理者是管理与被管理的关系。教师与教育管理者的关系实质上是在组织中承担不同任务的人之间的关系。

（一）尊重

教师在教育管理者的协调下开展工作，目的是实现学校组织的教育教学目标。教育管理者的管理目标与教师的职业活动目标是高度一致的。所以，教师应当尊重教育管理者根据自己的管理职责开展教育管理活动。

（二）支持

教师的职责和任务在很大程度上是由学校教育管理者赋予的。每一个教师要根据自己对职责的承诺，完成学校组织管理者分配的任务。教师应当在自己的职业行为上支持学校教育管理者开展学校管理工作。

参考文献

1. 孙炳海. 关爱与共情：心理学视野中的教师职业道德［M］. 北京：高等教育出版社，2016.

2. 檀传宝. 教育劳动的特点与教师专业道德的特性［J］. 教育科学研究，2007(3).

3. 申继亮，赵景欣. 中小学教师职业道德的现实思考［J］. 北京师范大学学报（社会科学版），2006(1).

4. 郭志明. 美国教师专业规范历史研究[M]. 北京：中国社会科学出版社，2004.

5. 林崇德. 师德通览[M]. 济南：山东教育出版社，2000.

6. 任顺元. 师德概论[M]. 杭州：浙江大学出版社，2005.

7. [美]古德莱德，罗杰·索德，肯尼思·A. 斯罗特尼克. 提升教师的教育境界：教学的道德尺度[M]. 汪菊，译. 北京：教育科学出版社，2012.

8. 车丽娜. 论教师职业道德发展中的自主责任意识[J]. 教育研究与实验，2012(5).

9. 叶小媚，刘国平. 中国师德手册[M]. 北京：中央文献出版社，2008.

10. 傅维利. 教师职业道德教育指南[M]. 北京：高等教育出版社，2009.

11. 唐凯麟，刘铁芳. 教师成长与师德修养[M]. 北京：教育科学出版社，2007.

12. 申继亮. 师德心语：教师发展之魂[M]. 北京：北京师范大学出版社，2006.

13. 袁桂林. 当代西方道德教育理论[M]. 福州：福建教育出版社，2005.

习题

材料分析：

送教下乡结束时，一个孩子拉着王老师怯生生地问道："老师，您明天还教我们吗？"看着孩子满怀渴望、充满期待的眼神，王老师心里一动，便决定到这所偏远乡村小学支教。没想到，这一教便是 10 年。这所小学老师少。王老师利用业余时间，不断加强学习、丰富自己。课堂上，他"十八般武艺"全都派上了用场，善教数学的他同样能演绎语文的精彩，美术、体育、科学等课也上得有模有样。课外，他带领孩子们练书法、打乒乓、办小报、玩双杠……于是，孩子们的许多"第一次"纷至沓来，第一次升旗仪式，第一次诗词朗诵会，第一次校园钢笔字展览，第一次乒乓球赛……在丰富的实践活动中，学校里的留守儿童也变得开朗多了。王老师的幽默、热情、多才深深吸引了孩子们。他们变得越来越爱上学，爱读书，学习成绩大都突飞猛进。毕业的学生在给王老师的贺卡上写道："王老师，是您给我们阳光般的温暖、前行的力量，让我们的童年多彩而快乐！谢谢您！"

问题：请从教师职业道德的角度，评析王老师的教育行为。

第十一章　教育政策

【国考大纲导航】

1. 了解教育政策的内涵、特点与功能。

2. 了解我国中小学教育的基本政策。

第一节　教育政策的内涵、特点与功能

什么是教育政策，目前，人们对这一概念理解不一。但学术界一般都承认，教育政策是指导教育实践活动的依据、纲领和准则。由此我们可以给教育政策一个较全面的界定，并在此基础上分析教育政策的内涵、特点与功能。

一、教育政策的内涵

教育政策是指在一定历史时期内，党和国家为实现一定的教育任务，依据党和国家的基本任务、基本方针而制定的有关教育的行动准则。

目前我国对于教育政策概念的解释主要有四种观点。一是把教育政策同一般政策相联系，从政策概念直接演绎出来，如党和政府在一定历史时期为教育制定的基本要求及行为准则，政府和政党规定的有关教育的方针、政策，主要是某一历史时期党和政府的总任务、总方针、总政策在教育领域内的具体表现。二是把教育政策视为公共政策中的一项专业政策，如教育政策是针对教育工作的目标、途径和方法的总体规定，是党或国家为实现教育目标而制定的行政准则；任何一项教育政策都是关于教育领域的政治措施，政治措施本身代表或蕴含着政府对教育及有关问题的一种价值选择。三是把教育政策视为一个动态的发展过程，如教育政策是一种有目的、有组织的动态发展过程，是党和政府等政治实体在一定历史时期，为实现一定教育目标而协调教育内外关系所制定的行动依据和准则。四是理解教育政策有四个维度，如学者刘复兴认为理解教育政策的内涵有四个维度："教育政策的现象形态——教育领域政治措施组成的政策文本及其总和；教育政策的本体形态——教育利益分配；教育政策过程——动态连续的主动选择的过程；教育政策的特殊性质。"[①]

二、教育政策的特点

教育政策作为党和国家在一定历史时期内为教育发展的基本任务、基本方针而制定的基本行为准则，体现出了政治性与原则性、目的性与可行性、稳定性与可变性、权威性与实用性、系统性与多功能性的特点。此外，教育政策不具有强制性。

---

① 刘复兴：《教育政策的四重视角》，载《清华大学教育研究》，2002(4)。

(一)政治性与原则性

政治性是教育政策的根本特征，直接反映制定政策的主体自身的利益和要求。尽管各党派、各社会团体都可以制定教育政策，但据主导地位的教育政策总是体现着统治阶级的意志，代表着统治阶级的根本利益的。这在任何制度的国家都毫无例外。

原则性是指教育政策的内容必须鲜明地体现政党和国家的政治意图，规定人们应做什么、不应做什么。

(二)目的性与可行性

教育政策是人们根据一定的需要制定出来的，是人们主观意识的体现和主观能动性的产物，具有明确的目的性。教育政策不同于教育规律，它具有明确的指向性。人们制定教育政策是为了解决某类问题，没有目的的教育政策是不存在的。

党和国家要使教育政策的目的变成现实，就要考虑教育政策的可行性。教育政策的条文、原则告诉人们应该怎样做、不应该怎样做。

(三)稳定性与可变性

教育政策一经制定公布，在其有效的时间、空间范围内相对保持不变，否则就会影响人们对其的信任程度和执行时的坚定性。

随着时间的推移和社会经济、政治、文化以及教育的发展，当现行政策已不能满足需要、对教育的发展起到阻碍作用时，党和国家就必须做出相应调整并制定出新的政策。

(四)权威性与实用性

教育政策是党和国家依据宪法的授权，为实现人民的教育意志而制定的教育准则。党和国家行为的合宪性决定了它们颁布的教育政策的合法性以及由此而具有的权威性。

教育政策的制定又是以实现教育发展为目的的，因此，制定的教育政策还必须具有强烈的实用性。

(五)系统性与多功能性

教育政策是党和国家为完成一定的教育任务而制定的教育行动准则，涉及教育活动的方方面面，也涉及教育之外的其他社会系统。因此，教育政策的系统性决定了教育政策所指引的行动必然要涉及教育事业的各个方面，决定了教育政策的功能必定是多方面的，而不是单一的。

(六)不具强制性

教育政策主要通过人们的组织约束、舆论引导等途径实现，一般不具有直接的强制性。当然，它也不是一纸空文。通过一定的宣传途径和行政措施，它同样能发挥巨大的影响力。说不具强制性，并非说教育政策无须执行，而是在实施过程中和惩戒违反者的过程中，它主要依靠宣传教育的手段，而不依赖于国家的强制力。

三、教育政策的功能

教育政策作为有关教育的行动准则，主要具备三项功能，即导向功能、协调功能和控制功能。

(一)导向功能

教育政策的导向功能通常从两个方面表现出来：一是为教育事业的发展提出明确

的目标，二是推出一整套旨在促进教育事业发展的重大保障措施。

（二）协调功能

教育政策的协调功能是国家通过教育政策对教育事业的发展进行动态的、全方位的调控，以使教育政策与社会各方面的发展相协调。因此，它具有三个基本特点：多维性、动态性和适度性。

（三）控制功能

教育政策的控制功能类似于教育政策的协调功能，旨在对教育发展偏离预期目标的情况进行阻止或干预。二者的区别在于前者重在控制，后者重在协调；前者重在干预，后者重在发展。因此，教育政策的控制功能具有强制性和惩罚性的明显特点。教育政策的控制功能的发挥还需具备两个基本条件：一是教育政策控制的标准必须明确且合理，二是教育政策控制的方法必须严谨。

第二节　我国中小学教育的基本政策

教育的基本政策是指对不同层次和不同类型的教育，对教育的不同方面和不同环节，都具有制约作用或影响力的政策。现阶段我国中小学教育发展的基本政策可以概括为以下八个基本方面。

一、在办学方向上坚持为社会主义现代化建设服务和为人民服务

《中国教育改革与发展纲要》明确指出："必须坚持教育为社会主义现代化建设服务，与生产劳动相结合，自觉地服从和服务于经济建设这个中心，促进社会的全面进步。"《中共中央　国务院关于深化教育改革，全面推进素质教育的决定》前言指出："深化教育改革，全面推进素质教育，构建一个充满生机的有中国特色的社会主义教育体系，为实施科教兴国战略奠定坚实的人才和知识基础。"中国共产党第十六次全国代表大会深刻地总结了我国教育改革和发展的成果，再三强调"教育是发展科学技术和培养人才的基础，在现代化建设中具有先导性、全局性作用，必须摆在优先发展的战略地位"，进一步明确了党的教育方针：坚持教育为现代化建设服务，为人民服务，与生产劳动和社会实践相结合，培养德智体美全面发展的社会主义建设者和接班人。这些政策的本质就是要求各级各类学校在办学实践中，以社会主义现代化建设的实际需要为根本出发点，必须坚持为社会主义现代化服务的基本行为准则。

二、在培养目标上造就德智体美全面发展的社会主义事业建设者和接班人

《中华人民共和国教育法》第五条明确指出："教育必须为社会主义现代化建设服务、为人民服务，必须与生产劳动和社会实践相结合，培养德智体美劳全面发展的社会主义建设者和接班人。"《中共中央　国务院关于深化教育改革，全面推进素质教育的决定》明确规定："实施素质教育，就是全面贯彻党的教育方针，以提高国民素质为根本宗旨，以培养学生的创新精神和实践能力为重点，造就'有理想、有道德、有文化、有纪律'的、德智体美等全面发展的社会主义事业建设者和接班人。"中国共产党第十六次全国代表大会对教育工作提出了新的要求，要"坚持教育创新，深化教育改革，优化

教育结构","全面推进素质教育，造就数以亿计的高素质劳动者、数以千万计的专门人才和一大批拔尖创新人才"。

这是各级各类学校人才培养的总目标，即培养的人不仅要精通业务，掌握现代科学文化知识，能迎接世界经济竞争和新技术革命挑战，而且具有坚定、正确的政治方向和为社会主义建设献身的精神。我国必须以这一基本行为准则全面安排学校的德育、智育、体育、美育和劳动技术教育。

三、在教育体制上主张给地方和学校以更多自主权

《中国教育改革与发展纲要》第十六条规定："改变政府包揽办学的格局，逐步建立以政府办学为主体、社会各界共同办学的体制。"第十七条规定："中等及中等以下教育，由地方政府在中央大政方针的指导下，实行统筹和管理。"《中共中央 国务院关于深化教育改革，全面推进素质教育的决定》第十一条规定："进一步简政放权，加大省级人民政府发展和管理本地区教育的权力以及统筹力度，促进教育与当地经济社会发展紧密结合。"这些政策的实施旨在让地方和学校真正成为办学实体，拥有更多的自主权。

我国教育为适应市场经济和改革开放的形势，应做到以下几点。

一是把国有化的办学体制变成以国家办学为主、多种办学体制共同发展的体制，提倡和鼓励民营企业、个人投资办学，大力发展民办教育，将一部分公立大学改制为公有民办大学、股份合作制大学，充分调动全社会的办学力量。

二是取消部门办学的领导体制。中央各业务部门和省市业务部门原则上不独立办学。改变大学从属于某一部门、仅为某一部门培养人才的体制，应把大学分为归属于国家级的大学和归属于地方级的大学两大类。国家级大学由教育部统筹管理，地方级大学由省（市、区）教育部门主管。这样以便优化教育结构，充分利用教育资源，提高办学效益。

三是变高度集权的管理体制为面向社会、面向市场、独立办学的体制。削减政府职能部门对学校管得过多、统得过多、包得过多的状况，变"全能政府"为"有限政府"，实行政校分开，让学校依法自主办学。学校在经费使用、专业设置、教材编写、教学内容、对外交流、合作办学等方面可根据社会和市场需要，从本校实际出发，自行决定。政府主要从宏观上制定方针、政策和发展规划，加强对教育质量的评估与监督。

四是变单渠道教育经费来源为多渠道教育经费来源。我国实行九年义务教育，国家及各级政府应确保实施九年义务教育的经费；非义务教育阶段不应实行免费教育，受教育者应承担一部分教育成本。随着受教育程度的提高，个人获得的利益也将提高，因此对于高学历教育，收费标准应适当提高。

四、在办学模式上倡导多形式

《中共中央 国务院关于深化教育改革，全面推进素质教育的决定》第十条规定："形成社会化、开放式的教育网络，为适应多层次、多形式的教育需求开辟更为广泛的途径，逐渐完善终身教育学习体系。"中国共产党第十六次全国代表大会提出鼓励多种力量办学。现阶段出现的社会各界参与办学、企事业联合办学、私人办学、民主团体办学、海外侨胞捐资办学、外国友好人士办学、教学科研生产一体化等办学形式都可被

视为这项基本教育政策的产物。

五、在教育投资上鼓励多渠道

《中国教育改革与发展纲要》第四十七条规定："要逐步建立以国家财政拨款为主，辅之以征收用于教育的税费、收取非义务教育阶段学生学杂费、校办产业收入、社会捐资集资和设立教育基金等多种渠道筹措教育经费的体制。"《中华人民共和国教育法》第五十三条规定："国家建立以财政拨款为主、其他多种渠道筹措教育经费为辅的体制，逐步增加对教育的投入，保证国家举办的学校教育经费的稳定来源。"《中共中央　国务院关于深化教育改革，全面推进素质教育的决定》第二十四条规定："努力采取有效措施，切实加大教育投入，逐步实现国家财政性教育经费支出占国民生产总值百分之四的目标。"中国共产党第十六次全国代表大会提出："加大对教育的投入和对农村教育的支持。"增加教育投入，促进教育发展已成为全社会的共识。

六、在教育发展策略上突出统一要求和因地制宜相结合

《中国教育改革与发展纲要》第三条指出："必须从我国国情出发，根据统一性和多样性相结合的原则，实行多种形式办学，培养多种规格人才，走出符合我国和各地区实际的发展教育的路子。"我国教育在办学指导思想、基础教育的战略地位、培养目标、办学方向、基本学制等方面必须有明确统一的规定与要求。但我国由于各地区经济、文化、教育发展不平衡，因此在教育发展的规模、速度、办学形式、教学内容、教学手段等方面不应做出硬性的统一要求和规定，要允许各地从实际出发，走符合各地实际发展的新路子，坚持坚定的原则性与适度的灵活性相结合的原则。

七、在教师队伍建设上强调政治业务素质良好，结构合理，相对稳定

《中国教育改革与发展纲要》第三十九条规定："建设一支具有良好政治业务素质、结构合理、相对稳定的教师队伍，是教育改革和发展的根本大计。要下决心，采取重大政策和措施，提高教师的社会地位，大力改善教师的工作、学习和生活条件，努力使教师成为最受人尊重的职业。"《中共中央　国务院关于深化教育改革，全面推进素质教育的决定》第十七条明确规定："建设高质量的教师队伍，是全面推进素质教育的基本保证。"中国共产党第十六次全国代表大会提出："加强教师队伍建设，提高教师的师德和业务水平。"振兴民族的希望在教育，振兴教育的希望在教师。国运兴衰，系于教育；教育兴衰，系于教师。教师肩负着传播文明、开发人类智慧、塑造人类灵魂的神圣使命，影响着人类社会的未来。教师是传授科学文化知识的科学家，是年青一代智力资源的开发者，是塑造未来一代灵魂的工程师，是现代化文明建设的生力军。教师的价值取向、精神面貌和素质能力直接影响学生的素质，从而关系到全民族的整体素质、创新精神和创新能力。在造就千百万社会主义现代化建设人才的伟大事业中，教师肩负着特殊的使命。

八、在学校管理领导体制上实行校长负责制

《中国教育改革与发展纲要》第十七条明确规定："中等及中等以下各类学校实行校

长负责制。校长要全面贯彻国家的教育方针和政策，依靠教职员工办好学校。"《中共中央 国务院关于深化教育改革，全面推进素质教育的决定》第二十一条指出："要继续巩固和完善中小学校长岗位培训和持证上岗制度，试行校长职级制，逐步完善校长选拔和任用制度。"学校管理的突破口是管理体制改革，它包括领导体制改革，机构设置、规章制度、人员及工资分配等方面的改革，其中领导体制改革就是要实行校长负责制。

习题

1. 什么是教育政策？
2. 我国当前主要的教育政策有哪些？

第十二章 教育法规

【国考大纲导航】

1. 有关教育的法律法规

了解我国主要的教育法律法规，如《中华人民共和国教育法》《中华人民共和国义务教育法》《中华人民共和国教师法》《中华人民共和国未成年人保护法》《中华人民共和国预防未成年人犯罪法》《学生伤害事故处理办法》等。

2. 教师的权利与义务

理解教师的权利与义务，熟悉我国教育法律法规所规范的教师教育行为，依法从教。

依据国家教育法律法规，分析评价教师在教育教学实践中的实际问题。

3. 学生权利保护

了解有关学生权利保护的教育法规，保护学生的合法权利。

依据国家教育法律法规，分析评价教育教学活动中的学生权利保护等实际问题。

第一节 教育法规概述

教育法规是教育研究领域一个新的分支，国内外的研究历史并不算长。有关教育法规的含义、特点、渊源等是教育法规研究中不可回避的基本问题。

一、教育法规的含义、特点及与教育政策的关系

教育法规不同于教育政策，二者在基本含义和特点方面有明显的不同。但教育法规与教育政策有密不可分的联系。

（一）教育法规的含义

教育法规是有关教育方面的法令、条例、规则、规章等规范性文件的总称，也是对人们的教育行为具有法律约束力的行为规则的总和。它是由国家政权机关制定、以国家暴力机器为后盾来实施的，对人们受教育的权利和义务起着保护与规范作用。

（二）教育法规的特点

教育法规在涉及主体、调整范围以及法律后果方面都具有明显的不同于教育政策的特点。

1. 涉及主体的多样性

教育活动包括兴办教育、管理教育、实施教育、接受教育、参与和支持教育等诸多方面。这些活动涉及教育行政机关、其他国家机关（社会包括企业、事业单位、农村集体组织）、学校、社会团体和几乎每个家庭以及公民。这些法人、组织、公民都是教育法规调整的对象，都在教育活动中享有广泛的权利，承担多方面的义务，从而使教

育法规的主体呈现多样性。

2. 调整范围的广泛性

从教育对象上看，我国宪法赋予每个公民受教育的权利。在我国教育体系中，自《中华人民共和国义务教育法》颁布以来，每个适龄儿童、少年都必须接受九年义务教育。随着教育事业的发展，大多数初中毕业生要接受普通高中和各种形式的职业学校的教育。不同类型的教育相互沟通，相互衔接。教育部决定从 2001 年起，取消报考普通高等学校的年龄和婚否限制，这意味着终身教育体系正在形成。在这些教育活动中，接受各种形式、不同层次的教育和培训的对象都享有受教育的权利，承担相应的义务。

从调整的教育法律关系上看，在社会主义市场经济条件下，随着办学体制、管理体制、投入体制、招生就业体制、学校内部管理体制等方面的全面改革，教育领域中的社会关系发生了重大变化。例如，在改革办学体制、优化教育资源配置的过程中教育机构之间的协作，各种社会组织之间的联合办学需界定的产权关系，民办教育机构的举办者、管理者、教师、学生之间的关系，学校与用人单位之间的委托培养关系，学校内部人事制度改革中学校与教师之间的聘任关系，高等学校融入国家创新体系、科研机构和企业之间基于"产学研"一体、职业学校和企业之间基于"产教结合"产生的合作关系，金融机构与学生之间的学生贷款关系，国家留学基金组织与公派出国留学或来华留学人员之间的资助留学关系及相应的担保关系，教育机构与境外组织或个人之间的合作办学关系，学校科研成果转化中的风险与利益分配关系，学校事故中的责任归属和赔偿主体认定关系，等等。这些社会关系有着深刻的利益背景和复杂的利益体系，充满利益矛盾与冲突。在社会主义市场经济条件下，对各种利益关系只能用体现国家意志的法律法规加以调整。

3. 法律后果的特殊性

一是注重保护受教育者，尤其是青少年学生。可以说，全部教育法的核心是保障公民的受教育权，尤其是保护权利能力和行为能力不一致的青少年。对学生错误行为的处理主要采取批评教育的方式，如对不按时入学或流失的适龄儿童，更主要的是进行耐心的说服教育。只要他们入学或返校就读即可，对他们本人并无处罚，而是处罚其家长或其他监护人。

二是注重保护教师的特殊职业权利。在教育活动中，教师享有《中华人民共和国教师法》规定的特殊权利，包括教育权、教学权、科学研究权、指导学生发展权、带薪休假权、进修培训权等。学生因自身原因造成财产损失或人身伤害的，教师不承担法律责任。当然，教师如果有体罚或变相体罚学生的行为，则要承担相应责任。

三是注重保护学校的正当权利。教育是国家的公共事业，学校是培养人的主要场所，教育法规对学校给予特殊的保护。教育法规规定任何组织或个人不得侵占、克扣、挪用义务教育经费，不得扰乱教学秩序，不得侵占、破坏学校的场地、房屋和设备。对违反者视其不同情况分别给予行政处分或行政处罚，造成损失的要责令赔偿损失，情节严重构成犯罪的要依法追究刑事责任。具体处理过程一般应该从快、从严，体现对学校正当权利的特殊重视。

（三）教育法规与教育政策的关系

教育法规与教育政策在一定意义上都是为国家的教育发展服务的，但二者的侧重点不同。彼此之间既有紧密的联系，又有明显的区别。

1. 教育法规与教育政策的联系

第一，教育法规与教育政策都属于上层建筑，具有共同的目的；第二，教育政策是制定教育法规的依据，教育法规是教育政策的具体化、条文化和定型化；第三，教育政策决定教育法规的性质，教育法规的内容体现教育政策；第四，教育政策是实施教育法规的指导，教育法规是实现教育政策的保证。

2. 教育法规与教育政策的区别

第一，教育法规和教育政策的制定主体不同。教育法规是由国家机关制定的。教育政策的制定主体具有不确定性，有可能是国务院，有可能是国务院所属部门（如教育部），也有可能是省、市、县各级政府或其工作部门。

第二，教育法规和教育政策的执行方式不同。教育法规的执行机关只能是国家机关；教育政策的执行机关除了国家机关外，还有其他有关组织。

教育法规是以国家的强制力为后盾来执行的。任何组织和个人都必须遵守，不得违反。教育法规的执行强调一致性和规范性，否认灵活变通。任何人都不能离开法律轨道而自行其是。教育政策的执行主要是依靠行政力量或自觉的纪律，运用号召、宣传、教育、解释、动员等方式贯彻落实的。其强制力是有限的。

第三，教育法规和教育政策的规范效力不同。教育法规具有国家强制性，对全社会成员都有约束力。教育政策不具有国家强制性，只对某部分人有约束力。

第四，教育法规和教育政策调整与适用的范围不同。教育法规在全国范围内适用。教育政策的适用范围因其制定主体不同而各不相同，如国务院制定的在全国适用，省、市、县制定的在本辖区内适用。

第五，教育法规和教育政策的表现形式不同。教育法规的表现形式有宪法中的教育条款、教育法律、教育行政法规、地方性教育法规和教育行政规章等。教育政策的表现形式主要有决定、指示、决议、纲要、通知、意见等，内容比较广泛。

二、教育法规的渊源

法律渊源简称法源，是指法的形式渊源或效力渊源，具体指法所形成的力量从何而来，法的创立或表现形式由何种国家机关通过何种法律文件的形式以及通过怎样的程序被国家认可。对教育法规的渊源的概念也可有类似解释：制定教育法规的依据来自何处。教育法规的渊源主要是指国家根据法定权利和程序制定的关于教育方面的规范性文件。我国教育法规的渊源主要有以下几种。

(一)宪法

宪法是国家的总章程，是其他一切法律法规制定的依据，也是制定教育法律法规的重要依据。宪法由全国人民代表大会制定，具有最高法律地位和法律效力，是最高层次的法律渊源。其他形式的法律法规不得与宪法相违背，否则归于无效。宪法也是我国教育法规的基本法源。

(二)教育法律

教育法律是国家最高权力机关及其常设机构制定的有关教育的规范性法律文件。教育法律是教育法规的最主要来源。依据法律制定机关和调整对象的不同，教育法律又分为教育基本法律和教育单行法律。

1. 教育基本法律

教育基本法律是全国人民代表大会制定和发布，通常规定和调整某一方面问题的根本性、普遍性的法律。我国的教育基本法律为第八届全国人民代表大会第三次会议通过的《中华人民共和国教育法》。

2. 教育单行法律

教育单行法律一般由全国人民代表大会常务委员会制定和发布，通常是规定和调整的对象较窄、内容较具体的一类法律，其效力低于宪法和教育基本法，如《中华人民共和国义务教育法》《中华人民共和国教师法》《中华人民共和国未成年人保护法》等。

(三)教育行政法规

教育行政法规是国家最高行政机关（国务院）为实施、管理教育事业，依据宪法和教育法律制定的规范性文件，效力及于全国。教育行政法规是行政法规的形式之一。教育行政法规的名称一般有三种：条例、规定、办法或细则。它们内容广泛，数量众多，在实际工作中起主要作用。

随着教育体制改革的发展，近年来国务院相继制定了十几部教育行政法规，如《征收教育费附加的暂行规定》《中华人民共和国义务教育法实施细则》《教师资格条例》等。

(四)地方性教育法规

地方性教育法规是地方国家权力机关制定的规范性文件的专称，由省、自治区、直辖市以及省级人民政府所在地和经国务院批准的较大的市的人民代表大会及其常务委员会制定。地方性法规的名称通常有条例、办法、规定、规则、实施细则等。

地方性教育法规的立法目的是根据本行政区域教育的具体情况和实际需要实施宪法、法律和行政法规。

(五)自治条例和单行条例

自治条例和单行条例属于自治法规。在我国，自治法规由民族自治地方的人民代表大会及其常务委员会制定和发布。这些自治条例和单行条例有关教育的内容也是教育法规的法源。

(六)教育规章

教育规章是中央和地方有关国家行政机关依照法定权限和程序制定并颁布的有关教育的规范性文件，包括部门教育规章和地方政府教育规章。

1. 部门教育规章

部门教育规章是国务院所属各部、各委员会发布的有关教育的规范性文件。这类文件主要是就国家有关教育的法律、行政法规的实施问题制定的实施办法、条例和细则等规范性文件，以保障有关法律、法规的实施。

2. 地方政府教育规章

地方政府教育规章是省、自治区、直辖市以及省、自治区的人民政府所在地和经国务院批准的较大的市的人民政府制定的规范性文件的法律形式。各地有制定规章权的人民政府陆续制定了一批有关基础教育、职业技术教育、成人教育、高等教育等各个领域的地方政府规章。这些教育规章是整个教育法规体系的重要组成部分，是国家法律、行政法规的具体化和重要补充。地方政府教育规章的完备和健全有助于国家教育法律、行政法规的实行，也为国家的教育立法工作打下了良好的基础。

三、教育法律关系

教育活动中要形成种种教育关系，法律活动中要形成种种法律关系。当法律手段成为规范教育关系的手段，教育活动与法律活动相互渗透、有机结合时，教育法律关系就产生了。了解教育法律关系的含义与特点以及教育法律关系的构成要素，对于正确理解教育法规、处理教育活动中各种教育关系具有十分重要的意义。

(一)教育法律关系的含义

教育法律关系指教育法律规范对人们在从事教育活动的过程中形成的权利和义务关系的调整。这一关系应从以下几个方面理解。

第一，教育法律规范是由国家机关制定或认可，并以国家强制力保证实施的关于教育方面的行为规则。

第二，教育法律关系的产生以教育法律规范的存在为前提，只有可以运用教育法律规范调整的教育关系才能转化成教育法律关系。

第三，教育法律关系是一种权利义务关系。所谓权利义务关系，必须以法律规范为前提，在法律规范的基础上调整主体之间的利益关系。

(二)教育法律关系的特点

教育法律关系不同于习惯、道德、信仰等社会关系，这种社会关系具有以下几方面的特点。

1. 教育法律关系是体现在教育活动中的教育法律规范

教育法律关系是依据教育法律规范形成的社会关系，是教育法律规范在教育活动中的体现。教育法律关系与教育法律规范有着不可分割的联系。任何一种教育法律关系都是由与这一法律关系相适应的现行教育法律规范确认和调整的。某种教育关系如果没有法律上的规定，就不是教育法律关系。

2. 教育法律关系以国家强制力为保证

教育法律关系是由国家强制力保证实施的社会关系，对违反和破坏教育法律关系的行为予以相应制裁。

3. 教育法律关系以教育法律规范为前提

某种教育法律关系的存在总是以相应的现行教育法律规范为前提的。教育法律规范规定了教育法律关系产生、变更或消失的条件和教育法律关系的一般内容。某种教育法律规范如果不存在，就不会产生教育法律关系。

(三)教育法律关系的构成要素

教育法律关系的构成要素为主体、客体和内容。三者之间相互联系。

1. 教育法律关系的主体

教育法律关系的主体是指教育法律关系的参加者，也称权利主体或义务主体，包括教育法律关系中权利的享受者和义务的承担者。享有权利的一方为权利人，承担义务的一方为义务人。任何一种法律关系，没有享有一定权利和承担一定义务的主体参与都不可能成立。

教育法律关系的主体具有多样性，并不只是教育行政机关、学校及其他教育机构、教育者、学生及其他受教育者才能成为教育法律关系的主体，其他一些个人和组织也可成为教育法律关系的主体。教育活动包括兴办教育、管理教育、实施教育、接受教育、参与和支持教育等诸多方面。这些活动涉及教育行政机关、其他国家机关、社会组织(包括企业、事业单位、农村集体组织)、学校、社会团体、几乎每个家庭和公民。这些法人、组织、公民在教育活动中享有广泛的权利并承担多方面的义务，从而使教育法律关系的主体呈现多样性。我国教育法律关系的主体可分为以下三类。

第一，个人主体。公民是个人主体中最基本、数量上占绝对优势的主体。教师、学生、学生家长、其他公民等皆可在教育法律关系中成为个人主体。

第二，集体主体。集体主体包括两类：一类是国家机关，包括权力机关、行政机关、审判机关和检察机关等，它们在职权范围内活动，能成为宪法关系、行政法关系、诉讼法关系等多种法律关系的主体；另一类是社会组织，如学校、社会团体、企事业单位等。

第三，国家。国家作为一个整体，是某些重要法律关系的参与者，既可作为国家所有权关系、刑法关系的主体，又可作为国际法关系的主体。

2. 教育法律关系的客体

法律关系客体又称权利客体，是法律关系主体的权利与义务所指向的对象(标的)。没有客体，权利和义务就失去了目标，但并非一切独立于主体而存在的客观对象皆能成为客体。只有那些能满足主体利益并得到国家法律确认和保护的客观对象(如物、行为)才能成为法律关系的客体，成为主体的权利与义务所指向的对象。有些行为，如买卖假币行为中买方与卖方也发生一定关系，但这种关系不为法律确认和保护，故不构成法律关系。买卖假币的行为不能构成法律关系的客体。

教育法律关系的客体一般包括物质财富、非物质财富、行为三个方面。教育领域中存在的法律纠纷往往都因之而起。

第一，物质财富。物质财富简称物，既可以表现为自然物(如森林、土地、自然资源等)，也可以表现为人的劳动创造物(如建筑、机器、各种产品等)；既可以是国家和集体的财产，也可以是公民个人的财产。物一般可分为动产与不动产两类：不动产包括土地、房屋和其他建筑设施，如学校的场地，办公、教学、实验用房及其必要的附属建筑物；动产包括教育资金和教学仪器设备等。教育资金包括国家教育财政拨款、社会捐资等，其表现形式为货币及其他各种有价证券，如支票、汇票、存折、债券等。

第二，非物质财富。非物质财富包括创作活动的产品和其他与人身相联系的非财产性财富。前者也被称作智力成果，在教育领域中主要指包括各种教材、著作在内的成果，各种有独创性的教案、教法、教具、课件、专利、发明等。其他与人身相联系的非财产性财富包括公民(如教师、学生和其他个人主体)或组织(如教育行政机关、学校和其他组织)的姓名或名称，公民的肖像、名誉、身体健康、生命等。

第三，行为。行为是指教育法律关系主体享受权利和履行义务的作为与不作为。一定的行为可满足权利人的利益需要，成为教育法律关系的客体。在教育领域中，教育行政机关的行政行为、学校的管理行为和教育教学行为都是教育法律关系赖以存在的基本行为。

学校、教师、学生的物质财富、非物质财富以及这些主体依法进行的教育行为和教育活动都受法律的承认和保护，都是教育法律关系的重要客体。

3. 教育法律关系的内容

权利与义务构成法律关系的内容，法律的实质是要确定法律关系参加者的权利和义务。权利和义务是法律关系的核心，没有权利和义务为内容就谈不上法律关系。

第一，法定权利（法律上的权利）。法定权利是指法律关系主体依法享有的某种利益或资格，表现为权利人可做出一定的作为或不作为，并能要求义务人实施一定的作为或不作为。国家以其强制力保障一切法定权利。当法定权利受到侵害时，权利人有权向有关国家机关请求法律保护。

第二，法定义务（法律上的义务）。法定义务指法律关系主体依法承担的责任，表现为义务的承担者（义务人）必须依法实施一定的作为或不作为。一切法定义务，不论是积极义务（作为）还是消极义务（不作为），国家都以其强制力强制义务人履行。当义务的承担者拒绝履行其应尽义务时，国家司法机关或其他有关机关有权采取措施强制其履行，甚至要求义务的承担者负相应行政、民事或刑事法律责任。

第三，法定权利与法定义务的关系。权利与义务不可分，没有无义务的权利，也没有无权利的义务。在任何一种法律关系中，权利人享受权利依赖于义务人承担义务，否则权利人的权利就会受到侵害。权利与义务表现为同一行为，一方享受权利将以另一方承担义务为前提。权利和义务指向的对象（法律关系的客体）也是相同的，如在债权债务法律关系中，权利和义务指向的都是同一客体。权利与义务的统一性表现在不能一方只享受权利不承担义务，另一方只承担义务不享受权利。法律面前人人平等的法律原则要求任何一个法律关系主体在享受权利的同时必须承担相应义务。另外，权利与义务的统一性还表现为在有些法律关系中，尤其是在行政法律关系中，权利与义务具有交叉性。例如，学校校长依法管理学校，这既是校长的法定权利，又是校长的法定义务；再如，适龄儿童接受九年义务教育，既是其权利，又是其义务。

四、教育法律责任

教育法律责任是教育法律关系主体因实施了违反教育法律规范的行为，依照有关法律法规的规定应当承担的否定性的法律后果。

（一）教育法律责任的内涵

法律责任具有广义和狭义两种解释。就广义而言，它具有两方面的含义。一是指根据法律规定，人们应当履行的义务。它要求人们主动、自觉地履行，如赡养父母、抚养子女、尊敬老人等。二是指行为人因实施的行为违反了有关法律规定而必须承担的法律后果。它是具有强制性的责任，如殴打致人受伤者，必须承担赔偿损失等相应的民事责任，情节严重的依法接受刑事处罚。前者为第一性义务，后者为第二性义务。狭义上的法律责任仅指第二性义务。人们通常也是从狭义上理解和使用法律责任这一概念的。所以我们通常把法律责任定义为法律责任是由法律关系主体的违法行为引起、应由其依法承担的惩罚性法律后果。

存在违法行为是承担教育法律责任的前提。也就是说，教育法律责任是只有在发生了违反教育法律法规的行为之后才会出现的一种法律后果。这些违法行为既包括不履行教育法规的义务，也包括侵犯其他主体的权利。只有遵守教育法律法规才不会产生这种法律后果。

承担者是履行法定义务的教育法律关系主体。承担者不仅指公民个人和社会团体，还包括国家行政机关和学校，体现了教育法律法规特殊的强制力。

法律责任与法律制裁紧密相连，表现为一种否定性的法律后果，是国家对违反教育法律法规的人的惩罚。其实质是统治阶级运用法律制裁的方式对规避教育法律法规义务、超越教育法律法规权利界限或滥用权利的违法行为所做的法律上的否定性评价和谴责；是国家强制矫正违法者的违法行为，从而补救受侵害者的合法权益，恢复被破坏的教育法律关系和教育法律秩序的手段。

(二)教育法律责任的归责要件

教育法律关系主体只有具备以下四个教育法律责任的归责要件，才能被认定为教育法律责任主体，才应承担相应的法律后果。

1. 有损害事实

行为人有扰乱教育管理和教学秩序及侵害从事教育教学活动的公民、法人和其他组织合法权益的客观事实，这是构成教育法律责任的前提条件。

违法行为对社会造成的损害有两种情况：一是违法行为造成了实际的损害，如体罚学生致学生身体受到伤害；二是违法行为虽未造成实际损害，但已存在这种可能性，如有关部门明知学校房屋有倒塌的危险，却不拨款维修。

违法行为造成的损害后果表现为物质性后果和非物质性后果：物质性后果具体、有形、能计量，如挪用学校建设经费，其数额可计算；非物质性后果抽象、无形、难以计量，如教师侮辱学生，造成学生精神上、心理上的伤害，这无法计量。

2. 有违法行为

行为人实施了违反教育法律法规的行为。如果行为人的行为没有违法，那么他就不承担法律责任。行为违法也是构成教育法律责任的前提条件。这个条件包括两方面的含义。一是指行为的违法性。行为只有违反了现行法律法规的规定才是违法行为。这种违法行为可以是积极的作为，如考试作弊，殴打、侮辱教师，侵占学校财产；也可以是消极的不作为，如不及时维修危房、拖欠教师工资等。二是违法行为必须是一种行为。人的行为虽受思想支配，但如果思想不表现为行为，则并不构成违法。内在的思想只有表现为外在行为时，才可能构成违法。社会主义法制原则上不承认思想违法。

3. 行为人主观上有过错

过错是指行为人在实施行为时，具有主观上的故意或过失的心理状态。

故意的心理状态是指行为人明知自己的行为会发生危害社会的结果，但希望或放任这种结果的发生。例如，招生办公室主任收受贿赂后有意招收分数低的学生，不招收分数高的学生，致使分数高的学生落榜。

过失的心理状态是指行为人在本应避免危害结果发生时，由于疏忽大意或过于自信而没有避免，以致发生危害结果。例如，教师对学生进行人格侮辱后，学生因不堪忍受而自杀，该教师的行为即有过失的因素。

4. 违法行为与损害事实之间有因果关系

违法行为是导致损害事实发生的原因，损害事实是违法行为造成的结果，二者之间存在内在的必然联系。前者决定后者的发生，后者是前者的结果。因果关系是承担法律责任的重要条件之一。

（三）教育法律责任的分类

根据违法主体的法律地位、违法行为的性质和危害程度的不同，教育法律责任可分为行政法律责任、民事法律责任和刑事法律责任三种。除这三种法律责任之外，某些特定情况下还有违宪的责任。

1. 行政法律责任

行政法律责任是行为人因实施行政违法行为而应承担的法律责任，简称行政责任。

对于违反教育法律法规的行为的行政责任追究，《教育行政处罚暂行实施办法》和《国家教育考试违规处理办法》有明确规定。

行政处分（纪律处分）共有 8 种：警告、记过、记大过、降级、降职、撤职、留用察看和开除。

根据 1998 年国家教育委员会发布的《教育行政处罚暂行实施办法》的规定，教育行政处罚的种类主要有 10 种：警告；罚款；没收违法所得，没收违法颁发、印制的学历证书、学位证书及其他学业证书；撤销违法举办的学校和教育机构；取消颁发学历、学位和其他学业证书的资格；撤销教师资格；停考，停止申请认定资格；责令停止招生；吊销办学许可证；法律法规规定的其他行政处罚。

2. 民事法律责任

民事法律责任指由于人们实施民事违法行为所要承担的赔偿或补偿的法律责任，简称民事责任。教育法律关系主体违反教育法律法规，破坏了平等主体之间正常的财产关系或人身关系，依照法律规定应承担民事法律责任。民事责任是一种以财产为主要内容的责任。

承担民事责任的主要方式包括：停止侵害，排除妨碍，消除危险，返还财产，恢复原状，修理、重做、更换，赔偿损失，支付违约金，消除影响、恢复名誉、赔礼道歉等。

3. 刑事法律责任

刑事法律责任指由于人们实施刑事违法行为所要承担的受刑事法律处罚的法律责任，简称刑事责任。刑事责任是一种惩罚最为严厉的法律责任。

《中华人民共和国教育法》《中华人民共和国义务教育法》《中华人民共和国义务教育法实施细则》《中华人民共和国教师法》等教育法律法规对需承担刑事法律责任的情况有十分明确的规定。

一般说来，在教育活动中需要承担刑事法律责任的情况包括：侵占、克扣、挪用教育经费或义务教育经费；扰乱学校教学秩序，情节严重的；侵占或者破坏学校校舍、场地和设备，情节严重的；侮辱、殴打教师、学生，情节严重的；体罚学生，情节严重的；玩忽职守致使校舍倒塌，造成师生伤亡事故，情节严重的；招生中徇私舞弊。

关于以上各种违法行为，大部分都以情节严重作为追究刑事法律责任的必要条件。不过，不同行为中情节严重的含义有所不同。例如，体罚学生情节严重指体罚学生的手段恶劣，或致学生重伤等情况；又如，玩忽职守致使校舍倒塌，造成师生伤亡事故情节严重指明知是危险校舍却不向上级报告或不采取措施处理而致使校舍倒塌，造成死亡 1 人以上或者重伤 3 人以上等情况。

《中华人民共和国刑法修正案（九）》第一百三十八条和第四百一十八条专门针对教育犯罪的特点，设置了"教育设施重大安全事故罪"和"招收公务员、学生徇私舞弊罪"这两个罪名。这说明国家十分重视打击那些违反教育法律法规的犯罪现象。

4. 违宪责任

受教育作为宪法确定的公民基本权利之一，与宪法规定的教育基本制度密切相关。依据宪法和有关教育法律法规的规定，公民对义务教育以外的其他教育具有选择的自由和平等参与竞争的自由。这些权利的获得均以宪法为根本渊源。因此，教育活动在一定情况下产生违宪的行为也是有可能的。

从国外的有关案例来看，教育方面以违宪责任制裁的事件也发生过。例如，美国一度采取黑白儿童分校接受义务教育的做法就违背其联邦宪法关于公民权利平等的规定。

在涉及共同违法的教育案例处置中，行政法律责任、民事法律责任和刑事法律责任往往会综合出现。案例中各个违法主体根据所处的不同地位、所做出的不同行为以及其主观过错的不同程度，应分别受到不同的制裁。

五、教育法律救济

教育法律救济是指教育行政相对人的合法权益受到侵犯并造成损害时，通过裁决纠纷，纠正、制止或矫正侵权行为，使受害者的权利得以恢复、利益得到补救的法律制度。教育法律救济以纠纷存在为基础，以损害为前提，以补救受害者的合法权益为根本目的。

（一）教育法律救济的特征

1. 教育法律救济具有弥补性

教育法律救济是对受损的权利的弥补。对合法权益受到损害的法律关系主体进行补救可以采取多种方式，如司法救济和行政救济方式，其他通过组织内部或民间渠道进行救济的方式。

2. 教育法律救济的根本目的是保证合法权益的实现和法定义务的履行

法律的根本目的在于规范人们的社会行为，保障人们的合法权益。社会活动中存在许多权利纠纷或权利冲突，并伴随权益受到侵害的现象。公民的这些合法权益受到侵害时，只有通过一定方式恢复受损的权利或给予补救，才能真正享有这些权利。

（二）教育法律救济的途径

1. 教育申诉

教育申诉是师生在其合法权益受到侵害时，依照法律法规的规定，向主管行政机关申诉理由，并请求处理或重新处理的制度。

申诉既是一项法定的申诉制度，各受理机关必须在规定的期限内对教师的申诉做出处理，使教师的合法权益及时得到保障；也是一项专门性的权利救济制度，是教师和学生这一特定专业人员的申诉权利的具体化，表现在受理主体是特定的，处理决定具有法律效力；还是非诉讼行政申诉，是由行政机关依法对教师的申诉，根据法定职权和程序做出行政处理的制度。

2. 教育行政复议

教育行政复议是教育管理相对人认为教育行政机关的具体行政行为侵犯其合法权益，向上一级教育行政机关或原教育行政机关提出申诉，请求给予补救，由受理的教育行政机关根据教育管理相对人的申请，对发生争议的具体行政行为进行复查，判明其是否合法、适当，并决定是否给予相对人以救济的法律制度。

教育行政复议是非诉讼的法律救济，也是一项严格的法律制度，必须依照法定程序进行。行政复议机关必须对相对人提出的复议申诉进行审查，并做出处理或裁决。

3. 教育行政诉讼

教育行政诉讼是教育管理相对人认为教育行政机关的具体行政行为侵犯其合法权益，依法向人民法院起诉，请求给予法律补救，并由人民法院对行政行为进行审查和裁判的诉讼活动和制度。

4. 教育行政赔偿

教育行政赔偿是指教育行政机关及其工作人员在执行职务过程中，侵犯了公民、法人或其他组织的合法权益并造成损害，依照法律规定由国家承担损害赔偿责任的制度。

第二节　我国主要教育法律法规解读

我国目前主要的教育法律法规除教育的基本法《中华人民共和国教育法》外，主要是"五法一条例"，即《中华人民共和国义务教育法》《中华人民共和国教师法》《中华人民共和国高等教育法》《中华人民共和国职业教育法》《中华人民共和国民办教育促进法》五法和《中华人民共和国学位条例》。这里主要对《中华人民共和国教育法》《中华人民共和国义务教育法》以及《中华人民共和国教师法》进行解读。

一、《中华人民共和国教育法》解读

《中华人民共和国教育法》（以下简称《教育法》）于 1995 年 3 月 18 日由第八届全国人民代表大会第三次会议通过，1995 年 9 月 1 日起施行。这是我国教育史上具有里程碑意义的大事。它的颁行标志着我国进入依法治教的新时期，对我国教育事业的改革和发展将产生巨大且深远的影响。2015 年 12 月 27 日，第十二届全国人民代表大会常务委员会第十八次会议对《教育法》进行第二次修正。

（一）《教育法》概述

1.《教育法》的立法基础

制定《教育法》是全国人民普遍关心的大事，它的颁布是时代的召唤和历史的必然。《教育法》是教育改革和长期发展的必然产物。它的诞生经历了长期的孕育过程，有着坚实的立法基础。

第一，邓小平同志建设中国特色社会主义的理论为《教育法》的制定提供了理论基础。邓小平同志十分重视教育工作。他在制定建设中国特色社会主义的总体发展战略时，始终把教育作为关系社会主义现代化全局和社会主义历史命运的一个根本问题，并将其摆在突出位置。邓小平同志的教育思想是马克思主义教育理论与教育思想在当代的发展。例如，他提出的教育要"三个面向"，培养"四有"人才的思想；教育同国民经济和社会发展相适应，教育同生产劳动相结合的思想；尊重知识、尊重人才、尊重教师的思想；坚定不移地实行教育改革，全党人民都要支持教育的思想；加强党对教育工作的领导的思想等。这些成为建设中国特色社会主义教育体系的指针，为制定《教育法》奠定了理论基础。

第二，宪法为《教育法》的制定提供了立法依据。宪法规定国家的根本制度和任务，是国家的根本法。我国一切法律的制定都要以宪法为依据。宪法规定了我国发展教育事业的基本原则以及公民接受教育的权利与义务。例如，宪法第十九条规定："国家发展社会主义的教育事业，提高全国人民的科学文化水平。国家举办各种学校，普及初等义务教育，发展中等教育、职业教育和高等教育，并且发展学前教育。国家发展各种教育设施，扫除文盲，对工人、农民、国家工作人员和其他劳动者进行政治、文化、科学、技术、业务的教育，鼓励自学成才。国家鼓励集体经济组织、国家企业事业组织和其他社会力量依照法律规定举办各种教育事业。"宪法第四十六条规定："中华人民共和国公民有受教育的权利和义务，国家培养青年、少年、儿童在品德、智力、体质等方面全面发展。"宪法中的这些条款为《教育法》的制定提供了立法依据。

第三，《中国教育改革和发展纲要》为《教育法》的制定提供了全面的政策依据。中共中央、国务院颁发的《中国教育改革和发展纲要》总结了中华人民共和国成立以来教育改革和发展的经验，为新时期教育的改革和发展绘制了宏伟蓝图，是指导我国 20 世纪 90 年代乃至 21 世纪初期教育改革和发展的纲领性文件。它确定的教育改革和发展的主要原则、目标、战略、方针、政策措施是制定《教育法》的政策基础。

第四，教育改革和发展的实践为《教育法》的制定打下良好的实践基础。改革开放以来，我国教育事业有了很大发展。教育改革不断深入，积累了正反两方面的经验。教育改革和发展的进程中也存在许多问题和困难。《教育法》正是通过立法对取得的成果与经验加以确认和保护，通过推行法制解决问题和困难的。我国的《教育法》在教育改革和发展的实践中产生，教育改革和发展的实践为《教育法》提供了扎实的基础。

总之，《教育法》是从我国的国情出发，立足国内教育实际，借鉴国外教育法律法规的有益经验，经多年的调查研究，集全党、全社会的智慧形成的一部重要法律。

2.《教育法》的重要地位

《教育法》是教育的根本法，在我国法律体系和教育法规体系中占有重要的地位。

《教育法》是我国最高权力机关——全国人民代表大会审议通过的基本法。宪法是国家的根本法，《教育法》是宪法之下的关于教育的基本法。宪法是制定《教育法》的依据。宪法中有关教育的条款具有最高的法律效力，《教育法》不能同其抵触。《教育法》又是一个独立的法律部门。它以教育关系作为调整对象，有着特有的法律关系主体和法律基本原则，并有相应的处理方式。它与刑法、民法、劳动法等法律相并列，处于同等的法律地位。

《教育法》是国家全面调整各类教育关系、规范我国教育工作的基本法律，在我国教育法规体系中处于"母法"地位，具有最高的法律权威。其他教育单行法都只是调整和规范某一方面的教育关系或某一项教育工作的，都是"子法"。这些教育单行法的制定和实施都要以《教育法》为依据，不得与《教育法》确立的原则和规范相违背。《中国教育改革与发展纲要》提出，要在 20 世纪末，初步建立起教育法律法规的基本框架，形成协调一致、层次有序、完整统一的教育法规体系。在这个体系中，《教育法》是统帅，起着统领作用。

3.《教育法》的立法特点

第一，全面性和针对性相结合。《教育法》作为教育的基本法，要为其他法律法规提供依据，这就要求《教育法》的内容要尽可能全面。我国的《教育法》对应当纳入法律调整范围的重要事项，如教育的性质、地位、方针、基本原则等，都做了全面规定。这充分体现了《教育法》全面性的特点。《教育法》在全面规范和调整各类教育关系的同时，又抓住现阶段教育改革和发展中的突出问题，做了有针对性的规定，如德育工作，不得以营利为目的举办学校及其他教育机构，教育经费单独列项等。全面性和针对性相结合既体现了基本法的要求，又体现了《教育法》的现实性。

第二，规范性和导向性相结合。《教育法》把几十年来，特别是改革开放以来我国教育改革和发展的成熟经验通过法律规范形式固定了下来，如教育管理体制中的分级管理、分工负责，学校法人地位及自主权，以财政拨款为主的多渠道筹措教育经费等，巩固了教育改革和发展的成果。《教育法》也对符合改革和发展方向但还有待进一步实践与探索的问题做了导向性规定，通过法律手段保障和推进教育的改革与发展。

第三，原则性和可操作性相结合。《教育法》作为教育的根本法，只能对关系到我国教育改革与发展全局的重大问题，如教育的性质、方针、教育活动的原则等做出原则性规定，不可能对具体问题做出规定。《教育法》在突出原则性的同时又注意到实施上的可操作性，特别是法律责任部分明确了违反《教育法》的法律责任、处罚形式、执法机关等，加强了《教育法》的可操作性，保证了《教育法》的顺利实施。

4.《教育法》颁行的意义

《教育法》为教育的改革和发展提供了法律保障，对我国教育事业的发展起着极大的促进作用。

第一，《教育法》为落实优先发展教育的战略提供了法律保障。《教育法》以党的政策为依据，明确规定"教育是社会主义现代化建设的基础，国家保障教育事业优先发展"，第一次以法律形式确立了教育是立国之本的思想，这无疑对落实教育优先发展的战略具有重要意义。教育优先发展战略的确立将会使一系列法律措施，特别是教育投入措施得以落实，这就会极大地促进教育事业的发展。

第二，《教育法》为保证我国教育的社会主义方向提供了法律依据。《教育法》规定："国家坚持以马克思列宁主义、毛泽东思想和建设中国特色社会主义理论为指导，遵循宪法确定的基本原则，发展社会主义的教育事业。"《教育法》规定的教育方针指出："教育必须为社会主义现代化建设服务、为人民服务，必须与生产劳动和社会实践相结合，培养德、智、体、美等方面全面发展的社会主义事业的建设者和接班人。"《教育法》以法律的形式将我国教育的指导思想、教育方针确定下来，这就从根本上确立了我国教育的社会主义性质和教育事业发展的社会主义方向。

第三，《教育法》为维护教育主体的合法权益提供了法律保障。在过去，无论是教育者还是受教育者，其权利意识都很淡薄。在教育没有得到应有尊重的情况下，教育关系主体的权益往往受到损害。为保护各类教育关系主体的合法权益，《教育法》对学校及其他教育机构的权利、教师和其他教育工作者的权利、受教育者的权利等都做了法律规定，针对侵犯教育关系主体合法权益的行为规定了相应的法律责任，以法律手段保障教育关系主体的合法权益。

第四，《教育法》为巩固教育改革成果、促进教育改革深化提供了法律保障。《教育法》通过立法把改革开放以来的教育改革发展成果确定了下来，也对符合教育改革发展方向、还需进一步探索的问题规定了导向性条款，为教育改革的进一步深化和健康发展提供了法律依据。

(二)《教育法》的基本内容

《教育法》涉及面广，内容丰富。它对有关教育的全局性重大问题，如我国教育的性质和方针、教育基本制度、各类教育关系主体的法律地位和权利义务、教育与社会的关系、教育投入、对外教育与合作、法律责任等都做了全面规定。全文共十章八十六条。

1. 我国教育的性质与方针

《教育法》在总则中对我国教育的性质、方针和教育活动原则做了法律规定。

《教育法》确立了我国教育的社会主义性质。为什么说我国教育是社会主义性质的教育？其一，我国发展教育的指导思想是马克思列宁主义、毛泽东思想和中国特色社会主义理论，这是我国教育社会主义性质的根本保证；其二，我国教育遵循宪法的基本原则，坚持中国共产党对教育工作的领导，这是我国教育社会主义性质的重要保证；其三，我国的教育事业立足于社会主义的经济基础，发展教育的目的是为社会主义现代化建设培养人才。这些都表明我国教育的社会主义性质。

教育方针是国家教育政策的总概括，是教育发展的总方向。教育方针进一步规定了我国教育的社会主义性质；规定了我国教育的目的，即培养德、智、体、美等方面全面发展的社会主义事业的建设者和接班人；规定了实现教育目的的途径是教育与生产劳动相结合。

2. 我国教育体系的改革与发展

《教育法》在总则中对我国教育体系的改革与发展做出了明确的法律规定。

第一，建立与完善终身教育体系。终身教育思想已成为国际教育改革的重要指导思想，建立与完善终身教育体系已成为国际教育体系改革与发展的共同目标。终身教育体系包括学校教育体系和社会教育体系，是对受教育者一生各个阶段分别进行不同种类和形式的教育。我国教育体系改革与发展目标的建立和终身教育体系的完善，反映了我国教育"面向现代化，面向世界，面向未来"的需要。

第二，积极推进教育改革。为建立与完善终身教育体系，《教育法》明确规定，国家需要积极推进教育改革，并使改革满足社会主义市场经济发展和社会进步的需要。国家教育改革涉及教育领域的方方面面，主要有加快办学体制改革，理顺中等教育、高等教育体制，推进高等学校和中等专业学校招生制度与就业制度改革，深化教学改革等。教育改革不仅要适应社会主义市场经济发展，而且要有利于积极推进社会主义市场经济的发展，推进社会全面进步。

第三，促进各级各类教育协调发展。建立与完善终身教育体系需要积极推进教育改革，从而促进各级各类教育协调发展。我国现行教育总体上分为基础教育、高等教育、职业教育、成人教育四大类。每一大类教育又可以细分为不同层次、不同形式的教育。各种类别教育的相互衔接与组合便构成了我国现行的教育结构。合理调整教育结构可以使各级各类教育各有侧重，优势互补，共同发展。这是教育改革需要着力的方面，也是建立与完善终身教育体系的现实要求。《教育法》对这种要求做出了明确的法律规定，显然对改革我国现阶段的教育结构和促进各级各类教育协调发展具有十分重要的意义。

3. 教育管理体制

《教育法》在总则中对我国教育管理体制做出了法律规定。

《教育法》明确规定我国的教育工作由国务院和地方各级人民政府根据分级管理、分工负责的原则进行。这一规定首要的意义在于明确了国务院和地方各级人民政府对于教育工作具有义不容辞的法律责任。

《教育法》第十四、十五、十六条对我国现阶段教育工作的分级管理、分工负责体制做了如下具体划分：一是中等及中等以下教育在国务院领导下，由地方人民政府管理；二是高等教育由国务院和省、自治区、直辖市人民政府管理；三是国务院教育行政部门，即国家教育委员会主管全国教育工作，并对全国教育事业实行统筹规划和协调管理。

关于我国教育管理体制，《中国教育改革和发展纲要》中的第十五、十六、十七、十八条有明晰的要求与规定。这些要求与规定和《教育法》相关条款的精神一致。在实践过程中，教育工作者可以结合二者的要求进行。

4. 教育基本制度

中华人民共和国成立以来，我国教育制度日臻完善，形成了一系列基本制度。《教育法》第二章对我国教育的基本制度做了法律规定。

第一，学校教育制度。

我国现行学制分为学前教育、初等教育、中等教育、高等教育四个等级。我国已初步建立起普通教育和职业教育两种教育，全日制学校、半工半读学校和业余学校三类学校，政府、企事业组织、社会团体、个人多种形式办学的学制系统。现在我国正在采取切实措施改革教育体制，建立更为完善的学制系统。

第二，义务教育制度。

《教育法》规定国家实行九年义务教育制度。适龄儿童、少年有接受义务教育的权利，各级政府应予保障。适龄儿童或少年的父母或者其他监护人以及有关社会组织和个人必须履行法定义务，使适龄儿童或少年接受并完成规定年限的义务教育。义务教育制度的实施必然大大促进我国基础教育的发展，使全民素质有较大提高，为各民族专门人才的培养奠定良好基础，为物质文明建设和精神文明建设创造前提条件。

第三，职业教育制度和成人教育制度。

职业教育包括职业学校教育、职业培训和职业预备教育。职业教育要求就业的公民必须接受培训。职业教育的培训包括转业培训、学徒培训、在岗培训、转岗培训及其他培训等。我国的职业教育分为初等、中等、高等三级，与普通教育相互对应，通过改革逐步形成和普通教育相互衔接、共同发展、比例合理的新格局。

成人教育是社会主义教育的重要组成部分。其主要形式有扫盲识字班、职工学校、农民学校、广播电视教育、函授教育、各种短期培训班、各种知识和技术讲座等，构成从扫盲教育到高等教育的完整体系。

第四，国家教育考试制度。

考试是教育的重要环节。《教育法》第二十一条规定："国家实行国家教育考试制度。"国家教育考试制度是由国家授权或批准，由实施教育考试机构承办的一种考试制度。目前，我国设立的国家教育考试主要有普通高等学校和成人高校的招生考试，研究生入学考试，中等、高等教育自学考试，中国汉语水平考试，全国外国语水平考试，计算机等级考试，对社会力量举办的高等教育进行的国家学历文凭考试以及教师资格证书考试等。关于各种考试，国家教育委员会制定了相应的考试规则或条例。

第五，学业证书制度和学位制度。

《教育法》第二十二、二十三条规定国家实行学业证书制度和学位制度。

学业证书指学校及其他教育机构颁发的证明学生完成学业情况的凭证。它是用人单位衡量持有者知识水平和能力的依据。

学业证书有很多种，按学生完成学业的情况分，可分为毕业证书、结业证书、肄业证书；按学历的有效性分，可分为学历证书、非学历证书。学历包括小学学历、初中学历、高中学历、中专学历、大学专科学历、大学本科学历、研究生学历。国家承认学历证书持有者的学历，用人单位按照国家规定给予相应的工资福利待遇。

学位制度是国家或高等学校以学术水平为衡量标准，通过授予一定称号表明专门人才的知识、能力、等级的制度。学位是评价学术水平的一种尺度。学位的授予建立在严格的科学训练和考核的基础上。我国的学位分为学士、硕士、博士三个等级。

第六，扫除文盲制度。

扫除文盲是一项群众性工作，党和政府动员各方面力量参与这项工作。《教育法》第二十四条设定了四类法律义务主体：一是各级人民政府，二是基层群众性自治组织，三是企事业单位，四是特定公民。扫除文盲是全社会的一项重要任务，是提高全民族素质的一个方面，直接影响国家的社会主义现代化建设。

第七，教育督导制度和评估制度。

《教育法》第二十五条规定国家实行教育督导制度和教育评估制度。

教育督导制度是县级以上各级人民政府授权给所属的教育部门，对下级人民政府及其教育部门的教育工作进行监督、指导的制度。县级以上各级人民政府通过监督、检查、评估、指导等活动，保证国家教育方针、政策法规的贯彻执行和教育目标的实现。

现阶段教育督导的范围主要是中小学教育和幼儿教育。教育督导的基本形式有综合型督导、专项督导、经常性检查等。我国教育督导机构分为国家、省（自治区、直辖市）、地（市、州、盟）、县（区、旗）四级。

教育评估制度是依据一定的教育目标和标准，对学校的办学水平和教育质量等方面进行评价与估量，以保证办学基本质量的一项制度。评估是一个价值判断的过程，也是完整的科学管理过程的一个重要环节。《中共中央关于教育体制改革的决定》提出要对"高等学校的办学水平进行评估"的要求。为加强对普通高校的宏观管理，我国已建立起教育评估制度。

第八，教育经费筹措体制。

《教育法》第七章对筹措教育经费体制做了法律规定，建立了我国筹措教育经费新体制的基本框架，即要逐步实行"以财政拨款为主、其他多种渠道筹措教育经费为辅的体制"。在这一框架中，教育经费筹措的渠道主要包括以下七个方面：国家财政性教育经费支出，城乡教育费附加，校办产业和社会服务等收入，社会力量捐资助学和集资办学，运用金融和信贷手段融资，设立教育专项资金，收取学杂费。

(三)《教育法》关于法律责任的认定

通俗来说，教育法律责任的认定就是认定哪些是违反《教育法》的行为和由谁来追究这些违法行为的法律责任。《教育法》对教育活动中的大部分违法行为都规定了相应的法律责任。

1. 违反教育经费规定的法律责任

第一，违反国家有关规定，不按照预算核拨教育经费。

教育经费是教育发展的前提条件，是学校及其他教育机构进行正常教育教学活动的保障，是教师工资和公用经费的主要来源。

违反国家有关规定、不按照预算核拨教育经费的行为，具体表现为不按照本级人民代表大会审查和批准的本级人民政府的预算内容，向教育行政部门、学校或者其他教育机构核拨相应的教育经费，或擅自调整更改教育预算支出。这种行为违反了《教育法》和《中华人民共和国预算法》。

对于不按教育经费预算核拨经费的各级人民政府及其财政部门、教育行政机关及其负责人等，按《中华人民共和国预算法》第七十一条规定，情节严重的，对直接负责的主管人员和其他直接责任人员依法给予行政处分。对于情节严重，即不及时、足额核拨教育经费，造成严重后果，或拒绝、拖延执行同级政府限期核拨的要求等情况，应当对直接负责的主管人员和其他经手、参与的直接责任人员，由主管部门或单位给予相应的行政处分。国家行政机关工作人员，适用《国务院关于国家行政机关工作人员的奖惩暂行规定》，国有企业职工适用《企业职工奖惩条例》。

第二，违反国家财政制度、财务制度，挪用、克扣教育经费。

这种违法行为在客观构成要件上主要表现为利用管理、经手或其他职务上的便利，挪用教育经费供个人或集体进行其他活动使用，克扣教育经费私分或归个人所有等。其中，违反有关规定，将教育经费挪作他用，无论是公用还是私用，都属于挪用行为。挪用教育经费数额较大不退还的是贪污罪。利用职务上的便利，侵占、克扣教育经费集体私分或为个人非法占有的是贪污行为。对各级政府的行政部门、学校或其他教育机构及企事业单位等社会组织，或者上述部门、组织的负责人以及其他经手人、管理教育经费的人员违反国家财政制度、财务制度，挪用、克扣教育经费的，根据具体情节，分别做如下处理：由上级机关责令限期归还被挪用、克扣的教育经费；对直接负责的主管人员和其他直接责任人员，由有关部门和单位依法给予行政处分，在认定和把握是否给予行政处分和给予何种行政处分时，适用《国家行政机关工作人员贪污贿赂行政处分暂行规定》和《国家行政机关工作人员贪污贿赂行政处分暂行规定实施细则》；构成犯罪的，根据《中华人民共和国刑法》和全国人大常委会《关于惩治贪污罪贿赂罪的补充规定》，对行为人追究刑事责任。

2. 扰乱教学秩序，侵占学校财产的法律责任

第一，结伙斗殴，寻衅滋事，扰乱学校及其他教育机构教学秩序。

这些行为主要表现为不法分子在学校及其他教育机构内或周围结伙斗殴，寻衅滋事。结伙斗殴是指出于私仇宿怨、争霸一方或其他动机而成帮结伙地进行殴斗；寻衅滋事指在学校及其他教育机构无事生非，肆意挑衅，起哄捣乱，进行破坏骚扰，如无理取闹，向学生索要钱物等。

学校及其他教育机构内部工作人员实施上述行为，一般是因与领导或同事有矛盾、纠纷或者因对工资、待遇等方面不满引起的。其他单位的人员实施上述行为，有的是因个人私怨，有的是因单位与学校及其他教育机构闹纠纷，还有的纯属无理取闹。扰乱教育秩序的行为违反《教育法》《中华人民共和国治安管理处罚条例》或《中华人民共和国刑法》的规定。对实施上述行为的人，根据情节轻重及危害后果，分别给予以下处理：

情节较轻，危害后果和影响不大，可由主管部门给予批评教育甚至行政处分；

情节较重，致使学校及其他教育机构的教学秩序、工作秩序遭到破坏，正常工作无法进行，或者造成其他危害后果的，由当地公安机关给予治安管理处罚；

情节严重构成犯罪的，由人民法院给予刑事制裁。

第二，破坏校舍、场地及其他财产。

这些行为指破坏学校房屋，偷盗、抢夺或哄抢、毁损学校设备、教学器材或其他物资，使校舍、场地及其他财产的价值或使用价值部分或全部丧失。情节较轻的为违反治安管理行为，情节较重构成犯罪的为故意毁坏财物罪。

对实施上述违法行为的人，根据情节轻重及危害后果，分别给予处理，具体执法机关及处理同前第一所述。

第三，侵占学校及其他教育机构的校舍、场地及其他财产。

侵占学校校舍、场地及其他财产的行为主要表现为偷盗、抢夺或哄抢、勒索学校的教学器材或其他物资，故意毁坏学校房屋和设备，占用学校的房屋和场地。这种行为轻者扰乱了学校正常教学秩序，重者使教学工作不能正常进行。它的实质是民事侵权，在性质上不仅违反了《教育法》，也违反了《中华人民共和国民法通则》《中华人民共和国治安管理处罚条例》或《中华人民共和国刑法》，具有多重违法性。对实施上述违法行为的人，根据不同情节进行如下处理。

情节和危害后果较轻的由公安机关和教育部门对直接责任者和有关责任人员给予行政处分，并责令单位和个人退回侵占的校舍、场地和设备。造成损失的应当依法赔偿。

对侵占校舍、场地及设备的直接责任者以及其他个人实施上述违法行为情节和危害后果较重，触犯《中华人民共和国治安管理处罚条例》的，由公安机关给予治安管理处罚，并责令退回侵占的校舍、场地、设备或赔偿造成的损失。

对情节和危害后果严重、构成犯罪的，依照《中华人民共和国刑法》，视情节不同，由人民法院分别依照盗窃罪、抢劫罪、抢夺罪、故意毁坏公私财物罪等罪名进行处理。

3. 使用危险教育设施造成人员伤亡或重大财产损失的法律责任

使用危险房屋进行教育教学活动，违反了《教育法》，同时违反了《中华人民共和国

未成年人保护法》。明知校舍或者教育教学设施有危险而不采取措施，造成人员伤亡或重大财产损失的，属于犯罪行为，按玩忽职守罪或者教育设施重大安全事故罪论处。犯罪的主观方面是明知有危险，却放任危害后果发生或者轻信能避免危害后果发生。犯罪的客观方面是责任主体的行为，一般表现为严重不负责任，不履行或不正确履行职责，即不采取任何措施，听之任之，漠不关心，或认为可以侥幸避免危险。主要情形有如下几种。

第一，负责房屋维修及教育教学设施的购买、保管、维护的单位和个人不认真履行职责，发现隐患不及时通知有关人员。

第二，设计、建筑校舍及设计、生产教育教学设施的单位和个人在设计、建造、生产过程中因设计失误、粗制滥造及偷工减料造成不安全的隐患，已发现、察觉有危险而不及时采取补救措施或故意隐瞒真相，欺骗学校及有关人员。

第三，学校及其他教育机构的负责人、教师和其他员工已经知道或发现校舍、教育教学设施不安全，可能发生危险事故，不及时报告，也没有采取有效措施进行预防和修缮。

第四，教育及其他有关主管部门、当地人民政府的有关负责人员，在得知有关事故隐患或险情报告后，不及时采取措施，推脱搪塞，久议不决或有其他玩忽职守及严重官僚主义行为。

该种犯罪行为严重影响了学校及其他教育机构的正常教育活动，侵犯了受教育者的人身权利，使公共财产、国家和人民的利益造成重大损失。司法实践中，造成人员伤亡或者重大财产损失，一般指死亡1人以上或重伤3人以上或直接经济损失5万元以上的情形。

4. 违反国家规定向学校收费的法律责任

违反国家有关规定，向学校或者其他教育机构收取费用指一些地区或部门的单位和个人在国家法律法规与有关收费管理规定之外，无依据或违反有关收费标准、范围、用途和程序的要求，向学校或者其他教育机构乱收费、乱罚款或进行各种摊派活动。此外，有关部门不执行国家对学校及其他教育机构的税收减免政策，随意征收应当减免的税款或应当依法返还而不予返还的也属于违法收费范围。这种行为违反了《教育法》的规定及其他相关法律法规，是对学校财产的一种变相的非法剥夺。

实施上述行为的部门、社会组织主要有教育行政部门、税务部门、财政部门、街道委员会等。对这一违法行为，根据不同主体，分别予以以下处理。

第一，由政府责令退还所收取的费用。教育行政部门、财政部门、税务部门违法收取的各种不合理费用，由同级或上一级人民政府责令退还给学校及其他教育机构。

第二，由主管部门按干部管理权限对直接负责的主管人员和其他直接责任人员依法给予行政处分。

5. 违法办学、招生、举办考试、颁发学业学位证书及向学生违法收费的法律责任

第一，违反国家规定举办学校或其他教育机构。

根据《教育法》第二十七条的规定，设立学校必须具备四个基本条件："有组织机构和章程，有合格的教师，有符合规定标准的教学场所及设施、设备等，有必备的办学资金和稳定的经费来源。"教育行政管理实行批准设立制度和登记注册制度。举办教育

机构必须经主管机关批准或经主管机关登记注册才能取得合法地位，并受法律保护。违背《教育法》及其他有关法律、法规、规章关于教育机构设置管理的规定举办的学校或其他教育机构是非法的。非法举办学校及其他教育机构的行为主要有如下几种：

不经批准或登记注册擅自举办教育机构，教育主管部门责令限期改正而逾期不予改正的；

不符合国家规定的设置标准，弄虚作假，骗取主管机关批准或登记注册的；

实施了以营利为目的的办学行为的。

对实施上述违法行为的单位或者个人，依据《教育法》第七十五条予以以下处理：

对非法举办的学校，由教育行政部门予以撤销；

对有违法所得的，由教育行政部门或政府授权的其他行政机关没收违法所得；

由主管部门追究直接负责的主管人员和其他直接责任人员的行政责任，依法给予行政处分。

第二，违反国家规定招收学员。

违反国家规定招收学员的行为指未经有关部门批准就招收学员以及未按批准的范围、层次、人数等招收学员，违反了《教育法》第七十六条。主要情形有以下几种：

未经批准，不具备办学资格和相应办学权限的主体乱办学，乱办班，违法招生；

擅自更改招生计划，超额、超计划招生；

违反有关规定，招收旁听生、试读生，办"超前班"或利用函授、夜大的生源计划办脱产班；

应纳入统一招生范围的，不通过统一入学考试自行招生；

办专业证书班不按规定履行审批手续，擅自降低入学条件；

弄虚作假，混淆学历教育与非学历教育的界限，进行欺骗招生；

其他违反规定乱招学员，给招生管理带来损害和在社会上造成不良影响的。

对实施上述行为的学校及其他教育机构或者其他社会组织和个人，依据《教育法》第七十六条予以以下处理：

由教育行政部门责令退回招收的学员，退还所收取的费用；

由主管部门对直接负责的主管人员和其他直接责任人员依法给予行政处分。

第三，非法举办国家教育考试。

《教育法》规定国家教育考试制度是一项教育基本制度，并规定承办国家教育考试的机构必须经过国家有关部门批准，国家教育考试的种类由国务院教育部门确定。非法举办国家教育考试指未经国家教育考试管理机构批准或授权，擅自举办各种国家教育考试；或自行设立国家教育考试考点；或与境外有关组织合作举办属于国家教育考试范围的考试项目；或虽经批准，有承办资格，但在考试的种类设置与内容上与国家有关规定不符。对实施上述违法行为的学校及其他教育机构、社会组织、个人以及国家机关，依据《教育法》第七十九条和第八十条予以以下处理：

由教育行政部门宣布考试无效；

对有违法所得的，由教育行政部门没收违法所得；

对直接负责的主管人员和其他直接责任人员，教育行政部门或其主管部门依法给予行政处分。

第四，违法颁发学业证书或学位证书。

学业证书制度和学位制度是我国的基本教育制度。根据《教育法》规定，颁发学业证书必须满足三个法律要件：一是必须经国家批准设立或认可；二是必须是学校及其他教育机构，而不能是其他机关、部门或单位；三是按照国家有关标准颁发。三个要件缺一不可，必须同时具备。违法颁发学业证书或学位证书的主要情形有以下几种：

不具有颁发学业证书和学位证书资格而发放学业证书、学位证书；

伪造、编造、买卖学业证书、学位证书；

在颁发学业证书、学位证书中弄虚作假，徇私舞弊；

对不符合规定条件的受教育者和其他人员颁发学业证书、学位证书；

滥发学业证书、学位证书，从中牟利。

对上述违法行为，依据《教育法》第八十二条、《中华人民共和国刑法》第二百八十条的规定，根据具体情节予以以下处理：

由教育行政部门宣布证书无效，责令收回或者予以没收；

教育行政部门对违反规定颁发的学业证书，可采取下达通知、公告等方式不予承认其效力，责令违法颁发证书的机构收回已颁发的证书或者由教育行政部门直接予以没收；

对学校及其他教育机构、有学位授予权的科研机构，在违法颁发证书过程中有违法所得的，没收违法所得；

对情节严重的，由教育行政部门取消其颁发学业证书的资格；

对伪造、编造、买卖学业证书、学位证书的处以 3 年以下有期徒刑、拘役、管制或者剥夺政治权利，情节严重的处 3 年以上 10 年以下有期徒刑；

对已经批准授予学位的单位，在确认其不能保证所授予学位的学术水平时，由国务院停止或撤销其授予学位的资格。

第五，违法向学生收费。

学校及其他教育机构违反国家有关规定向受教育者收取费用主要指违反国家收费范围、收费项目、收费标准和有关收费事宜的审批、核准、备案和收费的减免等方面的规定，自立收费项目或超过收费标准，非法或不合理向受教育者收取费用。这种行为给受教育者的财产权益带来损害，有时也给其受教育权益带来损害，是《教育法》明令禁止的行为。对实施上述违法行为的学校及其他教育机构，依据《教育法》第七十八条予以以下处理。

由主管的教育行政部门责令其退还所收费用，并对直接负责的主管人员和其他直接责任人员依法给予行政处分。

6. 在招生考试中舞弊作弊的法律责任

第一，在招生工作中徇私舞弊。

招生工作中徇私舞弊主要指主管、直接从事和参与学校及其他教育机构统一招生工作的人员违反招生管理的有关规定和要求，利用职权或工作之便，为达到使考生或者其他人员被学校及其他教育机构招收录取等个人目的，故意采取隐瞒、虚构、篡改、毁灭、泄露、提示、协助考生作弊等手段，在招生考试、考核、体检、保送生推荐等各个环节上实施歪曲事实、掩盖真相、以假乱真等枉法渎职行为，使不应被招收录取的考生及其他人员被招收录取，或使符合招收录取条件的考生及其他人员未被招收录取的情形。

对实施上述违法行为的人员，根据其情节及后果的轻重，依据《教育法》第七十七条给予以下处理：

由教育行政部门责令退回招收的人员；

由教育行政部门或主管部门对直接负责的主管人员和其他直接责任人员依法给予行政处分；

对构成犯罪的，由人民法院依法追究刑事责任。

第二，在国家教育考试中作弊。

在国家考试中作弊，一是指考生在考试活动中的违反考场纪律行为，如夹带入场、抄袭他人答案、交换答卷等行为；二是与国家教育考试活动相关联的国家机关及其工作人员、学校及其他教育机构在考试活动中的欺骗、蒙混行为，还有指使、纵容、授意放松考试纪律致使考试纪律混乱的行为，伙同他人作弊的行为。对实施上述违法行为的单位或者个人，依据《教育法》第七十九条和第八十条予以下处理：

由教育行政部门宣布考试无效；

由教育行政部门或主管部门对直接负责的主管人员和其他直接责任人员依法给予行政处分。

以上违反《教育法》的行为主要应负行政法律责任和刑事法律责任。应负民事法律责任的，也要被追究民事法律责任。此外，《教育法》分别对学校、其他教育机构、受教育者、教育者享有的权利做了规定。凡侵犯他人合法权益致使他人造成损失、损害，同时违反了《教育法》和《中华人民共和国民法通则》的，均应由人民法院依法追究民事法律责任。

二、《中华人民共和国义务教育法》解读

《中华人民共和国义务教育法》是为保障适龄儿童、少年接受义务教育的权利，保证义务教育的实施，提高全民族素质，根据宪法和《教育法》制定的法律。它最早于1986 年 4 月 12 日由第六届全国人民代表大会第四次会议通过，1986 年 7 月 1 日起施行；2006 年 6 月 29 日由第十届全国人民代表大会常务委员会第二十二次会议修订通过，2006 年 9 月 1 日起施行；2015 年 4 月 24 日由第十二届全国人民代表大会常务委员会第十四次会议修正。2015 版在 2006 版的基础上做了一定修订，即将第四十条修改为："教科书价格由省、自治区、直辖市人民政府价格行政部门会同同级出版行政部门按照微利原则确定。"2018 年 12 月 29 日，第十三届全国人民代表大会常务委员会第七次会议对《中华人民共和国义务教育法》进行再次修订。以下是针对 2018 版的解读。为区别 1986 版的义务教育法，以下写为新《中华人民共和国义务教育法》（以下简称新《义务教育法》）。

（一）新《义务教育法》出台的时代背景

1986 年 4 月 12 日，第六届全国人民代表大会第四次会议审议通过《中华人民共和国义务教育法》，以国家立法的形式正式确立我国实施九年义务教育。从客观而言，《中华人民共和国义务教育法》颁布以来，我国义务教育发展实现了历史性的跨越，已基本普及九年义务教育，以政府为主的经费渠道趋于明确，全民族素质有了较大提高；

但也暴露出不少问题：农村义务教育经费投入严重不足，一些孩子因贫失学让人心酸；城市教育资源分配失衡，"择校"成为许多家长的"梦魇"；"分数至上、考试至上"的社会风气让无数孩子远离快乐；"上学难，上学贵"已普遍为人民群众所关注……随着经济、社会的快速发展，针对出现的一些新情况和新问题，党和国家对教育的发展提出了新的要求。因此，我国有必要对《中华人民共和国义务教育法》进行修改和完善。

2006 年 1 月 4 日，国务院总理温家宝主持召开国务院常务会议，讨论并原则通过《中华人民共和国义务教育法》(2006 版)。6 月 29 日，第十届全国人民代表大会常务委员会第二十二次会议表决通过《中华人民共和国义务教育法》(2006 版)。《中华人民共和国义务教育法》(2006 版)以农村义务教育经费投入保障机制为核心内容，强调政府应当承担出资义务，旨在保障农村贫困地区孩子享受九年免费义务教育。这部法律于 2006 年 9 月 1 日起正式施行。这是《中华人民共和国义务教育法》自 1986 年颁布以来的一次重大修改，进一步明确了义务教育的公益性、统一性和义务性，将使近 1.8 亿义务教育阶段的在校学生受益。

2015 年 4 月 24 日，第十二届全国人民代表大会常务委员公第十四次会议对《中华人民共和国义务教育法》进行修正。当前我国义务教育阶段的在校中小学学生近 1.8 亿人。义务教育是涉及人群最广、受益人群最多的社会公共事业。其实施程度和教育质量如何，不仅关乎个人的发展，而且关系到全体公民素质的提升和民族的未来。正因为如此，如何修改《中华人民共和国义务教育法》，使我国实施义务教育的整体水平不断提升，一直为人大代表和政协委员所关注。

(二)新《义务教育法》的主要内容

新《义务教育法》的颁布是我国义务教育发展中具有里程碑意义的一件大事。新《义务教育法》共八章六十三条，分为：总则、学生、学校、教师、教育教学、经费保障、法律责任及附则。这次修改的主要内容包括以下几方面。

第一，保障义务教育经费，制定满足义务教育基本需求的经费标准，中央和地方各级政府根据职责共同负担义务教育经费并负责落实。

第二，实施素质教育，规范教学内容，严格课程管理，将德、智、体、美有机统一在教育教学活动中，培养学生的独立思考和创新能力。

第三，合理配置义务教育资源，经费投入要向农村学校和城市薄弱学校倾斜；引导和鼓励高校毕业生和教师从事义务教育工作，特别是到农村任教；采取措施促进学校均衡发展。

第四，加强学校管理，保障学校安全，规范学校收费；加强教师培养和管理，提高教师思想道德水平和教学业务水平，改善其工作条件和生活条件，提高义务教育阶段教师的地位与待遇；减少教科书种类，提高教科书质量，降低教科书成本，防止利用教科书牟利。

(三)新《义务教育法》关注的五大焦点问题

1. 经费保障——纳入财政预算，按照标准拨付

新《义务教育法》的最大亮点是把"经费保障"专列一章，用 14 条约 1800 字的篇幅详细规定义务教育的经费保障体制，从法律制度层面解决义务教育经费保障问题。国家对义务教育采取新的经费保障机制，首先体现在对义务教育的投入上。过去说到政

府投入，人们往往容易理解为由县级政府负责，但实际情况是县级政府没有足够能力。而新《义务教育法》将依靠人民办教育转为政府"买单"，其明确规定："义务教育经费投入实行国务院和地方各级人民政府根据职责共同负担，省、自治区、直辖市人民政府负责统筹落实的体制。农村义务教育所需经费，由各级人民政府根据国务院的规定分项目，按比例分担。"新《义务教育法》还要求地方各级人民政府在财政预算中将义务教育经费单列。

2. 根治择校风——禁设重点学校

新《义务教育法》要求各级政府部门应当在经费投入、师资力量等方面建立向薄弱学校倾斜的机制，促进学校均衡发展，促进学校师资力量均衡配置，采取措施缩小学校之间的差距；应组织公办学校骨干教师巡回授课，紧缺专业教师流动教学，公办学校校长和教师在学校之间流动；学校不得以任何名义将义务教育学校分为重点学校和非重点学校。

3. 校园安全首次写入——确保校园及周边安全

新《义务教育法》规定设置义务教育学校应确保选址安全，依法维护义务教育学校周边秩序，建立、健全安全制度和安全应急机制，加强安全管理，及时消除安全隐患等。

4. 扭转应试教育——弱化升学率和考试成绩的作用

新《义务教育法》第一次在法律中提出素质教育的概念，对在义务教育阶段贯彻实施素质教育提出具体的要求。该法规定：对接受义务教育的学生的考查，应综合考查学生在德、智、体、美等方面全面发展的情况，不得以考试成绩代替全面考查；义务教育督导不得对义务教育学校进行评比，不得以升学率作为督导标准；学校应把德育放在首位，形成德育教育体系；教师应保证学生的课外活动时间，组织学生开展社会实践、文化娱乐等课外活动；学校不得以任何名义编排重点班；学校和教师不得违反课程设置方案增加或删减课程等。

5. 严禁乱收费——免费发放辅助材料、补习功课

新《义务教育法》要求，在课程标准范围内开展教育教学活动，向学生发放教科书以外的其他书籍、资料不得收费，任何组织或个人不得利用教科书获取利益。

(四)新《义务教育法》体现的对义务教育公益性的再认识

新《义务教育法》进一步明确了我国义务教育的公益性。所谓公益性就是义务教育阶段不收学费、杂费，使义务教育真正义务起来。新《义务教育法》第二条明确规定："实施义务教育，不收学费、杂费。"

义务教育是我国《教育法》确定的教育基本制度之一，也是《世界人权宣言》赋予每一个人的基本权利。《世界人权宣言》第二十六条第一项规定："人人都有受教育的权利，教育应当免费，至少在初级和基本阶段应如此。初级教育应属义务性质。"由此可知，义务教育的基本原则应为强制、免费和公平，这是实施义务教育制度的精髓。

三、《中华人民共和国教师法》解读

《中华人民共和国教师法》(以下简称《教师法》)从 1986 年开始起草，后经过 8 年酝酿、修改，于 1993 年 10 月 31 日经第八届全国人民代表大会常务委员会第四次会议通

过，1994年1月1日起施行。

(一)《教师法》的立法基础

《教师法》的制定和颁布对提高教师的地位，保障教师的合法权益，造就一支具有良好思想品德和业务素质的教师队伍，促进我国社会主义教育事业的发展有着重要意义。

1. 立法过程

1986年3月，在第六届全国人民代表大会第四次会议和中国人民政治协商会议第六届全国委员会第四次会议上，许多全国人大代表和全国政协委员提出关于尽快制定《教师法》的提案和建议。此后不久，国家教育委员会据此成立《教师法》起草工作领导小组，着手《教师法(草案)》的起草工作。在起草过程中，国家教育委员会广泛听取和征求教育界、法学界一些专家和广大教师的意见，经过反复修改形成《教师法(草案送审稿)》。

1989年4月，《教师法(草案送审稿)》报送国务院，经多方征求意见又做第二次修改。1990年6月10日，国务院常务会议两次对《教师法(草案送审稿)》进行讨论。国务院法制局和国家教育委员会又根据国务院常务会议讨论提出的意见对有关问题做了进一步修改，再次报国务院常务会议讨论。国务院常务会议原则通过，形成《教师法(草案)》，报全国人民代表大会常务委员会审议。

1991年8月，第七届全国人民代表大会常务委员会第二十一次会议对《教师法(草案)》进行审议，对教师待遇和推行教师聘任制等有关问题提出了一些意见。1992年10月，国务院将《教师法(草案)》撤回，根据全国人民代表大会常务委员会的审议意见进一步调查研究、征求意见，并根据《中国教育改革和发展纲要》中关于教师队伍建设的精神对《教师法(草案)》做了进一步修改，然后提交第八届全国人民代表大会常务委员会第四次会议审议。此次会议对《教师法(草案)》进行全面审议、修改，并于1993年10月31日通过。《教育法》是在总结中华人民共和国成立40多年特别是改革开放15年来教师队伍建设的成功经验和广泛听取意见的基础上制定、颁行的。至此，我国第一部关于教师的法律——《教师法》便得以诞生。

2. 立法依据

第一，我国社会主义现代化建设事业的需要。社会主义现代化建设事业需要一批又一批既具有坚定正确的政治方向，又掌握现代科学文化知识的社会主义事业建设者和接班人。人才的培养关键在教师，建设一支具有良好思想品德修养和业务素质的教师队伍是搞好社会主义事业的关键。振兴民族的希望在教育，振兴教育的希望在教师。为此，我国必须制定《教师法》以加强教师队伍建设。

第二，提高教师队伍素质的需要。长期以来，由于种种因素的影响，我国教师队伍的政治素质和业务素质都比较低，已不能满足培养人才的需要。广大教师急需提高政治素质和业务素质。为更加有效地完成这一任务，我国有必要通过立法，制定一整套提高教师素质的措施、制度，对教师的思想品德和业务素质做出明确规定，以加强教师队伍建设，提高教师的整体素质。

第三，维护教师合法权益的需要。长期以来，我国教师的地位和待遇偏低，拖欠教师工资、干扰教育教学活动等情况时有发生，这在一定程度上挫伤了教师的积极性，影响了教育事业的发展。为稳定教师队伍，提高教师的地位和待遇，增强教师的工作积极性，吸引优秀人才从事教育，我国必须制定《教师法》以保障教师群体的合法权益。

第四，教师队伍建设规范化的需要。中华人民共和国成立后，教师队伍的管理主要依靠一些政策和制度。这些政策和制度缺乏法律上的效力，没有强制性，且缺乏肯定性、稳定性和连续性。教师队伍的管理随意性大，许多方面无法可依。制定《教师法》可以使教师队伍建设走上规范化、法制化的轨道。

3. 立法宗旨

《教师法》以教师为立法对象，把国家尊师重教的方针上升为法律，体现全国人民的共同愿望和意志。总则第一条对其立法宗旨做了明确规定："为了保障教师的合法权益，建设具有良好思想品德修养和业务素质的教师队伍，促进社会主义教育事业的发展，制定本法。"具体包括以下几个方面。

第一，保障教师的合法权益。国家通过制定《教师法》明确确认教师的基本权利，规定教师应享有的社会地位和物质待遇，规定政府、学校、各行各业及公民的职责，规定侵害教师合法权利的法律责任，对运用法律手段有效地保护教师的合法权益具有重要的现实针对性。

第二，提高教师队伍素质。教师队伍素质决定教育质量的高低。近年来，尽管我国教师的业务素质和思想政治素质有较大提高，但从总体上看，教师队伍的素质还不能完全满足教育事业的发展要求。《教师法》以法律形式确定实行教师资格制度，对教师的任用、培养、培训、考核等做出了规定，使提高教师队伍素质的工作有章可循、有法可依。

第三，促进我国社会主义教育事业的发展。振兴民族的希望在教育，振兴教育的希望在教师。把教育放在优先发展的战略地位是我国实现社会主义现代化建设的根本大计。能否培养出适应社会主义现代化建设事业的接班人关系到社会主义现代化建设事业的成败。教育能否振兴和健康发展关键在能否建设一支具有良好思想品德和业务素质的教师队伍。因此，制定《教师法》可以加强教师队伍建设，促进教育事业的发展。

4. 法律地位

《教师法》是我国教育史上第一部关于教师的单行法律，它的制定和颁布体现了党和国家对教师的重视，有利于从根本上提高教师的社会地位，保障教师的合法权益，使教师成为社会上受人尊重的职业；有利于加强教师队伍建设，造就一批具有高素质的教师队伍，以促进社会主义教育事业的发展。

5. 适用范围

《教师法》总则第二条规定了适用范围："本法适用于在各级各类学校和其他教育机构中专门从事教育教学工作的教师。"这里的各级各类学校指实施学前教育、普通初中教育、普通高中教育、职业教育、普通高等教育、特殊教育、成人教育的学校。其他教育机构特指与中小学的教育教学工作紧密联系的少年宫、地方中小学教研室、电化教育馆等教育机构。教师指在学校传递人类文化科学知识和技能，进行思想品德教育，把受教育者培养成满足社会主义建设需要的专业人员。

《教师法》关于适用范围的规定是教师的形式特征，也是法律意义上教师概念的外延。《教师法》的适用范围仅限于各级各类学校和其他教育机构中的教师，由教师职业的特殊性、直接肩负的培养社会主义接班人的职责、履行具有公职性质的特殊教学职责所决定。这一规定便于在权利、义务、资格、任用、培养、培训、考核等方面对教师做统一规定，有利于加强教师队伍建设。

(二)《教师法》关于教师的权利

教师的权利指教师在教育教学中依法享有的权益，是国家对教师能做出或不能做出一定行为及要求他人做出或不做出一定行为的许可与保障。

教师权利一般由以下三部分构成：第一，教师实施某种行为的权利，也称积极行为权利，如《教师法》规定"从事科学研究、学术交流、参加专业的学术团体、在学术活动中充分发表意见"的权利；第二，教师要求义务人履行法律义务的权利，如《教师法》规定教师享有"按时获取工资报酬"的权利；第三，当教师的权利受到侵害时，有权诉诸法律，要求确认和保护的权利。依据《教育法》和《教师法》，我国教师享有以下基本权利：教育教学权、科学研究权、管理学生权、获取报酬待遇权、民主管理权、进修培训权等。

(三)《教师法》关于教师的义务

教师的义务指教师依照《教育法》《教师法》及其他有关法律法规，从事教育教学工作必须履行的责任，表现为对教师在教育教学活动中必须做出一定行为或不得做出一定行为的约束。它由法律规定并以国家强制力保障，一般有两种不同形式。第一，积极义务和消极义务：积极义务即必须做出一定行为的义务，如《教师法》规定教师在教育教学活动中，贯彻国家的教育方针，遵守规章制度，执行学校的教育教学计划，履行教师聘约，完成教育教学工作任务的义务；消极义务即不做出一定行为的义务，如不得体罚学生的义务。第二，绝对义务与相对义务：绝对义务是指对一般人承担的义务，如教师不得侵害法律保护的任何公民的基本权利；相对义务指对特定人承担的义务，如教师与学校签订的聘任合同，只对学校承担义务。我国现行的《教师法》规定教师应履行以下义务：遵守宪法、法律和职业道德的义务，完成教育教学工作的义务，进行思想品德教育的义务，关心爱护学生、促进学生的全面发展义务，保护学生合法权益、促进学生健康成长的义务，不断提高思想政治觉悟和教育教学水平的义务等。

第三节　教师的权利与义务

权利和义务是法律关系的核心，二者是相互联系、互为依赖的。权利的享有和实现要以履行各项义务为条件，因此法律为保障教师的权益规定了教师享有的权利，相应地对教师应履行的义务也予以了规定。

一、教师的权利

教师的权利是指法律赋予的教师在履行国家教育教学职责时，依法享有的、得到法律许可和保障的、不可侵犯的权利。教师的权利一般包括两方面的内容：一是教师基于公民身份而享有的权利，二是教师依据特有的教师身份而享有的权利。教师的权利——教师在教育教学活动中享有的《教师法》所赋予的权利，是国家对教师在教育活动中可以做或不可以做一定行为的许可与保障。

教师作为一般公民，享有宪法所规定的公民的一切基本权利。教师作为履行教育教学职责的专业人员，由于其职业的特点，又享有与其他职业群体所不同的特殊权利。

（一）教师作为普通公民的权利

教师作为普通公民，享有宪法和其他法律规定的一般公民所享有的权利。其中包括平等权、政治权利、宗教信仰自由权、公民的人身自由权、文化教育权、监督权等。

（二）教师作为教育专业人员所特有的权利

教师因其特定的身份，同时又享有《教师法》所规定的应有权利。

1. 教育教学自主权

教育教学自主权即教师有权进行教育教学活动，开展教育教学改革和试验。教书育人是教师职业的根本职责。依照国法校规从事教育教学活动是《教师法》赋予教师的权利。只要教师的教学活动内容和范围在法律规定的框架内，任何人都不得以任何借口剥夺教师的这一权利。这一规定不仅是对教师工作安全性和稳定性的保障，也是对教育教学活动自由的一种保障。

2. 学术自由权

学术自由权即教师有权从事科学研究、学术交流，参加专业的学术团体，在学术活动中充分发表个人意见。教师不断进修、学习从而促进自身的专业发展是其专业对教师个体工作提出的要求，也是《教师法》对教师权益的一种保障。学术自由权不仅能够促进教师不断进步，提高专业素质，而且有利于教育科学事业的发展。

3. 管理学生权

管理学生权即教师有权指导学生的学习和发展，评定学生的品行和学业成绩，并就学生就业、升学等方面的发展给予指导。这项权利赋予了教师在教育教学过程中的主导地位。教师在教学大纲和教学计划的指导下，根据学生的接受能力和教学内容特点自主管理学生是《教师法》赋予教师的权利，任何人都不得侵犯教师的这一权利。

4. 获取报酬待遇权

获取报酬待遇权即教师有权按时获取工资报酬、享受国家规定的福利待遇以及寒暑假带薪休假。教师的待遇直接关系到教师的社会地位和教师职业吸引力等问题。因此，国家在提高教师待遇、保障教师的生活水平方面给予了较大的关注，并将教师享受的福利待遇用法律的形式规定下来，这样就利用法律的强制力保障了教师收入的稳定及其应享有的优惠条件。

5. 参与教育管理权

参与教育管理权即教师有权对学校教育教学、管理工作和教育行政部门的工作提出意见和建议，并通过教职工代表大会或其他形式参与学校的民主管理。教师参与学校管理，为学校及教育事业的发展出谋划策，不仅有助于学校管理的民主化，而且可以增强教师的主人翁情感和意识，提升教师的职业热情。因此《教师法》将教师的这一权利予以了法律保障。这也正是公民权利与教师权利相结合的表现。

6. 培训进修权

培训进修权即教师有权参加进修或其他方式的培训。教师职业的复杂性和挑战性决定了教师个体在其职业生涯中只有不断进修和发展，才能满足不断变化的社会和教师职业的要求。因此，加强教师培训工作、保障教师参加进修的权利是提高教师队伍整体素质的必要措施。

7. 申诉权

当权利受到侵害时，教师有权向所属机关或上级机关提出申诉并要求做出相应的处理。

二、教师的义务

教师的义务是指法律对教师在教育教学活动中的一定行为的约束，要求教师必须做出一定行为或不得做出一定行为。对教师义务的规定一般分为两大类：一类是教师的一般性义务，另一类是教师的专业性义务。

(一)教师的一般性义务

教师的一般性义务包括执行职务的义务、服从命令的义务、严守秘密的义务、遵守职业道德的义务、不为一定行为的义务等。

(二)教师的专业性义务

教师的专业性义务源于教师职业的专业性要求，一般包括承担教学的义务、教育引导学生的义务、分担学校工作的义务、研究进修的义务、社会服务的义务等。教师应履行的义务一般包括以下几个方面。

1. 遵纪守法义务

教师有遵守宪法、法律和职业道德，为人师表的义务。这项义务是对教师遵纪守法方面的基本要求。教师的身份首先是一个公民，因此教师必须首先遵守作为中华人民共和国公民应遵守的宪法和法律。其次，教师的特殊职业身份又对其提出了从业须具备的职业道德和形象要求，即具备高尚的教师职业道德，为人师表。

2. 教育教学义务

教师有贯彻国家教育方针、遵守规章制度、执行学校教学计划、履行教师聘约、完成教育教学工作任务的义务。这项义务是对教师享有的教育权利的条件限定。教师享有专业自主权，但这一权利并非不受约束。它是以国家的基本教育方针和规章制度为基准的，教师所有的教育教学活动都在教育方针的指导下进行。因此，教师必须认真贯彻国家制定的教育方针，把握好教育方向，坚持教育为社会主义现代化建设服务。

3. 思想品德教育义务

教师有对学生进行宪法规定的四项基本原则教育和爱国主义教育，民族团结教育，法制教育以及品德、文化、科学知识教育；组织带领学生参加和开展各项有益的社会活动的义务。这项义务是对教师工作内容的规定，要求教师有计划、有目的、有组织地对学生进行科学文化知识教育和思想品德教育，把学生培养成德才兼备的人才。

4. 尊重学生人格义务

教师有关心爱护学生，尊重学生人格，促进学生德、智、体、美等方面全面发展的义务。这项义务是对教师处理师生关系的规定。在现代社会，师生关系是民主、平等的。教师在形成良好的师生关系中起主导作用。因此，教师更应关心爱护学生，尊重学生的人格，使学生的身心健康发展。

5. 保护学生权益义务

教师有制止有害于学生的行为和其他侵犯学生合法权益的行为，批评和抑制有害于学生健康成长的现象的义务。这项义务是对教师要保护学生权利的规定。学生也是社会权利的主体，享有法律规定的各种社会权利。全体社会成员尤其是成年人应予以尊重和保护。负有育人之责的教师更应起到率先垂范的作用，以营造有利于青年一代健康成长的氛围。

6. 提高思想和业务水平义务

除以上五项义务外，教师还有不断提高自身思想政治觉悟和教育教学水平的义务。这项义务与教师拥有的相关权利相一致。作为教师，既履行因职业需要而不断提高自身素质的义务，又享有进修学习的权利，如此才能有效地完成教书育人的使命。

第四节　学生的权利保护

保护学生的合法权利日益成为学校工作中一个不可忽视的问题。新《义务教育法》《教育法》《教师法》《中华人民共和国未成年人保护法》等法律都对学生的权利做出了明确规定。

一、教师与学生在法律法规中的关系

教师与学生在法律法规中处于不同的地位，具有不同的身份，因而享有的权利和应尽的义务都有很大区别，在此基础上也形成了特殊的法律关系。

(一)教育与被教育的关系

在教育教学活动中，教师与学生作为教育法律关系的主体，双方地位不同，权利、义务也不同。在教育教学活动中，教师与学生首先是教育与被教育的关系。我国《教育法》第五条明确规定："教育必须为社会主义现代化建设服务、为人民服务，必须与生产劳动和社会实践相结合，培养德、智、体、美等方面全面发展的社会主义建设者和接班人。"该法第六条规定："国家在受教育者中进行爱国主义、集体主义、社会主义教育，进行理想、道德、纪律、法治、国防和民族团结的教育。"教师作为履行教育教学职责的专业人员，必须按照国家的教育方针对学生进行教育。《教育法》的规定明确了教师对学生有进行教育的职责。《教师法》第三条规定"教师是履行教育教学职责的专业人员，承担教书育人，培养社会主义事业建设者和接班人、提高民族素质的使命。"该法还规定了教师的义务："完成教育教学工作任务""对学生进行宪法所确定的基本原则的教育和爱国主义、民族团结的教育，法制教育以及思想品德、文化、科学技术教育，组织、带领学生开展有益的社会活动"。教师只有通过教育教学才能履行向学生传授知识、培养学生良好的思想品德的法定义务。《教育法》《教师法》明确规定了教师与学生的法律关系首先是教育与被教育的关系。教师与学生间的教育与被教育关系是学校最重要的关系，也是学校存在的基础。

(二)管理与被管理的关系

教师履行教育学生、培养学生的法定义务是通过教育教学活动进行的。在教育教学活动中，教师对学生的管理是教育学生的重要方式，也是达到教育教学目的和国家教育质量标准的重要保障。学校教育教学活动没有管理就没有秩序，没有管理就没有质量，没有管理也就没有教育。《教育法》规定："对受教育者进行学籍管理，实施奖励

和处分。"《教师法》规定："指导学生的学习和发展，评定学生的品行和学业成绩。"《中华人民共和国预防未成年人犯罪法》规定了学校、教师在纠正未成年人的不良行为、预防未成年人犯罪方面应尽的责任。在教育教学活动中，教师对学生进行管理是教师的法定职责，也是教育教学活动的重要形式。但教师必须懂得，管理并不等于对学生的简单限制，或者要求学生简单服从。教师的管理方式和手段应当科学，符合教育学和心理学的原则，要建立在了解学生、尊重和爱护学生的基础之上。管理应当是教师与学生在沟通的基础上实现的。

（三）保护与被保护的关系

在教师与学生的法律关系中，教师与学生具有保护与被保护的关系。教师在教育教学活动中不仅要教书育人，还负有保护学生身心健康、保护学生不受侵害的职责和义务。

《教育法》第四十五条规定："教育、体育、卫生行政部门和学校及其他教育机构应当完善体育、卫生保健设施，保护学生的身心健康。"第七十三条规定："明知校舍或者教育教学设施有危险，而不采取措施，造成人员伤亡或者重大财产损失的，对直接负责的主管人员和其他直接责任人员，依法追究刑事责任。"《教师法》第八条规定："制止有害于学生的行为或者其他侵犯学生合法权益的行为，批评和抵制有害于学生健康成长的现象。"《中华人民共和国未成年人保护法》第十六条规定："学校、幼儿园、托儿所不得在危及未成年人人身安全、健康的校舍和其他设施中进行教育教学活动。"另外，《学校卫生工作条例》《学校体育工作条例》以及其他教育法规、规章也对教师保护学生身心健康的责任做了相应规定。教师保护学生不仅是教师的职业道德，而且是教师的法律义务。正因如此，教师应尽职尽责，保护学生，预防学生伤害事故，关注学生的精神和心理健康，培养学生扎实的学识、良好的品德、健康的体魄和健全的人格。

（四）相互尊重的平等关系

在教育活动中，教师是教育者，对学生负有教育管理的责任。但从作为平等的社会成员来讲，在教育教学活动中，教师与学生存在相互尊重的平等关系。教师在教育教学互动中有尊重学生人格、平等对待学生的法律义务。教师对学生的教育、管理和保护都必须建立在尊重学生人格、平等相待的基础上。《教师法》第八条规定："关心、爱护全体学生，尊重学生人格，促进学生在品德、智力、体质等方面全面发展。"《中华人民共和国未成年人保护法》第十八条规定："学校应当尊重未成年学生受教育的权利，关心、爱护学生。对品行有缺点、学习有困难的学生，应当耐心教育、帮助，不得歧视，不得违反法律和国家规定开除未成年学生。"第二十一条规定："学校、幼儿园、托儿所的教职员工应当尊重未成年人的人格尊严，不得对未成年人实施体罚、变相体罚或者其他侮辱人格尊严的行为。"第二十五条规定："专门学校的教职员工应当关心、爱护、尊重学生，不得歧视、厌弃。"这些条款都明确规定了教师与学生存在相互尊重的平等关系。教师尊重学生、平等对待学生是教师最基本的职业道德，也是取得良好教育教学效果和对学生进行潜移默化教育的基础。在教育教学活动中尊重学生，特别是尊重未成年学生应引起中小学教师的充分重视。

二、学生的权利

学生的权利指学生依照国家法律法规所拥有的权利。中华人民共和国成立后，我国制定和颁布的法律，如新《义务教育法》《教育法》《教师法》《中华人民共和国未成年人保护法》等都对学生享有的权利做出了规定。可见，学生的权利是法律规定的，受到国家和法律的确认和保护。学校应保证学生在校期间享有各项合法权利，任何侵犯学生权利的做法都是违法行为。国家除了对学生的人身权和受教育权进行一般保护外，还对学生的身体健康权、人格尊严权、隐私权、名誉权、荣誉权等进行特殊保护。

学生的权利是法定的，可以分为两部分：一是指国家宪法和法律授予所有公民的权利；二是指教育法律法规授予尚处于学生阶段的公民的权利。

根据《教育法》规定，学生享有以下五项权利，分别为：参加教育教学权、获得经济资助权、获得学业证书权、申诉起诉权和法定其他权。

(一)参加教育教学权

学生享有参加教育教学计划安排的各种活动，使用教学设施、设备、图书资料的权利。这是学生的基本权利。这项权利主要包括以下两方面。

1. 参加教育教学活动权

在教学过程中，学生有权参加教育教学计划安排的各种课堂教学、讲座、课堂讨论、观摩、实验、见习、实习、测验和考试等活动。任何组织和个人都不得以任何借口非法剥夺学生参加教育教学活动的权利。这体现了教学民主精神，是广大学生接受教育和获取知识的保障。

2. 使用教育教学设施权

学生有平等使用教育教学设施、设备和图书资料的权利。为保障学生完成学习任务，学校及其他教育机构应当依法按规定提供符合卫生安全标准的教育教学设施、设备、图书资料及其他教育教学用品。

(二)获得经济资助权

学生享有按照国家有关规定获得奖学金、贷学金、助学金的权利。

奖学金是为奖励品学兼优的学生和报考国家重点保证的、特殊的、条件艰苦的专业的学生而设立的经济资助制度。

贷学金是指为向家庭经济困难的学生提供帮助而设立的经济资助制度。当前，贫困家庭的孩子上不起学已引起社会各界的广泛关注。为此，教育部、财政部、人民银行、银监会联合下发了《关于进一步完善国家助学贷款工作的若干意见》，对助学贷款政策做出重大调整。其目的就是保障贫困家庭学生的法定受教育权利的有效实现，从而维护教育公平。凡符合规定条件的学生都可以通过学校申请贷学金，这是受教育者享受的法律保护的平等权利。关于贷学金的款额、对象，国家都有明文规定。

助学金，又称勤工俭学金，是指为使学生特别是家庭经济困难的学生通过参加劳动获得报酬，自主完成学业的经济资助制度。凡是符合规定的学生都有权参加勤工俭学活动，并获得一定的劳动报酬。任何单位和个人不得克扣或拖欠学生的助学金。对于义务教育阶段的学生，国家已明确不收学费、杂费，并且由国家财政保障义务教育经费。新《义务教育法》第四十条规定："各级人民政府对家庭经济困难的适龄儿童、少年免费提供教科书并补助寄宿生生活费。"义务教育阶段的适龄儿童、少年有获得国家经济帮助的权利。

（三）获得学业证书权

获得学业证书权指学生享有在学业成绩和品行上获得公正评价，完成规定的学业后获得相应的学业证书、学位证书的权利。这里分两个方面来进行阐述。

1. 获得公正评价

按照学生学籍管理的规定，学生的学籍档案里有学习成绩登记表，学校要如实记录学生各科的学习成绩和品行状况。学业成绩评价是教育机构对学生在受教育的某一时期内学习情况、知识结构、知识水平的概括，具体包括课程考试成绩记录、平时学习情况和总评等。品行评价包括对政治觉悟、道德品质、劳动态度等的评价。在学业成绩和品行上获得公正评价指学生有权在德、智、体、美等方面按照国家统一标准获得一视同仁的客观评价。值得注意的是，教师对学生的评价不应受学生家长的权势、地位等影响，也不能受其他与教育教学无关的因素的影响。

2. 获得学业证书

学生完成规定的学业后就应获得相应的学业证书或学位证书，这是学生的一项重大权利。根据国家相关教育法律法规的授权，学校可以制定校规、校纪，对在校学生进行教学管理和违纪处分。但这一切都必须符合国家宪法和法律的规定，必须保护学生的合法权益。例如，学校不能以学生是否给学校提供捐助作为是否给学生颁发学业证书的标准之一，不能增加或减少颁发学业证书的条件。从本质上看，学业证书和学位证书是对学生一段受教育时期内的学业成绩、学术水平和品行的最终评定。学生除思想品德等方面合格外，完成或提前完成教育教学计划规定的全部课程，考试、考核及格或修满学分，在该教育阶段结束时均有权获得相应的学业证书、学位证书。

（四）申诉起诉权

学生享有对学校给予的处分不服，向有关部门提出申诉；对学校、教师侵犯其人身权、财产权等合法权益，提出申诉或者依法提起诉讼的权利。这项权利主要包括两方面：申诉权和起诉权。

当合法权益受到学校、教师的侵犯时，或者对学校给予的处分不服时，学生有权提出申诉，任何人不得无理阻挠。有关部门应积极受理，并按规定及时予以答复。依据"无救济就无管理"的现代法治思想，各级学校及教育行政部门要建立健全学生申诉制度，确保学生享有申诉权和起诉权。

（五）法定其他权

学生除享有以上四项权利外，还享有法律法规规定的其他权利。法律法规规定的其他权利主要包括以下三项。

第一，《教育法》之外的法定权，即在其他法律法规中已经规定，而《教育法》中没有重复规定的权利。《教育法》以外的其他法律法规，具体来说包括新《义务教育法》《中华人民共和国民法通则》《中华人民共和国未成年人保护法》《教师法》和《中华人民共和国预防未成年人犯罪法》等。例如，《中华人民共和国未成年人保护法》规定的隐私权，体育、卫生行政部门赋予学生的身心健康权等；除此之外，还包括其他法律法规赋予学生的姓名权、荣誉权等。

第二，新颁布的法定权，即新颁布的法律法规中对学生权利的新规定，包括新赋予的权利，对原有权利的修订、撤销等。例如，新《义务教育法》规定义务教育阶段的学生免交学费、杂费。

第三，变化的法定权，即教育法律法规中已有规定，但随着客观形势的发展变化，经法定解释，该项权利具有了新的含义。例如，在校大学生过去不可以结婚，而现在可以。这就是变化的法定权。

三、学生保护

学生保护是家庭、学校以及社会依据相关的法律规定，具有保护学生各项权利的职责和义务，以确保学生的合法权益得到保护。

（一）家庭保护

《中华人民共和国未成年人保护法》第十条指出："父母或者其他监护人应当创造良好、和睦的家庭环境，依法履行对未成年人的监护职责和抚养义务。禁止对未成年人实施家庭暴力，禁止虐待、遗弃未成年人，禁止溺婴和其他残害婴儿的行为，不得歧视女性未成年人或者有残疾的未成年人。"第十三条指出："父母或者其他监护人应当尊重未成年人受教育的权利，必须使适龄未成年人依法入学接受并完成义务教育，不得使接受义务教育的未成年人辍学。"第十四条指出："父母或者其他监护人应当根据未成年人的年龄和智力发展状况，在作出与未成年人权益有关的决定时告知其本人，并听取他们的意见。"第十五条指出："父母或者其他监护人不得允许或迫使未成年人结婚，不得为未成年人订立婚约。"第十六条指出："父母因外出务工或者其他原因不能履行对未成年人监护职责的，应当委托有监护能力的其他成年人代为监护。"

（二）学校保护

《中华人民共和国未成年人保护法》第十八条指出："学校应当尊重未成年学生受教育的权利，关心、爱护学生，对品行有缺点、学习有困难的学生，应当耐心教育、帮助，不得歧视，不得违反法律和国家规定开除未成年学生。"第十九条指出："学校应当根据未成年学生身心发展的特点，对他们进行社会生活指导、心理健康辅导和青春期教育。"第二十条指出："学校应当与未成年学生的父母或者其他监护人互相配合，保证未成年学生的睡眠、娱乐和体育锻炼时间，不得加重其学习负担。"第二十一条指出："学校、幼儿园、托儿所的教职员工应当尊重未成年人的人格尊严，不得对未成年人实施体罚、变相体罚或者其他侮辱人格尊严的行为。"第二十二条指出："学校、幼儿园、托儿所应当建立安全制度，加强对未成年人的安全教育，采取措施保障未成年人的人身安全。学校、幼儿园、托儿所不得在危及未成年人人身安全、健康的校舍和其他设施、场所中进行教育教学活动。学校、幼儿园安排未成年人参加集会、文化娱乐、社会实践等集体活动，应当有利于未成年人的健康成长，防止发生人身安全事故。"第二十三条指出："教育行政等部门和学校、幼儿园、托儿所应当根据需要，制定应对各种灾害、传染性疾病、食物中毒、意外伤害等突发事件的预案，配备相应设施并进行必要的演练，增强未成年人的自我保护意识和能力。"第二十四条指出："学校对未成年学生在校内或者本校组织的校外活动中发生人身伤害事故的，应当及时救护，妥善处理，并及时向有关主管部门报告。"

（三）社会保护

《中华人民共和国未成年人保护法》第三十四条指出："禁止任何组织、个人制作或者向未成年人出售、出租或者以其他方式传播淫秽、暴力、凶杀、恐怖、赌博等毒害未成年人的图书、报刊、音像制品、电子出版物以及网络信息等。"第三十五条指出："生产、销售用于未成年人的食品、药品、玩具、用具和游乐设施等，应当符合国家标准或者行业标准，不得有害于未成年人的安全和健康；需要标明注意事项的，应当在显著位置标明。"第三十六条指出："中小学校园周边不得设置营业性歌舞娱乐场所、互联网上网服务营业场所等不适宜未成年人活动的场所。营业性歌舞娱乐场所、互联网上网服务营业场所等不适宜未成年人活动的场所，不得允许未成年人进入，经营者应当在显著位置设置未成年人禁入标志；对难以判明是否已成年的，应当要求其出示身份证件。"第三十七条指出："禁止向未成年人出售烟酒，经营者应当在显著位置设置不向未成年人出售烟酒的标志；对难以判明是否已成年的，应当要求其出示身份证件。任何人不得在中小学、幼儿园、托儿所的教室、寝室、活动室和其他未成年人集中活动的场所吸烟、饮酒。"第三十九条指出："任何组织或者个人不得披露未成年人的个人隐私。对未成年人的信件、日记、电子邮件，任何组织或者个人不得隐匿、毁弃；除因追查犯罪的需要，由公安机关或者人民检察院依法进行检查，或者对无行为能力的未成年人的信件、日记、电子邮件由其父母或者其他监护人代为开拆、查阅外，任何组织或者个人不得开拆、查阅。"第四十条指出："学校、幼儿园、托儿所和公共场所发生突发事件时，应当优先救护未成年人。"第四十一条指出："禁止拐卖、绑架、虐待未成年人，禁止对未成年人实施性侵害。禁止胁迫、诱骗、利用未成年人乞讨或者组织未成年人进行有害其身心健康的表演等活动。"

（四）司法保护

《中华人民共和国未成年人保护法》第五十三条指出："父母或者其他监护人不履行监护职责或者侵害被监护的未成年人的合法权益，经教育不改的，人民法院可以根据有关人员或者有关单位的申请，撤销其监护人的资格，依法另行指定监护人。"第五十四条指出："对违法犯罪的未成年人，实行教育、感化、挽救的方针，坚持教育为主、惩罚为辅的原则。对违法犯罪的未成年人，应依法从轻、减轻或免除处罚。"第五十五条指出："公安机关、人民检察院、人民法院办理未成年人犯罪案件和涉及未成年人权益保护案件，应当照顾未成年人身心发展特点，尊重他们的人格尊严，保障他们的合法权益，并根据需要设立专门机构或者指定专人办理。"第五十六条指出："讯问、审判未成年犯罪嫌疑人、被告人，询问未成年证人、被害人，应当依照刑事诉讼法的规定通知其法定代理人或者其他人员到场。公安机关、人民检察院、人民法院办理未成年人遭受性侵害的刑事案件，应当保护被害人的名誉。"第五十七条指出："对羁押、服刑的未成年人，应当与成年人分别关押。羁押、服刑的未成年人没有完成义务教育的，应对其进行义务教育。解除羁押、服刑期满的未成年人的复学、升学、就业不受歧视。"第五十八条指出："对未成年人犯罪案件，新闻报道、影视节目、公开出版物、网络等不得披露该未成年人的姓名、住所、照片、图像以及可能推断出该未成年人的资料。"

习题

1. 李某有一女，名李霞，14岁，系某镇初中二年级学生。李某认为女孩上学无用，还不如早点赚钱，遂于2003年暑假将李霞送到邻镇一个体户处打工。开学一周后，学校老师、领导、村干部多次上门家访，李某拒不说明其去向，有时还恶语相报："孩子读不读书是咱们自家的事，你们不要狗咬耗子——多管闲事。"请问：(1)该案例中有没有违法行为？(2)违反了什么法律规定？(3)违法主体是谁？(4)应该承担什么法律责任？

2. 某校初中班主任吴老师在批改作业时，发现学生高某的作业本中夹了一封写有×××收的信件，吴老师顺便拆封阅读了此信。这是高某写给一名女同学的求爱信。吴老师看了十分生气，后在班会上宣读了此信，同时对高某提出了批评。次日高某在家留了一张字条后离家出走。高某家长找到吴老师理论并要求将高某找回。吴老师解释说："我作为教师，对学生进行教育和管理是我的职责，我批评高某是为了教育和爱护他。他是从家中出走的，与我的工作没有关系。"

请问：(1)吴老师的哪些做法不正确？试述你的判断所依据的法规及条款。(2)吴老师的解释是否正确？为什么？

3. 什么是行政复议？

4. 教师与学生之间有哪些法律关系？

5. 简要回答教师的法定义务。

6. 简要回答教师的法定权利。

后 记

　　教育学是教师教育的基础课和必修课程之一。2011 年，教育部颁布了教师资格考试改革方案，制定了《中小学和幼儿园教师资格考试标准（试行）》。面对教师资格考试制度的改革，教育学教材必须既要满足国家教师资格考试要求，又要满足高素质、专业化、创新型教师队伍的培养要求。因此，编写出让学生和教师欢迎的优秀教育学教材，是教育学课程建设的当务之急。

　　有鉴于此，我们依据 2011 年教育部发布的中小学教师资格考试大纲和广大教师资格证申请者的实际情况，组织编写了本教材。经过编委会讨论，我们确立了该教材的基本定位：既反映教育学的整体逻辑体系，又反映国家统考的基本要求，将二者有机结合。基于此，教材编写的基本原则是吃透教育部颁布的中小学考试大纲，以中学《教育知识与能力》《综合素质》的考试大纲为主，兼顾小学《教育知识与能力》和《综合素质》的考试大纲，将相应内容有机整合，全面覆盖相关原理和知识。教材的编写体系遵循教育学学科逻辑的完整性和系统性，并在每一章设置有该章的"国考大纲导航"，以使学生和教师更清晰地感知该章内容与教师资格考试要求的关系，从而实现该教材编写理念：师生能够应对国家教师资格考试的同时也能对教育学体系有全面、系统的认识。

　　本书由陈寒主编，陈寒和林群负责拟定编写体例与统稿。参与编写者皆是绵阳师范学院长期执教"教育学"课程的优秀教师。全书共 12 章，即第一章"教育与教育学"（由周春艳编写）、第二章"教育功能"（第一节由林群编写，第二节由代礼尧编写，第三节由施琰茹、代礼尧编写）、第三章"教育目的"（由王吉春编写）、第四章"学生与教师"（由张云编写）、第五章"教育制度"（由田张霞编写）、第六章"课程"（由余桥编写）、第七章"教学"（由林群编写）、第八章"德育"（由余桥编写）、第九章"班级管理与班主任工作"（第一、二、三节由林群编写，第四节由王小林编写）、第十章"教师职业道德"（由张云编写）、第十一章"教育政策"（由王涛编写）和第十二章"教育法规"（由王涛编写）。

　　本教材参阅了大量的国内外专家、学者的研究成果，我们对他们所给予的启迪表示由衷的感谢！

　　本书在编写过程中，由于编者水平有限，其中难免有不足之处，还请广大师生提出宝贵的意见和建议。我们将予以高度重视，合理采纳，不断修订，以期进一步提高教材质量。